中国上市银行可持续发展分析

（2024）

史英哲　王胜春　赵　强　赵浩深　著

中国金融出版社

责任编辑：方　蔚
责任校对：刘　明
责任印制：陈晓川

图书在版编目（CIP）数据

中国上市银行可持续发展分析 . 2024 / 史英哲等著 . -- 北京 ：中国金融出版社，2025. 6. -- ISBN 978 -7 -5220 -2753 -1

Ⅰ. F832. 33

中国国家版本馆 CIP 数据核字第 20251LX300 号

中国上市银行可持续发展分析（2024）
ZHONGGUO SHANGSHI YINHANG KECHIXU FAZHAN FENXI (2024)

出版发行　中国金融出版社
社址　北京市丰台区益泽路 2 号
市场开发部　(010)66024766，63805472，63439533（传真）
网 上 书 店　www. cfph. cn
(010)66024766，63372837（传真）
读者服务部　(010)66070833，62568380
邮编　100071
经销　新华书店
印刷　北京七彩京通数码快印有限公司
尺寸　185 毫米 ×260 毫米
印张　19. 25
字数　426 千
版次　2025 年 6 月第 1 版
印次　2025 年 6 月第 1 次印刷
定价　80. 00 元
ISBN 978 -7 -5220 -2753 -1

前　言

2023 年，中央金融工作会议首次提出“要加快建设金融强国”并确立金融五篇大文章、国家金融监督管理总局成立、《商业银行资本管理办法》《商业银行金融资产风险分类办法》等新规发布、央行连续降息降准。面对上述一系列热点，国内银行业积极响应，通过加快业务创新、强化风险管理、主动开展资产结构优化予以应对，尤其是作为国内银行业主体的 58 家上市银行，其经营策略的调整更是深刻反映了上述政策带来的影响。

一、经营规模平稳增长，同业业务增长较快

2023 年，中国上市银行在经营规模上继续保持平稳增长态势。在全球经济复苏和国内政策的双重作用下，上市银行通过扩大信贷规模、增加存款基础和拓展中间业务等多种方式，实现资产和负债双增长。资产规模达到 293.9 万亿元，同比增长 11%。其中，国有行依托其庞大的网络和客户基础，继续保持稳健增长势头，资产规模增速为 12.8%，明显高于股份行、城商行、农商行的 7.37%、10.49%、8.38%。

从大类资产业务看，国有行贷款增长 12.93%、证券投资增长 12.27%、同业业务增长 20.34%，相对较为均衡，而股份行贷款增长 5.85%、证券投资增长 9.02%、同业业务增长 20.05%，城商行贷款增长 10.57%、证券投资增长 14.52%、同业业务增长 11.19%，而农商行则出现分化，三大资产业务增速分别为贷款 7.74%、证券投资 14.05%、同业业务 -4.16%。

二、风险压力整体可控，房地产行业风险突出

尽管全球经济形势复杂多变，但中国上市银行的风险管理能力仍得到进一步增强。不良贷款率保持在较低水平，拨备覆盖率维持在合理区间，显示出银行资产质量的稳健。2023 年末，58 家上市银行平均不良贷款率从 1.40% 下降至 1.37%，各类银行不良贷款率均有不同程度下降。具体来看，国有行、股份行、城商行和农商行的平均不良贷款率分别为 1.25%、1.34%、1.47% 和 1.22%，较 2022 年末分别下降 0.03 个、0.04 个、0.03 个和 0.01 个百分点。在不良贷款平稳下降的同时，上市银行的平均拨备覆盖率为 279.50%，同比下降 2.52 个百分点。国有行、股份行、城商行、农商行的平均拨备覆盖率分别为 248.69%、217.22%、276.16%、349.07%，农商行的拨备覆盖率下降幅度相对较大，为 16.24 个百分点，国有行下降 2.73 个百分点，拉动拨备覆盖率整体下行。股份行和城商行分别提高 1.10 个和 2.43 个百分点。

从不良贷款行业分布来看，房地产业最为突出。在50家披露不良贷款行业分布的银行中，房地产业、批发和零售业、制造业、建筑业、农林牧渔业排名前五。其中，40家银行在排名前五的行业中均涉及房地产业，更有5家国有行、4家股份行将其排在第一位。

三、绩效提升出现停滞，监管要求面临挑战

在多次降准降息、向实体经济让利、以及化解不良的影响下，尽管经营规模有所增长，但2023年中国上市银行的绩效提升却出现了停滞。上市银行共实现净利润2.12万亿元，增幅为1.45%，远低于上年的7.59%。其中，国有行净利润增长2.12%，低于上年的5.97%，股份行则从上年的增长9.83%，降至-11.76%，城商行从上年的增长12.81%，降至5.77%，农商行也从上年的增长11.41%，降至-0.42%。净利润下降的主要原因包括净息差收窄、非利息收入增长放缓以及成本上升等。同时，资本市场波动加大，导致银行的投资收益和手续费收入增长受限。此外，随着数字化转型的推进，银行在科技投入上的增加也对成本控制带来压力。

盈利能力下降，对银行的持续经营带来压力，对稳定资本市场带来冲击，对监管要求也提出了挑战。根据监管要求，商业银行总资产收益率不得低于0.6%，净资产收益率不得低于11%。2023年，53家上市银行的平均总资产收益率为0.81%，同比下降0.05个百分点；平均净资产收益率为9.13%，同比下降0.68个百分点，其中浦发银行等19家银行的总资产收益率未满足监管要求，工商银行等37家银行的净资产收益率未满足监管要求。这些大中型银行如何面对监管不达标的要求，是未来银行业整体需要面对的难题。

四、未来发展面临外部环境、自身风险、技术变革等多重冲击

从商业银行发展环境总体看，不确定性仍是最明显的特征：外部经济增长不确定、地缘政治关系存在较大变数、国内产业结构调整仍在加速、以AI为代表的新技术给众多产业发展带来冲击，上市银行在未来发展中将面临多方面的挑战。

首先，贷款需求仍然低迷。2023年是“后疫情时代”发展第一年，从全国看，除前4个月新增贷款规模比疫情期间的2022年同期有明显增长外，后几个月增速明显回落，全年增长6.7%，比2022年的增速6.8%降低0.1个百分点。全球经济增长放缓的背景下，疫情的“疤痕效应”使企业和个人的投资和消费意愿减弱，导致贷款需求下降。银行需要通过创新金融产品和服务，激发市场活力，提高贷款需求。未来几年，“资产荒”或仍为银行经营不可回避的问题。

其次，AI技术发展提出新的要求。近些年，国内银行业持续在信息科技和数字化领域加大投入，银行产品和服务线上化、自动化、智能化水平取得巨大进步，新技术应用范围和深度不断迈上新台阶。银行业整体数字化转型需要更多释放数字化效能，利用数据智能驱动银行业务模式转型升级。这些特点将对绝大多数中小银行产生影响，银行端面临持续投入的财务支出压力、员工端面对银行数字化水平的知识储备压力、客户端面对新模式的流程适应压力。整体来看，中小银行在信息科技和数字化转型浪潮前，面对前所未有的挑战。

再次，防范系统性金融风险。在经济增速下行背景下，2023年国内银行业核销各类不良贷款近1.1万亿元，上市银行不良贷款率略有下降。但从不良贷款结构来看，损失类不良贷款仍保持较高增速，如工商银行增长213%、农业银行增长64.9%、招商银行增长103%、兴业银行增长81%。特别是在地方债务风险仍然较大，微观企业、个人经济体感凉意仍浓，实体经济经营压力尚未有明显改观的情况下，上市银行如何将防范系统性金融风险落到实处，进一步加强风险预警，提高风险管理的前瞻性和有效性，仍是一个重要课题。

最后，规模扩张、化解风险凸显资本压力。2023年国内银行业资本指标整体稳中有升，体现出银行对于风险控制的重视程度不断提高。上市银行平均资本充足率为13.77%，同比上升0.09个百分点；核心一级资本充足率为9.95%，同比上升0.09个百分点；核心资本充足率为11.40%，同比上升0.18个百分点。未来几年，随着我国实行“适度宽松”的货币政策，银行的资产规模将会进一步扩张，与此同时，银行需要平衡资本充足和风险化解的关系。特别是2023年11月发布的《商业银行资本管理办法》将银行的资本监管分为：最低资本要求、储备资本要求和逆周期资本要求、系统重要性银行附加资本要求、第二支柱资本要求等，这要求银行应在未来持续优化资本结构、提高资本使用效率、多渠道加强资本补充，以满足监管要求和业务发展需要。与国有行、股份行股东背景强大、实力雄厚不同，城商行、农商行需要及早提出新的规划与策略以适应“资本新规”要求。

本书的出版要感谢中央财经大学金融学院的大力支持和资助，感谢中国金融出版社肖炜主任和方蔚老师耐心细致的工作，还要感谢马壮壮、吴欣彧、李思宇、罗雅情、李智勇、章沛、王宇飞、史笑源等同学克服学习、实习、就业中的种种压力，认真搜集、整理、分析、校对数据，反复提炼走势特征，为本书的出版付出了艰辛的劳动。

尽管勉力而为，但因水平、信息等有限，书中难免不少错漏之处，敬请各位读者在阅读过程中不吝赐教。也希望本书能在编读互动中不断提升改进，成为观察中国银行业发展的一个有益视角。

目　　录

年报一　中国工商银行 2023 年度报告分析

一、基本情况

中国工商银行股份有限公司（以下简称工商银行）成立于 1984 年 1 月 1 日，是一家国有独资商业银行，2005 年 10 月 28 日整体改制为股份有限公司，2006 年 10 月 27 日在上交所（601398. SH）和港交所（1398. HK）同日挂牌上市。

截至 2023 年末，该行 A 股前三大股东分别为：汇金公司，持股数 1, 240. 05 亿股，持股比例 34. 79%；财政部，持股数 1, 109. 85 亿股，持股比例 31. 14%；社保基金理事会，持股数 123. 32 亿股，持股比例 3. 46%。

截至 2023 年末，该行总资产为 44. 70 万亿元[①]，营业收入为 8, 430. 70 亿元，净利润为 3, 651. 16 亿元，贷款和垫款总额为 25. 39 亿元，不良贷款率为 1. 36%。

二、业务经营分析

（一）资产分析

2023 年末，工商银行资产总额为 44. 70 万亿元，同比增长 12. 84%（见表 1），增长率较上年提高 0. 22 个百分点。资产规模增幅加快，主要是由现金及存放中央银行款项、同业往来资产、发放贷款和垫款及证券投资增长拉动所致。

表 1　　**资产规模及构成**

	2023 年		2022 年		增加额（亿元）	变动率（%）
	金额（亿元）	占比（%）	金额（亿元）	占比（%）		
现金及存放中央银行款项	40, 422. 93	9. 04	34, 278. 92	8. 65	6, 144. 01	17. 92
同业往来资产	23, 409. 74	5. 24	20, 566. 54	5. 19	2, 843. 20	13. 82
发放贷款和垫款	253, 869. 33	56. 80	225, 916. 76	57. 04	27, 952. 57	12. 37
证券投资	118, 496. 68	26. 51	105, 337. 02	26. 59	13, 159. 66	12. 49
其他资产	10, 772. 11	2. 41	10, 002. 22	2. 53	769. 89	7. 70
资产总计	446, 970. 79	100. 00	396, 101. 46	100. 00	50, 869. 33	12. 84

注：发放贷款和垫款为净额。

① 本报告数据来源：2023 年和 2022 年工商银行年报，后续报告数据均来源于各行近两年年度报告。

1. 贷款和垫款

2023 年末，工商银行发放贷款和垫款净额为 25.39 万亿元，占资产总额的 56.80%，同比增长 12.37%。

（1）企业及个人贷款和垫款

2023 年末，工商银行贷款与垫款总额（含利息）为 26.14 万亿元（见表 2）。其中，企业贷款和垫款为 17.43 万亿元，同比增长 16.41%，占贷款和垫款总额的 66.68%；个人贷款为 8.65 亿元，同比增长 5.09%，占贷款和垫款总额的 33.10%，企业贷款和垫款显著增长。

表 2　　企业及个人贷款和垫款

	2023 年		2022 年		增加额（亿元）	变动率（%）
	金额（亿元）	占比（%）	金额（亿元）	占比（%）		
企业贷款和垫款	174, 328. 61	66. 68	149, 757. 51	64. 52	24, 571. 10	16. 41
—贷款	159, 566. 89	61. 04	136, 287. 45	58. 72	23, 279. 44	17. 08
—融资租赁	1, 885. 15	0. 72	1, 982. 21	0. 85	-97. 06	-4. 90
—票据贴现	12, 876. 57	4. 93	11, 487. 85	4. 95	1, 388. 72	12. 09
个人贷款	86, 536. 21	33. 10	82, 346. 25	35. 48	4, 189. 96	5. 09
—个人住房贷款	62, 884. 68	24. 05	64, 319. 91	27. 71	-1, 435. 23	-2. 23
—信用卡	6, 897. 31	2. 64	6, 401. 52	2. 76	495. 79	7. 74
—其他	16, 754. 22	6. 41	11, 624. 82	5. 01	5, 129. 40	44. 12
加：应计利息	564. 52	0. 22	535. 24	0. 23	29. 28	5. 47
贷款和垫款总额	261, 429. 34	100. 00	232, 103. 76	100. 00	29, 325. 58	12. 63
减：减值准备	7, 563. 91	—	6, 722. 24	—	841. 67	12. 52
贷款和垫款净额	253, 869. 33	—	225, 381. 52	—	28, 487. 81	12. 64

（2）贷款和垫款期限结构

2023 年末，工商银行未到期贷款和垫款中，客户贷款和垫款期限在一年以内、一年到五年以及五年以上的余额分别为 7.38 万亿元、4.97 万亿元和 12.84 万亿元，分别占贷款和垫款总额的 29.12%、19.59% 和 50.64%（见表 3）。其中，一年到五年期贷款的增速相对较快，增幅为 31.67%。

表 3　　贷款和垫款期限结构

	2023 年		2022 年		增加额（亿元）	变动率（%）
	金额（亿元）	占比（%）	金额（亿元）	占比（%）		
已逾期/即时偿还	366. 77	0. 14	323. 64	0. 14	43. 13	13. 33
一年以内	73, 815. 86	29. 12	64, 375. 40	28. 50	9, 440. 46	14. 66
一年到五年	49, 670. 58	19. 59	37, 723. 95	16. 70	11, 946. 63	31. 67
五年以上	128, 375. 41	50. 64	122, 534. 35	54. 24	5, 841. 06	4. 77
无期限	1, 280. 71	0. 51	959. 42	0. 42	321. 29	33. 49
总计	253, 509. 33	100. 00	225, 916. 76	100. 00	27, 592. 57	12. 21

（3）不良贷款

2023 年末，工商银行不良贷款余额为 0. 35 万亿元，同比增长 10. 07%；不良贷款率为 1. 36%，较上年减少 0. 02 个百分点（见表 4）；其中，正常类贷款余额为 25. 25 万亿元，占比 96. 79%，较上年上升 0. 12 个百分点；关注类贷款余额为 0. 48 万亿元，占比 1. 85%，较上年下降 0. 10 个百分点；损失类贷款为 0. 14 万亿元，增速相对较快，同比增长 213. 06%。拨备覆盖率为 213. 97%，同比上升 2. 15 个百分点；贷款拨备率为 2. 90%，与上年持平。

表 4　　贷款五级分类

	2023 年		2022 年		增加额（亿元）	变动率（%）
	金额（亿元）	占比（%）	金额（亿元）	占比（%）		
正常类贷款	252, 502. 75	96. 79	224, 395. 14	96. 67	28, 107. 61	12. 53
关注类贷款	4, 827. 05	1. 85	4, 516. 28	1. 95	310. 77	6. 88
不良类贷款	3, 535. 02	1. 36	3, 211. 70	1. 38	323. 32	10. 07
—次级类贷款	985. 27	0. 38	1, 583. 72	0. 68	-598. 45	-37. 79
—可疑类贷款	1, 165. 27	0. 45	1, 185. 74	0. 51	-20. 47	-1. 73
—损失类贷款	1, 384. 48	0. 53	442. 24	0. 19	942. 24	213. 06
贷款合计	260, 864. 82	100. 00	232, 123. 12	100. 00	28, 741. 70	12. 38

2. 债券投资

2023 年末，工商银行债券投资总额为 11. 36 万亿元，同比增长 12. 86%（见表 5）。从发行主体结构上看，政府债券比上年末增加 1. 30 万亿元，增长 17. 49%；中央银行债券减少 185. 57 亿元，下降 32. 66%；政策性银行债券增加 497. 37 亿元，增长 6. 53%；其他债券减少 354. 45 亿元，下降 1. 95%。

表 5　　债券投资发行主体构成

	2023 年		2022 年		增加额（亿元）	变动率（%）
	金额（亿元）	占比（%）	金额（亿元）	占比（%）		
政府债券	87, 209. 77	76. 78	74, 225. 55	73. 76	12, 984. 22	17. 49
中央银行债券	382. 60	0. 34	568. 17	0. 56	-185. 57	-32. 66
政策性银行债券	8, 119. 46	7. 15	7, 622. 09	7. 57	497. 37	6. 53
其他债券	17, 865. 44	15. 73	18, 219. 89	18. 10	-354. 45	-1. 95
合计	113, 577. 27	100. 00	100, 635. 70	100. 00	12, 941. 57	12. 86

3. 同业往来资产

2023 年末，工商银行的同业往来资产共计 2. 34 万亿元，同比增长 22. 78%（见表 6）。其中，存放同业款项为 0. 41 万亿元，同比增长 13. 30%，占同业往来资产比重降至 17. 70%。拆出资金为 0. 70 万亿元，同比增长 3. 78%，占同业往来资产比重降至 30. 01%。

年度内买入返售金融资产为1.22万亿元，同比大幅增长41.69%，占比52.30%。

表6　　同业往来资产构成

	2023年		2022年		增加额（亿元）	变动率（%）
	金额（亿元）	占比（%）	金额（亿元）	占比（%）		
存放同业	4,142.58	17.70	3,656.25	19.18	486.33	13.30
拆出资金	7,024.59	30.01	6,768.79	35.50	255.80	3.78
买入返售款项	12,242.57	52.30	8,640.67	45.32	3,601.90	41.69
合计	23,409.74	100.00	19,065.71	100.00	4,344.03	22.78

（二）负债分析

2023年末，工商银行负债总额为40.92万亿元，同比增长13.37%（见表7），向中央银行借款和应付债券增速分别达58.71%和51.20%。

表7　　负债规模及构成

	2023年		2022年		增加额（亿元）	变动率（%）
	金额（亿元）	占比（%）	金额（亿元）	占比（%）		
向中央银行借款	2,313.74	0.57	1,457.81	0.40	855.93	58.71
同业往来负债	43,879.64	10.72	37,603.42	10.42	6,276.22	16.69
客户存款	335,211.74	81.92	298,704.91	82.75	36,506.83	12.22
应付债券	13,697.77	3.35	9,059.53	2.51	4,638.24	51.20
其他负债	14,102.02	3.45	14,132.64	3.92	-30.62	-0.22
负债总计	409,204.91	100.00	360,958.31	100.00	48,246.6	13.37

1. 同业往来负债

2023年末，工商银行同业往来负债总额为4.39万亿元，同比增长16.69%（见表8）。其中，同业存放2.84万亿元，同比增长6.62%，占比64.75%；拆入资金0.53万亿元，同比增长1.50%，占比12.04%；卖出回购1.02万亿元，同比增长77.13%，占比23.20%。

表8　　同业往来负债构成

	2023年		2022年		增加额（亿元）	变动率（%）
	金额（亿元）	占比（%）	金额（亿元）	占比（%）		
同业存放	28,413.85	64.75	26,649.01	70.87	1,764.84	6.62
拆入资金	5,284.73	12.04	5,206.63	13.85	78.10	1.50
卖出回购	10,181.06	23.20	5,747.78	15.29	4,433.28	77.13
合计	43,879.64	100.00	37,603.42	100.00	6,276.22	16.69

2. 吸收存款

2023年末，工商银行吸收存款（不含利息）余额为32.99万亿元（见表9），较上年增长12.14%。从客户结构看，该行个人存款略多于公司存款，个人存款余额为16.57万亿元，同比增长13.89%，占存款总额的比重为50.22%；公司存款为16.21万亿元，同比增长10.49%，占存款总额的比重为49.14%。

表9　　**存款客户结构**

	2023年		2022年		增加额（亿元）	变动率（%）
	金额（亿元）	占比（%）	金额（亿元）	占比（%）		
公司存款	162,099.28	49.14	146,711.54	49.87	15,387.74	10.49
个人存款	165,655.68	50.22	145,453.06	49.45	20,202.62	13.89
其他存款	2,101.85	0.64	1,994.65	0.68	107.20	5.37
合计	329,856.81	100.00	294,159.25	100.00	35,697.56	12.14

在存款定活结构方面，该行定期存款较上年快速增长，同比增长27.57%，占比58.59%，活期存款较上年有所下降，同比下降4.39%，占比40.78%，其他存款同比增长5.37%（见表10）。

表10　　**存款定活结构**

	2023年		2022年		增加额（亿元）	变动率（%）
	金额（亿元）	占比（%）	金额（亿元）	占比（%）		
活期存款	134,505.32	40.78	140,676.43	47.82	-6,171.11	-4.39
定期存款	193,249.64	58.59	151,488.17	51.50	41,761.47	27.57
其他存款	2,101.85	0.64	1,994.65	0.68	107.20	5.37
合计	329,856.81	100.00	294,159.25	100.00	35,697.56	12.14

3. 应付债券

2023年末，工商银行应付债券余额为1.37万亿元，同比增长51.20%（见表11）。其中，已发行次级债券和二级资本债券为7,041.29亿元，同比增加1,124.99亿元，增长19.02%；其他已发行债券证券为6,656.48亿元，同比增加3,513.25亿元，增长111.77%。

表11　　**应付债券结构**

	2023年		2022年		增加额（亿元）	变动率（%）
	金额（亿元）	占比（%）	金额（亿元）	占比（%）		
已发行次级债券和二级资本债券	7,041.29	51.40	5,916.30	65.30	1,124.99	19.02
其他已发行债券证券	6,656.48	48.60	3,143.23	34.70	3,513.25	111.77
合计	13,697.77	100.00	9,059.53	100.00	4,638.24	51.20

（三）收入、支出及利润

1. 利润分析

（1）利润

2023年，工商银行营业利润为4,207.60亿元（见表12），同比增长0.09%；利润总额为4,219.66亿元，同比下降0.14%；净利润为3,651.16亿元，同比增长1.13%。

表 12　　利润表

	2023 年（亿元）	2022 年（亿元）	增加额（亿元）	变动率（%）
营业收入	8, 430. 70	9, 179. 89	-749. 19	-8. 16
营业支出	4, 223. 10	4, 976. 11	-753. 01	-15. 13
营业利润	4, 207. 60	4, 203. 78	3. 82	0. 09
加：营业外收入	19. 76	33. 56	-13. 80	-41. 12
减：营业外支出	7. 70	11. 69	-3. 99	-34. 13
利润总额	4, 219. 66	4, 225. 65	-5. 99	-0. 14
减：所得税费用	568. 50	615. 27	-46. 77	-7. 60
净利润	3, 651. 16	3, 610. 38	40. 78	1. 13

（2）拨备前利润情况

2023 年，工商银行年度计提资产减值为 1, 508. 16 亿元（见表 13），同比下降 17. 32%，考虑计提资产减值因素，拨备前利润总额为 5, 727. 82 亿元，同比下降 5. 32%。

表 13　　拨备前利润

	2023 年（亿元）	2022 年（亿元）	增加额（亿元）	变动率（%）
利润总额	4, 219. 66	4, 225. 65	-5. 99	-0. 14
本年计提资产减值	1, 508. 16	1, 824. 19	-316. 03	-17. 32
拨备前利润	5, 727. 82	6, 049. 84	-322. 02	-5. 32

2. 收入分析

2023 年，工商银行实现营业收入 8, 430. 70 亿元，同比下降 8. 16%（见表 14）。其中，利息净收入为 6, 550. 13 亿元，占比 77. 69%，同比下降 5. 58%；手续费及佣金净收入为 1, 193. 57 亿元，占比 14. 16%，同比下降 7. 66%；投资净收益为 458. 76 亿元，占比 5. 44%，同比增长 14. 06%；其他收入为 228. 24 亿元，占比 2. 71%，同比下降 58. 36%。

表 14　　营业收入构成

	2023 年		2022 年		增加额（亿元）	变动率（%）
	金额（亿元）	占比（%）	金额（亿元）	占比（%）		
利息净收入	6, 550. 13	77. 69	6, 936. 87	75. 57	-386. 74	-5. 58
手续费及佣金净收入	1, 193. 57	14. 16	1, 292. 65	14. 08	-99. 08	-7. 66
投资净收益	458. 76	5. 44	402. 20	4. 38	56. 56	14. 06
其他	228. 24	2. 71	548. 17	5. 97	-319. 93	-58. 36
合计	8, 430. 70	100. 00	9, 179. 89	100. 00	-749. 19	-8. 16

（1）利息收入与支出

2023年，工商银行实现利息收入1.41万亿元，同比增长9.74%（见表15）。其中，存放中央银行款项收入为538.15亿元，同比增长18.47%；投资性利息收入为3,382.67亿元，同比增长13.24%；同业往来利息收入为611.12亿元，同比增长69.38%；客户贷款和垫款利息收入为9,518.45亿元，同比增长5.74%，占比相对较高，占利息收入的67.75%。

表15　　利息收入构成

	2023年		2022年		增加额（亿元）	变动率（%）
	金额（亿元）	占比（%）	金额（亿元）	占比（%）		
存放中央银行款项	538.15	3.83	454.25	3.55	83.90	18.47
投资性利息收入	3,382.67	24.08	2,987.22	23.33	395.45	13.24
同业往来	611.12	4.35	360.80	2.82	250.32	69.38
客户贷款及垫款	9,518.45	67.75	9,001.49	70.30	516.96	5.74
利息收入合计	14,050.39	100.00	12,803.76	100.00	1,246.63	9.74

2023年，该行利息支出为7,500.26亿元，同比增长27.84%（见表16）。其中，同业往来支出为1,035.29亿元，同比增长46.37%；吸收存款利息支出为5,896.88亿元，同比增长22.83%；应付债券利息支出为568.09亿元，同比增长58.36%。

表16　　利息支出构成

	2023年		2022年		增加额（亿元）	变动率（%）
	金额（亿元）	占比（%）	金额（亿元）	占比（%）		
同业往来	1,035.29	13.80	707.32	12.06	327.97	46.37
吸收存款	5,896.88	78.62	4,800.83	81.83	1,096.05	22.83
应付债券	568.09	7.57	358.74	6.11	209.35	58.36
合计	7,500.26	100.00	5,866.89	100.00	1,633.37	27.84

（2）手续费及佣金净收入

2023年，工商银行手续费及佣金净收入为1,193.57亿元，同比下降7.71%；手续费及佣金收入为1,378.91亿元，同比下降5.44%（见表17）。其中，结算、清算及现金管理业务收入为454.18亿元，较上年基本持平；个人理财及私人银行业务为225.82亿元，同比下降13.98%；投资银行业务收入为200.60亿元，同比增长2.42%。

表17　　手续费及佣金净收入构成

	2023年		2022年		增加额（亿元）	变动率（%）
	金额（亿元）	占比（%）	金额（亿元）	占比（%）		
结算、清算及现金管理	454.18	32.94	454.39	31.16	-0.21	-0.05
个人理财及私人银行	225.82	16.38	262.53	18.00	-36.71	-13.98
投资银行	200.60	14.55	195.86	13.43	4.74	2.42

续表

	2023 年		2022 年		增加额（亿元）	变动率（%）
	金额（亿元）	占比（%）	金额（亿元）	占比（%）		
银行卡	179.06	12.99	177.36	12.16	1.70	0.96
对公理财	117.70	8.54	141.72	9.72	-24.02	-16.95
资产托管	79.94	5.80	87.09	5.97	-7.15	-8.21
担保及承诺	72.96	5.29	88.03	6.04	-15.07	-17.12
代理收付及委托	19.50	1.41	18.94	1.30	0.56	2.96
其他	29.15	2.11	32.26	2.21	-3.11	-9.64
手续费及佣金收入	1,378.91	100.00	1,458.18	100.00	-79.27	-5.44
减：手续费及佣金支出	185.34	—	164.93	—	20.41	12.37
手续费及佣金净收入	1,193.57	—	1,293.25	—	-99.68	-7.71

3. 支出分析

2023 年，该行营业支出为 4,223.10 亿元，同比下降 6.80%（见表 18），主要是资产减值损失所致。其中，资产减值损失为 1,508.16 亿元，占比 35.71%，同比下降 17.32%；营业税金及附加为 106.62 亿元，同比增长 5.56%；业务及管理费支出为 2,272.66 亿元，占比 53.81%，同比下降 0.4%。

表 18　　营业支出构成

	2023 年		2022 年		增加额（亿元）	变动率（%）
	金额（亿元）	占比（%）	金额（亿元）	占比（%）		
营业税金及附加	106.62	2.52	101.00	2.23	5.62	5.56
业务及管理费	2,272.66	53.81	2,280.85	50.33	-8.19	-0.40
资产减值损失	1,508.16	35.71	1,824.19	40.25	-316.03	-17.32
其他业务成本	335.66	7.95	323.42	7.14	12.24	3.80
营业支出合计	4,223.10	100.00	4,532.01	100.00	-308.91	-6.80

2023 年，该行业务及管理费为 2,272.66 亿元（见表 19），同比下降 0.36%。其中，职工费用和业务费用分别为 1,414.05 亿元和 654.37 亿元，同比分别下降 0.86% 和 0.55%，占比分别为 62.22% 和 28.79%。

表 19　　业务及管理费构成

	2023 年		2022 年		增加额（亿元）	变动率（%）
	金额（亿元）	占比（%）	金额（亿元）	占比（%）		
工资及奖金	934.96	41.14	927.93	40.68	7.03	0.76
职工福利	294.22	12.95	317.45	13.92	-23.23	-7.32
离职后福利 - 设定提存计划	184.87	8.13	180.95	7.93	3.92	2.17
职工费用小计	1,414.05	62.22	1,426.33	62.54	-12.28	-0.86

续表

	2023年		2022年		增加额（亿元）	变动率（%）
	金额（亿元）	占比（%）	金额（亿元）	占比（%）		
固定资产折旧	151.68	6.67	150.55	6.60	1.13	0.75
资产摊销	52.56	2.31	45.97	2.02	6.59	14.34
业务费用	654.37	28.79	658.00	28.85	-3.63	-0.55
合计	2,272.66	100.00	2,280.85	100.00	-8.19	-0.36

截至2023年末，该行员工总数为419,252人，同比减少8,335人；境内营业网点为16,297个，同比增加658个。人均薪酬为34.20万元，同比增长2.00%（见表20）；人均费用为54.20万元，同比增长0.90%；点均业务及管理费为1,394.50万元，同比下降5.00%。

表20　　人均薪酬及产值情况

	2023年	2022年	增加额	变动率（%）
员工数（人）	419,252	427,587	-8,335	-1.90
营业网点（分支机构）（个）	16,297	15,639	658	4.20
人均薪酬（万元）	34.20	33.60	0.70	2.00
人均费用（万元）	54.20	53.70	0.50	0.90
人均产值（万元）	201.10	214.70	-13.60	-6.30
点均业务及管理费（万元）	1,394.50	1,468.20	-73.70	-5.00

（四）金融科技及产品创新

1. 金融科技

2023年，工商银行积极发展金融科技，加快数字化转型，提升创新技术驱动能力，深化科技体制机制改革，全行信息系统可用率持续保持在99.99%以上的高水平。升级了弹性可靠的云和分布式技术体系，云上节点数量超过20万，业务容器数量超过14万。全量客户信息和个人账户全面迁移至“云+分布式”自主可控平台，实现零售板块全面架构转型，全行核心系统超80%的业务量基于开放平台单轨运行。建成同业首个全栈自主可控的千亿级AI大模型技术体系，率先实现在多个金融业务领域的创新应用。

2023年，该行金融科技投入272.46亿元；金融科技人员3.6万人，占全行员工的8.6%。加强科技数据人才队伍建设，持续优化科技人才结构，依托“科技菁英”招聘品牌及集中培养机制，带动基层金融科技职能加速向创新研发与营销服务支持转型，加强高质量科技供给能力。

2. 产品创新

2023年，工商银行推出多款具有较好市场反响的新产品。一是创新研发港、澳、珠跨境乘车码，境内外同步发行时尚澳门主题卡，研发投产“中老铁路”线上购票APP收单项目。支持大运会、亚运会支付受理环境搭建，创新推出“绑外卡”产品，保障境外来华人士移动支付便利性，提供安全高效、多元便利的支付环境。二是数字人民币业务创新，实现数字人民币线上缴纳税款，完成上海清算所大宗商品清算通数字人民币清结算服务，围绕预付消费场景推出智能预付管家产品，落地基于数字人民币智能合约的供应链金融服务方案，支持商户一码通付，持续扩大数字人民币发薪规模，打造数字人民币 SIM 卡硬件钱包等产品。三是丰富理财产品货架，提供多元投资选择。深刻把握广大居民财富保值增值需求，创新推出“一带一路”、乡村振兴、大湾区等主题产品，同业首批落地个人养老金理财产品。四是面向个体工商户、农户等客群创新推出“个人 e 企快贷”新产品，升级优化经营快贷、网贷通、数字供应链等数字普惠产品，全面满足小微企业信用、抵质押、交易类等融资需求。

三、社会责任分析

（一）公司治理

工商银行董事会共有董事 12 名，其中执行董事 2 名，非执行董事 5 名，独立非执行董事 5 名，全年共召开董事会会议 11 次，审议议案 59 项，听取汇报 23 项。监事会共有监事 3 名，其中职工监事 1 名，外部监事 2 名。监事会全年共召开 9 次会议，审议 17 项议案，听取 34 项汇报，审阅 35 项专题报告。

在信息披露方面，该行举办定期业绩说明会、境内外非交易性路演，依托投资者热线、投资者关系邮箱、投资者关系网站和“上证 e 互动”网络平台等多种沟通渠道，与投资者和分析师持续、广泛交流并按相关监管要求进行记录，努力提升投资者关系的工作精度和服务水平。该行股东大会均按照有关法律法规及公司章程召集、召开，确保股东参加股东大会权利的顺利实现。

（二）社会绩效

1. 普惠

工商银行以客户需求为导向，持续提升普惠金融服务的覆盖面、可得性和满意度，助力缓解小微客群融资难题。2023 年末，普惠型小微企业贷款 2.23 万亿元，比年初增加 0.68 万亿元，增长 43.7%；普惠型小微企业贷款客户 146.7 万户，增加 45 万户；全年新发放普惠型小微企业贷款平均利率 3.55%，降低融资成本。

2. 养老金融

2023 年，工商银行持续完善养老金融工作布局。一是完善养老金金融、养老服务金融、养老产业金融三大板块产品和服务体系，在业内率先建立涵盖 9 个条线、31 项指标的养老金融业务指标体系，开发投产养老金融数据平台。二是推出养老金融全景服务视图，客户通过手机银行可便捷查询第一、第二、第三支柱养老金资产情况，并自助开展养老规划测评。2023 年末，集团口径下各项养老金管理规模 4.1 万亿元。三是围绕长辈客群需求，推进网点设施适老化改造，建设“工行驿站 + 养老”网点服务场景，推动线上线下服务渠道衔接互补。四是围绕已老和备老客户财富保值增值需求，整合存款、理财、基金、保险等各种产品，推出多项专属产品及相关权益，为个人客户实现养老目标提供多样化金融投资方式。五是紧跟国家银发经济布局和各地养老产业规划，优化养老产业信贷政策，加大养老产业金融支持力度，助力银发经济高质量发展。

3. 乡村振兴

截至2023年末，工商银行涉农贷款余额4.24万亿元，较年初增加0.96万亿元。构建以工银“兴农通”APP、手机银行“兴农通”版为主体的线上触达服务体系，面向县域乡村客户提供专属贷款、大额存款等金融服务，累计服务活跃客户超1.6亿户。推出种植e贷、县域专属存款、大额存单等特色产品，为超35万家农业经营主体提供“兴农撮合”服务。联合中国供销集团和各级供销社，将金融融入农资贸易、农产品销售等供销核心业务场景。搭建“定点帮扶消费专区”，助力乡村产业振兴。

4. 员工及机构情况

（1）员工人数及结构

截至2023年末，工商银行共有员工41.93万人，较上年末减少0.83万人。

从教育程度看，研究生及以上占比12%，本科占比65.1%，专科及以下学历占比22.9%；从员工年龄结构看，各年龄段员工相对均衡，30岁及以下员工占比25.1%，31—40岁员工占比27.3%，41—50岁员工占比20.4%，50岁以上员工占比27.2%；从员工性别看，男女比例相对均衡，男性占比49.3%，女性占比50.7%。

（2）员工培训

2023年，工商银行围绕建设学习型组织、学习型强行，重点实施一批培训项目，持续提升干部员工综合素质和履职能力。面向管理人员，实施境内机构主要负责人“工银领导力”培训、境外机构主要负责人培训、信贷分管行长能力提升培训、新任个人金融业务分管行长能力提升培训、二级分行行长经营能力提升培训等项目，着力增强战略思维和管理水平；面向专业人员，实施工银（ICBC）现代金融大讲堂、“数字工行”培训、纪检条线“砺剑计划”、总行直管机构组织部长培训等项目，提升专业素养和业务能力；面向一线员工，实施网点负责人轮训、“GBC+”网点“铁三角”培训，持续提高网点员工岗位素质和服务水平。聚焦人才成长进阶，实施中青年干部培训、国际化人才培训、外派后备人才培训、新员工和管培生培训、新员工导师培训等项目，构建全链条、系统化培训体系。

（3）机构情况

2023年末，工商银行的机构总数16,297个，比上年末增加658个。其中，境内机构15,884个，境外机构413个。境内机构包括总行、36个一级分行及直属分行、459个省会城市行及二级分行、15,227个基层分支机构，27个总行直属机构及其分支机构，以及134个主要控股子公司及其分支。

（三）环境绩效

1. 绿色金融

2023年，工商银行绿色金融品牌提质，加快绿色债券及基金、理财等融资产品创新。

2023 年末，金融监管总局口径绿色贷款近 5. 4 万亿元，比上年末增加近 1. 4 万亿元，总量增量均领先同业。在绿色金融产品方面，工商银行不断丰富绿色金融“工具箱”，构建多元化绿色金融服务体系，创新发行工行首只全球多币种“碳中和”主题境外绿色债券、境内首单商业银行碳中和绿色金融债。2023 年境外发行绿色债券 42. 3 亿美元，境内发行绿色债券 600 亿元。

2. 绿色运营

工商银行通过自主研发的碳足迹管理数据统计系统，收集历史碳排放数据，完成数据归因分析，持续开展自身运营双碳工作研究，分析节能降碳潜力，为下一步低碳运营提供数据支持。此外还聘请第三方专业公司通过现场盘查、文件评审等方式，对数据进行核查，为持续开展双碳工作奠定坚实基础。以“推进绿色发展、倡导绿色低碳、创建绿色银行”为导向，推进绿色办公，2023 年，通过召开无纸化会议节约纸张近 600 万张。

年报二　中国农业银行2023年度报告分析

一、基本情况

中国农业银行股份有限公司（以下简称农业银行）的前身可追溯至1951年成立的农业合作银行，自1979年恢复成立以来，相继经历了国家专业银行、国有独资商业银行和国有控股商业银行等发展阶段。2009年，整体改制为股份有限公司，2010年，在上交所和港交所上市，股票代码分别为601288. SH和01288. HK。

近年来，该行股权结构稳定，A股前三大股东不变，共计持有超过80%的股份。截至2023年末，该行A股前三大股东分别为：（1）汇金公司，持股总数为1,404.89亿股，持股比例为40.14%；（2）财政部，持股总数为1235.18亿股，持股比例为35.29%；（3）全国社保基金理事会，持股总数为235.21亿股，持股比例为6.72%。

截至2023年末，该行资产总额为39.87万亿元，营业收入为6,948.28亿元，发放贷款及垫款为21.73万亿元，吸收存款为28.90万亿元，资本充足率为17.14%，不良贷款率为1.33%，全年实现净利润2,698.20亿元。

二、业务经营分析

（一）资产分析

2023年末，农业银行资产总额为39.87万亿元，同比增长17.52%（见表1），其中，现金及存放中央银行款项同比增加0.37万亿元，同比增长14.63%，发放贷款和垫款同比增加2.75万亿元，同比增长14.48%，证券投资同比增加1.68万亿元，同比增长17.67%，同业往来资产同比增加1.10万亿元，同比增长47.86%，主要由于买入返售资产和存放同业款项大幅增加所致。

表1　　**资产规模及构成**

	2023年		2022年		增加额（亿元）	变动率（%）
	金额（亿元）	占比（%）	金额（亿元）	占比（%）		
现金及存放中央银行款项	29,220.47	7.33	25,491.3	7.51	3,729.17	14.63
同业往来资产	34,058.16	8.54	23,034.02	6.79	11,024.14	47.86
发放贷款及垫款	217,317.66	54.50	189,828.86	55.95	27,488.80	14.48

续表

	2023 年		2022 年		增加额（亿元）	变动率（%）
	金额（亿元）	占比（%）	金额（亿元）	占比（%）		
证券投资	112, 137. 13	28. 12	95, 301. 63	28. 09	16, 835. 50	17. 67
其他资产	5, 996. 47	1. 50	5, 619. 52	1. 66	376. 95	6. 71
资产总计	398, 729. 89	100. 00	339, 275. 33	100. 00	59, 454. 56	17. 52

1. 贷款和垫款

（1）企业及个人贷款和垫款

2023 年末，农业银行客户贷款和垫款净额为 20. 82 万亿元，同比增加 2. 42 万亿元，增长 13. 15%（见表 2）。其中公司类贷款和垫款、个人类贷款同比分别增加 2. 03 万亿元、0. 51 万亿元；在公司类贷款和垫款中，票据贴现规模较小但增速相对较快；在个人类贷款中，住房贷款规模出现萎缩，消费贷款大幅增长，增速为 68. 85%。

表 2　企业及个人贷款和垫款

	2023 年		2022 年		增加额（亿元）	变动率（%）
	金额（亿元）	占比（%）	金额（亿元）	占比（%）		
公司类贷款和垫款	131, 769. 93	60. 71	111, 512. 98	58. 12	20, 256. 95	18. 17
—贷款	118, 662. 46	54. 67	101, 437. 50	52. 87	17, 224. 96	16. 98
—票据贴现	13, 107. 47	6. 04	10, 075. 48	5. 25	3, 031. 99	30. 09
个人类贷款	80, 765. 29	37. 21	75, 638. 75	39. 42	5, 126. 54	6. 78
—住房贷款	51, 708. 27	23. 82	53, 466. 08	27. 87	-1, 757. 81	-3. 29
—消费贷款	3, 560. 18	1. 64	2, 108. 50	1. 10	1, 451. 68	68. 85
—经营贷款	7, 468. 19	3. 44	5, 775. 22	3. 01	1, 692. 97	29. 31
—信用卡贷款	7, 000. 31	3. 23	6, 476. 51	3. 38	523. 80	8. 09
—农户贷款	—	—	—	—	—	—
—其他贷款	11, 028. 34	5. 08	7, 812. 44	4. 07	3, 215. 90	41. 16
境外及其他	4, 024. 91	1. 85	4, 286. 61	2. 23	-261. 70	-6. 11
加：应计利息	503. 52	0. 23	429. 20	0. 22	74. 32	17. 32
贷款和垫款总额	217, 063. 65	100. 00	191, 867. 54	100. 00	25, 196. 11	13. 13
减：减值准备	8, 828. 55	—	7, 828. 54	—	1, 000. 01	12. 77
贷款和垫款净额	208, 235. 10	—	184, 039. 00	—	24, 196. 10	13. 15

（2）贷款和垫款期限结构

2023 年，农业银行贷款和垫款期限结构中，逾期贷款所占比例虽然相对较低，但其增速相对较快，同比增加 59. 88 亿元，增长 29. 67%；五年以内贷款占比有所上升，增速较五年以上长期贷款更快，贷款期限整体变短（见表 3）。

表3　　　　　　　　　　　　　贷款和垫款期限结构

	2023年		2022年		增加额（亿元）	变动率（%）
	金额（亿元）	占比（%）	金额（亿元）	占比（%）		
已逾期	261.67	0.12	201.79	0.11	59.88	29.67
一年以内	71,499.45	32.90	61,782.87	32.55	9,716.58	15.73
一年到五年	48,833.98	22.47	39,115.18	20.61	9,718.80	24.85
五年以上	96,722.56	44.51	88,709.89	46.74	8,012.67	9.03
无期限	—	—	—	—	—	—
总计	217,317.66	100.00	189,809.73	100.00	27,507.93	14.49

（3）不良贷款

2023年末，农业银行各项贷款余额为22.56万亿元，同比增长14.42%（见表4）。其中不良贷款余额为3,007.60亿元，同比增加296.98亿元，增长10.96%；不良贷款率为1.33%，较上年末下降0.04个百分点。关注类贷款余额为3,201.17亿元，同比增加323.18亿元，增长11.23%，关注类贷款占比1.42%，较上年末下降0.04个百分点。不良类贷款中，损失类贷款增速相对较快，同比增长64.87%。拨备覆盖率为303.87%，较上年上升1.27个百分点；贷款拨备率为4.05%，较上年下降0.11个百分点。

表4　　　　　　　　　　　　　贷款五级分类

	2023年		2022年		增加额（亿元）	变动率（%）
	金额（亿元）	占比（%）	金额（亿元）	占比（%）		
正常类贷款	219,433.92	97.25	191,620.46	97.17	27,813.46	14.51
关注类贷款	3,201.17	1.42	2,877.99	1.46	323.18	11.23
不良类贷款	3,007.60	1.33	2,710.62	1.37	296.98	10.96
—次级类贷款	1,401.94	0.61	1,226.88	0.62	175.06	14.27
—可疑类贷款	1,320.41	0.59	1,310.72	0.66	9.69	0.74
—损失类贷款	285.25	0.13	173.02	0.09	112.23	64.87
贷款合计	225,642.69	100.00	197,209.07	100.00	28,433.62	14.42

2. 证券投资

2023年末，农业银行证券投资总额为11.21万亿元，占总资产的28.12%，近年来保持相对稳定，其中债券投资总额为10.82万亿元，较上年增加1.65万亿元，同比增长18.03%（见表5）。该行持有政府债、金融债和企业债规模分别为7.07万亿元、3.16万亿元和0.20万亿元，同比变动率分别为20.64%、18.66%和－21.37%，近年来，该行企业债投资规模不断压缩，占比有所下降。

表 5　　债券投资发行主体构成

	2023 年		2022 年		增加额（亿元）	变动率（%）
	金额（亿元）	占比（%）	金额（亿元）	占比（%）		
政府债	70, 739. 35	65. 40	58, 636. 51	63. 98	12, 102. 84	20. 64
金融债	31, 581. 94	29. 20	26, 614. 97	29. 04	4, 966. 97	18. 66
企业债	2, 004. 38	1. 85	2, 549. 08	2. 78	-544. 70	-21. 37
其他	3, 842. 17	3. 55	3, 842. 23	4. 19	-0. 06	0. 00
合计	108, 167. 84	100. 00	91, 642. 79	100. 00	16, 525. 05	18. 03

3. 同业往来资产

2023 年末，农业银行同业往来资产为 3. 41 万亿元，同比增长 47. 86%（见表 6）。其中，存放同业款项为 1. 08 万亿元，占比 31. 71%，同比增长 71. 20%；拆出资金为 0. 52 万亿元，占比 15. 16%，同比增长 3. 17%；买入返售款项为 1. 81 万亿元，占比 53. 13%，同比增长 54. 37%。

表 6　　同业往来资产构成

	2023 年		2022 年		增加额（亿元）	变动率（%）
	金额（亿元）	占比（%）	金额（亿元）	占比（%）		
存放同业	10, 800. 76	31. 71	6, 308. 85	27. 39	4, 491. 91	71. 20
拆出资金	5, 161. 81	15. 16	5, 003. 30	21. 72	158. 51	3. 17
买入返售款项	18, 095. 59	53. 13	11, 721. 87	50. 89	6, 373. 72	54. 37
合计	34, 058. 16	100. 00	23, 034. 02	100. 00	11, 024. 14	47. 86

（二）负债分析

2023 年末，农业银行负债总额为 36. 98 万亿元，同比增长 18. 31%（见表 7）。其中，客户存款规模达 28. 90 万亿元，同比增加 3. 78 万亿元，增长 15. 04%，在负债中的占比较上年的 80. 38% 下降至 78. 15%；同业往来负债增速相对较快，达 45. 81%，占比由 9. 08% 上升至 11. 19%。

表 7　　负债规模及构成

	2023 年		2022 年		增加额（亿元）	变动率（%）
	金额（亿元）	占比（%）	金额（亿元）	占比（%）		
向中央银行借款	11, 270. 69	3. 05	9, 011. 16	2. 88	2, 259. 53	25. 07
同业往来负债	41, 363. 08	11. 19	28, 367. 12	9. 08	12, 995. 96	45. 81
客户存款	288, 984. 68	78. 15	251, 210. 40	80. 38	37, 774. 28	15. 04
应付债券	22, 959. 21	6. 21	18, 693. 98	5. 98	4, 265. 23	22. 82
其他负债	5, 183. 56	1. 40	5, 248. 16	1. 68	-64. 60	-1. 23
负债总计	369, 761. 22	100. 00	312, 530. 82	100. 00	57, 230. 40	18. 31

1. 同业往来负债

2023年末，农业银行的同业往来负债规模为4.14万亿元，同比增加1.30万亿元，增速达45.81%（见表8），其中主要由同业及其他金融机构存放款项为主，占比达88.33%，较上年增加1.64个百分点；从增速看，卖出回购金融资产款和同业及其他金融机构存放款项增长相对较快，增速分别为129.61%和48.57%。

表8　　同业往来负债构成

	2023年		2022年		增加额（亿元）	变动率（%）
	金额（亿元）	占比（%）	金额（亿元）	占比（%）		
同业及其他金融机构存放款项	36,534.97	88.33	24,591.78	86.69	11,943.19	48.57
拆入资金	3,822.90	9.24	3,337.55	11.77	485.35	14.54
卖出回购金融资产款	1,005.21	2.43	437.79	1.54	567.42	129.61
合计	41,363.08	100.00	28,367.12	100.00	12,995.96	45.81

2. 吸收存款

从客户结构看，2023年末，农业银行吸收的存款以个人存款为主（见表9），占比达到59.24%，较上年下降0.42个百分点，公司类存款占比为36.70%，较上年上升0.25个百分点，客户结构相对稳定；从增速看，三种存款类型都保持较快增长，公司存款、个人存款和其他存款的增速分别为15.84%、14.22%和20.08%。

表9　　存款客户结构

	2023年		2022年		增加额（亿元）	变动率（%）
	金额（亿元）	占比（%）	金额（亿元）	占比（%）		
公司存款	106,064.87	36.70	91,565.11	36.45	14,499.76	15.84
个人存款	171,198.39	59.24	149,883.67	59.66	21,314.72	14.22
其他存款	11,721.42	4.06	9,761.62	3.89	1,959.80	20.08
合计	288,984.68	100.00	251,210.40	100.00	37,774.28	15.04

从定活结构看，2023年末，该行吸收的存款以定期存款为主（见表10），定期存款规模为15.52万亿元，占比为53.71%，较上年上升5.28个百分点，活期存款规模为12.20万亿元，占比为42.23%，较上年下降5.45个百分点；从增速看，吸收存款规模的增长主要由定期存款贡献，定期存款同比增速为27.58%，增长较快，同期活期存款增速仅为1.88%。

表10　　存款定活结构

	2023年		2022年		增加额（亿元）	变动率（%）
	金额（亿元）	占比（%）	金额（亿元）	占比（%）		
活期存款	122,045.32	42.23	119,789.09	47.68	2,256.23	1.88
定期存款	155,217.94	53.71	121,659.69	48.43	33,558.25	27.58
其他存款	11,721.42	4.06	9,761.62	3.89	1,959.80	20.08
合计	288,984.68	100.00	251,210.40	100.00	37,774.28	15.04

3. 应付债券

2023 年末，农业银行应付债券规模为2.30 万亿元，较上年增加0.43 万亿元，同比增长22.82%（见表11），其中已发行存款证规模出现萎缩，同比下降3.26%。

表 11　　应付债券结构

	2023 年		2022 年		增加额（亿元）	变动率（%）
	金额（亿元）	占比（%）	金额（亿元）	占比（%）		
已发行债券	6,166.99	26.86	4,780.63	25.57	1,386.36	29.00
已发行存款证	2,965.43	12.92	3,065.23	16.40	-99.80	-3.26
其他已发行债务证券	13,697.71	59.66	10,741.98	57.46	2,955.73	27.52
应计利息	129.08	0.56	106.14	0.57	22.94	21.61
合计	22,959.21	100.00	18,693.98	100.00	4,265.23	22.82

（三）收入、支出及利润

1. 利润分析

（1）利润

2023 年末，农业银行利润总额为3,074.19 亿元，较上年增加12.03 亿元，同比增长0.39%；净利润为2,698.20 亿元，较上年增加111.32 亿元，同比增长4.30%；所得税费用较上年减少99.29 亿元，同比下降20.89%（见表12）。

表 12　　利润表

	2023 年（亿元）	2022 年（亿元）	增加额（亿元）	变动率（%）
营业收入	6,948.28	7,248.68	-300.40	-4.14
营业支出	3,860.35	4,171.20	-310.85	-7.45
营业利润	3,087.93	3,077.48	10.45	0.34
加：营业外收入	5.73	4.75	0.98	20.63
减：营业外支出	19.47	20.07	-0.60	-2.99
利润总额	3,074.19	3,062.16	12.03	0.39
减：所得税费用	375.99	475.28	-99.29	-20.89
净利润	2,698.20	2,586.88	111.32	4.30

（2）拨备前利润情况

2023 年末，农业银行计提资产减值为2.26 亿元，较上年增加1.67 亿元，同比增长283.05%；计提信用减值为1,357.07 亿元，较上年减少95.60 亿元，同比下降6.58%；考虑计提信用减值、资产减值因素，拨备前利润为4,433.52 亿元，较上年减少81.90 亿元，同比下降1.81%（见表13）。

表13　　拨备前利润

	2023年（亿元）	2022年（亿元）	增加额（亿元）	变动率（%）
利润总额	3,074.19	3,062.16	12.03	0.39
本年计提信用减值	1,357.07	1,452.67	-95.60	-6.58
本年计提资产减值	2.26	0.59	1.67	283.05
拨备前利润	4,433.52	4,515.42	-81.90	-1.81

2. 收入分析

2023年末，农业银行营业收入总额为6,948.28亿元，同比下降4.14%（见表14）。其中，利息净收入为5,717.50亿元，占比82.29%，较上年减少182.16亿元，同比下降3.09%；手续费及佣金净收入为800.93亿元，占比11.53%，较上年减少11.89亿元，同比下降1.46%；投资净收益同比增长62.68%，主要是由于该行通过调整债券配置以优化资产结构、提升收益水平所致。

表14　　营业收入构成

	2023年		2022年		增加额（亿元）	变动率（%）
	金额（亿元）	占比（%）	金额（亿元）	占比（%）		
利息净收入	5,717.50	82.29	5,899.66	81.39	-182.16	-3.09
手续费及佣金净收入	800.93	11.53	812.82	11.21	-11.89	-1.46
投资净收益	277.49	3.99	170.57	2.35	106.92	62.68
其他	152.36	2.19	365.63	5.04	-213.27	-58.33
合计	6,948.28	100.00	7,248.68	100.00	-300.40	-4.14

（1）利息收入与支出

2023年末，农业银行的利息收入为1.22万亿元，同比增长10.40%（见表15），其中客户贷款和垫款利息规模为0.81万亿元，占比较上年下降2.64个百分点至66.08%，增速为6.16%；存放中央银行款项利息和同业往来利息占比有所上升，分别从3.11%和3.13%上升至3.21%和5.52%。

表15　　利息收入构成

	2023年		2022年		增加额（亿元）	变动率（%）
	金额（亿元）	占比（%）	金额（亿元）	占比（%）		
存放中央银行款项	393.40	3.21	344.90	3.11	48.50	14.06
投资性利息收入	3,081.66	25.18	2,775.57	25.04	306.09	11.03
同业往来	675.20	5.52	346.73	3.13	328.47	94.73
客户贷款和垫款	8,086.72	66.08	7,617.44	68.72	469.28	6.16
合计	12,236.98	100.00	11,084.64	100.00	1,152.34	10.40

2023年末，农业银行的利息支出为6,519.48亿元，同比增长25.72%（见表16），其中吸收存款利息规模为4,755.34亿元，占比72.94%，增速为22.39%，占比较上年下降

1.98 个百分点；同业往来款项利息增速相对较高，为 50.80%。

表 16　　利息支出构成

	2023 年		2022 年		增加额（亿元）	变动率（%）
	金额（亿元）	占比（%）	金额（亿元）	占比（%）		
向中央银行借款	264.59	4.06	249.44	4.81	15.15	6.07
同业往来	904.07	13.87	599.51	11.56	304.56	50.80
吸收存款	4,755.34	72.94	3,885.46	74.92	869.88	22.39
应付债券	595.48	9.13	451.40	8.70	144.08	31.92
合计	6,519.48	100.00	5,185.81	100.00	1,333.67	25.72

（2）手续费及佣金净收入

2023 年末，农业银行的手续费及佣金收入总额为 947.10 亿元，同比下降 0.85%；手续费及佣金净收入为 800.93 亿元，同比下降 1.46%（见表 17）。其中，结算与清算手续费收入为 107.96 亿元，同比增长 4.86%；银行卡手续费收入为 163.07 亿元，同比增长 3.47%；代理业务手续费收入为 204.38 亿元，同比下降 14.72%，主要是代理理财业务收入减少；托管及其他受托业务佣金收入为 40.78 亿元，同比下降 5.34%；承诺手续费收入为 17.93 亿元，同比下降 9.40%；顾问和咨询费收入 133.37 亿元，同比增长 11.34%，主要是银团贷款相关手续费收入增加；电子银行业务收入为 274.59 亿元，同比增长 2.57%。

表 17　　手续费及佣金净收入构成

	2023 年		2022 年		增加额（亿元）	变动率（%）
	金额（亿元）	占比（%）	金额（亿元）	占比（%）		
结算与清算手续费	107.96	11.40	102.96	10.78	5.00	4.86
银行卡手续费	163.07	17.22	157.60	16.50	5.47	3.47
代理业务手续费	204.38	21.58	239.65	25.09	-35.27	-14.72
托管及其他受托业务佣金	40.78	4.31	43.08	4.51	-2.30	-5.34
承诺手续费	17.93	1.89	19.79	2.07	-1.86	-9.40
顾问和咨询费	133.37	14.08	119.79	12.54	13.58	11.34
电子银行业务收入	274.59	28.99	267.72	28.03	6.87	2.57
其他	5.02	0.53	4.59	0.48	0.43	9.37
手续费及佣金收入	947.10	100.00	955.18	100.00	-8.08	-0.85
减：手续费及佣金支出	146.17	—	142.36	—	3.81	2.68
手续费及佣金净收入	800.93	—	812.82	—	-11.89	-1.46

3. 支出分析

2023 年末，农业银行的营业支出为 3,860.35 亿元，较上年减少 24.32 亿元，同比下降 0.63%（见表 18），主要由其他业务成本大幅减少所致。营业支出中占比最大的是业务及管理费和信用减值损失，信用减值损失规模为 1,357.07 亿元，较上年减少 95.59 亿元，同比下降 6.58%；业务及管理费为 2,352.96 亿元，较上年增加 73.56 亿元，同比增长 3.23%。

表 18　　营业支出构成

	2023 年		2022 年		增加额（亿元）	变动率（%）
	金额（亿元）	占比（%）	金额（亿元）	占比（%）		
税金及附加	72.60	1.88	65.25	1.69	7.35	11.26
业务及管理费	2,352.96	60.95	2,279.40	58.95	73.56	3.23
资产减值损失	2.26	0.06	0.59	0.02	1.67	283.05
信用减值损失	1,357.07	35.15	1,452.66	37.57	-95.59	-6.58
其他业务成本	75.46	1.95	68.77	1.78	6.69	9.73
营业支出合计	3,860.35	100.00	3,866.67	100.00	-24.32	-0.63

2023 年末，农业银行的业务及管理费共 2,352.96 亿元，较上年增加 73.56 亿元，增速为 3.23%，其中职工薪酬及福利规模为 1,516.28 亿元，占比为 64.44%，业务费用为 620.47 亿元，占比为 26.37%，整体来看，业务及管理费结构相对稳定，变化幅度相对合理（见表 19）。

表 19　　业务及管理费构成

	2023 年		2022 年		增加额（亿元）	变动率（%）
	金额（亿元）	占比（%）	金额（亿元）	占比（%）		
职工薪酬及福利	1,516.28	64.44	1,456.41	63.89	59.87	4.11
业务费用	620.47	26.37	615.54	27.00	4.93	0.80
折旧和摊销	216.21	9.19	207.45	9.10	8.76	4.22
业务及管理费合计	2,352.96	100.00	2,279.40	100.00	73.56	3.23

2023 年末，农业银行员工数量为 45.1 万人，同比下降 0.28%；营业网点（分支机构）个数为 2.28 万个，同比增长 0.24%；人均薪酬为 32.64 万元，同比下降 4.50%；人均费用 50.70 万元，同比下降 2.91%；点均业务及管理费 1,030.06 万元，同比增长 2.89%（见表 20）。

表 20　　人均薪酬及产值情况

	2023 年	2022 年	增加量	变动率（%）
员工数（人）	451,003	452,258	-1,255	-0.28
营业网点（分支机构）（个）	22,843	22,788	55	0.24
人均薪酬（万元）	32.64	34.11	-1.47	-4.50
人均费用（万元）	50.70	52.17	-1.48	-2.91
人均产值（万元）	160.28	154.06	6.21	3.88
点均业务及管理费（万元）	1,030.06	1,000.26	29.79	2.89

（四）金融科技及产品创新

1. 金融科技

2023 年，农业银行不断深化应用金融科技前沿技术，深入推进信息化建设“十四五”发展规划实施，定期评估实施成效，持续提升科技支撑和赋能水平。当年，该行信息科技资金投入总额共 248.5 亿元。

该行金融科技主要有聚焦金融科技创新和增强业务连续性保障水平两个方面。金融科技创新主要体现在以下几个方面：

- 大数据技术应用：完成分行数据上云，建成子公司数据云，落地海量数据异构加速引擎，十亿级数据汇总计算时间从 20 分钟降低为 3 秒。
- 云计算应用：持续推进云原生能力建设。
- 分布式框架应用：核心业务系统全面实现分布式构架转型，完成核心业务产品转型升级。
- 区块链技术方面：完成区块链基础设施建设、应用研发全生命周期运营及分布式数字身份服务框架标准化能力建设。

该行金融科技水平的不断提高增强了业务连续性保障水平，建成面向业务连续性的容灾体系，推动容灾能力向更多系统模块和分行特色场景延伸，进一步加强系统应急保障能力；深化一体化生产运维平台应用，总行核心配置属性完备率和告警响应处置有效率均达到 99% 以上。此外，生产运行交易量也快速增长，核心系统日交易量峰值达到 19.84 亿笔，手机银行日交易量峰值达 12.02 亿笔，均创自身历史新高。

2. 产品创新

2023 年，农业银行加强产品创新推广。三农产品方面，创新推出绿色普惠贷、海洋牧场贷、和美乡村贷等区域特色产品，推广应用乡村人居环境贷、绿水青山贷、生态共富贷、森（竹）林碳汇贷等产品；投资银行方面，持续做优“融资 + 融智”服务方案；银行卡业务方面，启动借记卡卡面焕新，推出青绿江山卡、青绿人物卡、美好生活卡等产品。

三、社会责任分析

（一）公司治理

2023 年，农业银行董事会共有董事 13 名，其中执行董事 3 名，非执行董事 5 名，独立非执行董事 5 名；监事会共有监事 6 名，其中股东代表监事 1 名，职工代表监事 2 名，外部监事 3 名，较 2022 年职工代表监事数量减少一名。

信息披露方面，该行未发生重大会计差错更正，未遗漏任何重大信息，亦未发生业绩预告修正等情况。该行 2023 年在上交所和港交所共披露 298 项信息披露文件，上交所信息披露工作评价结果为“A”。同时，农业银行积极落实监管最新披露要求，加大环境、社会和治理信息披露，突出披露战略执行情况及经营亮点，积极回应投资者关注的重点问题，持续提升信息披露质效，持续加强内幕信息管理，提升内幕信息知情人合规意识，组织开展了年度内幕交易自查和内幕信息知情人登记备案工作。

投资者关系方面，2023 年，该行组织 2022 年度、2023 年第一季度、2023 年中期和 2023 年第三季度共四场业绩说明会；以现场会议、电话会议等多种形式组织近百场投资者、分析师见面会，覆盖市场主流投研机构就市场热点问题深入沟通交流；定期回复上证 e 平台投资者的问题；参加近 20 场资本市场峰会，在股东大会上与股东进行交流；接听投资者热线电话，查收 IR 邮箱，解答投资者问题。

（二）社会绩效

1. 乡村振兴

2023 年，农业银行优化三农金融事业部体制机制，出台系列差异化支持政策，持续增强金融服务能力，县域农村金融供给显著增加，县域贷款余额 8.78 万亿元，年增量 1.45 万亿元，在全部贷款增量中占比超 50%，粮食和重要农产品保供、乡村产业、乡村建设等重点领域贷款持续快速增长，832 个脱贫县贷款增速继续高于全行，此外，该行推动线上线下结合作业，面向国家乡村振兴重点帮扶县、定点帮扶县等地区开通“云专家”视频业务，拓展“现场 + 远程”面谈场景，聚合涉农金融场景，推动数字乡村平台服务 2,400 多个县（区）。

2. 普惠金融

2023 年，农业银行以增强金融服务实体经济能力为出发点，全面提升普惠金融服务的供给量、覆盖率和可持续性。2023 年末普惠型小微企业贷款余额为 2.46 万亿元，较上年末增加 0.69 万亿元，增速为 39.0%，高于全行贷款增速 24.6 个百分点；有贷客户数量为 353.8 万户，较上年末增加 100.9 万户；2023 年新发放普惠贷款年化利率为 3.67%，较上年下降 23 个基点。以高质量普惠金融服务助力乡村振兴，包含农户生产经营贷款在内的普惠金融领域贷款余额为 3.52 万亿元。该行强化普惠金融服务体系建设，打造小微企业线上营业大厅，发布“农行普惠 e 站 3.0”，提升一站式办贷能力和全产品综合服务能力。提升基层普惠金融服务能力，优化普惠金融信贷产品供给、健全普惠金融长效服务机制并提升普惠金融数字化风控能力，全方位加大对普惠金融服务力度。

3. 员工及机构情况

（1）员工人数及结构

2023 年末，农业银行在职员工为 45.10 万人，其中境外分支行及代表处 787 人，综合化经营子公司及村镇银行 7,928 人。女性员工比例较上年上升 0.5 个百分点（见表 21）。

表 21　　员工总数和性别结构

	2023 年	2022 年	增加量	变动率（%）
员工总数（人）	451,003	452,258	-1,255	-0.30
女性员工占比（%）	45.90	45.40	0.50	1.10

（2）员工培训

2023 年，农业银行持续开展专题培训，人才培训等多维度人力资源培养活动。专题培训方面，农业银行与国内高校合作开展“双碳”与绿色金融专题轮训，培训3,700余人，并举办国家乡村振兴重点帮扶县网点负责人轮训，广泛开展线上学习培训，乡村振兴、绿色金融和数字经营相关课程累计学习分别达到12.7万人、12.3万人和11.9万人；人才培训方面，面向领导人员和青年员工、年轻干部，组织开展针对性培训，全年共举办培训班1.79万期，基本覆盖全员。

（3）机构情况

截至2023年末，该行境内分支机构共计22,843个，包括总行本部、总行营业部、4个总行专营机构、4个研修院、37个一级分行、409个二级分行、3,316个一级支行、19,025个基层营业机构以及46个其他机构。共有13家境外分行和4家境外代表处，分别是中国香港、新加坡、首尔、纽约、迪拜国际金融中心、迪拜、东京、法兰克福、悉尼、卢森堡、伦敦、中国澳门、河内分行及温哥华、中国台北、圣保罗、杜尚别代表处。

4. 客户服务

2023年，农业银行在多方面提升客户满意度。其中远程渠道层面，全行通过全媒体客服触达客户3.25亿人次，语音呼入人工服务6,822万人次，客户满意度达99.85%，该行组建12378热线“一键转呼”服务团队，做好事件登记、转办和客户回访，专线接通率达99.81%，客户满意度达99.29%。

（三）环境绩效

1. 绿色金融

绿色信贷方面，2023年，农业银行持续加大绿色信贷投放。丰富绿色金融重大项目库，加大基础设施绿色升级、清洁能源、节能环保、生态环境、清洁生产和绿色服务等重点领域信贷支持力度。2023年末全行绿色信贷业务余额为4.05万亿元，同比增长50.1%。该行加强产品创新推广，推出绿色普惠贷、海洋牧场贷、和美乡村贷等区域特色产品，推广应用乡村人居环境贷、绿水青山贷、生态共富贷、森林碳汇贷等产品。

绿色投融资方面，2023年末该行自营绿色债券投资规模为1,443.4亿元，较上年末增长18.7%。旗下子公司都在各自的投资决策或投资方向中加入绿色相关理念和标准，加大对绿色资产的投资力度。

绿色债券发行方面，2023年11月，该行在香港联合交易所和伦敦证券交易所同步上市总价值3亿美元的绿色债券。

2. 绿色运营

农业银行积极落实《中国农业银行碳达峰碳中和工作方案》，持续推进加快建设绿色网点、推行绿色办公、推进绿色用能、倡导绿色出行、提升碳管理能力、提升科技赋能、实施绿色采购、塑造绿色文化等重点任务。优化碳盘查工作方法和流程，强化碳足迹管理，推进自身运营节能降碳、绿色发展。

年报三　招商银行2023年度报告分析

一、基本情况

招商银行股份有限公司（以下简称招商银行）是1987年4月8日经中国人民银行批准，由招商局集团在深圳蛇口工业区创办的股份制银行，在2002年4月9日和2006年9月22日分别于上交所和港交所上市，股票代码分别为600036. SH和3968. HK。

该行股权结构分散，前十大股东总持股比例不超过40%，非重要股东持股比例总额达61. 1%。截至2023年末，该行A股前三大股东分别为：（1）招商局轮船有限公司，持股总数为32. 89亿股，持股比例为13. 04%；（2）中国远洋运输有限公司，持股总数为15. 75亿股，持股比例为6. 24%；（3）深圳市晏清投资发展有限公司，持股总数为12. 59亿股，持股比例为4. 99%。从实际控制人看，国务院国有资产监督管理委员会持股总数最大，共间接持股66. 15亿股，持股比例为26. 23%。

截至2023年末，该行资产总额为11. 03万亿元，营业收入为3, 391. 23亿元，发放贷款及垫款为6. 25万亿元，吸收存款为8. 24万亿元，资本充足率为17. 88%，不良贷款率为0. 95%，全年实现净利润0. 15万亿元。

二、业务经营分析

（一）资产分析

2023年末，招商银行资产总额为11. 03万亿元，同比增长8. 77%（见表1），其中，现金及存放中央银行款项增加797. 75亿元，增长13. 23%，发放贷款和垫款同比增加0. 45万亿元，增长7. 67%，证券投资同比增加0. 42万亿元，增长15. 19%，同业往来资产同比减少708. 89亿元，下降11. 22%，主要由于买入返售业务减少所致。

表1　　　　资产规模及构成

	2023年		2022年		增加额（亿元）	变动率（%）
	金额（亿元）	占比（%）	金额（亿元）	占比（%）		
现金及存放中央银行款项	6, 828. 02	6. 19	6, 030. 27	5. 95	797. 75	13. 23
同业往来资产	5, 607. 09	5. 08	6, 315. 98	6. 23	－708. 89	－11. 22
发放贷款及垫款	62, 527. 55	56. 70	58, 071. 54	57. 28	4, 456. 01	7. 67

续表

	2023 年		2022 年		增加额（亿元）	变动率（%）
	金额（亿元）	占比（%）	金额（亿元）	占比（%）		
证券投资	31, 939. 20	28. 96	27, 726. 89	27. 35	4, 212. 31	15. 19
其他资产	3, 382. 97	3. 07	3, 244. 44	3. 20	138. 53	4. 27
资产总计	110, 284. 83	100. 00	101, 389. 12	100. 00	8, 895. 71	8. 77

注：发放贷款和垫款为净额。

1. 贷款和垫款

（1）企业及个人贷款和垫款

2023 年末，招商银行客户贷款和垫款净额为6. 51 万亿元，同比增加0. 46 万亿元，增长7. 56%（见表2）。其中公司类贷款和垫款、个人类贷款同比分别增加0. 18 万亿元、0. 28 万亿元；在公司类贷款和垫款中，票据贴现规模有所减少，同比下降8. 35%；在个人类贷款中，住房贷款规模小幅收窄，信用卡贷款、小微贷款和消费贷款同比分别增长5. 81%、19. 06%和49. 11%。

表2　　企业及个人贷款和垫款

	2023 年		2022 年		增加额（亿元）	变动率（%）
	金额（亿元）	占比（%）	金额（亿元）	占比（%）		
公司类贷款和垫款	30, 709. 82	47. 18	28, 896. 70	47. 75	1, 813. 12	6. 27
——贷款	25, 998. 55	39. 94	23, 756. 16	39. 26	2, 242. 39	9. 44
——票据贴现	4, 711. 27	7. 24	5, 140. 54	8. 49	-429. 27	-8. 35
个人类贷款	34, 378. 83	52. 82	31, 617. 89	52. 25	2, 760. 94	8. 73
——消费贷款	3, 015. 38	4. 63	2, 022. 25	3. 34	993. 13	49. 11
——住房贷款	13, 854. 86	21. 29	13, 892. 08	22. 96	-37. 22	-0. 27
——小微贷款	7, 512. 97	11. 54	6, 310. 38	10. 43	1, 202. 59	19. 06
——信用卡贷款	9, 359. 10	14. 38	8, 845. 19	14. 62	513. 91	5. 81
——其他	636. 52	0. 98	547. 99	0. 91	88. 53	16. 16
贷款和垫款总额	65, 088. 65	100. 00	60, 514. 59	100. 00	4, 574. 06	7. 56

（2）贷款和垫款期限结构

2023 年，招商银行贷款和垫款期限结构中，逾期贷款比例基本不变，同比减少5. 92 亿元，下降2. 44%（见表3）；五年以内贷款占比有所上升，贷款整体期限变短。

表3　　贷款和垫款期限结构

	2023 年		2022 年		增加额（亿元）	变动率（%）
	金额（亿元）	占比（%）	金额（亿元）	占比（%）		
已逾期	236. 72	0. 38	242. 64	0. 42	-5. 92	-2. 44
一年以内	26, 406. 25	42. 30	24, 393. 90	42. 08	2, 012. 35	8. 25

续表

	2023年		2022年		增加额（亿元）	变动率（%）
	金额（亿元）	占比（%）	金额（亿元）	占比（%）		
一年到五年	18,435.31	29.53	16,265.14	28.06	2,170.17	13.34
五年以上	17,342.32	27.78	17,063.78	29.44	278.54	1.63
无期限	—	—	—	—	—	—
总计	62,420.60	100.00	57,965.46	100.00	4,455.14	7.69

（3）不良贷款

2023年末，农业银行各项贷款余额为6.51万亿元，同比增长7.56%（见表4）。其中，不良贷款余额为615.79亿元，同比增加35.75亿元，增长6.16%；不良贷款率为0.95%，较上年下降0.01个百分点。拨备覆盖率为437.70%，较上年下降13.09个百分点；贷款拨备率为4.14%，较上年下降0.18个百分点。

表4　　　　贷款五级分类

	2023年		2022年		增加额（亿元）	变动率（%）
	金额（亿元）	占比（%）	金额（亿元）	占比（%）		
正常类贷款	63,759.58	97.96	59,199.85	97.83	4,559.73	7.70
关注类贷款	713.28	1.10	734.70	1.21	-21.42	-2.92
不良类贷款	615.79	0.95	580.04	0.96	35.75	6.16
—次级类贷款	165.76	0.25	227.70	0.38	-61.94	-27.20
—可疑类贷款	215.54	0.33	237.37	0.39	-21.83	-9.20
—损失类贷款	234.49	0.36	114.97	0.19	119.52	103.96
贷款合计	65,088.65	100.00	60,514.59	100.00	4,574.06	7.56

2. 证券投资

2023年末，招商银行证券投资总额为3.19万亿元，占总资产的28.96%，近年来占比不断增长，其中债券投资总额为2.84万亿元，较上年增加0.41万亿元，同比增长16.64%（见表5）。该行持有政府债、金融债和企业债规模分别为1.94万亿元、0.76万亿元和0.14万亿元，同比分别增长21.53%、3.95%和29.32%，近年来政府债投资占比有所提高。

表5　　　　债券投资发行主体构成

	2023年		2022年		增加额（亿元）	变动率（%）
	金额（亿元）	占比（%）	金额（亿元）	占比（%）		
政府债	19,448.20	68.37	16,002.74	65.62	3,445.46	21.53
金融债	7,562.87	26.59	7,275.51	29.83	287.36	3.95
企业债	1,435.78	5.05	1,110.26	4.55	325.52	29.32
合计	28,446.85	100.00	24,388.51	100.00	4,058.34	16.64

3. 同业往来资产

2023 年末，招商银行同业往来资产为 5, 607. 09 亿元，同比减少 715. 22 亿元，下降 11. 31%（见表 6）。其中，存放同业款项和拆出资金较上年增长，分别增加 94. 23 亿元和 234. 85 亿元，买入返售款项下降较多，同比减少 1, 044. 30 亿元，下降 37. 74%。

表 6　　　　同业往来资产构成

	2023 年		2022 年		增加额（亿元）	变动率（%）
	金额（亿元）	占比（%）	金额（亿元）	占比（%）		
存放同业	1, 007. 69	17. 97	913. 46	14. 45	94. 23	10. 32
拆出资金	2, 876. 94	51. 31	2, 642. 09	41. 79	234. 85	8. 89
买入返售款项	1, 722. 46	30. 72	2, 766. 76	43. 76	-1, 044. 30	-37. 74
合计	5, 607. 09	100. 00	6, 322. 31	100. 00	-715. 22	-11. 31

（二）负债分析

2023 年末，招商银行负债总额为 9. 94 万亿元，同比增加 0. 76 万亿元，增长 8. 25%（见表 7）。其中，客户存款规模达到 8. 24 万亿元，同比增加 0. 65 万亿元，增长 8. 56%，在负债中的占比相对稳定，同比上升 0. 24 个百分点；同业往来负债和应付债券规模收缩，同比分别下降 7. 19% 和 21. 11%。

表 7　　　　负债规模及构成

	2023 年		2022 年		增加额（亿元）	变动率（%）
	金额（亿元）	占比（%）	金额（亿元）	占比（%）		
向中央银行借款	3, 786. 21	3. 81	1, 297. 45	1. 41	2, 488. 76	191. 82
同业往来负债	8, 907. 55	8. 96	9, 597. 94	10. 45	-690. 39	-7. 19
客户存款	82, 404. 98	82. 88	75, 905. 79	82. 64	6, 499. 19	8. 56
应付债券	1, 765. 78	1. 78	2, 238. 21	2. 44	-472. 43	-21. 11
其他负债	2, 563. 02	2. 58	2, 807. 35	3. 06	-244. 33	-8. 70
负债总计	99, 427. 54	100. 00	91, 846. 74	100. 00	7, 580. 80	8. 25

1. 同业往来负债

2023 年末，招商银行的同业往来负债规模为 8, 907. 55 亿元，同比减少 690. 39 亿元，下降 7. 19%（见表 8），其中同业及其他金融机构存放款项规模下降 21. 26%。

表 8　　　　同业往来负债构成

	2023 年		2022 年		增加额（亿元）	变动率（%）
	金额（亿元）	占比（%）	金额（亿元）	占比（%）		
同业及其他金融机构存放款项	5, 083. 78	57. 07	6, 456. 74	67. 27	-1, 372. 96	-21. 26
拆入资金	2, 472. 99	27. 76	2, 070. 27	21. 57	402. 72	19. 45
卖出回购金融资产款	1, 350. 78	15. 16	1, 070. 93	11. 16	279. 85	26. 13
合计	8, 907. 55	100. 00	9, 597. 94	100. 00	-690. 39	-7. 19

2. 吸收存款

从客户结构看，2023年末，招商银行吸收的存款以公司存款为主（见表9），占比为57.15%，较上年下降1.66个百分点，从增速看，零售存款较公司存款增速较快，同比分别增长12.59%和5.17%。

表9　　**存款客户结构**

	2023年		2022年		增加额（亿元）	变动率（%）
	金额（亿元）	占比（%）	金额（亿元）	占比（%）		
公司存款	46,605.22	57.15	44,315.53	58.81	2,289.69	5.17
零售存款	34,949.16	42.85	31,041.89	41.19	3,907.27	12.59
合计	81,554.38	100.00	75,357.42	100.00	6,196.96	8.22

从定活结构看，2023年末，该行吸收的存款以活期存款为主（见表10），活期存款规模达4.47万亿元，同比减少0.27万亿元，下降5.73%，占比为54.86%，较上年下降8.12个百分点。

表10　　**存款定活结构**

	2023年		2022年		增加额（亿元）	变动率（%）
	金额（亿元）	占比（%）	金额（亿元）	占比（%）		
活期存款	44,742.97	54.86	47,460.35	62.98	-2,717.38	-5.73
定期存款	36,811.41	45.14	27,897.07	37.02	8,914.34	31.95
合计	81,554.38	100.00	75,357.42	100.00	6,196.96	8.22

3. 已发行债务证券

2023年末，招商银行应付债券规模为1,765.78亿元，同比减少472.43亿元，下降21.11%（见表11），其中已发行债券和同业存单有所减少，同比分别下降1.47%和67.37%。

表11　　**应付债券结构**

	2023年		2022年		增加额（亿元）	变动率（%）
	金额（亿元）	占比（%）	金额（亿元）	占比（%）		
已发行债券	1,191.93	67.50	1,209.71	54.05	-17.78	-1.47
已发行次级定期债券	—	—	199.94	8.93	—	—
已发行存款证及其他	341.28	19.33	156.04	6.97	185.24	118.71
已发行同业存单	214.43	12.14	657.19	29.36	-442.76	-67.37
应计利息	18.14	1.03	15.33	0.68	2.81	18.33
合计	1,765.78	100.00	2,238.21	100.00	-472.43	-21.11

（三）收入、支出及利润

1. 利润分析

（1）利润

2023 年末，招商银行利润总额为 1, 766. 18 亿元，同比增加 115. 05 亿元，增长 6. 97%；净利润为 1, 480. 06 亿元，同比增加 87. 12 亿元，增长 6. 25%，所得税费用同比增加 27. 93 亿元，增长 10. 82%（见表 12）。

表 12 利润表

	2023 年（亿元）	2022 年（亿元）	增加额（亿元）	变动率（%）
营业收入	3, 391. 23	3, 447. 83	-56. 60	-1. 64
营业支出	1, 624. 60	1, 796. 27	-171. 67	-9. 56
营业利润	1, 766. 63	1, 651. 56	115. 07	6. 97
加：营业外收入	1. 38	1. 70	-0. 32	-18. 82
减：营业外支出	1. 83	2. 13	-0. 30	-14. 08
利润总额	1, 766. 18	1, 651. 13	115. 05	6. 97
减：所得税费用	286. 12	258. 19	27. 93	10. 82
净利润	1, 480. 06	1, 392. 94	87. 12	6. 25

（2）拨备前利润情况

2023 年末，招商银行计提资产减值 1. 91 亿元，同比减少 6. 24 亿元，下降 76. 56%；计提信用减值为 412. 78 亿元，同比减少 154. 73 亿元，下降 27. 26%；考虑计提信用减值、资产减值因素，拨备前利润为 2, 180. 87 亿元，同比下降 45. 92 亿元，下降 2. 06%（见表 13）。

表 13 拨备前利润

	2023 年（亿元）	2022 年（亿元）	增加额（亿元）	变动率（%）
利润总额	1, 766. 18	1, 651. 13	115. 05	6. 97
本年计提信用减值	412. 78	567. 51	-154. 73	-27. 26
本年计提资产减值	1. 91	8. 15	-6. 24	-76. 56
拨备前利润	2, 180. 87	2, 226. 79	-45. 92	-2. 06

2. 收入分析

2023 年末，招商银行营业收入总额为 3, 391. 23 亿元，同比下降 1. 64%（见表 14）。其中，利息净收入为 2, 146. 69 亿元，占比与上年基本持平，为 63. 30%，同比下降 1. 63%；手续费及佣金净收入为 841. 08 亿元，占比为 24. 80%，较上年减少 101. 67 亿元，同比下降 10. 78%；投资净收益为 221. 76 亿元，占比为 6. 54%，较上年增加 16. 38 亿元，同比增长 7. 98%。

表14　　营业收入构成

	2023年		2022年		增加额（亿元）	变动率（%）
	金额（亿元）	占比（%）	金额（亿元）	占比（%）		
利息净收入	2,146.69	63.30	2,182.35	63.30	-35.66	-1.63
手续费及佣金净收入	841.08	24.80	942.75	27.34	-101.67	-10.78
投资净收益	221.76	6.54	205.38	5.96	16.38	7.98
其他	181.70	5.36	117.35	3.40	64.35	54.84
合计	3,391.23	100.00	3,447.83	100.00	-56.60	-1.64

（1）利息收入与支出

2023年末，招商银行的利息收入为3,756.10亿元，同比增长6.29%（见表15），其中客户贷款及垫款利息规模为2,682.40亿元，占比为71.41%，增速为0.99%，占比较上年下降3.75个百分点；投资性利息收入和同业往来利息收入占比有所上升，分别从18.62%和3.82%升至21.52%和4.41%。

表15　　利息收入构成

	2023年		2022年		增加额（亿元）	变动率（%）
	金额（亿元）	占比（%）	金额（亿元）	占比（%）		
存放中央银行款项	99.77	2.66	84.82	2.40	14.95	17.63
投资性利息收入	808.36	21.52	658.08	18.62	150.28	22.84
同业往来	165.57	4.41	134.89	3.82	30.68	22.74
客户贷款及垫款	2,682.40	71.41	2,656.01	75.16	26.39	0.99
合计	3,756.10	100.00	3,533.80	100.00	222.30	6.29

2023年末，招商银行利息支出为1,604.61亿元，同比增长19.18%（见表16），其中吸收存款利息规模为1,288.09亿元，占比为80.27%，增速为21.71%；向中央银行借款利息增速相对较高，达41.62%。

表16　　利息支出构成

	2023年		2022年		增加额（亿元）	变动率（%）
	金额（亿元）	占比（%）	金额（亿元）	占比（%）		
向中央银行借款	40.05	2.50	28.28	2.10	11.77	41.62
同业往来	198.66	12.38	163.09	12.11	35.57	21.81
吸收存款	1,288.09	80.27	1,058.36	78.61	229.73	21.71
应付债券	77.81	4.85	96.62	7.18	-18.81	-19.47
合计	1,604.61	100.00	1,346.35	100.00	258.26	19.18

（2）手续费及佣金净收入

2023年末，招商银行的手续费及佣金收入总额为928.34亿元，同比下降10.19%；手续费及佣金净收入为841.08亿元，同比下降10.78%（见表17）。其中，结算与清算手续费收入为 154.92 亿元，同比增长 2.93%；银行卡手续费收入为 195.25 亿元，同比下降 8.76%；财富管理手续费及佣金收入为 284.66 亿元，同比下降 7.89%；资产管理手续费及佣金收入为 114.74 亿元，同比下降 7.89%；信贷承诺及贷款业务佣金为 49.97 亿元，同比下降 13.14%；托管业务佣金为 53.28 亿元，同比下降 8.00%。

表 17　　手续费及佣金净收入构成

	2023 年		2022 年		增加额（亿元）	变动率（%）
	金额（亿元）	占比（%）	金额（亿元）	占比（%）		
结算与清算手续费	154.92	16.69	150.51	14.56	4.41	2.93
银行卡手续费	195.25	21.03	213.99	20.70	-18.74	-8.76
财富管理手续费及佣金	284.66	30.66	309.03	29.89	-24.37	-7.89
资产管理手续费及佣金	114.74	12.36	124.57	12.05	-9.83	-7.89
信贷承诺及贷款业务佣金	49.97	5.38	57.53	5.57	-7.56	-13.14
托管业务佣金	53.28	5.74	57.91	5.60	-4.63	-8.00
其他	75.52	8.13	120.18	11.63	-44.66	-37.16
手续费及佣金收入	928.34	100.00	1,033.72	100.00	-105.38	-10.19
减：手续费及佣金支出	87.26	—	90.97	—	-3.71	-4.08
手续费及佣金净收入	841.08	—	942.75	—	-101.67	-10.78

3. 支出分析

2023 年末，招商银行的营业支出为 1,624.60 亿元，同比减少 171.67 亿元，下降 9.56%（见表 18），主要由信用减值损失减少所致。营业支出中业务及管理费占比相对较大，为 68.81%，占比较上年增加 5.69 个百分点。

表 18　　营业支出构成

	2023 年		2022 年		增加额（亿元）	变动率（%）
	金额（亿元）	占比（%）	金额（亿元）	占比（%）		
税金及附加	29.63	1.82	30.05	1.67	-0.42	-1.40
业务及管理费	1,117.86	68.81	1,133.75	63.12	-15.89	-1.40
资产减值损失	1.91	0.12	8.15	0.45	-6.24	-76.56
信用减值损失	412.78	25.41	567.51	31.59	-154.73	-27.26
其他业务成本	62.42	3.84	56.81	3.16	5.61	9.88
营业支出合计	1,624.60	100.00	1,796.27	100.00	-171.67	-9.56

2023 年末，招商银行的业务及管理费共 1,117.86 亿元，同比减少 15.89 亿元，下降 1.4%，其中职工费用为 703.48 亿元，占比为 62.93%，其他一般及行政费用为 318.44 亿元，占比为 28.49%，折旧、摊销和租赁费用为 95.94 亿元，占比为 8.58%（见表 19）。

表19　　业务及管理费构成

	2023年		2022年		增加额（亿元）	变动率（%）
	金额（亿元）	占比（%）	金额（亿元）	占比（%）		
职工费用	703.48	62.93	706.57	62.32	-3.09	-0.44
其他一般及行政费用	318.44	28.49	330.42	29.14	-11.98	-3.63
折旧、摊销和租赁费用	95.94	8.58	96.76	8.53	-0.82	-0.85
业务及管理费合计	1,117.86	100.00	1,133.75	100.00	-15.89	-1.40

2023年末，招商银行员工数量为11.65万人，同比增长3%；营业网点（分支机构）个数为1,924个，同比增长1.3%；人均薪酬为57.42万元，同比增长1.7%；人均费用为95.9万元，同比下降4.6%；点均业务及管理费为5,810.1万元，同比下降2.8%（见表20）。

表20　　人均薪酬及产值情况

	2023年	2022年	增加量	变动率（%）
员工数（人）	116,529	112,999	3,530	3.00
营业网点数（个）	1,924	1,899	25	1.30
人均薪酬（万元）	57.42	56.46	1.00	1.70
人均费用（万元）	95.90	100.30	-4.40	-4.60
人均产值（万元）	291.00	305.10	-14.10	-4.80
点均业务及管理费（万元）	5,810.10	5,970.20	-160.20	-2.80

（四）金融科技及产品创新

1. 金融科技

2023年，招商银行持续加大对金融科技的投入，提升金融科技在各项业务领域的应用广度，实现全面上云，“系统全面上云工程”获得中国人民银行金融科技发展奖一等奖，启动大模型生态建设，搭建大模型体验平台并接入多个国内主流大模型。

该行将“做优金融科技，加快全面数字化建设”作为五大战略重点之一，围绕“线上化、数据化、智能化、平台化、生态化”的目标，推动金融基础设施与能力体系、客户与渠道、业务与产品、管理与决策的数字化重塑。积极探索“AI+金融”新模式，推动人工智能陈给招行智慧更重要的组成部分。

2. 产品创新

2023年，招商银行在多个业务领域加强产品创新。科技金融业务方面，推出专属融资产品“科创贷”；交易银行业务方面，聚焦企业财资管理、销售和采购三个经营场景，加大产品创新，深化生态链接；资产管理业务方面，加大产品创新力度，基于市场需求，先后落地主打优质资产配置的20个投资策略等。

三、社会责任分析

（一）公司治理

2023 年，招商银行董事会共有 15 名董事，其中非执行董事 7 名，执行董事 2 名，独立非执行董事 6 名；监事会共有 9 名监事，其中股东监事 3 名（其中一名已于 2024 年年初卸任），外部监事 3 名，职工监事 3 名。

信息披露方面，该行根据境内外监管规则建立比较健全的信息披露管理制度体系，为统筹集团的信息披露工作提供制度保障和依据。在《招商银行股份有限公司信息披露事务管理制度》和《招商银行股份有限公司内幕信息及知情人管理制度》中，详细规定包括内幕信息在内的重大信息披露内控制度和管理措施，并根据具体工作需要建立一系列针对性工作机制和流程，确保内外部信息高效、有序、保密地传递，最大程度地保障信息披露的合规运作。

投资者关系方面，该行在 2023 年现场举行过一次年度股东大会，通过现场 + 视频方式举办一次年度业绩发布会、一次中期业绩交流会和两次季度业绩交流会，其中年度业绩发布会共有超过 4,000 名投资者、分析师和媒体参会。此外，招商银行全面恢复线下路演活动，由高级管理人员率队赴全球各地开展境外路演和部分省市开展境内路演，向投资者深入介绍公司的投资价值。招商银行参加 48 家投行券商投资策略会，接待 102 批线上调研，会见 1,200 余家机构投资者；接听数百通投资者电话，处理投资者在公司各主页的留言数百条。

（二）社会绩效

1. 乡村振兴

2023 年，招商银行积极支持全面推进乡村振兴，加大涉农贷款投放，促进城乡融合发展。该行 2023 年末涉农贷款余额为 2,692.82 亿元，较上年末增长 15.43%。该行持续推进乡村振兴定点帮扶工作，围绕“教育铺路、医疗保障、产业支撑、人居打造”的总体思路，聚焦产业、教育、医疗、生态和人才等领域，对云南武定、永仁两线实施帮扶项目 65 个，直接投入帮扶资金 5,458 万元。

2. 普惠金融

2023 年，招商银行贯彻落实支持小微企业的政策导向，在保持资产质量稳定、强化合规管理的前提下，稳步提升金融服务实体经济的质效。该行 2023 年末普惠型小微企业贷款余额为 8,042.79 亿元，较上年末增加 1,259.30 亿元，增幅为 18.56%，高于整体贷款增速 10.77 个百分点；普惠型小微企业有贷款余额户数为 100.45 万户，较上年末增加 1.38 万户。全年共发放普惠型小微企业贷款 6,028.21 亿元，平均利率为 4.48%，同比下降 67 个基点。

3. 员工及机构情况

2023 年末，招商银行在职员工有 116,529 人，其中女性员工 66,655 人，占比为 57.2%，较上年上升 0.50 个百分点（见表 21）。

（1）员工人数及结构

表 21　　员工总数和性别结构

	2023 年	2022 年	增加量	变动率（%）
员工总数（人）	116, 529	112, 999	3, 530	3. 00
女性员工占比（%）	57. 20	56. 70	0. 50	0. 90

（2）员工培训

在员工培训方面，招商银行创新分层培训体系，采用线上线下相结合的多元化培训方式，满足不同层级员工职业成长需求，推动专业能力建设。

（3）机构情况

截至 2023 年末，招商银行总行及下属机构三个，分别为总行、信用卡中心和资金运营中心；境内分行共有 45 个，境内营业网点 1, 924 家，其中农村及县域地区营业网点 128 家，社区及小微支行 134 家；境外分行 6 家，分别在香港、纽约、新加坡、卢森堡、伦敦和悉尼；主要子公司有招商永隆银行、招银金租、招银国际、招银理财、招银基金、招商信诺资管和招银欧洲。

4. 客户服务

2023 年，招商银行客户服务广度和深度持续加大，截至 2023 年末，该行服务的公司客户总数达 282. 06 万户，较上年末增长 11. 66%，在各项细分业务上提升客户服务效率和服务体验，做好客户延伸，完善客户服务体系，推进客户服务尊老化、适老化和无障碍化改造。

（三）环境绩效

1. 绿色金融

2023 年，招商银行发布“招商银行绿色金融”品牌，陪伴企业绿色发展，实现绿色价值创造，将绿色金融纳入公司金融发展的主要方向，构建绿色金融服务体系，助力实现“双碳”目标，持续加大绿色金融供给。截至 2023 年末，该行绿色贷款余额为 4, 477. 65 亿元，较上年末增长 26%。2023 年，该行共投放碳挂钩贷款 3. 7 亿元，并通过子公司招银金租绿色租赁业务投放 547. 21 亿元，占该子公司总投放额的 49. 67%。

2. 绿色运营

2023 年，招商银行对标国际通用标准，对全行超 1, 900 家机构过往三年的所有碳排放源进行了全面排查，明确各机构能源管理机制及消耗情况，并基于结果制定减排措施，从能源、水资源、纸张和废弃物等多方面的管理出发，推动运营的绿色转型。

年报四　兴业银行2023年度报告分析

一、基本情况

兴业银行股份有限公司（以下简称兴业银行）成立于1988年8月，总行设在福建省福州市，是经国务院、中国人民银行批准成立的首批股份制商业银行之一，2007年在上海证券交易所挂牌上市。

截至2023年末，该行前三大股东分别为：福建省金融投资有限公司、中国烟草总公司、中国人民财产保险股份有限公司，持股数量分别为35.12亿股、11.10亿股、9.48亿股，持股比例分别为16.91%、5.34%、4.56%。

截至2023年末，该行总资产为10.16万亿元，营业收入为2,108.31亿元，净利润为776.54亿元，贷款和垫款总额为5.33万亿元，不良贷款率为1.07%。

二、业务经营分析

（一）资产分析

2023年末，兴业银行资产总额为10.16万亿元，同比增长9.62%（见表1）。资产规模增长较快，主要是由同业往来资产、贷款和垫款、其他资产增长拉动所致。

表1　　资产规模及构成

	2023年		2022年		增加额（亿元）	变动率（%）
	金额（亿元）	占比（%）	金额（亿元）	占比（%）		
现金及存放中央银行款项	4,185.69	4.12	4,424.03	4.77	-238.34	-5.39
同业往来资产	7,491.43	7.37	5,026.94	5.42	2,464.49	49.03
贷款和垫款	53,334.83	52.50	48,698.79	52.55	4,636.04	9.52
证券投资	33,393.47	32.87	31,623.87	34.13	1,769.60	5.60
其他资产	3,177.84	3.13	2,893.08	3.12	284.76	9.84
资产总计	101,583.26	100.00	92,666.71	100.00	8,916.55	9.62

1. 贷款和垫款

2023年末，兴业银行客户贷款和垫款净额为5.33万亿元，占资产总额的52.50%，同比增长9.52%。

（1）企业及个人贷款和垫款

2023年末，兴业银行贷款和垫款总额（含利息）为5.48万亿元（见表2）。其中，公司类贷款和垫款为3.48万亿元，同比增长15.81%，占贷款和垫款总额的63.63%；个人贷款和垫款为1.98万亿元，同比增长0.12%，占贷款和垫款总额的36.09%，公司类贷款和垫款规模显著增长。

表2　　企业及个人贷款和垫款

	2023年		2022年		增加额（亿元）	变动率（%）
	金额（亿元）	占比（%）	金额（亿元）	占比（%）		
公司类贷款和垫款	34,845.63	63.63	30,089.80	60.23	4,755.83	15.81
—贷款	31,648.14	57.79	26,314.13	52.67	5,334.01	20.27
—票据贴现	3,197.49	5.84	3,775.67	7.56	-578.18	-15.31
个人贷款和垫款	19,763.72	36.09	19,739.07	39.51	24.65	0.12
—个人信用卡	4,016.33	7.33	4,527.72	9.06	-511.39	-11.29
—个人住房贷款	10,759.15	19.65	10,973.24	21.96	-214.09	-1.95
—其他	4,988.24	9.11	4,238.11	8.48	750.13	17.70
加：应计利息	151.12	0.28	130.75	0.26	20.37	15.58
贷款和垫款总额	54,760.47	100.00	49,959.62	100.00	4,780.48	9.59
减：减值准备	1,425.64	—	1,260.83	—	164.81	13.07
贷款和垫款净额	53,334.83	—	48,698.79	—	4,636.04	9.52

（2）贷款和垫款期限结构

2023年末，兴业银行未到期贷款和垫款中，客户贷款和垫款期限在一个月到三个月、三个月到一年、一年到五年以及五年以上的余额分别为0.48万亿元、1.29万亿元、1.54万亿元和2.98万亿元，分别占贷款和垫款总额的6.82%、18.57%、22.07%和42.76%（见表3）。其中，一个月至三个月期限的增速相对较快，增幅为27.06%；一个月内期限的降幅相对较大，为6.04%。

表3　　贷款和垫款期限结构

	2023年		2022年		增加额（亿元）	变动率（%）
	余额（亿元）	占比（%）	余额（亿元）	占比（%）		
1个月内	5,995.41	8.60	6,380.70	10.00	-385.29	-6.04
1~3个月	4,756.09	6.82	3,743.12	5.86	1,012.97	27.06
3个月~1年	12,942.72	18.57	13,110.69	20.54	-167.97	-1.28
1~5年	15,379.03	22.07	13,785.72	21.60	1,593.31	11.56
5年以上	29,797.80	42.76	25,969.84	40.68	3,827.96	14.74
逾期（无期限）	819.76	1.18	844.32	1.32	-24.56	-2.91
发放贷款和垫款合计	69,690.81	100.00	63,834.39	100.00	5,856.42	9.17

（3）不良贷款

截至2023年末，兴业银行不良贷款余额为584.91亿元，同比增长7.35%；不良贷款率为1.07%，较上年下降0.02个百分点（见表4）。其中，损失类贷款较上年出现明显增长，增速为80.59%；正常类贷款余额为5.32万亿元，占各项贷款的97.38%，较上年下降0.04个百分点；关注类贷款余额为844.49亿元，占比为1.55%。

表4　　　　贷款五级分类

	2023年		2022年		增加额（亿元）	变动率（%）
	金额（亿元）	占比（%）	金额（亿元）	占比（%）		
正常类贷款	53,179.95	97.38	48,543.84	97.42	4,636.11	9.55
关注类贷款	844.49	1.55	740.15	1.49	104.34	14.10
不良类贷款	584.91	1.07	544.88	1.09	40.03	7.35
—次级类贷款	231.51	0.42	209.51	0.42	22.00	10.50
—可疑类贷款	114.41	0.21	203.03	0.41	-88.62	-43.65
—损失类贷款	238.99	0.44	132.34	0.27	106.65	80.59
贷款合计	54,609.35	100.00	49,828.87	100.00	4,780.48	9.59

2. 金融投资

2023年末，兴业银行金融投资总额为3.34万亿元，占资产总额的32.87%，同比增长5.60%。

其中，该行债券投资中持有的政府债、金融债及企业债余额分别为1.27万亿元、0.24万亿元和0.46万亿元，政府债及金融债增长明显（见表5）。

表5　　　　金融投资构成

	2023年		2022年		增加额（亿元）	变动率（%）
	金额（亿元）	占比（%）	金额（亿元）	占比（%）		
政府债	12,742.12	50.63	11,315.20	47.90	1,426.92	12.61
金融债	2,427.59	9.65	1,893.02	8.01	534.57	28.24
企业债	4,597.61	18.27	4,554.54	19.28	43.07	0.95
其他	5,397.98	21.45	5,859.99	24.81	-462.01	-7.88
合计	25,165.30	100.00	23,622.75	100.00	1,542.55	6.53

3. 同业往来资产

2023年末，兴业银行的同业往来资产共计7,491.43亿元，同比增长49.03%（见表6）。其中，存放同业款项为1,859.06亿元，同比增长97.53%，占同业往来资产比重增至24.82%。拆出资金为3,631.72亿元，同比增长3.16%，占同业往来资产比重降至48.48%。年度新增买入返售金融资产2,000.65亿元，相比上一年大幅增加，同比增长253.87%。

表6　　同业往来资产构成

	2023年		2022年		增加额（亿元）	变动率（%）
	金额（亿元）	占比（%）	金额（亿元）	占比（%）		
存放同业	1, 859. 06	24. 82	941. 14	18. 72	917. 92	97. 53
拆出资金	3, 631. 72	48. 48	3, 520. 43	70. 03	111. 29	3. 16
买入返售款项	2, 000. 65	26. 71	565. 37	11. 25	1, 435. 28	253. 87
合计	7, 491. 43	100. 00	5, 026. 94	100. 00	2, 464. 49	49. 03

（二）负债分析

2023年末，兴业银行负债总额为9. 35万亿元，同比增长9. 89%（见表7），向中央银行借款和同业往来负债增速分别为224. 52%和15. 93%。

表7　　负债规模及构成

	2023年		2022年		增加额（亿元）	变动率（%）
	金额（亿元）	占比（%）	金额（亿元）	占比（%）		
向中央银行借款	3, 070. 64	3. 28	946. 21	1. 11	2, 124. 43	224. 52
同业往来负债	26, 190. 40	28. 01	22, 591. 48	26. 55	3, 598. 92	15. 93
客户存款	52, 170. 64	55. 79	47, 887. 54	56. 28	4, 283. 10	8. 94
应付债券	10, 295. 25	11. 01	11, 580. 07	13. 61	-1, 284. 82	-11. 10
其他负债	1, 779. 14	1. 90	2, 088. 43	2. 45	-309. 29	-14. 81
负债总计	93, 506. 07	100. 00	85, 093. 73	100. 00	8, 412. 34	9. 89

1. 同业往来负债

2023年末，兴业银行同业往来负债总额为2. 62万亿元，同比增长15. 93%（见表8）。其中，同业和其他金融机构存放款项为1. 85万亿元，同比增长13. 80%，占同业往来负债的70. 75%，占比较上年下降1. 32个百分点；拆入资金为0. 35万亿元，占同业往来负债的13. 34%，占比较上年提高1. 07个百分点。

表8　　同业往来负债构成

	2023年		2022年		增加额（亿元）	变动率（%）
	金额（亿元）	占比（%）	金额（亿元）	占比（%）		
同业存放	18, 529. 78	70. 75	16, 282. 54	72. 07	2, 247. 24	13. 80
拆入资金	3, 494. 94	13. 34	2, 772. 68	12. 27	722. 26	26. 05
卖出回购	4, 165. 68	15. 91	3, 536. 26	15. 65	629. 42	17. 80
合计	26, 190. 40	100. 00	22, 591. 48	100. 00	3, 598. 92	15. 93

2. 吸收存款

2023年末，兴业银行吸收存款余额为5. 22万亿元（见表9），同比增长8. 94%。从客户结构看，该行公司存款多于个人存款，公司存款余额为3. 30万亿元，同比下降0. 07%，占存款总额的比重为63. 25%；个人存款余额为1. 36万亿元，同比增长24. 92%，占存款总额的比重为 25. 99%。

表 9　　　　存款客户结构

	2023 年		2022 年		增加额（亿元）	变动率（%）
	金额（亿元）	占比（%）	金额（亿元）	占比（%）		
公司存款	32, 996. 70	63. 25	33, 019. 63	68. 95	-22. 93	-0. 07
个人存款	13, 560. 57	25. 99	10, 855. 33	22. 67	2, 705. 24	24. 92
其他存款	5, 613. 37	10. 76	4, 012. 58	8. 38	1, 600. 79	39. 89
合计	52, 170. 64	100. 00	47, 887. 54	100. 00	4, 283. 10	8. 94

从存款定活结构看，该行其他存款较上年快速增长，增速为 39. 89%，占比为 10. 76%；活期存款增速相对较慢，同比增长 3. 82%（见表 10）。

表 10　　　　存款定活结构

	2023 年		2022 年		增加额（亿元）	变动率（%）
	金额（亿元）	占比（%）	金额（亿元）	占比（%）		
活期存款	18, 472. 06	35. 41	17, 792. 73	37. 16	679. 33	3. 82
定期存款	28, 085. 21	53. 83	26, 082. 23	54. 47	2, 002. 98	7. 68
其他存款	5, 613. 37	10. 76	4, 012. 58	8. 38	1, 600. 79	39. 89
合计	52, 170. 64	100. 00	47, 887. 54	100. 00	4, 283. 10	8. 94

3. 已发行债务证券

2023 年末，兴业银行应付债券余额为 1. 03 万亿元，同比下降 11. 10%（见表 11）。其中，已发行同业存单为 6, 163. 03 亿元，同比减少 1, 369. 73 亿元，下降 18. 18%；存款证为 123. 66 亿元，同比增加 35. 86 亿元，增长 40. 84%。

表 11　　　　应付债券结构

	2023 年		2022 年		增加额（亿元）	变动率（%）
	金额（亿元）	占比（%）	金额（亿元）	占比（%）		
金融债券	1, 816. 11	17. 64	1, 834. 60	15. 84	-18. 49	-1. 01
二级资本债	1, 517. 84	14. 74	1, 517. 80	13. 11	0. 04	0. 00
同业存单	6, 163. 03	59. 86	7, 532. 76	65. 05	-1, 369. 73	-18. 18
存款证	123. 66	1. 20	87. 80	0. 76	35. 86	40. 84
可转换公司债券	497. 83	4. 84	483. 07	4. 17	14. 76	3. 06
长期次级债	2. 24	0. 02	—	—	—	—
非公开定向债务融资工具	—	—	10. 26	0. 09	—	—
公司债券	116. 82	1. 13	104. 61	0. 90	12. 21	11. 67
超短期融资券	10. 03	0. 10	—	—	—	—
中期票据	14. 31	0. 14	9. 17	0. 08	5. 14	56. 05
资产支持证券	33. 38	0. 32	—	—	—	—
合计	10, 295. 25	100. 00	11, 580. 07	100. 00	-1, 284. 82	-11. 10

（三）收入、支出及利润

1. 利润分析

（1）利润

2023 年，兴业银行营业利润为 841.40 亿元（见表 12），利润总额为 843.29 亿元，净利润为 776.54 亿元，同比分别下降 20.74%、20.61% 和 15.97%。

表 12　　利润表

	2023 年（亿元）	2022 年（亿元）	增加额（亿元）	变动率（%）
营业收入	2,108.31	2,223.74	-115.43	-5.19
营业支出	1,266.91	1,162.12	104.79	9.02
营业利润	841.40	1,061.62	-220.22	-20.74
加：营业外收入	3.28	2.27	1.01	44.49
减：营业外支出	1.39	1.68	-0.29	-17.26
利润总额	843.29	1,062.21	-218.92	-20.61
减：所得税费用	66.75	138.07	-71.32	-51.65
净利润	776.54	924.14	-147.60	-15.97

（2）拨备前利润情况

2023 年，兴业银行年度计提资产减值（包含信用减值）为 611.78 亿元（见表 13），同比增长 25.83%，考虑计提资产减值因素，该行 2023 年拨备前利润总额为 1,455.07 亿元，同比下降 6.03%。

表 13　　拨备前利润

	2023 年（亿元）	2022 年（亿元）	增加额（亿元）	变动率（%）
利润总额	843.29	1,062.21	-218.92	-20.61
本年计提资产减值（包含信用减值）	611.78	486.20	125.58	25.83
拨备前利润	1,455.07	1,548.41	-93.34	-6.03

2. 收入分析

2023 年，兴业银行实现营业收入为 2,108.31 亿元，同比减少 5.19%（见表 14）。其中，利息净收入为 1,465.03 亿元，占比为 69.49%，同比增长 0.85%；手续费及佣金净收入为 277.55 亿元，占比为 13.16%，同比下降 38.38%；投资净收益占比为 14.56%，同比增长 1.58%；其他收入占比 2.79%，同比增长 219.59%。

表 14　　营业收入构成

	2023 年		2022 年		增加额（亿元）	变动率（%）
	金额（亿元）	占比（%）	金额（亿元）	占比（%）		
利息净收入	1,465.03	69.49	1,452.73	65.33	12.30	0.85
手续费及佣金净收入	277.55	13.16	450.41	20.25	-172.86	-38.38

续表

	2023 年		2022 年		增加额（亿元）	变动率（%）
	金额（亿元）	占比（%）	金额（亿元）	占比（%）		
投资净收益	306.99	14.56	302.22	13.59	4.77	1.58
其他收入	58.74	2.79	18.38	0.83	40.36	219.59
合计	2,108.31	100.00	2,223.74	100.00	-115.43	-5.19

（1）利息收入与支出

2023 年，兴业银行实现利息收入 3,490.79 亿元，同比增长 6.19%（见表 15）。该行存放中央银行款项收入为 57.95 亿元，同比增长 2.46%；投资性利息收入为 814.50 亿元，同比增长 6.81%；同业往来利息收入为 203.96 亿元，同比增长 26.23%；客户贷款和垫款利息收入为 2,322.28 亿元，占利息收入之比为 66.53%，同比增长 5.85%。

表 15　　　　利息收入构成

	2023 年		2022 年		增加额（亿元）	变动率（%）
	金额（亿元）	占比（%）	金额（亿元）	占比（%）		
存放中央银行款项	57.95	1.66	56.56	1.72	1.39	2.46
投资性利息收入	814.50	23.33	762.58	23.20	51.92	6.81
同业往来	203.96	5.84	161.58	4.92	42.38	26.23
客户贷款和垫款	2,322.28	66.53	2,193.95	66.74	128.33	5.85
其他	92.10	2.64	112.79	3.43	-20.69	-18.34
利息收入合计	3,490.79	100.00	3,287.46	100.00	203.33	6.19

2023 年，该行利息支出为 2,025.76 亿元，同比增长 10.41%（见表 16）。其中，同业往来支出为 535.57 亿元，同比增长 19.70%；吸收存款利息支出为 1,129.09 亿元，同比增长 8.88%；应付债券利息支出为 302.10 亿元，同比下降 5.69%。

表 16　　　　利息支出构成

	2023 年		2022 年		增加额（亿元）	变动率（%）
	金额（亿元）	占比（%）	金额（亿元）	占比（%）		
向中央银行借款	50.43	2.49	24.95	1.36	25.48	102.12
同业往来	535.57	26.44	447.41	24.39	88.16	19.70
吸收存款	1,129.09	55.74	1,037.03	56.52	92.06	8.88
应付债券	302.10	14.91	320.33	17.46	-18.23	-5.69
其他	8.57	0.42	5.01	0.27	3.56	71.06
合计	2,025.76	100.00	1,834.73	100.00	191.03	10.41

（2）手续费及佣金净收入

2023 年，兴业银行手续费及佣金净收入为 277.55 亿元，同比下降 38.38%；手续费及佣金收入为 331.19 亿元，同比下降 33.04%（见表 17）。其中，代理类业务收入为 58.31 亿元，同比增长10.90%；结算类业务收入为29.14亿元，同比增长5.01%；咨询类业务收入为52.56亿元，同比下降72.98%。

表17　　手续费及佣金净收入构成

	2023年		2022年		增加额（亿元）	变动率（%）
	金额（亿元）	占比（%）	金额（亿元）	占比（%）		
结算类业务	29.14	8.80	27.75	5.61	1.39	5.01
银行卡业务	118.08	35.65	133.84	27.06	-15.76	-11.78
代理类业务	58.31	17.61	52.58	10.63	5.73	10.90
担保类业务	12.10	3.65	14.08	2.85	-1.98	-14.06
托管类业务	35.49	10.72	35.51	7.18	-0.02	-0.06
交易类业务	4.84	1.46	5.70	1.15	-0.86	-15.09
咨询类业务	52.56	15.87	194.54	39.33	-141.98	-72.98
信托业务手续费	3.70	1.12	5.64	1.14	-1.94	-34.40
租赁业务手续费	2.92	0.88	4.21	0.85	-1.29	-30.64
其他	14.05	4.24	20.77	4.20	-6.72	-32.35
手续费及佣金收入	331.19	100.00	494.62	100.00	-163.43	-33.04
减：手续费及佣金支出	53.64	—	44.21	—	9.43	21.33
手续费及佣金净收入	277.55	—	450.41	—	-172.86	-38.38

3. 支出分析

2023年，兴业银行营业支出为1,266.91亿元，同比增长9.02%（见表18）。其中，资产减值损失为611.78亿元，占比48.29%，同比增长25.83%；营业税金及附加为23.19亿元，同比增长1.80%。

表18　　营业支出构成

	2023年		2022年		增加额（亿元）	变动率（%）
	金额（亿元）	占比（%）	金额（亿元）	占比（%）		
营业税金及附加	23.19	1.83	22.78	1.96	0.41	1.80
业务及管理费	626.08	49.42	648.43	55.80	-22.35	-3.45
资产减值损失	611.78	48.29	486.20	41.84	125.58	25.83
其他业务成本	5.86	0.46	4.71	0.41	1.15	24.42
营业支出合计	1,266.91	100.00	1,162.12	100.00	104.79	9.02

2023年，该行业务及管理费为626.08亿元（见表19），同比下降3.45%。其中，员工费用、折旧及摊销费用和租赁费用分别为380.65亿元、67.85亿元和1.64亿元，在业务及管理费中占比分别为60.80%、10.84%和0.26%。

表 19　　业务及管理费构成

	2023 年		2022 年		增加额（亿元）	变动率（%）
	金额（亿元）	占比（%）	金额（亿元）	占比（%）		
员工费用	380.65	60.80	381.96	58.91	-1.31	-0.34
折旧及摊销费用	67.85	10.84	64.80	9.99	3.05	4.71
租赁费用	1.64	0.26	1.62	0.25	0.02	1.23
其他	175.94	28.10	200.05	30.85	-24.11	-12.05
合计	626.08	100.00	648.43	100.00	-22.35	-3.45

截至2023年末，该行员工总数为6.66万人，同比减少3,271人；营业网点（分支机构）数2,085个。人均薪酬57.18万元，同比增长4.55%（见表20）；人均费用94.05万元，同比增长1.30%；点均业务及管理费3,002.78万元，同比下降4.70%。

表 20　　人均薪酬及产值情况

	2023 年	2022 年	增加量	变动率（%）
员工数（人）	66,569	69,840	-3,271	-4.68
营业网点（分支机构）（个）	2,085	2,058	27	1.31
人均薪酬（万元）	57.18	54.69	2.49	4.55
人均费用（万元）	94.05	92.85	1.20	1.30
人均产值（万元）	316.71	318.40	-1.69	-0.53
点均业务及管理费（万元）	3,002.78	3,150.78	-148.00	-4.70

（四）金融科技及产品创新

1. 金融科技

近三年来，兴业银行贯彻“构建连接一切的能力，打造最佳生态赋能银行”愿景，持续增加科技投入，完成大量基础性、先导性、战略性工作。2023年，公司信息科技投入83.98亿元，同比增长1.78%，占公司营业收入的比重为3.98%。截至2023年末，全行科技人员7,828人，较上年末增长16.85%，占员工总数的比例为13.91%。

组织架构方面，该行设立数字化转型委员会统筹推进数字化转型工作，落实“管运分离”要求，形成“一委三部一院一司”的科技条线组织架构运作体系；科技人才培养方面，完善科技条线人才岗位地图，创新BA（业务分析师）、UE（用户体验师）、低代码等科技应用型人才培养和认证体系，开展“学习—考试—考核”三位一体的全员数字化培训，加快培养具有全局视角的高素质复合型人才。全面推广“BA（业务分析师）+SA（系统分析师）+DA（数据分析师）+UE（用户体验师）”新协同工作机制，有效促进业务、技术、数据与客户服务融合创新；科技应用方面，推进低代码平台“兴魔方”，累计应用超500个。响应国家“人工智能+”行动要求，夯实AI基础服务底座，开放5大类146项AI能力，全面支撑和提升数字经营效能转化，其中AI对话服务从单一智能客服推广到总分行22个场景；发布百亿级大模型ChatCIB，聚焦财富、投资、报告等垂直领域，上线6类数字助手，形成首批AI大模型场景赋能。

2. 产品创新

2023年，兴业银行落地多笔首单、首创绿色金融创新产品，包括CCER市场重启后全国首批CCER项目开发挂钩贷款、全国碳市场首批跨履约周期碳排放权质押融资业务等。推广复制可持续发展挂钩贷款、全国碳配额质押融资等创新业务。落地可持续发展挂钩贷款业务291笔，融资金额87.25亿元；截至2023年末，累计落地41笔全国碳配额质押融资业务，融资金额超7.3亿元。加快数字化转型，上线国内银行业首个双碳管理综合服务平台——双碳管理平台，涵盖企业碳账户、个人碳账户、集团运营碳管理三大功能板块，已为1,700多家企业客户创建“碳账户”，并基于企业碳账户落地碳减排挂钩、碳资产质押业务，个人碳账户开户16万户。

三、社会责任分析

（一）公司治理

兴业银行董事会由11名董事构成（另有2名待核准任职资格的候任董事），包括8名非执行董事（含5名独立非执行董事）和3名执行董事。2023年，公司共召开董事会会议9次，董事会各委员会会议23次，累计审议或听取各项议题231项。公司监事会由6名监事构成，包括1名股东监事、2名职工监事和3名外部监事。2023年，公司共召开监事会会议6次，监事会各委员会会议4次，累计审议或听取各项议题56项，深入了解公司经营管理状况，有效履行各项监督职责。

（二）社会绩效

1. 乡村振兴

2023年，兴业银行坚持金融惠民，常年驻村提供对口金融帮扶服务，累计挂钩帮扶点74个，派出干部52人，同步推进教育帮扶、知识帮扶，不断延伸金融服务外延；坚持金融利民，成立兴业银行慈善基金会，完善“扶贫济困、捐资助学、抗灾救灾”三位一体慈善机制，近十年对外捐赠达5.15亿元。

2. 普惠

2023年，兴业银行进一步丰富普惠产品，加快数字化转型，普惠小微贷款余额5,010亿元，较年初增长23.95%，普惠小微贷款户23.19万户，较年初增长16.9%；涉农贷款余额6,648亿元，较年初增长21.59%；普惠型涉农贷款余额560.84亿元，较年初增长42.63%。该行强化“商投私同”联动，服务科创企业发展，科创金融贷款余额4,532亿元，较年初增长31.88%；合作科创金融客户6.94万户，较年初增长34.33%。聚焦专业批发市场、金融特派员、数字乡村、特色产业四大领域，积极推动资金要素向乡村流动、现代金融服务向乡村延伸（见表21）。

为进一步促进偏远及少数民族地区群众获取金融服务。2023年，该行加大对西藏、青海、宁夏、甘肃、新疆等金融服务匮乏区域普惠金融贷款投放，全面新增普惠贷款近63亿元，惠及当地小微企业贷款客户数近 2, 100 户，全年服务小微企业首次贷款客户超 500 户。

表 21　　服务实体经济情况

	2023 年	2022 年	增加额	变动率（%）
支持战略新兴产业贷款余额（亿元）	4, 063. 14	3, 006. 07	1, 057. 07	35. 16
小微企业贷款余额（亿元）	15, 652. 00	11, 963. 35	3, 688. 65	30. 83
小微企业贷款客户数量（户）	246, 484. 00	212, 079. 00	34, 405. 00	16. 22
民营企业贷款余额（亿元）	13, 056. 98	11, 186. 13	1, 870. 85	16. 72
民营企业贷款客户数量（户）	54, 955. 00	49, 392. 00	5, 563. 00	11. 26
涉农贷款余额（亿元）	6, 647. 60	5, 809. 82	837. 78	14. 42
普惠性涉农贷款余额（亿元）	560. 84	408. 41	152. 43	37. 32
新型农业经营主体贷款余额（亿元）	500. 95	424. 11	76. 84	18. 12

3. 员工及机构情况

（1）员工人数及结构

截至 2023 年末，兴业银行共有员工 6. 66 万人，同比减少 3, 271 人（见表 22、图 1）。

从教育程度看，硕士及以上占比 20. 66%，本科占比 69. 74%。从员工专业构成看，业务类、管理类和保障类员工分别占员工总数的 70. 27%、5. 76% 和 23. 97%。

表 22　　员工情况

员工概况	2023 年	2022 年	增加额	变动率（%）
母公司在职员工的数量（人）	60, 739	63, 853	-3, 114	-4. 88
主要子公司在职员工的数量（人）	5, 830	5, 987	-157	-2. 62
合计	66, 569	69, 840	-3, 271	-4. 68

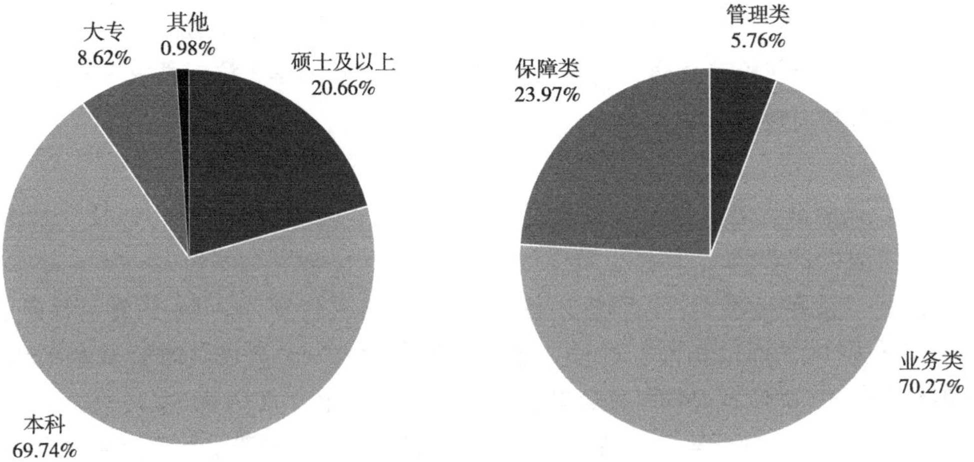

图 1　员工专业构成及教育程度分布

（2）员工培训

兴业银行持续完善员工培训。在制度建设上，修订《兴业银行培训管理办法》，围绕办班管理、质量评估、师课建设、考试认证等，配套制定相关管理办法、细则，培训制度等；在人才培养上，组织开展两期系列重要会议精神“全兴学”，上线 12 个专题考试，参与率均超 97%，覆盖 54, 572 人；举办 26 期新任及资深中基层干部、鸿鹄鲲鹏后备干部人才进修培训班，覆盖 1, 700 余人；2023 年共组织 5, 406 个培训项目，员工培训覆盖率达 96. 36%，员工培训满意度评估均分超 97 分（满分 100 分）；在考试认证上，组织公司近 11 万人次参与各类内部考试，同时鼓励员工积极参加外部专业考试认证，公司员工持有超 70 类专业外部证书，实现“一专多能”学习到“一专多证”认证；在开放办学上，与政府、高校、科研机构、企业、教育培训机构等深度交流合作，加强银校合作，2023 年公司分支机构、子公司与北京大学、清华大学、浙江大学等 13 所重点高校合作办班 25 期。

（3）机构情况

2023 年末，兴业银行持续优化网点布局，增强金融可得性、便利性，营业网点达 2, 085 家，较上年增加 39 家（见表 23）。

表 23　　机构情况

	2023 年	2022 年	增加量	变动率（%）
营业网点数（家）	2, 085	2, 046	39	1. 91
农村地区 ATM、外币兑换机、VTM 等自助设施	5, 184	5, 735	-551	-9. 61
农村及县城营业网点数量	258	252	6	2. 38
智慧网点数量	287	249	38	15. 26

4. 客户满意度

2023 年，兴业银行主要开展以下三类客户满意度调查工作：

①话后满意度调查——主要调查客户对客服代表服务的满意度，面向进线 95561 的客户持续开展，调查率约为接听量的 2. 3%，客户满意率为 99. 94%。

②智能机器人满意度——主要调查客户对客户服务中心整体服务的满意度及对客服代表服务的满意度。2023 年共计外呼客户 25, 732 户，触达率为 43. 23%，调查完成率为 51. 66%，对客户服务中心整体服务满意率为 90. 41%，对客服代表服务满意率为 98. 6%。

③消保服务满意度调研——主要调查客户对营业厅消保服务、大堂经理消保服务、柜面人员消保服务、理财经理消保服务、自助渠道（手机银行、网上银行、ATM 等）消保服务和投诉处理情况满意度等板块，32, 302 人次参与此项调研。公众对该行消费者权益保护满意度评价为 9. 52 分（满分 10 分），客户服务满意度评价为 9. 46 分（满分 10 分）。

（三）环境绩效

1. 绿色金融

兴业银行高度重视绿色金融发展，按照较为积极的原则明确 2023 年全行绿色金融业务主要指标计划，优化集团绿色金融产品体系，优化体制机制建设、加强政策支持、提升专业能力、推动绿色运营、加强绿色金融宣传、持续推进绿色金融数字化转型；在集团绿色业务引导方面，2023 年 6 月 9 日，发布《关于发布绿色金融营销服务指引（2023 年）的通知》，明确年度绿色金融服务的主要方向，包括基本要求、基本目标、重点领域、重点产品等。截至 2023 年末，该行为客户提供绿色融资余额 1. 89 万亿元，较上年末增长 16. 14%。

该行积极实践绿色、低碳的要求，强化对火电、煤炭、钢铁、炼油、铝、铜等高耗能行业风险管控，如钢铁行业提升绿色金融技术标准和要求，将“完成超低排放改造、煤炭减量替代”作为适度合作客户准入条件。2023 年，33 家分行共落地碳减排等可持续发展挂钩贷款业务 291 笔，融资金额共 87. 25 亿元。截至 2023 年末，15 家分行累计落地 41 笔全国碳配额质押融资业务，融资金额超 7. 3 亿元。

截至 2023 年末，该行的人民银行口径绿色贷款余额为 8, 090. 19 亿元，较上年末增长 26. 99%。其中，清洁能源、水资源行业、固废处理等为重点领域。其中，2023 年，获得碳减排支持工具支持的碳减排贷款金额为 251. 61 亿元（见表 24）。

表 24　　绿色贷款所支持的绿色项目环境绩效

指标	2023 年	2022 年	增加额	变动率（%）
可实现年节约标准煤量（万吨）	951. 73	546. 18	405. 55	74. 25
可实现年减排二氧化碳量（万吨）	2, 292. 28	1, 403. 36	888. 92	63. 34
可实现年节水量（万吨）	1, 054. 52	1, 038. 48	16. 04	1. 54
可实现年减排氮氧化物量（万吨）	7. 81	4. 95	2. 86	57. 78
可实现年减排二氧化硫量（万吨）	19. 73	11. 23	8. 50	75. 69
可实现年减排化学需氧量（万吨）	23. 07	18. 60	4. 47	24. 03
可实现年减排氨氮量（万吨）	1. 34	1. 39	-0. 05	-3. 60

2. 绿色运营

公司组织近三千家机构完成 2022 年全年、2023 年全年碳盘查工作，摸清公司碳排放家底，2023 年全年温室气体排放量为 25. 9 万吨，与上年度基本持平（见表 25）。同时，根据 2022 年全年碳盘查结果，印发关于发布公司碳减排目标的通知，发布 2023 年度减碳目标；印发关于开展 2023 年碳盘查工作和落实碳减排任务的通知，为各机构提供节能减排降碳的实施路径。

表 25　　绿色运营情况

指标	2023 年	2022 年	增加额	变动率（%）
温室气体排放总量（吨）	259, 177. 08	255, 560. 57	3, 616. 51	1. 42
单位资产总额碳排放量（吨）（亿元）	2. 55	2. 76	-0. 21	-7. 61
办公耗水总量（万吨）	183. 02	174. 70	8. 32	4. 76
办公用纸总量（吨）	2, 430. 15	3, 082. 95	-652. 80	-21. 17
办公耗电总量（外购电力（兆瓦时））	373, 061. 33	343, 119. 71	29, 941. 62	8. 73
直接能源消耗量 - 公务车耗油总量（升）	2, 789, 299. 30	2, 234, 767. 12	554, 532. 18	24. 81
直接能源消耗量 - 天然气使用总量（立方米）	2, 412, 372. 29	1, 839, 573. 89	572, 798. 40	31. 14

续表

指标	2023年	2022年	增加额	变动率（%）
间接能源消耗总量（兆瓦时）	481,588.31	469,311.66	12,276.65	2.62
组织内部的能源消耗总量（兆瓦时）	533,978.77	512,564.44	21,414.33	4.18
单位资产总额能源消耗总量（兆瓦时（亿元））	5.26	5.53	-0.27	-4.88
有害废弃物总量（吨）	101.60	88.33	13.27	15.02
无害废弃物总量（吨）	2,500.15	3,285.46	-785.31	-23.90
视频会议次数占总会议次数的比例（%）	54.75	55.20	-0.45	-0.82
视频设备覆盖率（%）	72.75	70.97	1.78	2.51

年报五　宁波银行 2023 年度报告分析

一、基本情况

宁波银行股份有限公司（以下简称宁波银行），成立于 1997 年 4 月 10 日，是一家具有独立法人资格的股份制商业银行。总行在浙江省宁波市，公司注册资本为人民币 66 亿元。该行在深圳证券交易所挂牌上市（股票代码：002142），成为国内首批上市的城市商业银行之一。2023 年 9 月被认定为国内系统重要性银行。

截至 2023 年末，该行 A 股持股比例超过 10% 的股东分别为：宁波开发投资集团有限公司，持股数 12.37 亿股，持股比例 18.74%；新加坡华侨银行股份有限公司，持股数 12.34 亿股，持股比例 18.69%；雅戈尔时尚股份有限公司，持股数 6.60 亿股，持股比例 10.00%。

截至 2023 年末，该行资产总额为 2.71 万亿元，营业收入为 615.85 亿元，净利润为 256.09 亿元，发放贷款和垫款为 1.21 万亿元，不良贷款率为 0.76%。

二、业务经营分析

（一）资产分析

2023 年末，宁波银行资产总额为 2.71 万亿元，同比增长 14.60%（见表 1），其中贷款和垫款同比增加 2,029.36 亿元，证券投资同比增加 1,159.04 亿元；其他资产同比增加 21.19 亿元，增长 3.81%。

表 1　资产规模及构成

	2023 年		2022 年		增加额（亿元）	变动率（%）
	金额（亿元）	占比（%）	金额（亿元）	占比（%）		
现金及存放央行款项	1,291.31	4.76	1,170.44	4.95	120.87	10.33
同业往来资产	760.82	2.81	635.63	2.69	125.19	19.70
贷款和垫款	12,137.53	44.76	10,108.17	42.72	2,029.36	20.08
证券投资	12,349.16	45.54	11,190.12	47.29	1,159.04	10.36
其他资产	577.80	2.13	556.61	2.35	21.19	3.81
资产总计	27,116.62	100.00	23,660.97	112.58	3,455.65	14.60

1. 贷款和垫款

（1）企业及个人贷款和垫款

2023年末，宁波银行客户贷款和垫款净额为1.21万亿元，占资产总额的44.65%，同比增长20.08%（见表2）。其中，公司类贷款和垫款为0.75万亿元，同比增长13.86%，占比为59.32%，公司类贷款中一般企业贷款部分规模显著增长；个人类贷款和垫款为0.51万亿元，同比增长29.64%，占比为40.36%。

表2　　企业及个人贷款和垫款

	2023年		2022年		增加额（亿元）	变动率（%）
	金额（亿元）	占比（%）	金额（亿元）	占比（%）		
公司类贷款和垫款	7,455.21	59.32	6,547.72	62.39	907.49	13.86
—企业贷款	6,482.65	51.58	5,522.83	52.62	959.82	17.38
—贸易融资	130.04	1.03	131	1.25	-0.96	-0.73
—票据贴现	842.52	6.70	893.89	8.52	-51.37	-5.75
个人贷款和垫款	5,071.97	40.36	3,912.3	37.28	1,159.67	29.64
—个人经营性贷款	989.48	7.87	835.99	7.97	153.49	18.36
—个人消费贷款	3,209.58	25.54	2,433.48	23.19	776.1	31.89
—个人住房贷款	872.91	6.95	642.83	6.12	230.08	35.79
加：应计利息	40.74	0.32	35.39	0.34	5.35	15.12
贷款和垫款总额	12,567.92	100.00	10,495.41	100.00	2,067.16	19.70
减：减值准备	430.39	—	387.24	—	43.15	11.14
贷款和垫款净额	12,137.53	—	10,108.17	—	2,029.36	20.08

（2）贷款和垫款期限结构

2023年末，宁波银行未到期贷款和垫款中，剩余期限在一年以内、一年到五年及五年以上余额分别为8,574.58亿元、3,144.51亿元和2,542.11亿元，分别占贷款和垫款的59.64%、21.87%和17.68%（见表3），期限在一年以内的贷款和垫款余额增长较快，同比增长63.62%。

表3　　贷款和垫款期限结构

	2023年		2022年		增加额（亿元）	变动率（%）
	余额（亿元）	占比（%）	余额（亿元）	占比（%）		
已逾期	116.84	0.81	84.62	0.82	32.22	38.08
一年以内	8,574.58	59.64	5,240.41	50.75	3,334.17	63.62
1～5年	3,144.51	21.87	2,938.77	28.46	205.74	7.00
5年以上	2,542.11	17.68	2,061.24	19.96	480.87	23.33
合计	14,378.04	100.00	10,325.04	100.00	4,053.00	39.25

注：据该行年报，表中数据为未经折现的合同现金流量。

（3）不良贷款

2023 年末，宁波银行不良贷款余额为 94.99 亿元，同比增长 21.07%；不良贷款率为 0.76%，占比上升 0.01 个百分点（见表 4）。其中，损失类贷款较上年出现明显增长，增速为 129.88%；正常类贷款余额为 1.24 万亿元，同比增长 19.67%，占各项贷款之比为 98.59%；关注类贷款余额为 81.06 亿元，同比增长 34.12%，占比为 0.65%。贷款拨备率为 3.50%，同比下降 0.29%。拨备覆盖率为 461.04%，同比下降 43.86 个百分点。

表 4　　贷款五级分类

	2023 年		2022 年		增加额（亿元）	变动率（%）
	金额（亿元）	占比（%）	金额（亿元）	占比（%）		
正常类贷款	12, 351. 13	98. 59	10, 321. 12	98. 67	2, 030. 01	19. 67
关注类贷款	81. 06	0. 65	60. 44	0. 58	20. 62	34. 12
不良类贷款	94. 99	0. 76	78. 46	0. 75	16. 53	21. 07
—次级类贷款	12. 56	0. 10	25. 46	0. 24	－12. 90	－50. 67
—可疑类贷款	42. 27	0. 34	35. 53	0. 34	6. 74	18. 97
—损失类贷款	40. 16	0. 32	17. 47	0. 17	22. 69	129. 88
合计	12, 527. 18	100. 00	10, 460. 02	100. 00	2, 067. 16	19. 76

2. 证券投资

2023 年末，宁波银行证券投资总额为 1.23 万亿元，占资产总额的 45.54%，同比增长 10.36%（见表 5）。2023 年末，该行持有政府债、金融债、企业债券及其他债券余额分别为 6,236.59 亿元、1,074.96 亿元、1,900.63 亿元和 3,136.98 亿元，同比分别增长 14.52%、增长 94.27%、增长 29.77%、下降 15.82%。

表 5　　证券投资发行主体构成

	2023 年		2022 年		增加额（亿元）	变动率（%）
	金额（亿元）	占比（%）	金额（亿元）	占比（%）		
政府债	6, 236. 59	63. 36	5, 445. 76	66. 43	790. 83	14. 52
金融债	1, 074. 96	10. 92	553. 34	6. 75	521. 62	94. 27
企业债	1, 900. 63	19. 31	1, 464. 64	17. 87	435. 99	29. 77
其他	3, 136. 98	25. 40	3, 726. 38	33. 30	－589. 40	－15. 82
合计	12, 349. 16	100. 00	11, 190. 12	100. 00	1, 159. 04	10. 36

3. 同业往来资产

2023 年末，宁波银行同业往来资产共计 760.82 亿元，同比增长 19.70%（见表 6）。其中，存放同业款项为 262.90 亿元，同比增长 22.87%，主要是由存放境内银行款项规模增加所致。拆出资金为 405.41 亿元，同比增长 33.64%；买入返售金融资产为 92.51 亿元，同比下降 21.80%，占比为 12.16%。

表6　　同业往来资产构成

	2023年		2022年		增加额（亿元）	变动率（%）
	金额（亿元）	占比（%）	金额（亿元）	占比（%）		
存放同业	262.90	34.55	213.96	33.66	48.94	22.87
拆出资金	405.41	53.29	303.37	47.73	102.04	33.64
买入返售款项	92.51	12.16	118.30	18.61	-25.79	-21.80
合计	760.82	100.00	635.63	100.00	125.19	19.70

（二）负债分析

2023年末，宁波银行负债总额为2.51万亿元，同比增长14.19%（见表7），主要是向中央银行借款、同业往来负债和客户存款增长所致，同比分别增长66.87%、26.99%和21.23%。

表7　　负债规模及构成

	2023年		2022年		增加额（亿元）	变动率（%）
	金额（亿元）	占比（%）	金额（亿元）	占比（%）		
向中央银行借款	1,091.89	4.35	654.35	2.98	437.54	66.87
同业往来负债	3,878.77	15.46	3,054.51	13.90	824.26	26.99
客户存款	15,885.36	63.30	13,103.05	59.63	2,782.31	21.23
应付债券	3,710.83	14.79	4,368.45	19.88	-657.62	-15.05
其他负债	527.67	2.10	795.35	3.62	-267.68	-33.66
负债总计	25,094.52	100.00	21,975.71	100.00	3,118.81	14.19

1. 同业往来负债

2023年末，宁波银行同业往来负债总额为3,878.77亿元，同比增长26.99%（见表8）。其中，同业和其他金融机构存放款项为821.22亿元，同比下降7%，占同业往来负债的21.17%，占比较上年末下降7.74个百分点。拆入资金为1,831.14亿元，同比增长67.83%，占同业往来负债的47.21%，占比较上年末上升11.49个百分点。卖出回购为1,226.41亿元，同比增长13.51%，占比为31.62%。

表8　　同业往来负债构成

	2023年		2022年		增加额（亿元）	变动率（%）
	金额（亿元）	占比（%）	金额（亿元）	占比（%）		
同业存放	821.22	21.17	883.07	28.91	-61.85	-7.00
拆入资金	1,831.14	47.21	1,091.04	35.72	740.10	67.83
卖出回购	1,226.41	31.62	1,080.40	35.37	146.01	13.51
合计	3,878.77	100.00	3,054.51	100.00	824.26	26.99

2. 吸收存款

2023年末，宁波银行吸收存款余额为1.59万亿元（见表9），同比增长21.23%。从客户结构看，公司存款多于个人存款，公司存款余额为1.09万亿元，同比增长15.63%，占存款总额的68.73%；个人存款为0.41万亿元，同比增长46.23%，占存款总额的26.04%。

表9　　存款客户结构

	2023年		2022年		增加额（亿元）	变动率（%）
	金额（亿元）	占比（%）	金额（亿元）	占比（%）		
公司存款	10,917.66	68.73	9,441.80	72.06	1,475.86	15.63
个人存款	4,135.91	26.04	2,828.33	21.59	1,307.58	46.23
其他存款	831.79	5.24	832.92	6.36	-1.13	-0.14
合计	15,885.36	100.00	13,103.05	100.00	2,782.31	21.23

2023年末，该行活期存款与定期存款规模占比分别为31.60%和63.17%（见表10），定期存款增速相对较快。

表10　　存款定活结构

	2023年		2022年		增加额（亿元）	变动率（%）
	金额（亿元）	占比（%）	金额（亿元）	占比（%）		
活期存款	5,019.38	31.60	4,657.42	35.54	361.96	7.77
定期存款	10,034.19	63.17	7,612.71	58.10	2,421.48	31.81
其他存款	831.79	5.24	832.92	6.36	-1.13	-0.14
合计	15,885.36	100.00	13,103.05	100.00	2,782.31	21.23

3. 应付债券

2023年末，宁波银行应付债券余额为3,710.83亿元，同比增长15.05%（见表11）。其中，发行应付金融债券为739.91亿元，同比下降19.35%；应付同业存单为2,434.96亿元，同比增长24.23%。

表11　　应付债券结构

	2023年		2022年		增加额（亿元）	变动率（%）
	金额（亿元）	占比（%）	金额（亿元）	占比（%）		
应付金融债券	739.91	19.94	619.93	14.19	-119.98	-19.35
应付二级资本债券	514.92	13.88	514.92	11.79	0.00	0.00
应付同业存单	2,434.96	65.62	3,213.58	73.56	778.62	24.23
应计利息	21.04	0.57	20.02	0.46	-1.02	-5.09
合计	3,710.83	100.00	4,368.45	100.00	657.62	15.05

（三）收入、支出及利润

1. 利润分析

（1）利润

2023年，宁波银行营业利润为280.28亿元（见表12），同比增长10.38%；利润总额为278.98亿元，同比增长10.36%；净利润为256.09亿元，同比增长10.71%。

表12　　利润表

	2023年（亿元）	2022年（亿元）	增加额（亿元）	变动率（%）
营业收入	615.85	578.79	37.06	6.40
营业支出	335.57	324.87	10.70	3.29
营业利润	280.28	253.92	26.36	10.38
加：营业外收入	0.77	0.81	-0.04	-4.94
减：营业外支出	2.07	1.93	0.14	7.25
利润总额	278.98	252.80	26.18	10.36
减：所得税费用	22.89	21.48	1.41	6.56
净利润	256.09	231.32	24.77	10.71

（2）拨备前利润情况

2023年，宁波银行年度计提资产减值（包含信用减值）为89.40亿元（见表13），同比下降14.29%，考虑计提资产减值等因素，拨备前利润总额为368.38亿元，同比增长3.16%。

表13　　拨备前利润

	2023年（亿元）	2022年（亿元）	增加额（亿元）	变动率（%）
利润总额	278.98	252.80	26.18	10.36
本年计提资产减值（包含信用减值）	89.40	104.31	-14.91	-14.29
拨备前利润	368.38	357.11	11.27	3.16

2. 收入分析

2023年，宁波银行实现营业收入615.85亿元，同比增长6.40%（见表14）。其中，利息净收入为409.07亿元，占营业收入的66.42%，同比增长9.02%；手续费及佣金净收入为57.67亿元，占比为9.36%，同比下降22.76%；投资净收益为130.87亿元，占比为21.25%，同比增长15.80%。

表14　　营业收入构成

	2023年		2022年		增加额（亿元）	变动率（%）
	金额（亿元）	占比（%）	金额（亿元）	占比（%）		
利息净收入	409.07	66.42	375.21	64.83	33.86	9.02
手续费及佣金净收入	57.67	9.36	74.66	12.90	-16.99	-22.76
投资净收益	130.87	21.25	113.01	19.53	17.86	15.80
其他	18.24	2.96	15.91	2.75	2.33	14.64
合计	615.85	100.00	578.79	100.00	37.06	6.40

（1）利息收入与支出

2023年，宁波银行利息收入为907.66亿元，同比增长15.29%（见表15）。该行存放中央银行款项利息收入为17.49亿元，同比增长21.37%；投资性利息收入为211.30亿元，同比增长20.29%；同业往来利息收入为22.56亿元，同比增长50.60%；客户贷款和垫款利息收入为597.95亿元，占比为65.88%，同比增长14.63%。

表15　　利息收入构成

	2023年		2022年		增加额（亿元）	变动率（%）
	金额（亿元）	占比（%）	金额（亿元）	占比（%）		
存放中央银行款项	17.49	1.93	14.41	1.83	3.08	21.37
投资性利息收入	211.30	23.28	175.66	22.31	35.64	20.29
同业往来	22.56	2.49	14.98	1.90	7.58	50.60
客户贷款和垫款	597.95	65.88	521.64	66.26	76.31	14.63
其他	58.36	6.43	60.62	7.70	-2.26	-3.73
利息收入合计	907.66	100.00	787.31	100.00	120.35	15.29

2023年，该行利息支出为498.59亿元，同比增长20.99%（见表16）。其中，同业往来支出为77.99亿元，同比增长19.32%；向中央银行借款利息支出为19.33亿元，同比下降17.04%；吸收存款利息支出为305.47亿元，占比为61.27%，同比增长41.21%；应付债券利息支出为94.74亿元，同比下降10.63%。

表16　　利息支出构成

	2023年		2022年		增加额（亿元）	变动率（%）
	金额（亿元）	占比（%）	金额（亿元）	占比（%）		
向中央银行借款	19.33	3.88	23.30	5.65	-3.97	-17.04
同业往来	77.99	15.64	65.36	15.86	12.63	19.32
吸收存款	305.47	61.27	216.32	52.49	89.15	41.21
应付债券	94.74	19.00	106.01	25.72	-11.27	-10.63
其他	1.06	0.21	1.11	0.27	-0.05	-4.50
合计	498.59	100.00	412.10	100.00	86.49	20.99

（2）手续费及佣金净收入

2023年，宁波银行手续费及佣金净收入为57.67亿元，同比下降22.76%；手续费及佣金收入为73.46亿元，同比下降15.37%（见表17）。其中，托管类业务收入为4.01亿元，同比下降15.22%。银行卡业务收入为2.66亿元，同比增长63.19%；代理类业务收入为57.47亿元，同比下降18.32%，占比为78.23%；结算类业务收入为2.83亿元，同比增加0.10亿元，增长3.66%；其他业务收入为0.10亿元，同比减少0.03亿元，余额较上年下降23.08%。

表17　　手续费及佣金净收入构成

	2023年		2022年		增加额（亿元）	变动率（%）
	金额（亿元）	占比（%）	金额（亿元）	占比（%）		
结算类业务	2.83	3.85	2.73	3.15	0.10	3.66
银行卡业务	2.66	3.62	1.63	1.88	1.03	63.19
代理类业务	57.47	78.23	70.36	81.06	-12.89	-18.32
担保类业务	6.09	8.29	6.74	7.76	-0.65	-9.64
托管类业务	4.01	5.46	4.73	5.45	-0.72	-15.22
咨询类业务	0.30	0.41	0.48	0.55	-0.18	-37.50
其他	0.10	0.14	0.13	0.15	-0.03	-23.08
手续费及佣金收入	73.46	100.00	86.80	100.00	-13.34	-15.37
减：手续费及佣金支出	15.79	—	12.14	—	3.65	30.07
手续费及佣金净收入	57.67	—	74.66	—	-16.99	-22.76

3. 支出分析

2023年，宁波银行营业支出为335.57亿元，同比增长3.29%（见表18）。其中，其他业务成本为0.13亿元，同比增长85.71%，占营业支出的0.04%；资产减值损失为89.40亿元，同比下降14.29%，占比为26.64%；营业税金及附加为5.92亿元，同比增长26.77%；业务及管理费支出为240.12亿元，同比增长11.26%。

表18　　营业支出构成

	2023年		2022年		增加额（亿元）	变动率（%）
	金额（亿元）	占比（%）	金额（亿元）	占比（%）		
营业税金及附加	5.92	1.76	4.67	1.44	1.25	26.77
业务及管理费	240.12	71.56	215.82	66.43	24.30	11.26
资产减值损失	89.40	26.64	104.31	32.11	-14.91	-14.29
其他业务成本	0.13	0.04	0.07	0.02	0.06	85.71
营业支出合计	335.57	100.00	324.87	100.00	10.70	3.29

2023年，该行业务及管理费为240.12亿元（见表19）。其中，员工费用和业务费用分别为146.38亿元和68.61亿元，同比分别增长7.25%、19.30%，在业务及管理费中占比分别为60.96%、28.57%。

表19　　业务及管理费构成

	2023年		2022年		增加额（亿元）	变动率（%）
	金额（亿元）	占比（%）	金额（亿元）	占比（%）		
员工费用	146.38	60.96	136.48	63.24	9.90	7.25
业务费用	68.61	28.57	57.51	26.65	11.10	19.30
折旧及摊销费	24.09	10.03	20.89	9.68	3.20	15.32
租赁费	1.04	0.43	0.94	0.44	0.10	10.64
合计	240.12	100.00	215.82	100.00	24.30	11.26

截至2023年末，该行员工总数为29,209人；人均薪酬为52.02万元，同比下降2.42%（见表20）；人均费用为82.21万元，同比增长3.10%。

表20 人均薪酬及产值情况

	2023年	2022年	增加量	变动率（%）
员工数（人）	29,209	27,066	2,143	7.92
人均薪酬（万元）	52.02	53.31	-1.29	-2.42
人均费用（万元）	82.21	79.74	2.47	3.10
人均产值（万元）	210.84	213.84	-3.00	-1.40

（四）金融科技及产品创新

1. 金融科技

2023年，宁波银行通过新成立的体验设计中心推进产品研发与体验设计的全链路融合，在强化科技与业务联动协同的基础上，将客户体验专业化、标准化。依托金融科技和业务的充分联动，全面升级宁波银行APP，将数字化的系统能力、链接能力转化为企业客户经理管理升级的驱动力、个人客户畅想美好生活的助推器。

2. 产品创新

该行聚焦智慧银行的金融科技发展愿景，持续加大投入，依托“十中心”的金融科技组织架构和“三位一体”的科技研发体系，推动金融与科技融合发展，通过金融科技驱动助力商业模式迭代升级，实现为业务赋能、为客户赋能的目标。

三、社会责任分析

（一）公司治理

2023年，宁波银行董事会审议各项议案，听取高级管理层工作汇报，了解公司经营情况，并围绕战略发展、风险管理、内部控制、关联交易管理等事项科学决策，切实维护整体利益和股东的合法权益。监事会积极履行监督职能，对公司经营决策、风险管理、内部控制等进行独立监督。高级管理层自觉接受董事会和监事会的监督，定期向董事会报告全行经营状况，落实董事会和监事会的意见建议，推动全行稳健发展。

投资者关系方面，该行重视与中小股东的沟通和交流，通过召开业绩说明会、接待投资者实地调研、投资者热线、官网投资者关系管理专栏、投资者交流群等多种渠道，充分听取投资者的意见和诉求，保障投资者的知情权、表决权等权益，保持与投资者良好的信任关系。2023年共召开业绩说明会1次，组织接待投资者调研18次（其中，接待机构线上调研11次，线下7次），各类互动交流53次。

在信息披露方面，该行2023年共对外披露公告95份，其中，4份定期报告，91份临时公告。此外，该行多渠道促进投资者互动，接待调研、沟通、采访等活动14场，及时回应投资者关切。

（二）社会绩效

1. 普惠

截至2023年末，宁波银行普惠小微户数为23.31万户，较年初增加4.69万户，普惠小微贷款不良率为1.84%，高于全行各项贷款不良率0.99个百分点。针对小微企业的无还本续贷贷款余额为370.2亿元，较年初增加32.1亿元。截至2023年11月末，该行全行涉农贷款余额超过1,900亿元，较年初增长明显；普惠型涉农贷款快速增长，提前完成全年目标。

2. 养老金融

截至2023年末，宁波银行上线养老储蓄、理财、基金和保险产品超115款，满足各类客户的养老投资需求。此外，该行还上线养老金融规划服务，为客户提供全方位、长周期、一体化的养老金融建议，满足客户多元化、多样化的养老需求。

3. 乡村振兴

宁波银行从乡村地区的教育、产业、基础设施建设等方面推动乡村地区的全面发展，加强与农村社区的联系，帮助乡村地区走上繁荣发展的道路。截至2023年末，该行农村及县域地区营业网点数量为143个；实现乡村振兴项目12项，投入帮扶资金177.42万元，帮助销售农产品292.05万元，帮扶人口数量约0.43万人。

4. 员工及机构情况

（1）员工概况

截至2023年末，宁波银行下辖491家分支机构（不含子公司），其中16家分行，分别为上海、北京、深圳、杭州、南京、苏州、无锡、温州、金华、绍兴、台州、嘉兴、丽水、湖州、衢州、舟山分行；宁波地区245家，其他地区246家。该行在职员工总数为29,209人（见表21），较上年增加2,143人，同比增长7.92%；母公司在职员工总数为26,146人，较上年增加1,871人，同比增长7.71%；主要子公司在职员工总数为3,063人，较上年增加272人，同比上升9.75%。

表21　　员工情况

	2023年	2022年	增加量	变动率（%）
母公司在职员工的数量（人）	26,146	24,275	1,871	7.71
主要子公司在职员工的数量（人）	3,063	2,791	272	9.75
在职员工的数量合计	29,209	27,066	2,143	7.92

（2）员工培训

宁波银行采用五步辅导体系和“四会制”开展新员工培训，以传帮带的方式引导新员工在较短的时间内适应岗位和环境。

5. 客户数量及满意度

2023年末，宁波银行公司客户数为15.15万户，较上年末增加1.62万户；零售客户数

（含借记卡和信用卡客户）为 43.20 万户，较上年末增加 1.49 万户；私人银行客户数为 2.14 万户，较上年末增长 19.55%；信用卡流通数为 587.50 万张，较上年末增长 21.13%（见表 22）。

表 22　　客户数量情况

	2023 年	2022 年	增加额	变动率（%）
公司客户数（万户）	15.15	13.53	1.62	11.97
零售客户数（万户）	43.20	41.71	1.49	3.57
私人银行客户数（万户）	2.14	1.79	0.35	19.55
信用卡流通数（万张）	587.50	485.00	102.50	21.13

从客户满意度来看，该行持续推进信用卡业务转型，展业模式不断迭代创新，更加注重流程体验的优化升级。在客户经营方面，持续推进生态圈建设，依托自主搭建的“美好生活”平台，围绕客户消费热点和区域特点，持续开展差异化、特色化的主题活动，提升客户用卡的满足感和获得感。在私人银行业务方面，围绕客户的“人企家社”做好综合化服务，打造以“专业、稳健”为核心的资产配置方案，满足差异化需求；持续打造专业服务团队，坚持内外联动，整合行内外资源，为客户提供个性化、综合化、生态化的服务体验。

（三）环境绩效

1. 绿色金融

截至 2023 年末，宁波银行承销发行 6 只绿色债券，帮助客户募集资金 30 亿元；该行持有绿色债券余额 27.1 亿元，涉及绿色债券 63 只，持有境外绿色债券总额 2.75 亿美元。全行绿色贷款余额为 386 亿元，较年初增加 148.91 亿元，增长 62.8%，高于各项贷款增速 47.04%，该行绿色信贷投放力度持续加大。

2. 绿色运营

2023 年，宁波银行积极打造无纸化绿色网点：推进柜面业务无纸化与电子印章管理，引导客户使用厅堂自主机具、手机 APP 办理业务，信息登记、协议签署均通过线上电子录入，避免纸张污损、丢失的风险，提升业务办理时效的同时，降低纸张使用量。

年报六　紫金银行2023年度报告分析

一、基本情况

江苏紫金农村商业银行股份有限公司（以下简称紫金银行）成立于2011年3月，总部位于江苏南京，由原南京市区、江宁区、浦口区、六合区的4家信用联社合并组建成立。2019年1月，公司在上海证券交易所上市，成为全国首家A股上市的省会城市农商行。

截至2023年末，该行前三大股东分别为：南京紫金投资集团有限责任公司、江苏省国信集团有限公司、江苏苏豪投资集团有限公司，持股数量分别为3.28亿股、2.68亿股、1.77亿股，占已发行普通股比例分别为8.96%、7.32%、4.82%。

截至2023年末，该行总资产为2,476.64亿元，营业收入为44.20亿元，净利润为16.19亿元，加权平均净资产收益率为9.10%，贷款和垫款总额为1,772.22亿元，不良贷款率为1.16%，资本充足率为14.03%。

二、业务经营分析

（一）资产分析

2023年末，紫金银行资产总额为2,476.64亿元，同比增长10.21%（见表1）。资产规模增速加快的主要原因是由贷款和垫款、证券投资增长所致。同业往来资产略有减少，主要是优化资产配置所致；现金及存放央行款项有所减少，主要是存款准备金下调所致。

表1　　资产规模及构成

	2023年		2022年		增加额（亿元）	变化率（%）
	金额（亿元）	占比（%）	金额（亿元）	占比（%）		
现金及存放中央银行款项	106.42	4.30	122.14	5.44	-15.72	-12.87
同业往来资产	32.18	1.30	33.81	1.50	-1.63	-4.82
发放贷款和垫款	1,725.27	69.66	1,558.89	69.37	166.38	10.67
金融投资	508.05	20.51	426.30	18.97	81.75	19.18
其他资产	104.72	4.23	106.07	4.72	-1.35	-1.27
资产总计	2,476.64	100.00	2,247.22	100.00	229.42	10.21

注：发放贷款和垫款为净额。

1. 贷款和垫款

2023 年末，紫金银行客户贷款与垫款净额为 1, 725. 27 亿元，占资产总额的 69. 66%，同比增长 10. 67%。

（1）企业及个人贷款和垫款

2023 年末，该行贷款和垫款总额（含利息）为 1, 775. 25 亿元（见表 2）。其中，公司类贷款和垫款为 1, 347. 03 亿元，同比增长 12. 60%，占贷款和垫款总额的 75. 88%；个人贷款为 425. 19 亿元，同比增长 4. 56%，占贷款和垫款总额的 23. 95%。

表 2　企业及个人贷款和垫款

	2023 年		2022 年		增加额（亿元）	变化率（%）
	金额（亿元）	占比（%）	金额（亿元）	占比（%）		
公司类贷款及垫款:	1, 347. 03	75. 88	1, 196. 33	74. 51	150. 70	12. 60
—公司贷款	1, 164. 57	65. 60	1, 001. 76	62. 39	162. 81	16. 25
—票据贴现	182. 46	10. 28	194. 57	12. 12	-12. 11	-6. 22
个人贷款和垫款:	425. 19	23. 95	406. 63	25. 33	18. 56	4. 56
—信用卡	2. 27	0. 13	16. 46	1. 03	-14. 19	-86. 21
—住房抵押贷款	168. 57	9. 50	191. 84	11. 95	-23. 27	-12. 13
—个人经营性贷款	105. 55	5. 95	95. 01	5. 92	10. 53	11. 08
—个人消费性贷款	148. 80	8. 38	103. 32	6. 43	45. 48	44. 02
加：应计利息	3. 03	0. 17	2. 66	0. 17	0. 37	13. 91
贷款和垫款总额	1, 775. 25	100. 00	1, 605. 62	100. 00	169. 63	10. 56
减：减值准备	49. 97	—	46. 73	—	3. 24	6. 93
贷款和垫款净额	1, 725. 27	—	1, 558. 89	—	166. 38	10. 67

（2）贷款和垫款期限结构

2023 年末，该行未到期贷款和垫款中，客户贷款和垫款期限在一个月到三个月、三个月到一年、一年到五年以及五年以上的余额分别为 355. 26 亿元、487. 41 亿元、631. 23 亿元和 246. 07 亿元，分别占贷款和垫款总额的 20. 59%、28. 25%、36. 59% 和 14. 26%（见表 3）。其中，一至五年期限增长显著，增幅为 61. 33%；五年以上期限下降较为明显，降幅为 17. 35%。

表 3　贷款和垫款期限结构

	2023 年		2022 年		增加额（亿元）	变化率（%）
	余额（亿元）	占比（%）	余额（亿元）	占比（%）		
逾期（无期限）	5. 29	0. 31	5. 11	0. 33	0. 18	3. 52
1 个月内	—	0. 00	—	0. 0	—	—
1～3 个月	355. 26	20. 59	361. 71	23. 20	-6. 45	-1. 78
3～12 个月	487. 41	28. 25	503. 07	32. 27	-15. 66	-3. 11
1～5 年	631. 23	36. 59	391. 26	25. 10	239. 97	61. 33
5 年以上	246. 07	14. 26	297. 74	19. 10	-51. 67	-17. 35
发放贷款和垫款合计	1, 725. 27	100. 00	1, 558. 89	100. 00	166. 38	10. 67

（3）不良贷款

截至 2023 年末，该行不良贷款余额为 20. 54 亿元，同比增长 6. 54%；不良贷款率为 1. 16%，较 2022 年减少 0. 04 个百分点（见表 4）。其中，关注类贷款较上年出现明显增长，增速为 39. 92%；正常类贷款余额为 1, 734. 68 亿元，占各项贷款的 97. 88%，较上年减少 0. 16 个百分点；关注类贷款余额为 17. 00 亿元，占比为 0. 96%。2023 年，该行核销及其他转出额为 100. 52 亿元，同比增长 417. 34%；不良贷款拨备覆盖率为 247. 25%，较上年减少 0. 59 个百分点；拨贷比为 2. 87%，较上年减少 0. 10 个百分点。

表 4　　贷款五级分类

	2023 年		2022 年		增加额（亿元）	变化率（%）
	金额（亿元）	占比（%）	金额（亿元）	占比（%）		
正常类贷款	1, 734. 68	97. 88	1, 571. 53	98. 04	163. 15	10. 38
关注类贷款	17. 00	0. 96	12. 15	0. 76	4. 85	39. 92
不良类贷款	20. 54	1. 16	19. 28	1. 20	1. 26	6. 54
—次级类贷款	10. 27	0. 58	10. 09	0. 63	0. 18	1. 78
—可疑类贷款	9. 87	0. 56	8. 74	0. 55	1. 13	12. 93
—损失类贷款	0. 39	0. 02	0. 45	0. 03	-0. 06	-13. 33
贷款合计	1, 772. 22	100. 00	1, 602. 96	100. 00	169. 26	10. 56

2. 金融投资

2023 年末，紫金银行金融投资总额为 509. 30 亿元，占资产总额的 20. 56%，同比增长 18. 44%（见表 5）。

金融投资中，截至 2023 年末，该行持有政府债①、金融债②及企业债余额分别为 262. 74 亿元、137. 14 亿元和 76. 27 亿元，政府债及企业债增幅明显。

表 5　　金融投资构成

	2023 年		2022 年		增加额（亿元）	变化率（%）
	金额（亿元）	占比（%）	金额（亿元）	占比（%）		
政府债	262. 74	51. 59	190. 89	44. 39	71. 85	37. 64
金融债	137. 14	26. 93	152. 59	35. 49	-15. 45	-10. 13
企业债	76. 27	14. 98	36. 44	8. 47	39. 83	109. 30
其他	33. 15	6. 51	50. 08	11. 65	-16. 93	-33. 81
合计	509. 30	100. 00	430. 00	100. 00	79. 30	18. 44

① 包括中国政府债券和中国人民银行债券与公共机构与准政府债。
② 包括政策性银行债券和商业银行及其他金融机构债券。

3. 同业往来资产

2023年末，该行的同业往来资产共计90.59亿元，同比下降3.68%（见表6）。其中，存放同业款项为32.18亿元，同比下降4.82%，占同业往来资产比重降至35.52%；拆出资金为11.63亿元，同比大幅下降41.93%，占同业往来资产比重降至12.84%；买入返售金融资产为46.78亿元，同比增长16.31%，占同业往来资产比重升至51.64%。

表6　同业往来资产构成

	2023年		2022年		增加额（亿元）	变化率（%）
	金额（亿元）	占比（%）	金额（亿元）	占比（%）		
存放同业	32.18	35.52	33.81	35.95	-1.63	-4.82
拆出资金	11.63	12.84	20.01	21.28	-8.39	-41.93
买入返售款项	46.78	51.64	40.22	42.76	6.56	16.31
合计	90.59	100.00	94.05	100.00	-3.46	-3.68

（二）负债分析

2023年末，紫金银行负债总额为2,291.93亿元，同比增长10.39%（见表7），向中央银行借款和同业往来负债增速分别为76.54%和39.47%，主要是支小再贷款和同业存入资金增加所致。

表7　负债规模及构成

	2023年		2022年		增加额（亿元）	变化率（%）
	金额（亿元）	占比（%）	金额（亿元）	占比（%）		
向中央银行借款	81.72	3.57	46.29	2.23	35.43	76.54
同业往来负债	28.03	1.22	20.09	0.97	7.93	39.47
客户存款	2,014.66	87.90	1,797.28	86.56	217.38	12.09
应付债券	108.04	4.71	106.98	5.15	1.07	1.00
其他负债①	59.49	2.60	105.61	5.09	-46.13	-43.68
负债总计	2,291.93	100.00	2,076.25	100.00	215.68	10.39

1. 同业往来负债

2023年末，紫金银行同业往来负债总额为75.06亿元，同比下降33.65%（见表8）。其中，同业和其他金融机构存放款项为28.03亿元，同比增长39.47%，占同业往来负债的37.34%，占比较上年提高19.58个百分点；拆入资金为47.03亿元，占同业往来负债的62.66%，占比较上年提高19.28个百分点；当年卖出回购业务清零。

① 其他负债包括应付职工薪酬、应交税金、租赁负债、其他负债等。

表 8　　同业往来负债构成

	2023 年		2022 年		增加额（亿元）	变化率（%）
	金额（亿元）	占比（%）	金额（亿元）	占比（%）		
同业存放	28.03	37.34	20.09	17.76	7.93	39.47
拆入资金	47.03	62.66	49.08	43.38	-2.05	-4.18
卖出回购	—	—	43.95	38.85	-43.95	-100.00
合计	75.06	100.00	113.13	100.00	-38.07	-33.65

2. 吸收存款

2023 年末，紫金银行吸收存款余额为 1,967.74 亿元（见表 9），同比增长 11.86%。从客户结构看，该行个人存款多于公司存款，个人存款余额为 1,117.46 亿元，同比增长 17.19%，占存款总额的比重为 56.79%；公司存款为 795.35 亿元，同比增长 7.64%，占存款总额的比重为 40.42%。

表 9　　存款客户结构

	2023 年		2022 年		增加额（亿元）	变化率（%）
	金额（亿元）	占比（%）	金额（亿元）	占比（%）		
公司存款	795.35	40.42	738.92	42.01	56.43	7.64
个人存款	1,117.46	56.79	953.56	54.21	163.90	17.19
其他存款	54.92	2.79	66.65	3.79	-11.73	-17.60
合计	1,967.74	100.00	1,759.12	100.00	208.62	11.86

2023 年末，该行定期存款较上年增速明显，同比增长 20.58%，占比为 70.38%，活期存款较上年略有减少，同比下降 2.94%，占比为 26.83%，其他存款同比下降 17.60%（见表 10）。

表 10　　存款定活结构

	2023 年		2022 年		增加额（亿元）	变化率（%）
	金额（亿元）	占比（%）	金额（亿元）	占比（%）		
活期存款	528.01	26.83	544.01	30.93	-16.00	-2.94
定期存款	1,384.80	70.38	1,148.47	65.29	236.33	20.58
其他存款①	54.92	2.79	66.65	3.79	-11.73	-17.60
合计	1,967.74	100.00	1,759.12	100.00	208.62	11.86

3. 已发行债务证券

2023 年末，紫金银行应付债券余额为 107.68 亿元，同比增长 0.89%（见表 11）。其中，已发行同业存单为 61.96 亿元，同比减少 0.40 亿元，下降 0.64%；其他已发行债券证券为 45.73 亿元，同比增加 1.34 亿元，增长 3.02%。

① 含保证金存款。

表 11 应付债券结构

	2023 年		2022 年		增加额（亿元）	变化率（%）
	金额（亿元）	占比（%）	金额（亿元）	占比（%）		
已发行同业存单	61.96	57.54	62.35	58.41	-0.40	-0.64
已发行债权	45.73	42.47	44.38	41.58	1.34	3.02
合计	107.68	100.00	106.74	100.00	0.95	0.89

（三）收入、支出及利润

1. 利润分析

（1）利润

2023 年，紫金银行营业利润为 19.92 亿元（见表 12），利润总额为 20.00 亿元，净利润为 16.19 亿元，同比分别增长 2.52%、3.04% 和 1.19%，三项指标增速均略低于上年水平，主要是受净利差收窄所致。

表 12 利润表

	2023 年（亿元）	2022 年（亿元）	增加额（亿元）	变动率（%）
营业收入	44.20	45.07	-0.87	-1.93
营业支出	24.28	25.64	-1.36	-5.30
营业利润	19.92	19.43	0.49	2.52
加：营业外收入	0.15	0.09	0.05	55.56
减：营业外支出	0.06	0.10	-0.04	-40.00
利润总额	20.00	19.42	0.59	3.04
减：所得税费用	3.82	3.42	0.40	11.70
净利润	16.19	16.00	0.19	1.19

（2）拨备前利润情况

2023 年，该行年度计提资产减值为 6.67 亿元（见表 13），同比下降 12.8%，考虑计提资产减值因素，该行 2023 年拨备前利润总额为 26.68 亿元，同比下降 1.44%。

表 13 拨备前利润

	2023 年（亿元）	2022 年（亿元）	增加额（亿元）	变动率（%）
利润总额	20.00	19.42	0.59	3.04
本年计提资产减值	6.67	7.65	-0.98	-12.81
拨备前利润	26.68	27.07	-0.39	-1.44

2. 收入分析

2023 年，紫金银行实现营业收入 44.20 亿元，同比下降 1.93%（见表 14）。其中，利息净收入为 39.60 亿元，占比为 89.59%，同比下降 1.88%；手续费及佣金净收入为 1.15 亿元，占比为 2.60%，同比增长 74.24%；投资净收益为 2.59 亿元，占比为 5.86%，同比下降 12.54%；其他收入为 0.86 亿元，占比为 1.95%，同比下降 21.82%。

表 14　　营业收入构成

	2023 年		2022 年		增加额（亿元）	变动率（%）
	金额（亿元）	占比（%）	金额（亿元）	占比（%）		
利息净收入	39. 60	89. 59	40. 35	89. 53	-0. 76	-1. 88
手续费及佣金净收入	1. 15	2. 60	0. 66	1. 46	0. 49	74. 24
投资净收益	2. 59	5. 86	2. 95	6. 55	-0. 37	-12. 54
其他	0. 86	1. 95	1. 10	2. 44	-0. 24	-21. 82
合计	44. 20	100. 00	45. 07	100. 00	-0. 87	-1. 93

（1）利息收入与支出

2023 年，该行实现利息收入 91. 39 亿元，同比增长 5. 55%（见表 15），主要是生息资产规模增加所致。其中，存放中央银行款项利息收入为 1. 72 亿元，同比增长 0. 59%；投资性利息收入为 13. 58 亿元，同比增长 13. 17%；同业往来利息收入为 2. 66 亿元，同比增长 14. 16%；客户贷款和垫款利息收入为 73. 40 亿元，同比增长 4. 07%，占利息收入的 80. 32%。

表 15　　利息收入构成

	2023 年		2022 年		增加额（亿元）	变动率（%）
	金额（亿元）	占比（%）	金额（亿元）	占比（%）		
存放中央银行款项	1. 72	1. 88	1. 70	1. 96	0. 01	0. 59
投资性利息收入	13. 58	14. 86	12. 00	13. 86	1. 58	13. 17
同业往来	2. 66	2. 91	2. 33	2. 69	0. 33	14. 16
客户贷款和垫款	73. 40	80. 32	70. 54	81. 46	2. 87	4. 07
其他	0. 03	0. 03	0. 02	0. 02	0. 01	50. 00
利息收入合计	91. 39	100. 00	86. 59	100. 00	4. 81	5. 55

2023 年，该行利息支出为 51. 80 亿元，同比增长 12. 02%（见表 16）。其中，同业往来支出为 4. 21 亿元，同比增长 20. 29%；吸收存款利息支出为 42. 68 亿元，同比增长 12. 88%；应付债券利息支出为 3. 75 亿元，同比下降 11. 35%。

表 16　　利息支出构成

	2023 年		2022 年		增加额（亿元）	变动率（%）
	金额（亿元）	占比（%）	金额（亿元）	占比（%）		
向中央银行借款	1. 15	2. 22	0. 69	1. 49	0. 46	67. 67
同业往来	4. 21	8. 13	3. 50	7. 57	0. 71	20. 29
吸收存款	42. 68	82. 39	37. 81	81. 77	4. 87	12. 88
应付债券	3. 75	7. 24	4. 23	9. 15	-0. 48	-11. 35
其他	0. 00	0. 00	0. 00	0. 00	0. 00	—
合计	51. 80	100. 00	46. 24	100. 00	5. 56	12. 02

（2）手续费及佣金净收入

2023年，该行手续费及佣金净收入为1.22亿元，同比增长62.67%；手续费及佣金收入为2.43亿元，同比增长42.11%（见表17）。其中，代理类业务收入为1.04亿元，同比增长57.58%；结算类业务收入为1.26亿元，同比增长43.18%；银行卡类业务收入为0.13亿元，同比下降23.53%。

表17　　　　手续费及佣金净收入构成

	2023年		2022年		增加额（亿元）	变动率（%）
	金额（亿元）	占比（%）	金额（亿元）	占比（%）		
代理类业务	1.04	42.80	0.66	38.60	0.38	57.58
结算类业务	1.26	51.85	0.88	51.46	0.38	43.18
银行卡类业务	0.13	5.35	0.17	9.94	-0.04	-23.53
手续费及佣金收入	2.43	100.00	1.71	100.00	0.72	42.11
减：手续费及佣金支出	1.21	—	0.96	—	0.25	26.04
手续费及佣金净收入	1.22	—	0.75	—	0.47	62.67

3. 支出分析

2023年，紫金银行营业支出为24.27亿元，同比下降5.31%（见表18），主要是资产减值损失减少所致。其中，资产减值损失为6.67亿元，占比为27.48%，同比下降12.81%；营业税金及附加0.67亿元，同比增长11.67%，主要是应税收入持续增长带动增值税附加等税金有所增长。

表18　　　　营业支出构成

	2023年		2022年		增加额（亿元）	变动率（%）
	金额（亿元）	占比（%）	金额（亿元）	占比（%）		
营业税金及附加	0.67	2.76	0.60	2.34	0.07	11.67
业务及管理费	16.93	69.76	17.38	67.81	-0.45	-2.59
资产减值损失	6.67	27.48	7.65	29.85	-0.98	-12.81
营业支出合计	24.27	100.00	25.63	100.00	-1.36	-5.31

2023年，该行业务及管理费为16.93亿元（见表19），同比下降2.59%。其中，员工费用、办公费和折旧费用分别为9.29亿元、4.79亿元和1.78亿元，在业务及管理费中的占比分别为54.87%、28.29%和10.51%。

表19　　　　业务及管理费构成

	2023年		2022年		增加额（亿元）	变动率（%）
	金额（亿元）	占比（%）	金额（亿元）	占比（%）		
员工费用	9.29	54.87	9.05	52.07	0.23	2.54
办公费	4.79	28.29	5.71	32.85	-0.92	-16.11

续表

	2023年		2022年		增加额（亿元）	变动率（%）
	金额（亿元）	占比（%）	金额（亿元）	占比（%）		
折旧费用	1.78	10.51	1.68	9.67	0.10	5.95
长期待摊费用摊销	0.31	1.83	0.13	0.75	0.19	146.15
无形资产摊销	0.11	0.65	0.11	0.63	0.00	-0.00
其他	0.65	3.84	0.70	4.03	-0.05	-7.14
合计	16.93	100.00	17.38	100.00	-0.45	-2.59

截至2023年末，该行员工总数为2,405人，同比增加18人；营业网点（分支机构）数为135个。人均薪酬为38.76万元，同比增长2.05%（见表20）；人均费用为70.41万元，同比下降3.32%；点均业务及管理费为1,254.32万元，同比下降2.60%。

表20　　人均薪酬及产值情况

	2023年	2022年	增加量	变动率（%）
员工数（人）	2,405	2,387	18	0.75
营业网点（分支机构）（个）	135	135	0	0.00
人均薪酬（万元）	38.76	37.98	0.78	2.05
人均费用（万元）	70.41	72.83	-2.42	-3.32
人均产值（万元）	183.77	188.80	-5.03	-2.66
点均业务及管理费（万元）	1,254.32	1,287.74	-33.43	-2.60

（四）金融科技及产品创新

1. 金融科技

2023年，紫金银行以“无纸化、线上化、数字化、智能化”为抓手，坚持数字转型。一是推进互联网移动平台、信贷工厂和决策平台三大项目建设，全年上线智能报表102张，推广89个RPA场景应用。二是实现统一营销平台、员工画像系统、统一运营管理平台、手机银行并网项目落地。围绕智慧食堂、智慧校园、工会福利等场景批量拓展客群，打造“智”系列服务场景。发挥内外部数据综合效能，建立客户标签体系，赋能客户分层分类，形成精准化客户清单，推动“数据跑”协助“人工跑”，为支行走访营销提供数据支撑。三是上线数字贷记卡产品，发行推广中无制卡、寄卡环节，实现降本增效。

2. 产品创新

2023年，紫金银行推出多款新产品。一是推出“银企e+”、现金管理平台、“银医通”、“银校通”等多款数字化产品；二是设立定制化产品方案，强化产品宣传推广。针对小微企业定制小微贷、微企易贷、宁创贷；针对科技型企业定制宁科贷、苏科贷；针对质量企业定制苏质贷、宁质小贷等。

三、社会责任分析

（一）公司治理

紫金银行已建立“三会一层”治理架构，公司治理机制建设不断完善，治理科学性和有效性有所增强，公司治理效率持续提升。

在风险管理方面，该行严格执行高管层信息报告制度，定期听取关联交易、风险管理、风险偏好和风险限额执行、大额风险暴露管理、流动性风险管理分析、资产质量分类及风险管理等专题报告，对风险水平、风险管理状况、风险承受能力进行评估，并提出完善风险管理和内部控制的意见。

在内部控制和案防管理方面，该行董事会审议通过《紫金农商银行2022年度内部控制评价报告》《2023年度恢复和处置计划》，定期听取合规管理工作报告、案件防控工作报告以及业务合规情况审计报告等；督促经营层根据外部环境的变化和自身发展状况，增强合规意识，完善合规举措。开展内控体系的架构建立和执行情况、岗位责任落地情况、案防工作推进情况的评价工作，重点关注各类检查活动中发现的内部控制问题和不足，及时提出对策建议并跟踪整改落实。

在数据管理方面，该行董事会在紫金银行“十四五”战略规划中，对数据治理应用能力、人才配备、系统调整等方面提出工作要求。该行高级管理层持续推进“数字转型”，实现统一营销平台、员工画像系统、统一运营管理平台、手机银行并网项目落地，全年上线智能报表102张，推广89个RPA场景应用，以科技赋能员工工作效率提升。

（二）社会绩效

1. 乡村振兴

紫金银行通过金陵兴村贷、金陵惠农贷、金陵惠农小额贷等涉农产品，切实带动乡村经济发展和农民收入增加。与农业农村局、南京市供销社等机构建立战略合作，推行信贷直通车“乡村行”、参加“科金兴农”对接活动、搭建“村村通”综合服务平台等举措，聚焦农户、新型农业经营主体等客群，持续加大金融助农力度。

2023年，该行捐赠150万元用于扶贫慈善项目与相关活动。结对帮扶南京市重点村社——溧水区东屏镇长乐社区，派驻党员干部担任驻村第一书记，出资50万元用于长乐社区大棚建设、路灯改造等项目，助力打造宜居宜业美丽家园。关爱帮助困难儿童，连续10年与浦口区特殊教育学校师生共度儿童节，连续6年向乌江学校捐赠“爱心书包”、送出“开学第一课”。

2. 普惠小微

紫金银行依托房易融、微e贷、“通商e贷”“精英时贷”等产品，推动乡村产业、人才、文化、生态、组织振兴。截至2023年12月末，该行涉农及小微贷款余额为1,092亿元，较年初增加153亿元，占各项贷款之比为61.59%，较年初提升3.03个百分点。该行普惠型小微企业贷款余额为325.77亿元，较年初增加41.87亿元，增速为14.75%，高于全行贷款平均增速，完成该行普惠型小微企业信贷计划113%；普惠型小微企业贷款户数为27,664户，较年初增加6,851户；当年新发放普惠型小微贷款平均利率为5.12%，较上年下降33个基点。

3. 员工及机构情况

（1）员工人数及结构

截至2023年末，紫金银行共有员工2,405人，同比增加18人。

从教育程度看，该行研究生及以上占比为16.6%，本科及以下占比为83.4%。从员工专业构成看，业务类、管理类、行政类员工分别占员工总数的74.3%、15.0%和9.2%。

（2）员工培训

紫金银行常态化开展全员线上线下培训，强化人员管理效能。2023年，全行培训共计103场，人均培训达到101课时，员工覆盖率达100%。该行建立标准化培训体系，加强内训课程开发，推动优秀案例挖掘，促进内部讲师和优秀课程共享，提升培训工作质效，2023年围绕“萃取个体经验，提升组织智慧”主题组织开展内训师系统人才孵化与课程体系开发创新工作。2023年新聘内训师26人，新增专项课程27门。聘请企业法律顾问律师为员工个人提供法律咨询、员工体检优惠套餐惠及家属（见表21）。

表21　培训情况

	2023年	2022年	变动率（%）
全行员工年度人均培训时长（小时）	101.00	97.50	3.60
员工培训总支出（万元）	305.00	428.00	-28.70

（3）机构情况

2023年末，紫金银行的分支机构数、普惠金融服务点分别为135个、393个（见表22），所有分支机构均在江苏省，包括1家营业部，3家分行，9家一级支行，122家二级支行，其中南京市129家，南京市以外6家。

表22　机构情况

	2023年	2022年	增加量	变动率（%）
分支机构数（个）	135	135	0	0.00
普惠金融服务点（个）	393	361	32	8.90

4. 客户满意度

紫金银行重视金融消费者投诉，在营业场所、官网醒目公布投诉电话、投诉方式、投诉流程等事项，严格按照规定受理、处理投诉。全年累计受理投诉746笔，投诉处理率为100%，客户表示满意并达成一致达93%。投诉原因主要集中在三个方面：一是部分金融机构管理制度、业务规则与流程及业务系统客户不太理解或认可，占64.75%；二是客户对债务催收方式和手段不认可，占19.84%；三是少数员工服务态度、处事行为、营销宣传等方面存在不当，占9.38%（见表23）。

表 23 客户服务情况

	2023 年	2022 年	变动率（%）
客户满意度（满分 100）	98.20	98.30	-0.10

（三）环境绩效

1. 绿色金融

2021 年紫金银行发布《紫金农商银行“十四五”战略规划》，明确将发展绿色金融作为全行七大业务战略之一，进一步聚焦更低资本消耗、更低运营成本、更高服务效能、更高经营效率的经营发展模式。该行明确由总行公司金融部牵头，设立绿色金融中心，专门负责全行绿色金融业务的营销管理和发展推动。

紫金银行的绿色金融产品主要包括：一是“环保贷”业务，将环保信用评级与贷款定价相结合，环保信用评级越高，贷款利率定价越低，最大程度地鼓励企业关注环保影响。二是“紫金·苏碳融”绿色金融产品，主要服务“江苏省央行资金重点支持绿色企业名录库”内企业，专项为绿色企业发放低利率、中长期和信用担保的贷款。三是“碳排放配额质押贷款”业务，为减碳排放贡献突出的企业提供更好、更优、更低价的绿色金融服务，解决中小节能减排企业融资难、担保难问题。

2. 绿色运营

2023 年，紫金银行推进会计档案集中管理，减轻基层档案管理压力；实现询证函业务集中处理，进一步提升函证工作质量；推动单位结算账户纸质资料集中管理，实现电子入档、就地查询。

专题一　资产业务

一、上市银行资产规模和结构发展概览

2023 年，各上市银行的资产总额为 293.91 万亿元。总体来看，各行资产规模普遍扩大，按增速快慢排序，依次为农商行、城商行、股份制银行、国有行。不同类型银行的资产增速有所不同，资产分项占比受其影响而变化，国有行占比有所下降但仍显著居于主导地位。具体来看，国有行资产占比由 2010 年的 72% 降至 2023 年的 63%，股份制银行、城商行和农商行分别从 21%、6% 和 1% 升至 23%、11% 和 3%（见图 1、图 2）。

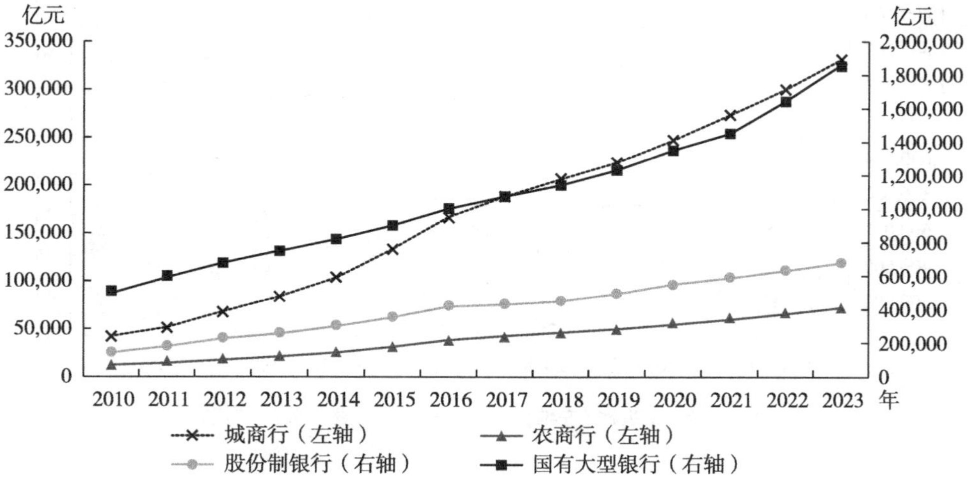

图 1　2010—2023 年我国上市银行资产规模变化

贷款及垫款、证券投资和同业业务是银行资产业务的主要来源。上述业务占总资产比重由 2010 年的 81.06% 升至 2023 年的 90.28%，自 2012 年以来占比均高于 80%。

贷款和垫款业务由 2010 年的 34.66 万亿元增至 2023 年的 163.23 万亿元，年均增长 13.78%，占总资产比重都接近于 50%，近年来逐年上升，由 2011—2017 年的 47% 左右升至 2021—2023 年的 55% 左右（见图 3）。

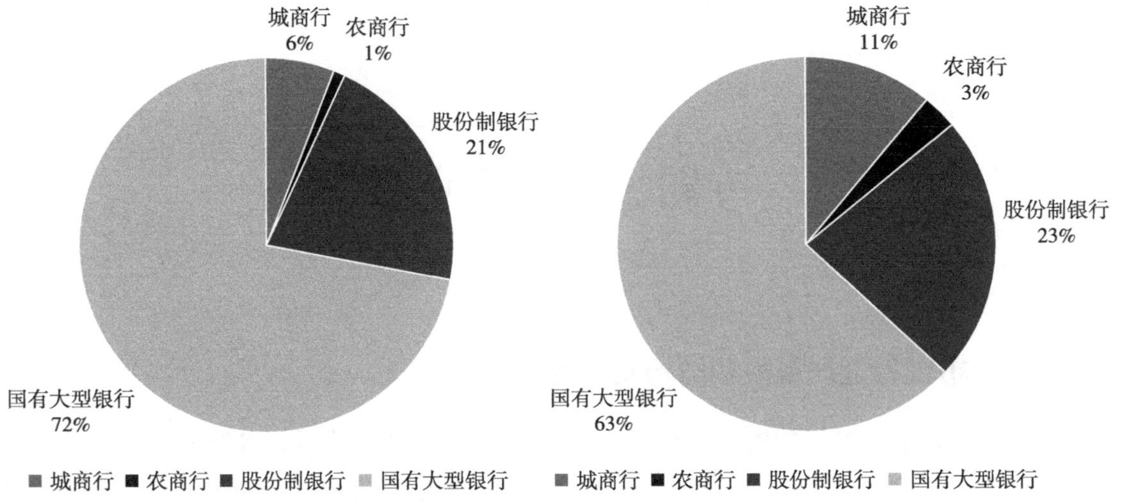

图2　2010年和2023年底各类银行资产占比情况

图3　贷款及垫款资产规模及占总资产比重

从证券投资业务①来看，自2018年1月1日《企业会计准则第22号——金融工具确认和计量》实施后，证券投资业务下细分项的统计标准发生变化，政策切换前后数据的对比意义不大，自2018年起，我国上市银行证券投资资产规模占总资产的28%—29%，占比较为稳定（见图4）；政策切换后的年均复合增速为9.48%，增长较为平稳。

① 2017年及以前：证券投资额 = 交易性金融资产 + 可供出售金融资产 + 持有至到期投资 + 应收账款类投资；2017年以后：证券投资额 = 交易性金融资产 + 债权投资 + 其他债权投资 + 其他权益工具投资。

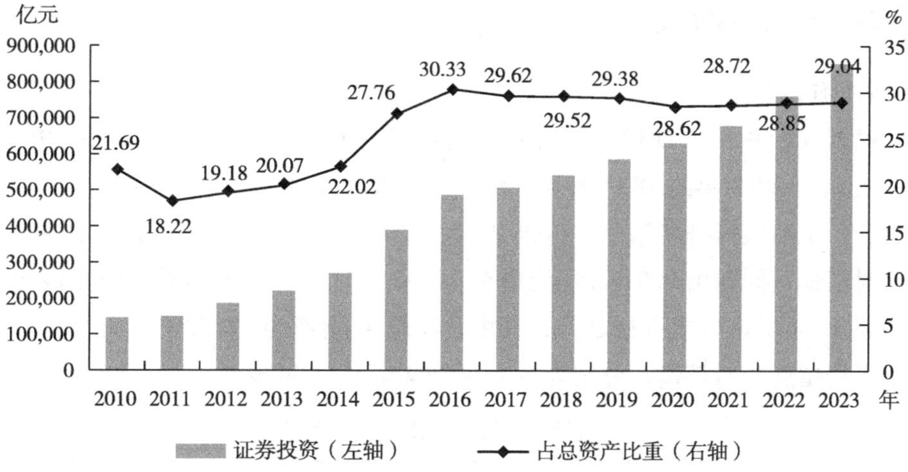

图4 证券投资资产规模及占总资产比重

从同业业务①来看，2010 年后，同业往来资产规模年平均增速为 8.98%，2010—2012 年各行同业业务普遍出现较快增长，在总资产中占比曾达到 13.53%。2014 年 7 月，监管部门提出金融“脱实向虚”问题，引导金融信贷资金回归本位，防止资金在金融体系内空转或进行套利活动。此后，同业业务占比重逐步下降，由 2014 年的 10.19% 降至到 2017 年的 5.89%，此后同业业务占比长期维持在 5.5% 左右，业务规模缓慢扩张且占比有所收缩（见图 5）。

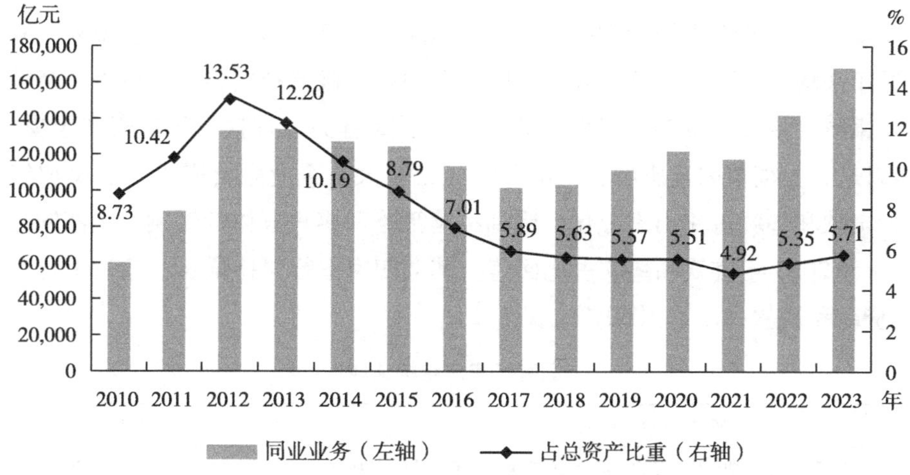

图5 同业业务资产规模及占总资产比重

① 同业业务资产 = 存放同业及其他金融机构款项 + 拆出资金 + 买入返售金融资产。

二、国有行资产业务分析

（一）国有行总体发展情况

我国六家国有行总资产规模在近五年内每年均保持着较高速的正增长，由 2019 年的 123. 32 万亿元增至 2023 年的 185. 11 万亿元，平均增速为 10. 69%。

从规模看，工商银行排名第一，由 2019 年的 30. 11 万亿元增至 2023 年的 44. 7 万亿元，交通银行相对较低，同期由 9. 91 万亿元增至 14. 06 万亿元；从增速看，农业银行的近五年平均增速和 2023 年增速为国有行之首，其中，2023 年增速为 17. 52%，交通银行和中国银行的近五年平均增速相对较慢，分别为 9. 15% 和 9. 25%（见表 1）。

表 1　国有行资产规模比较（万亿元）

银行简称	2019 年	2020 年	2021 年	2022 年	2023 年	2023 年变动率（%）	近五年平均变动率（%）
工商银行	30. 11	33. 35	35. 17	39. 61	44. 70	12. 84	10. 38
建设银行	25. 44	28. 13	30. 25	34. 60	38. 32	10. 76	10. 79
农业银行	24. 88	27. 21	29. 07	33. 93	39. 87	17. 52	12. 52
中国银行	22. 77	24. 40	26. 72	28. 91	32. 43	12. 17	9. 25
邮储银行	10. 22	11. 35	12. 59	14. 07	15. 73	11. 80	11. 39
交通银行	9. 91	10. 70	11. 67	12. 99	14. 06	8. 22	9. 15
总计	123. 32	135. 14	145. 47	164. 11	185. 11	12. 80	10. 69

国有行现金和存放中央银行款项的资产占比相对较高，大部分接近 10%。从时间趋势看，各行近年来均有所下降，这与政府鼓励商业银行积极支持实体经济发展、持续加大信贷投放力度、银行存款准备金率和超额准备金利率下降有关。贷款及垫款资产规模整体上升，但 2022 年以来，受疫情因素影响，经济下行压力较大，企业融资需求和居民加杠杆意愿较弱，国有行贷款和垫款占比出现分化，受到经营策略和客户群体的影响，工商银行和农业银行的 2022 年和 2023 年贷款和垫款占比回落，其余四家银行保持增长，建设银行和中国银行的 2023 年贷款和垫款占比达到 60%（见表 2）。

表 2　国有行资产结构比较

银行简称	现金及存放中央银行款项					贷款及垫款				
	2019 年	2020 年	2021 年	2022 年	2023 年	2019 年	2020 年	2021 年	2022 年	2023 年
工商银行	11. 02	10. 61	8. 81	8. 65	9. 04	54. 22	54. 39	57. 17	57. 04	56. 80
农业银行	10. 85	8. 96	7. 99	7. 51	7. 33	51. 53	53. 49	56. 60	55. 95	54. 50
建设银行	10. 30	10. 01	9. 14	9. 13	8. 00	57. 17	57. 70	60. 06	59. 23	60. 23
中国银行	9. 41	8. 83	8. 56	8. 23	9. 28	55. 97	56. 75	57. 34	59. 20	60. 05
邮储银行	11. 30	10. 74	9. 45	8. 99	8. 50	47. 06	48. 55	49. 55	49. 60	50. 33
交通银行	7. 67	7. 64	6. 30	6. 20	6. 39	52. 33	53. 48	54. 97	54. 93	55. 28

续表

银行简称	证券投资					同业往来				
	2019 年	2020 年	2021 年	2022 年	2023 年	2019 年	2020 年	2021 年	2022 年	2023 年
工商银行	25.40	25.76	26.32	26.58	26.51	6.27	5.46	4.24	4.81	5.24
农业银行	29.84	28.75	28.31	28.09	28.12	5.90	6.61	5.17	6.79	8.54
建设银行	24.43	24.71	25.26	24.68	25.15	5.93	5.06	2.95	4.79	4.70
中国银行	24.22	22.91	23.07	22.29	22.07	6.15	6.82	6.90	6.66	5.35
邮储银行	35.97	34.48	34.55	35.25	34.26	4.36	4.86	5.05	4.94	5.70
交通银行	30.34	30.26	30.20	30.44	29.19	6.55	5.34	5.42	5.31	6.11

国有行证券投资资产规模占比在近年来保持相对稳定。各行围绕相对中值略有波动，工商银行介于25.40%—26.58%、中国银行介于22.07%—24.22%。同业往来规模占比保持低位，大多数处于7%以下，农业银行2023年占比相对较大，为8.54%，建设银行2021年占比相对较小，为2.95%，资金空转问题在国有行治理取得一定成效（见图6）。

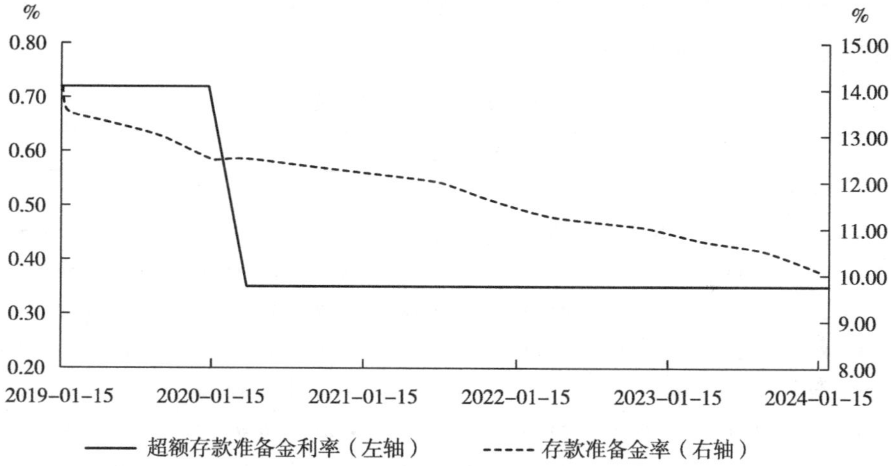

图6　2019年后超额存款准备金利率和存款准备金率的变化趋势

（二）贷款和垫款业务情况

近年来，受支持实体经济发展、信贷投放力度加大等宏观因素，国有行贷款及垫款增长相对较快。2023年，六大行贷款及垫款总额超过100万亿元，较上年增长12.93%，除交通银行增速为8.9%，其余五家银行的增速均高于12%（见表3）。

表3　　国有行贷款和垫款规模比较

银行简称	贷款及垫款（亿元）					2023 年变动率（%）
	2019 年	2020 年	2021 年	2022 年	2023 年	
工商银行	163,265.52	181,363.28	201,092.00	225,936.48	253,869.33	12.36
农业银行	128,196.10	145,524.33	164,545.03	189,828.86	217,317.66	14.48
建设银行	145,406.67	162,313.69	181,704.92	204,951.17	230,833.77	12.63

续表

银行简称	贷款及垫款（亿元）					2023 年变动率（%）
	2019 年	2020 年	2021 年	2022 年	2023 年	
中国银行	127, 434. 25	138, 483. 04	153, 224. 84	171, 175. 66	194, 768. 71	13. 78
邮储银行	48, 080. 62	55, 123. 61	62, 371. 99	69, 777. 10	79, 152. 45	13. 44
交通银行	51, 836. 53	57, 205. 68	64, 122. 01	71, 366. 77	77, 720. 60	8. 90
总计	664, 219. 69	740, 013. 63	827, 060. 79	933, 036. 04	1, 053, 662. 52	12. 93

1. 贷款的主体结构

从贷款对象看，国有行普遍以公司类贷款为主，2019 年以来，除邮储银行外，其余五大行的公司类贷款均高于 55%。近年来，这一特征更加明显，五大行公司类贷款占比都有所上升，2023 年均高于 65%，建设银行占比相对较高，为 70. 56%。邮储银行个人类贷款占比介于 56%—61%，公司类贷款占比介于 43%—46. 5%（见表 4）。

从增速看，国有行近五年公司类贷款年均增速为 14. 43%，个人类贷款年均增速为 8. 77%。其中农业银行的公司类贷款增速相对较高，年均增速为 16. 29%，邮储银行的个人类贷款增速相对较高，年均增速为 12. 91%。

表 4　　国有行贷款和垫款结构比较①

银行简称	个人类贷款规模和占比（亿元,%）									
	2019 年		2020 年		2021 年		2022 年		2023 年	
	规模	占比	规模	占比	规模	占比	规模	占比	规模	占比
工商银行	63, 836. 24	39. 10	71, 152. 79	39. 23	79, 447. 81	39. 51	82, 365. 61	36. 46	86, 536. 21	34. 09
农业银行	54, 076. 27	42. 18	62, 188. 37	42. 73	71, 365. 68	43. 37	75, 638. 75	39. 85	80, 765. 29	37. 16
建设银行	65, 524. 80	45. 06	73, 111. 83	45. 04	79, 776. 50	43. 90	83, 293. 44	40. 64	87, 685. 98	37. 99
中国银行	50, 478. 09	39. 61	55, 832. 95	40. 32	60, 937. 50	39. 77	64, 085. 26	37. 44	66, 099. 65	33. 94
邮储银行	27, 507. 88	57. 21	32, 538. 93	59. 03	37, 561. 53	60. 22	40, 461. 05	57. 99	44, 702. 48	56. 48
交通银行	17, 547. 65	33. 85	19, 808. 82	34. 63	22, 850. 96	35. 64	23, 665. 07	33. 16	24, 731. 00	31. 82
银行简称	公司类贷款规模和占比（亿元,%）②									
	2019 年		2020 年		2021 年		2022 年		2023 年	
	规模	占比	规模	占比	规模	占比	规模	占比	规模	占比
工商银行	103. 776. 95	63. 56	115. 090. 29	63. 46	127. 224. 64	63. 27	149. 757. 51	66. 28	174. 328. 61	68. 67
农业银行	79. 219. 19	61. 80	89. 172. 84	61. 28	99. 991. 84	60. 77	121. 588. 46	64. 05	144. 877. 40	66. 67
建设银行	84. 354. 26	58. 01	94. 345. 85	58. 13	107. 864. 96	59. 36	128. 208. 23	62. 56	150. 423. 84	65. 17
中国银行	79. 863. 80	62. 67	86. 000. 90	62. 10	95. 812. 44	62. 53	110. 988. 23	64. 84	132. 980. 22	68. 28
邮储银行	22. 233. 98	46. 24	24. 623. 65	44. 67	26. 979. 46	43. 26	31. 643. 28	45. 35	36. 786. 45	46. 48
交通银行	35. 495. 10	68. 48	38. 675. 42	67. 61	42. 753. 04	66. 67	49. 296. 48	69. 07	54. 839. 85	70. 56

① 此处贷款和垫款的细分数据使用银行年报直接披露数据，包括个人贷款和垫款、企业贷款和垫款、票据贴现，减去了贷款和垫款的损失准备，因此细分总额可能略高于年报披露总额，误差率约为 1%—3%。下同。

② 公司类贷款 = 企业贷款和垫款 + 票据贴现。

2. 个人类贷款的利率变化趋势

近五年，国有行个人类贷款利率呈下降趋势，平均贷款利率从4.93%降至4.43%，降幅为50个基点。其中，交通银行下降较大，降幅为106个基点；农业银行下降较小，降幅为22个基点。2023年，国有行中，邮储银行的个人类贷款利率相对较高，为4.78%，工商银行相对较低，为4.23%（见表5）。

表5　　国有行近五年个人类贷款利率情况（%）

银行简称	2019年	2020年	2021年	2022年	2023年
工商银行	4.59	4.77	4.71	4.69	4.23
建设银行	4.73	4.92	4.81	4.86	4.39
交通银行	5.55	5.27	4.99	4.87	4.49
农业银行	4.49	4.82	4.67	4.64	4.27
邮储银行	5.43	5.5	5.35	5.23	4.78
中国银行	4.8	4.88	4.83	4.84	4.43
平均值	4.93	5.03	4.89	4.86	4.43

3. 涉房贷款

涉房贷款主要包括对公房地产业贷款（即开发贷）和个人住房贷款（即按揭贷）。

近五年，国有行的涉房贷款由25.16万亿元增至31.61万亿元，年均增速为5.87%，增速相对平稳。其中，2023年末按揭贷余额为26.50万元，占比超过80%，由2019年的21.51万亿元增至2023年的26.50万亿元，2022—2023年有所降低；开发贷余额为5.11万亿元（见图7）。

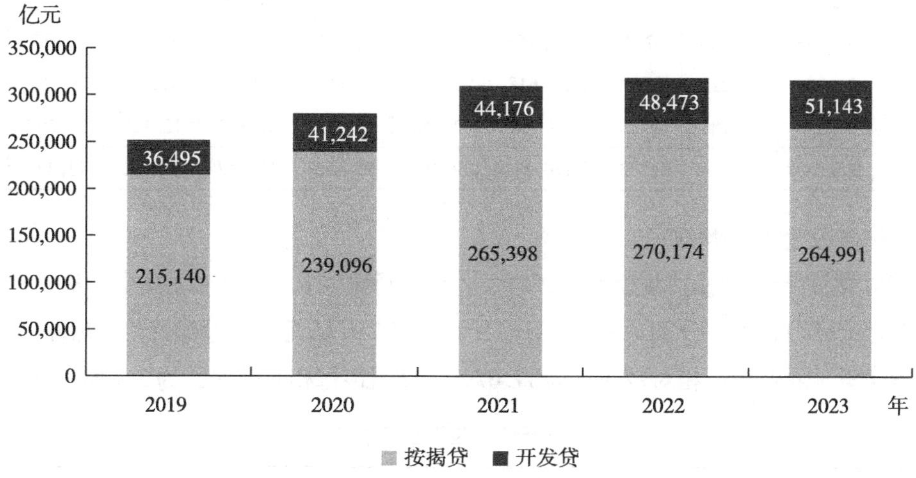

图7　国有行涉房贷款情况

近五年，国有行的涉房贷款年均增速为5.87%。其中，邮储银行和交通银行的年均增速相对较快，分别为9.99%和8.66%。2023年，由于房地产行业风险暴露，除邮储银行为正增长外，其余五家银行均为负增长，年度平均增速为 -0.79%（见表6）。

表6　　　　国有行涉房贷款规模和变动情况

银行简称	涉房贷款（亿元）					2023 年变动率（%）	近五年平均变动率（%）
	2019 年	2020 年	2021 年	2022 年	2023 年		
工商银行	60,745	66,866	72,951	74,085	73,026	-1.43	4.71
建设银行	60,147	66,736	72,873	74,360	74,238	-0.16	5.40
交通银行	13,999	16,420	19,093	20,325	19,517	-3.97	8.66
农业银行	48,683	54,606	61,187	62,381	60,897	-2.38	5.76
邮储银行	17,702	20,147	23,082	24,733	25,911	4.76	9.99
中国银行	50,359	55,562	60,387	62,764	62,546	-0.35	5.57
总计	251,635	280,337	309,573	318,648	316,135	-0.79	5.87

2023 年，涉房贷款增速下降原因主要是按揭贷规模下降。除邮储银行外，其余五家银行的按揭贷规模均出现小幅萎缩，开发贷保持缓慢增长，邮储银行涨幅相对较大，由 2,115 亿元增至 2,531 亿元，增幅为 19.67%；交通银行降幅相对较大，由 5,199 亿元降至 4,891 亿元，降幅为 5.92%（见表7）。

表7　　　　六大国有行涉房贷款结构

银行简称	按揭贷（亿元）					开发贷（亿元）				
	2019 年	2020 年	2021 年	2022 年	2023 年	2019 年	2020 年	2021 年	2022 年	2023 年
工商银行	51,663	57,283	63,627	64,320	62,885	9,083	9,583	9,324	9,765	10,141
建设银行	53,557	58,850	64,496	65,477	64,529	6,590	7,886	8,377	8,884	9,708
交通银行	11,354	12,938	14,895	15,126	14,626	2,645	3,482	4,198	5,199	4,891
农业银行	41,633	46,626	52,423	53,466	51,708	7,050	7,980	8,764	8,915	9,189
邮储银行	17,000	19,211	21,693	22,618	23,380	702	936	1,389	2,115	2,531
中国银行	39,933	44,188	48,264	49,167	47,863	10,427	11,375	12,123	13,597	14,683
总计	215,140	239,096	265,398	270,174	264,991	36,495	41,242	44,176	48,473	51,143

（三）证券投资业务情况

2023 年，国有行证券投资规模为 49.35 万亿元，同比增长 12.27%。其中：从规模看，工商银行和农业银行相对较大，分别为 11.85 万亿元和 11.21 万亿元，交通银行相对较小，为 4.10 万亿元；从增速看，农业银行相对较快，为 17.67%，交通银行相对较慢，为 3.77%（见表8）。

表8　　　　国有行证券投资业务情况

银行简称	证券投资（亿元）			2023 年变动率（%）
	2023 年	2022 年	2021 年	
工商银行	118,496.70	105,272.90	92,577.60	12.56
建设银行	96,382.76	85,401.49	76,419.19	12.86
交通银行	41,041.42	39,552.07	35,232.49	3.77

续表

银行简称	证券投资（亿元）			2023 年变动率（%）
	2023 年	2022 年	2021 年	
农业银行	112, 137. 10	95, 301. 63	82, 300. 43	17. 67
邮储银行	53, 875. 88	49, 588. 99	43, 486. 20	8. 64
中国银行	71, 587. 17	64, 457. 43	61, 646. 71	11. 06
总计	493, 521. 04	439, 575. 53	391, 663. 62	12. 27

国有行证券投资主要集中在债券投资领域。其中，工、农、中、建四家银行的证券投资占比超过 90%，交通银行和邮储银行的债券投资占比均在 75% 以上。具体来看，邮储银行主要投资金融债，其他五家银行主要投资政府债，建设银行和交通银行投资的政府债占比接近 80%。2023 年国有行债券投资规模均为正增长，从投资方向上，邮储银行增加对企业债投资，其他国有行增加对政府债和金融债投资、减少对企业债投资（见表 9）。

表 9　　国有行债券投资情况（亿元）

银行简称	政府债①			金融债②			企业债③			总额	
	2023 年	占比（%）	同比变动（%）	2023 年	占比（%）	同比变动（%）	2023 年	占比（%）	同比变动（%）	2023 年	同比变动（%）
中国银行	49, 539	72. 6	13. 6	15, 305	22. 4	11. 1	3, 372	4. 94	−10. 8	68, 216	11. 5
工商银行	87, 592	77. 1	17. 1	18, 771	16. 5	1. 5	7, 214	6. 35	−1. 8	113, 577	12. 9
交通银行	28, 723	79. 4	7. 8	5, 492	15. 2	1. 9	1, 972	5. 45	−7. 7	36, 186	5. 9
建设银行	74, 450	79. 2	13. 1	15, 866	16. 9	20. 2	3, 665	3. 90	−12. 4	93, 981	12. 9
农业银行	70, 739	67. 8	20. 6	31, 582	30. 3	18. 7	2, 004	1. 92	−21. 4	104, 326	18. 8
邮储银行	16, 621	40. 8	8. 0	21, 463	52. 7	10. 8	2, 678	6. 57	28. 7	40, 762	10. 6

（四）同业业务情况

2023 年，国有行的同业资产规模增速为 20. 34%。其中，农业银行增速相对较快，增幅为 47. 86%；中国银行出现负增长，降幅为 9. 83%。从规模上看，农业银行的同业往来资产规模位居国有行第一，2023 年为 3. 41 万亿元，占国有行同业往来资产整体之比为 30. 85%（见表 10）。

表 10　　2019—2023 年国有行同业往来资产规模比较

银行简称	同业往来资产规模（亿元）					2023 年变动率（%）	近五年平均变动率（%）
	2019 年	2020 年	2021 年	2022 年	2023 年		
工商银行	18, 875. 54	18, 211. 85	14, 906. 46	19, 065. 71	23, 409. 74	22. 78	5. 53
农业银行	14, 674. 76	17, 973. 39	15, 030. 81	23, 034. 02	34, 058. 16	47. 86	23. 43

① 包括政府债、中央银行债券和公共实体债券。
② 包括政策性银行债、同业存单和其他金融机构债券。
③ 主要包括企业发行的债券。

续表

银行简称	同业往来资产规模（亿元）					2023 年变动率（%）	近五年平均变动率（%）
	2019 年	2020 年	2021 年	2022 年	2023 年		
建设银行	15,086.16	14,238.76	8,923.47	16,559.03	18,029.86	8.88	4.56
中国银行	13,995.19	16,636.40	18,427.11	19,244.54	17,352.69	-9.83	5.52
邮储银行	4,453.64	5,520.34	6,361.04	6,946.02	8,964.84	29.06	19.11
交通银行	6,484.88	5,711.30	6,327.08	6,904.21	8,596.42	24.51	7.30
总计	73,570.17	78,292.04	69,975.97	91,753.53	110,411.71	20.34	10.68

具体来看，国有行同业往来构成变动原因主要是：2023 年农业银行的存放同业和买入返售金融资产有所增加，中国银行的存放同业款项有所减少（见表 11）。

表 11　　国有行 2023 年同业往来构成及当年变动比较（亿元，%）

银行简称	存放同业及其他金融机构款项		拆出资金		买入返售金融资产	
	2023 年	变动率	2023 年	变动率	2023 年	变动率
工商银行	4,143	13	7,025	4	12,243	42
建设银行	1,482	-20	6,753	57	9,795	-6
交通银行	1,090	-30	5,503	15	2,004	254
农业银行	10,801	71	5,162	3	18,096	54
邮储银行	1,892	17	2,977	-2	4,095	78
中国银行	5,013	-33	8,505	1	3,835	17
总计	24,420	9	35,925	11	50,067	36

三、股份制银行资产业务分析

（一）股份制银行总体发展情况

我国共有 12 家股份制银行，除广发银行和恒丰银行外，其余 10 家均已在 A 股或 H 股上市。2023 年，上市股份制银行的总资产规模为 68.41 万亿元，当年增速为 8.37%。

2023 年，招商银行的资产总额相对较大，为 11.03 万亿元；渤海银行的资产总额相对较小，为 1.73 万亿元；浙商银行的资产增速相对较快，为 14.95%；民生银行的资产增速相对较慢，为 3.52%。其中，浙商银行近五年资产平均增速相对较快，年均增长 19.91%；浦发银行近五年资产平均增速相对较慢，年均增长 3.48%（见表 12）。

表 12　　股份制银行资产规模比较（万亿元）

银行简称	2019 年	2020 年	2021 年	2022 年	2023 年	2023 年变动率（%）	近五年平均变动率（%）
渤海银行	1.11	1.39	1.58	1.66	1.73	11.70	4.42
光大银行	4.73	5.37	5.90	6.30	6.77	9.37	7.50
华夏银行	3.02	3.40	3.68	3.90	4.25	8.94	9.09
民生银行	6.68	6.95	6.95	7.26	7.67	3.52	5.78

续表

银行简称	2019年	2020年	2021年	2022年	2023年	2023年变动率（%）	近五年平均变动率（%）
平安银行	3.94	4.47	4.92	5.32	5.59	9.13	4.99
浦发银行	7.01	7.95	8.14	8.70	9.01	6.48	3.48
兴业银行	7.15	7.89	8.60	9.27	10.16	9.19	9.62
招商银行	7.42	8.36	9.25	10.14	11.03	10.43	8.77
浙商银行	1.80	2.05	2.29	2.62	3.14	14.95	19.91
中信银行	6.75	7.51	8.04	8.55	9.05	7.61	5.91
总计	49.61	55.35	59.35	63.72	68.41	7.37	7.37

2023年，招商银行的现金及存放中央银行款项占比相对较高，为6.19%；平安银行的贷款及垫款占比相对较高，为59.42%；平安银行的同业往来资产占比相对较高，为7.61%（见表13）。

表13　　股份制银行资产结构比较

银行简称	现金及存放中央银行			贷款及垫款			证券投资			同业往来		
	2021年	2022年	2023年	2021年	2022年	2023年	2021年	2022年	2023年	2021年	2022年	2023年
渤海银行	7.28	6.53	5.97	59.26	56.81	53.12	29.55	32.81	36.54	2.34	2.07	2.30
光大银行	6.41	5.66	5.16	54.89	55.54	54.82	31.11	32.48	33.10	3.74	2.57	3.69
华夏银行	5.06	4.50	4.76	58.84	56.86	53.04	31.45	33.20	37.73	3.25	3.43	2.07
民生银行	5.20	4.67	5.09	57.07	56.14	56.34	29.26	30.68	29.60	3.63	3.78	4.41
平安银行	6.34	5.36	4.92	60.65	60.93	59.42	26.07	25.49	24.89	3.64	5.15	7.61
浦发银行	5.17	5.25	5.96	57.65	55.12	54.45	28.50	29.36	29.71	5.33	7.26	6.68
兴业银行	5.20	4.77	4.12	50.10	52.55	52.50	34.86	34.08	32.83	6.50	5.42	7.37
招商银行	6.13	5.95	6.19	57.69	57.28	56.70	23.54	27.35	28.96	8.64	6.23	5.08
浙商银行	6.19	7.08	5.24	57.37	56.69	53.22	28.50	28.68	31.83	3.26	2.63	4.90
中信银行	5.41	5.59	4.60	59.03	58.95	59.47	28.88	29.28	28.64	4.27	3.64	4.68

（二）贷款和垫款业务情况

2023年，上市股份制银行贷款和垫款资产规模为38.08万亿元，同比增长5.85%。其中，招商银行的贷款和垫款资产规模相对较大，为6.25万亿元；渤海银行相对较小，为0.92万亿元；浙商银行的同比增速相对较快，增幅为12.58%；渤海银行的同比增速相对较慢，降幅为2.37%。另外，从近五年平均增速来看，浙商银行相对较快，为13.76%；华夏银行相对较慢，为5.39%（见表14）。

表14　　股份制银行贷款和垫款规模比较

银行简称	贷款及垫款（亿元）					2023年变动率（%）	近五年平均变动率（%）
	2019年	2020年	2021年	2022年	2023年		
渤海银行	6,872.79	8,671.20	9,379.07	9,427.23	9,203.95	-2.37	7.57
光大银行	26,441.36	29,424.35	32,393.96	34,993.51	37,129.25	6.10	8.86

续表

银行简称	贷款及垫款（亿元）					2023年变动率（%）	近五年平均变动率（%）
	2019年	2020年	2021年	2022年	2023年		
华夏银行	18,291.71	20,598.25	21,629.66	22,176.91	22,565.96	1.75	5.39
民生银行	34,304.27	37,822.97	39,676.79	40,729.82	43,239.08	6.16	5.96
平安银行	22,593.49	26,108.41	29,847.53	32,422.58	33,201.10	2.40	10.10
浦发银行	38,781.91	44,302.28	46,909.54	47,983.50	49,046.96	2.22	6.05
兴业银行	33,451.80	38,673.21	43,103.06	48,698.79	53,334.83	9.52	12.37
招商银行	42,773.00	48,043.61	53,353.91	58,071.54	62,527.55	7.67	9.96
浙商银行	9,989.33	11,658.75	13,118.89	14,862.91	16,732.72	12.58	13.76
中信银行	38,926.02	43,601.96	47,480.76	50,389.67	53,837.50	6.84	8.45
总计	272,425.68	308,904.99	336,893.17	359,756.46	380,818.90	5.85	8.73

1. 贷款的主体结构

2023年，上市股份制银行的贷款和垫款结构以公司类贷款为主。浙商银行、渤海银行和华夏银行的公司类贷款占比相对较高，均超过70%。平安银行个人类贷款占比相对较高，为59.57%；招商银行的个人类贷款占比在近五年均保持在54%—56%（见表15）。

表15　　股份制银行贷款和垫款结构比较

银行简称	个人类贷款规模和占比（亿元,%）									
	2019年		2020年		2021年		2022年		2023年	
	规模	占比	规模	占比	规模	占比	规模	占比	规模	占比
渤海银行	2.334	33.96	3.104	35.79	3,414	36.40	3,365	35.70	2,727	29.63
光大银行	11.575	43.78	12.833	43.61	14,308	44.17	15,191	43.41	15,126	40.74
华夏银行	5.030	27.50	5.945	28.86	6,503	30.07	7,070	31.88	7,249	32.12
民生银行	14.129	41.19	16.091	42.54	17,413	43.89	17,419	42.77	17,675	40.88
平安银行	13.572	60.07	16.049	61.47	19,103	64.00	20,474	63.15	19,777	59.57
浦发银行	16.754	43.20	17.923	40.46	18,906	40.30	18,924	39.44	18,658	38.04
兴业银行	14.495	43.33	17.145	44.33	18,799	43.61	19,739	40.53	19,764	37.06
招商银行	23.626	55.24	26.812	55.81	29,878	56.00	31,618	54.45	34,379	54.98
浙商银行	2.757	27.60	3.331	28.57	3,815	29.08	4,179	28.12	4,767	28.49
中信银行	17.308	44.46	18.919	43.39	20,538	43.26	21,169	42.01	22,838	42.42

银行简称	公司类贷款规模和占比（亿元,%）									
	2019年		2020年		2021年		2022年		2023年	
	规模	占比	规模	占比	规模	占比	规模	占比	规模	占比
渤海银行	4,746	69.06	5,772	66.56	6,139	65.46	6,207	65.84	6,599	71.70
光大银行	15,547	58.80	17,262	58.67	18,766	57.93	20,532	58.67	22,743	61.25
华夏银行	13,696	74.88	15,145	73.52	15,632	72.27	15,660	70.61	15,847	70.23

续表

银行简称	公司类贷款规模和占比（亿元,%）									
	2019 年		2020 年		2021 年		2022 年		2023 年	
	规模	占比	规模	占比	规模	占比	规模	占比	规模	占比
民生银行	20,747	60.48	22,449	59.35	23,044	58.08	23,993	58.91	26,174	60.53
平安银行	9,660	42.75	10,614	40.65	11,531	38.63	12,818	39.53	14,298	43.06
浦发银行	22,967	59.22	27,417	61.89	28,954	61.72	30,083	62.69	31,519	64.26
兴业银行	19,919	59.55	22,512	58.21	25,483	59.12	30,090	61.79	34,846	65.33
招商银行	21,280	49.75	23,480	48.87	25,822	48.40	28,897	49.76	30,710	49.11
浙商银行	7,512	75.20	8,612	73.86	9,618	73.32	10,995	73.97	12,304	73.53
中信银行	22,672	58.24	25,814	59.20	28,021	59.02	30,359	60.25	32,145	59.71

2. 个人类贷款的利率变化趋势

近年来，股份制银行的个人类贷款利率普遍下降，个人类贷款平均利率由 6.53% 降至 5.61%。2023 年，平安银行的个人类贷款利率相对较高，为6.58%，该行近五年个人类贷款利率在股份制银行中均相对较高；民生银行的个人贷款利率相对较低，为4.97%（见表 16）。

表 16　　股份制银行近五年个人类贷款利率情况（%）

银行简称	2019 年	2020 年	2021 年	2022 年	2023 年
平安银行	7.74	7.23	7.49	7.38	6.58
华夏银行	4.42	6.15	5.91	5.85	5.98
浙商银行	6.52	6.84	6.77	6.47	5.96
光大银行	6.62	6.46	6.21	6.05	5.72
渤海银行	6.41	7.02	6.38	6.11	5.62
兴业银行	4.78	6.59	6.22	6.06	5.56
中信银行	5.22	6.38	5.93	5.78	5.34
浦发银行	6.16	6.62	6.15	5.86	5.30
招商银行	6.07	5.89	5.55	5.44	5.02
民生银行	5.58	6.12	5.73	5.35	4.97
平均值	5.95	6.53	6.23	6.04	5.61

3. 涉房贷款

近五年来，受房地产行业发展影响，股份制银行的涉房贷款规模先升后降。2023 年余额为 8.85 万亿元，近五年的年均增幅为 3.43%（见表 17）。股份制银行的涉房贷款主要集中在按揭贷款，年均占比约为 75%（见图 8）。

2023 年，股份制银行涉房贷款仅有浙商银行、兴业银行和中信银行为正增长，增长率分别为 15.15%、4.13% 和 0.77%。浦发银行降幅相对较小，为 0.86%；平安银行降幅相对加大，为 47.61%，下降 5,080 亿元，主要是按揭贷款大幅下降，由 7,834 亿元降至 3,036 亿元（见表 17、表 18）。

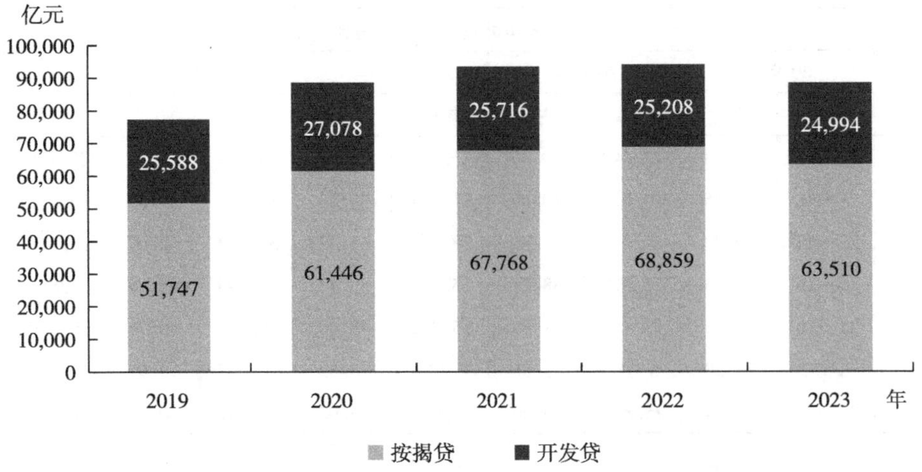

图 8　股份制银行涉房贷款情况

表 17　各股份制银行涉房贷款规模和变动情况

银行简称	涉房贷款（亿元）					2023 年变动率（%）	近五年平均变动率（%）
	2019 年	2020 年	2021 年	2022 年	2023 年		
渤海银行	2, 371	2, 795	2, 673	2, 722	2, 479	-8. 93	1. 13
光大银行	6, 261	7, 169	7, 628	7, 684	7, 498	-2. 42	4. 61
华夏银行	3, 569	4, 247	4, 299	4, 228	4, 135	-2. 21	3. 74
民生银行	8, 961	9, 543	9, 558	9, 366	8, 926	-4. 70	-0. 10
平安银行	6, 397	8, 003	9, 438	10, 669	5, 589	-47. 61	-3. 32
浦发银行	10, 645	11, 957	12, 370	11, 942	11, 839	-0. 86	2. 69
兴业银行	11, 627	13, 706	14, 580	14, 534	15, 134	4. 13	6. 81
招商银行	14, 765	16, 656	17, 761	17, 652	17, 122	-3. 00	3. 77
浙商银行	2, 013	2, 409	2, 596	2, 741	3, 156	15. 15	11. 90
中信银行	10, 725	12, 039	12, 582	12, 530	12, 627	0. 77	4. 16
总计	77, 336	88, 524	93, 484	94, 067	88, 504	-5. 91	3. 43

表 18　股份制银行涉房贷款结构

银行简称	按揭贷（亿元）					开发贷（亿元）				
	2019 年	2020 年	2021 年	2022 年	2023 年	2019 年	2020 年	2021 年	2022 年	2023 年
渤海银行	1, 278	1, 677	1, 915	1, 796	1, 596	1, 093	1, 118	758	926	884
光大银行	4, 142	4, 924	5, 653	5, 898	5, 841	2, 119	2, 245	1, 975	1, 786	1, 657
华夏银行	2, 159	2, 717	3, 039	3, 181	3, 167	1, 410	1, 530	1, 260	1, 047	967
民生银行	4, 199	5, 153	5, 955	5, 733	5, 463	4, 762	4, 390	3, 603	3, 633	3, 463

续表

银行简称	按揭贷（亿元）					开发贷（亿元）				
	2019 年	2020 年	2021 年	2022 年	2023 年	2019 年	2020 年	2021 年	2022 年	2023 年
平安银行	4,111	5,284	6,549	7,834	3,036	2,287	2,720	2,889	2,835	2,553
浦发银行	7,303	8,492	9,060	8,721	8,382	3,342	3,465	3,310	3,220	3,457
兴业银行	9,109	10,531	11,212	10,973	10,759	2,519	3,175	3,368	3,560	4,375
招商银行	11,081	12,748	13,744	13,892	13,855	3,684	3,908	4,017	3,760	3,267
浙商银行	530	757	908	1,072	1,379	1,483	1,652	1,687	1,668	1,777
中信银行	7,836	9,163	9,734	9,758	10,033	2,890	2,876	2,848	2,772	2,594
总计	51,747	61,446	67,768	68,859	63,510	25,588	27,078	25,716	25,208	24,994

（三）证券投资业务情况

2023 年，股份制银行证券投资总额为 20.94 万亿元，同比增长 9.02%。从规模大小来看，兴业银行证券投资规模相对较大，为 3.34 万亿元；渤海银行的证券投资规模相对较小，仅为 6,331.36 亿元；从变动率快慢来看，浙商银行的增速相对较快，为 33.09%，民生银行的增速相对较慢，为 2.08%（见表 19）。

表 19　　股份制银行证券投资情况

银行简称	证券投资（亿元）			2023 年变动率（%）
	2023 年	2022 年	2021 年	
渤海银行	6,331.36	5,445.33	4,676.31	16.27
光大银行	22,414.62	20,466.12	18,360.16	9.52
华夏银行	16,052.88	12,949.31	11,562.19	23.97
民生银行	22,721.42	22,258.7	20,344.33	2.08
平安银行	13,909.05	13,565.96	12,828.89	2.53
浦发银行	26,760.55	25,554.63	23,189.23	4.72
兴业银行	33,354.75	31,583.41	29,985.96	5.61
招商银行	31,939.2	27,726.89	21,769.97	15.19
浙商银行	10,006.37	7,518.49	6,518.22	33.09
中信银行	25,929.06	25,028.69	23,226.41	3.60
总计	209,419.26	192,097.53	172,461.67	9.02

股份制银行债券投资占证券投资之比较国有行略低，在投资种类上有所分化。大部分股份制银行仍以政府债投资为主，其中，兴业银行、光大银行、浙商银行和渤海银行的政府债占比相对较少，均不足 50%，企业债投资占比较其他股份制银行相对较高，均在 20% 以上。从投向变化看，平安银行和中信银行减持金融债和企业债，转投政府债，兴业银行和民生银行的企业债投资规模小幅下降（见表 20）。

表 20　　股份制银行债券投资情况

银行简称	政府债			金融债			企业债			总额	
	2023 年	占比（%）	同比变动（%）	2023 年	占比（%）	同比变动（%）	2023 年	占比（%）	同比变动（%）	2023 年	同比变动（%）
平安银行	8, 050	77. 8	18. 65	1, 550	15. 0	-36. 70	751	7. 3	-4. 21	10, 352	3. 33
浦发银行	9, 338	56. 7	7. 50	5, 373	32. 7	1. 36	1, 744	10. 6	13. 33	16, 455	5. 98
民生银行	12, 698	61. 6	12. 19	4, 131	20. 1	26. 71	3, 774	18. 3	-6. 91	20, 603	10. 58
招商银行	19, 448	68. 4	21. 53	7, 562	26. 6	3. 95	1, 435	5. 0	29. 32	28, 446	16. 64
华夏银行	7, 799	66. 0	47. 82	1, 444	12. 2	32. 23	2, 577	21. 8	57. 39	11, 820	47. 65
兴业银行	12, 860	47. 3	12. 65	5, 098	18. 8	16. 84	9, 215	33. 9	-0. 48	27, 174	8. 52
中信银行	14, 768	75. 8	26. 57	3, 578	18. 4	-32. 88	1, 129	5. 8	-3. 37	19, 476	7. 20
光大银行	8, 123	43. 7	25. 81	6, 607	35. 5	0. 43	3, 860	20. 8	8. 86	18, 591	12. 12
浙商银行	2, 979	40. 8	26. 85	2, 665	36. 5	89. 79	1, 656	22. 7	1. 54	7, 301	35. 60
渤海银行	1, 599	41. 0	6. 87	1, 488	38. 2	22. 10	812	20. 8	94. 51	3, 900	24. 47

（四）同业业务情况

2023 年，股份制银行同业往来资产规模为 3. 63 万亿元，近五年平均增速为 11. 71%。其中，兴业银行规模相对较大，为 7, 491. 43 亿元，华夏银行规模相对较小，为 882. 29 亿元（见表 21）。

表 21　　股份制银行存放同业资产规模和变动比较

银行简称	同业往来资产规模（亿元）					近五年平均变动率（%）	2023 年变动率（%）
	2019 年	2020 年	2021 年	2022 年	2023 年		
渤海银行	203. 13	338. 69	369. 93	344. 09	398. 25	18. 33	15. 74
光大银行	984. 63	1, 589. 41	2, 207. 02	1, 620. 80	2, 496. 84	26. 19	54. 05
华夏银行	634. 49	797. 51	1, 193. 56	1, 339. 53	882. 29	8. 59	-34. 13
民生银行	3, 675. 44	2, 954. 56	2, 526. 76	2, 741. 49	3, 382. 29	-2. 06	23. 37
平安银行	2, 272. 69	2, 724. 84	1, 790. 76	2, 738. 11	4, 251. 34	16. 95	55. 27
浦发银行	2, 792. 35	4, 224. 53	4, 338. 98	6, 320. 14	6, 020. 81	21. 18	-4. 74
兴业银行	3, 605. 96	4, 104. 96	5, 592. 04	5, 026. 94	7, 491. 43	20. 06	49. 03
招商银行	5, 225. 07	6, 165. 16	7, 993. 72	6, 315. 98	5, 607. 09	1. 78	-11. 22
浙商银行	558. 59	1, 015. 31	745. 05	689. 28	1, 540. 25	28. 86	123. 46
中信银行	3, 357. 98	4, 128. 82	3, 432. 11	3, 107. 28	4, 235. 90	5. 98	36. 32
总计	23, 310. 33	28, 043. 8	30, 189. 93	30, 243. 64	36, 306. 49	11. 71	20. 05

股份制银行的存放同业资产主要由拆出资金组成，除渤海银行、招商银行和和浙商银行外其他股份制银行中拆出资金占比较高，渤海银行和浙商银行持有较多存放同业款项，招商银行持有较多买入返售资产（见表 22）。

表 22　　股份制银行存放同业资产结构比较　　单位:%

银行简称	存放同业			拆出资金			买入返售		
	2021 年	2022 年	2023 年	2021 年	2022 年	2023 年	2021 年	2022 年	2023 年
渤海银行	74.96	46.72	52.58	25.04	53.28	31.02	0.00	0.00	16.40
光大银行	23.19	19.79	16.00	62.69	80.19	56.97	14.12	0.02	27.03
华夏银行	14.83	13.64	20.13	69.76	42.73	57.03	15.41	43.63	22.85
民生银行	36.63	32.36	38.34	62.83	66.55	51.08	0.54	1.10	10.58
平安银行	43.68	35.91	22.02	52.76	48.91	51.91	3.57	15.18	26.07
浦发银行	29.00	26.61	17.56	70.97	55.76	75.01	0.03	17.63	7.43
兴业银行	11.85	18.72	24.82	62.91	70.03	48.48	25.24	11.25	26.71
招商银行	10.05	14.46	17.97	24.32	41.73	51.31	65.63	43.81	30.72
浙商银行	52.87	63.05	46.00	17.13	13.90	5.57	30.00	23.05	48.43
中信银行	31.43	25.37	19.14	41.93	70.21	56.13	26.64	4.42	24.73
总计	22.76	24.12	23.31	49.52	56.80	53.63	27.72	19.09	23.06

四、城商行资产业务分析

（一）城商行总体发展情况

近五年，我国上市城商行资产规模增长较快。2023 年的资产规模总额为 33.17 万亿元，同比增速为 10.49%。各城商行的资产规模差异相对较大，2023 年规模最大前五家银行分别为北京银行、江苏银行、上海银行、宁波银行和南京银行，上述银行的资产规模分别为 3.75 万亿元、3.40 万亿元、3.09 万亿元、2.71 万亿元和 2.29 万亿元；城商行按资产规模由小到大排列依次为泸州银行、晋商银行、甘肃银行、厦门银行和威海银行，分别为 0.16 万亿元、0.36 万亿元、0.39 万亿元、0.39 万亿元和 0.39 万亿元。

从增速看，宁波银行近五年发展相对较快，年均增速为 19.77%，盛京银行增速相对较慢，为 1.40%；齐鲁银行 2023 年增速相对较快，为 19.53%，盛京银行 2023 年增速相对较慢，为 -0.22%（见表 23）。

表 23　　城商行银行资产规模比较　　单位：万亿元

银行简称	2019 年	2020 年	2021 年	2022 年	2023 年	2023 年变动率（%）	2019—2023 年平均变动率（%）
北京银行	2.74	2.90	3.06	3.39	3.75	10.65	8.18
成都银行	0.56	0.65	0.77	0.92	1.09	18.92	18.24
甘肃银行	0.34	0.34	0.36	0.38	0.39	3.02	3.78
贵阳银行	0.56	0.59	0.61	0.65	0.69	6.51	5.26

续表

银行简称	2019 年	2020 年	2021 年	2022 年	2023 年	2023 年变动率（%）	2019—2023 年平均变动率（%）
贵州银行	0.41	0.46	0.50	0.53	0.58	8.06	8.95
哈尔滨行	0.58	0.60	0.65	0.71	0.81	14.11	8.68
杭州银行	1.02	1.17	1.39	1.62	1.84	13.91	15.80
徽商银行	1.13	1.27	1.38	1.58	1.81	14.30	12.40
江苏银行	2.07	2.34	2.62	2.98	3.40	14.20	13.30
江西银行	0.46	0.46	0.51	0.52	0.55	7.13	4.90
晋商银行	0.25	0.27	0.30	0.34	0.36	7.40	9.91
九江银行	0.36	0.42	0.46	0.48	0.50	5.03	8.52
兰州银行	0.34	0.36	0.40	0.44	0.45	4.01	7.73
泸州银行	0.09	0.12	0.13	0.15	0.16	6.06	14.51
南京银行	1.34	1.52	1.75	2.06	2.29	11.11	14.24
宁波银行	1.32	1.63	2.02	2.37	2.71	14.60	19.77
齐鲁银行	0.31	0.36	0.43	0.51	0.60	19.53	18.42
青岛银行	0.37	0.46	0.52	0.53	0.61	14.80	12.94
厦门银行	0.25	0.29	0.33	0.37	0.39	5.24	12.16
上海银行	2.24	2.46	2.65	2.88	3.09	7.19	8.37
盛京银行	1.02	1.04	1.01	1.08	1.08	-0.22	1.40
苏州银行	0.34	0.39	0.45	0.52	0.60	14.74	15.05
天津银行	0.67	0.69	0.72	0.76	0.84	10.47	5.86
威海银行	0.22	0.27	0.30	0.34	0.39	14.02	14.95
西安银行	0.28	0.31	0.35	0.41	0.43	6.50	11.63
长沙银行	0.60	0.70	0.80	0.90	1.02	12.74	14.09
郑州银行	0.50	0.55	0.57	0.59	0.63	6.63	5.95
中原银行	0.71	0.76	0.77	1.33	1.35	1.49	17.36
重庆银行	0.50	0.56	0.62	0.68	0.76	10.98	10.96
总计	21.58	23.94	26.43	30.02	33.17	10.49	11.35

2023 年，各城商行的资产结构差异相对较大。哈尔滨行的现金与存放中央银行款项资产占比相对较高，为 7.85%，苏州银行的占比相对较低，为 3.64%；九江银行贷款及垫款占比相对较高，为 58.23%，杭州银行占比相对较低，为 42.03%；杭州银行、宁波银行、南京银行、哈尔滨行和上海银行的证券投资占比高于 40%，其中杭州银行证券投资资产占比相对较高，为 47.3%；晋商银行的同业往来资产占比相对较高，为 15.93%，威海银行的占比相对较低，为 0.23%（见表 24）。

表 24　　股份制银行资产结构比较

银行简称	现金与存放中央银行			贷款及垫款			证券投资			同业往来		
	2021 年	2022 年	2023 年	2021 年	2022 年	2023 年	2021 年	2022 年	2023 年	2021 年	2022 年	2023 年
北京银行	5.32	4.83	4.42	53.21	51.63	52.41	32.30	33.27	34.03	6.77	7.62	6.88
成都银行	7.52	7.29	7.53	48.72	51.10	55.38	34.48	32.69	29.52	7.95	7.71	6.51
甘肃银行	5.76	5.31	4.96	53.90	55.31	55.87	28.15	32.10	32.69	6.10	2.58	4.10
贵阳银行	5.69	5.89	6.00	40.39	42.64	45.41	46.28	44.38	39.17	1.47	0.97	3.52
贵州银行	7.08	4.36	5.16	47.40	52.41	54.89	37.51	37.83	36.75	6.17	3.49	1.32
哈尔滨行	10.06	10.77	7.85	43.97	38.13	37.92	38.09	40.94	42.41	1.10	3.77	6.37
杭州银行	6.14	6.32	6.18	40.34	41.61	42.03	47.01	46.09	47.30	4.69	4.10	2.57
徽商银行	5.88	6.63	5.46	45.41	46.50	46.84	39.26	37.82	38.06	2.40	2.79	4.12
江苏银行	5.06	4.78	4.53	51.90	52.22	51.35	35.06	35.37	36.11	4.34	3.97	4.15
江西银行	9.14	6.94	5.82	53.22	58.25	58.93	33.78	30.47	29.65	1.65	2.21	3.69
晋商银行	7.93	5.04	6.16	49.79	53.77	51.37	30.52	—	25.14	10.21	9.37	15.93
九江银行	7.73	6.91	6.61	52.64	56.60	58.23	—	31.07	13.73	4.78	2.42	3.30
兰州银行	5.17	5.60	4.60	52.48	50.50	52.51	30.45	29.59	29.25	9.00	11.58	10.84
泸州银行	7.77	7.54	5.76	53.70	53.82	—	29.08	30.87	31.60	5.54	3.86	3.20
南京银行	5.71	5.56	5.04	43.68	44.42	46.63	45.47	43.79	42.48	3.09	4.38	4.16
宁波银行	4.84	4.95	4.76	41.30	42.72	44.76	48.00	47.29	45.54	2.44	2.69	2.81
齐鲁银行	8.52	7.50	6.53	48.50	49.19	47.92	39.74	40.19	41.17	1.48	1.43	2.90
青岛银行	10.19	5.25	5.11	45.69	49.57	48.19	36.38	38.17	37.17	3.74	2.03	4.96
厦门银行	9.93	8.03	7.61	51.44	52.30	52.10	28.34	26.99	29.45	8.44	10.79	9.24
上海银行	5.50	5.15	4.42	44.62	43.90	43.39	39.12	40.06	42.30	8.13	8.63	7.81
盛京银行	7.19	6.95	7.05	57.99	58.26	45.95	31.01	30.45	42.33	1.23	2.11	1.87
苏州银行	4.39	4.08	3.64	44.98	45.66	46.71	37.28	35.26	35.79	6.27	7.82	7.25
天津银行	5.53	5.64	5.36	45.09	44.33	47.10	43.93	10.00	41.23	3.47	5.75	4.85
威海银行	8.00	7.92	6.96	46.09	47.06	47.82	37.00	37.30	37.23	2.16	0.32	0.23
西安银行	7.34	6.30	5.88	51.16	45.67	45.81	37.06	44.27	40.75	2.93	2.18	5.92
长沙银行	6.81	6.29	5.57	44.91	45.62	46.45	45.08	42.48	41.47	2.04	4.42	5.34
郑州银行	5.81	4.48	4.18	49.11	54.47	55.54	34.39	30.98	29.55	3.71	2.83	2.88
中原银行	8.29	5.85	4.98	49.25	50.28	51.25	28.02	28.16	28.74	7.40	8.83	8.07
重庆银行	6.01	5.99	5.27	49.58	50.01	50.11	35.40	35.90	36.94	7.24	6.34	6.09

（二）贷款和垫款业务情况

近五年来，城商行的贷款及垫款增长相对较快，规模由 9.49 万亿元增至 15.99 万亿元，年均增速为 13.97%，2023 年增长有所放缓，增速为 10.57%。

2023 年共有五家银行的贷款及垫款规模超过 1 万亿元，北京银行规模相对较大，为 19,647.91 亿元，晋商银行规模相对较小，为 1,856.10 亿元；成都银行增速相对较快，为

28.89%，盛京银行增速相对较慢，为 -21.3%（见表25）。

表 25　　城商行贷款及垫款规模和增长比较

银行简称	贷款及垫款（亿元）					2023 年变动率（%）	近五年平均变动率（%）
	2019 年	2020 年	2021 年	2022 年	2023 年		
北京银行	14,069.98	15,216.56	16,278.21	17,491.07	19,647.91	12.33	8.71
成都银行	2,235.11	2,727.26	3,743.10	4,688.86	6,043.71	28.89	28.23
甘肃银行	1,647.67	1,763.87	1,932.41	2,086.23	2,170.90	4.06	7.14
贵阳银行	1,964.75	2,221.14	2,458.31	2,754.26	3,124.81	13.45	12.30
贵州银行	1,733.50	2,061.53	2,388.35	2,797.39	3,166.10	13.18	16.25
哈尔滨行	2,584.96	2,723.51	2,836.37	2,717.85	3,084.39	13.49	4.52
杭州银行	3,974.82	4,600.16	5,608.91	6,726.35	7,739.42	15.06	18.13
徽商银行	4,504.20	5,533.99	6,283.06	7,347.98	8,460.82	15.14	17.07
江苏银行	10,109.01	11,659.64	13,591.27	15,561.71	17,474.77	12.29	14.66
江西银行	2,029.89	2,174.49	2,706.58	3,003.13	3,255.17	8.39	12.53
晋商银行	1,117.13	1,318.37	1,510.07	1,809.06	1,856.10	2.60	13.53
九江银行	1,733.69	—	2,429.38	2,715.35	2,934.10	8.06	14.06
兰州银行	1,703.60	1,890.15	2,101.16	2,201.31	2,380.68	8.15	8.73
泸州银行	432.99	575.85	722.36	799.99	—	—	—
南京银行	5,494.78	6,526.29	7,638.67	9,149.11	10,669.32	16.62	18.04
宁波银行	5,100.39	6,634.47	8,324.43	10,108.17	12,137.53	20.08	24.20
齐鲁银行	1,365.51	1,674.96	2,102.21	2,489.14	2,898.38	16.44	20.70
青岛银行	1,691.58	2,023.58	2,386.09	2,625.19	2,929.93	11.61	14.72
厦门银行	1,050.00	1,360.46	1,694.92	1,941.55	2,035.27	4.83	17.99
上海银行	9,412.21	10,620.59	11,838.81	12,637.25	13,388.12	5.94	9.21
盛京银行	4,463.76	5,346.87	5,834.44	6,305.99	4,962.90	-21.30	2.69
苏州银行	1,553.26	1,810.34	2,037.52	2,395.01	2,811.38	17.38	15.99
天津银行	2,812.29	2,957.52	3,246.07	3,373.97	3,960.09	17.37	8.93
威海银行	899.96	1,177.49	1,403.67	1,617.50	1,874.05	15.86	20.13
西安银行	1,487.69	1,670.69	1,769.49	1,853.58	1,980.03	6.82	7.41
长沙银行	2,521.91	3,047.90	3,575.70	4,127.24	4,738.53	14.81	17.08
郑州银行	1,892.67	2,312.50	2,823.99	3,222.07	3,503.25	8.73	16.64
中原银行	2,912.30	3,476.57	3,781.17	6,668.92	6,898.69	3.45	24.06
重庆银行	2,386.27	2,722.59	3,068.84	3,424.46	3,807.96	11.20	12.39
总计	94,885.88	107,829.34	126,115.56	144,639.69	159,934.31	10.57	13.97

1. 贷款的主体结构

2023 年，各城商行的贷款结构主要以公司类为主，其中贵州银行和贵阳银行的公司类贷款占比相对较高，分别为 89.83% 和 88.07%，宁波银行占比相对较低，为 61.42%（见

表26）。

表26　城商行贷款结构比较

银行简称	个人类贷款规模和占比（亿元,%）						公司类贷款规模和占比（亿元,%）					
	2021年		2022年		2023年		2021年		2022年		2023年	
贵州银行	339	14.20	389	13.91	475	15.01	2,161	90.49	2,546	91.02	2,844	89.83
贵阳银行	470	19.13	482	17.52	488	15.63	2,080	84.59	2,370	86.06	2,752	88.07
晋商银行	269	17.80	288	15.92	318	17.14	1,289	85.34	1,572	86.92	1,596	86.00
成都银行	982	26.24	1,070	22.82	1,233	20.41	2,903	77.56	3,796	80.96	5,011	82.92
郑州银行	761	26.96	813	25.24	841	24.02	2,129	75.39	2,496	77.47	2,765	78.92
兰州银行	612	29.11	570	25.89	587	24.64	1,550	73.78	1,696	77.03	1,865	78.34
威海银行	401	28.59	429	26.54	444	23.69	1,032	73.49	1,214	75.04	1,456	77.67
重庆银行	1,018	33.19	945	27.60	949	24.93	2,141	69.77	2,560	74.76	2,953	77.54
江西银行	802	29.63	837	27.85	858	26.35	1,975	72.98	2,278	75.86	2,511	77.14
南京银行	2,383	31.19	2,712	29.64	2,840	26.62	5,520	72.27	6,747	73.75	8,151	76.40
甘肃银行	480	24.84	500	23.96	520	23.94	1,506	77.93	1,601	76.73	1,651	76.07
青岛银行	767	32.16	734	27.95	791	26.99	1,675	70.18	1,956	74.53	2,210	75.43
天津银行	1,323	40.76	1,230	36.47	1,106	27.93	2,031	62.56	2,238	66.32	2,967	74.91
齐鲁银行	634	30.16	748	30.05	837	28.88	1,532	72.89	1,825	73.30	2,165	74.69
盛京银行	1,007	17.26	999	15.84	1,085	21.87	4,853	83.18	5,135	81.43	3,693	74.42
徽商银行	2,374	37.78	2,541	34.58	2,593	30.65	4,174	66.44	5,102	69.44	6,149	72.67
上海银行	3,899	32.93	4,158	32.90	4,267	31.87	8,338	70.43	8,888	70.33	9,503	70.98
苏州银行	765	37.53	905	37.79	974	34.64	1,368	67.15	1,601	66.86	1,960	69.72
九江银行	866	35.64	956	35.22	977	33.30	1,631	67.15	1,835	67.59	2,039	69.49
西安银行	694	39.22	627	33.83	660	33.35	1,124	63.53	1,270	68.50	1,369	69.13
杭州银行	2,241	39.96	2,599	38.63	2,801	36.19	3,644	64.97	4,423	65.76	5,270	68.09
北京银行	5,887	36.17	6,399	36.58	7,026	35.76	10,845	66.62	11,574	66.17	13,130	66.82
哈尔滨行	1,328	46.80	1,174	43.18	1,186	38.44	1,616	56.98	1,671	61.47	2,046	66.34
江苏银行	5,614	41.31	6,045	38.85	6,455	36.94	8,387	61.71	9,997	64.24	11,563	66.17
厦门银行	667	39.35	767	39.50	754	37.06	1,083	63.92	1,237	63.71	1,343	65.97
中原银行	1,841	48.69	2,375	35.61	2,595	37.62	2,040	53.96	4,466	66.97	4,480	64.93
长沙银行	1,518	42.46	1,720	41.68	1,848	38.99	2,178	60.91	2,540	61.54	3,036	64.07
宁波银行	3,331	40.02	3,912	38.70	5,072	41.79	5,296	63.62	6,548	64.78	7,455	61.42
泸州银行	102	14.08	125	15.57	139	—	645	89.27	704	87.96	786	—

2. 个人类贷款的利率变化趋势

2023年，城商行的个人贷款利率总体呈下降趋势，平均利率自2019年的6.14%降至2023年的5.32%，降幅为82个基点。受区域性限制，各城商行的资金获取成本和经营战略有所不同，个人类贷款利差相对较大。其中，南京银行个人贷款利率相对较高，为6.9%，郑州银行相对较低，为4.27%；从个人贷款利率走势来看，南京银行、北京银行和长沙银行未降反升，分别上升17个基点、31个基点和49个基点；江西银行的利率降幅相对较大，为183个基点，哈尔滨行的利率降幅相对较小，为7个基点（见表27）。

表27　　城商行个人类贷款利率变化情况（%）

银行简称	2019年	2020年	2021年	2022年	2023年
南京银行	6.73	6.69	6.75	6.87	6.90
哈尔滨行	6.6	7.22	6.6	6.75	6.53
长沙银行	6.03	7.09	6.58	6.69	6.52
宁波银行	7.74	7.79	7.21	6.92	6.34
西安银行	6.68	6.7	6.55	6.44	5.98
泸州银行	6.13	5.83	6.18	6.05	5.94
北京银行	—	5.28	5.14	5.48	5.57
青岛银行	5.13	5.68	5.6	5.65	5.39
上海银行	6.77	6.44	5.79	5.55	5.35
徽商银行	5.51	5.94	6.12	5.77	5.22
兰州银行	—	—	5.55	5.46	5.19
九江银行	5.94	6.05	5.33	5.65	5.17
重庆银行	—	6.55	6.02	5.75	5.14
甘肃银行	6.86	6.24	5.98	5.11	5.06
中原银行	6.62	5.87	5.65	5.41	5.04
盛京银行	6.37	6.71	6.57	5.89	4.94
齐鲁银行	—	—	5.61	5.46	4.91
苏州银行	5.79	6.08	5.47	5.31	4.79
江西银行	6.46	5.54	5.43	5.25	4.63
贵阳银行	5.18	5.3	4.95	4.91	4.59
贵州银行	5.56	5.51	5.17	5.14	4.59
成都银行	4.73	5.06	4.92	4.86	4.28
郑州银行	5.81	5.55	5.11	4.77	4.27
平均值	6.14	6.15	5.84	5.70	5.32

3. 涉房贷款

近五年，城商行的涉房贷款规模持续上升，2023年末为29,331亿元，年均增长11.25%。涉房贷款的结构变化相对较大，其中按揭贷占比由54.93%升至66.84%，该比例低于国有行和股份制银行（见图9）。

2023年，城商行的涉房贷款规模总体接近3万亿元，其中，北京银行相对较高，为4,454亿元，泸州银行规模相对较低，为111亿元。从增速看，宁波银行相对较快，2023年

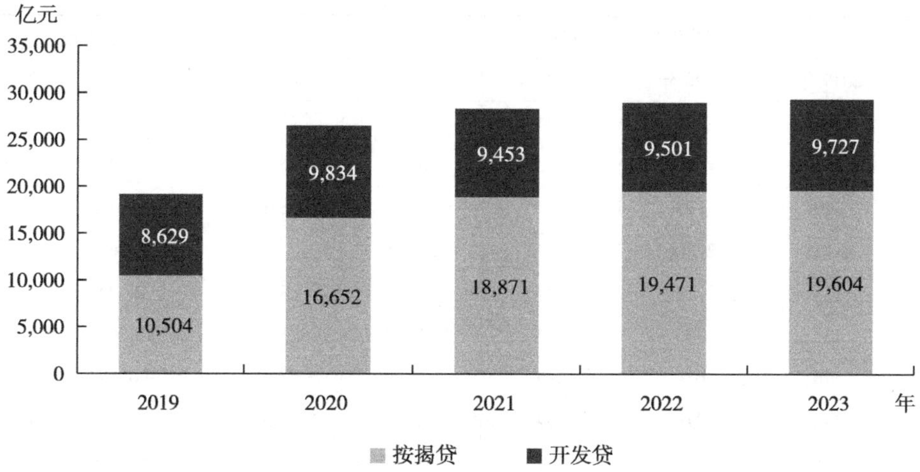

图 9　城商行涉房贷款情况

增长 36.56%，近五年平均增速为 59.83%，主要是按揭贷和开发贷同时大幅增长；盛京银行相对较慢，2023 年下降 27.99%。江西银行、厦门银行和天津银行的规模在近五年有所下降，降幅分别为 0.83%、0.76% 和 0.86%，2019 年北京银行按揭贷款数据缺失，哈尔滨行暂未披露涉房贷款的完整数据（见表 28、表 29）。

表 28　城商行涉房贷款规模和变动情况比较

银行简称	涉房贷款（亿元）					2023 年变动率（%）	近五年平均变动率（%）
	2019 年	2020 年	2021 年	2022 年	2023 年		
北京银行	—	4, 813	4, 715	4, 487	4, 454	-0. 74	—
成都银行	836	981	1, 094	1, 182	1, 300	10. 05	11. 67
甘肃银行	319	341	360	383	390	1. 73	5. 12
贵阳银行	302	329	370	449	577	28. 29	17. 58
贵州银行	220	304	289	300	291	-3. 16	7. 20
哈尔滨行	—	—	—	—	—	—	—
杭州银行	928	1, 179	1, 206	1, 295	1, 310	1. 13	8. 99
徽商银行	1, 090	1, 393	1, 562	1, 522	1, 611	5. 84	10. 26
江苏银行	2, 313	3, 131	3, 347	3, 343	3, 268	-2. 23	9. 03
江西银行	662	699	714	693	640	-7. 60	-0. 83
晋商银行	222	248	276	284	315	10. 70	9. 13
九江银行	510	593	648	607	572	-5. 80	2. 89
兰州银行	338	441	503	514	552	7. 33	13. 07
泸州银行	80	90	115	117	111	-5. 56	8. 60
南京银行	797	959	1, 164	1, 195	1, 125	-5. 89	8. 98
宁波银行	311	598	739	1, 485	2, 028	36. 56	59. 83

续表

银行简称	涉房贷款（亿元）					2023 年变动率（%）	近五年平均变动率（%）
	2019 年	2020 年	2021 年	2022 年	2023 年		
齐鲁银行	359	394	504	532	581	9.15	12.83
青岛银行	564	616	672	682	696	2.03	5.38
厦门银行	320	379	395	364	310	-14.68	-0.76
上海银行	2,488	2,806	3,122	2,944	2,837	-3.63	3.33
盛京银行	713	1,183	1,273	1,362	981	-27.99	8.29
苏州银行	256	333	401	441	515	16.85	19.06
天津银行	576	614	603	557	557	-0.17	-0.86
威海银行	146	216	237	233	226	-3.24	11.62
西安银行	344	368	351	340	362	6.56	1.26
长沙银行	485	643	713	769	830	7.91	14.39
郑州银行	567	665	753	706	627	-11.18	2.55
中原银行	902	1,037	1,067	1,369	1,472	7.50	13.03
重庆银行	405	501	544	517	499	-3.54	5.37
总计	17,053	25,854	27,737	28,672	29,037	1.27	15.88

表 29　城商行涉房贷款结构

银行简称	按揭贷（亿元）					开发贷（亿元）				
	2019 年	2020 年	2021 年	2022 年	2023 年	2019 年	2020 年	2021 年	2022 年	2023 年
北京银行	—	3,277	3,496	3,391	3,259	1,433	1,536	1,219	1,096	1,195
成都银行	605	730	850	864	915	232	250	244	318	386
甘肃银行	171	209	244	262	280	149	132	115	121	110
贵阳银行	152	168	179	195	206	150	161	191	254	371
贵州银行	140	202	200	198	215	80	101	89	102	75
哈尔滨行	—	—	—	—	—	297	352	313	298	297
杭州银行	583	721	825	899	942	345	458	380	396	368
徽商银行	900	1,124	1,249	1,244	1,264	189	269	313	277	346
江苏银行	1,729	2,238	2,439	2,450	2,447	585	893	908	893	821
江西银行	555	618	637	599	535	107	81	77	93	105
晋商银行	108	143	187	202	230	114	104	89	82	85
九江银行	252	296	339	349	328	258	297	308	258	244
兰州银行	147	251	308	320	333	190	190	195	194	219
泸州银行	20	21	27	28	26	60	69	88	90	85
南京银行	636	728	835	814	750	161	231	328	381	374
宁波银行	28	233	373	643	873	283	365	366	842	1,155
齐鲁银行	240	305	410	466	537	118	90	95	67	44

续表

银行简称	按揭贷（亿元）					开发贷（亿元）				
	2019 年	2020 年	2021 年	2022 年	2023 年	2019 年	2020 年	2021 年	2022 年	2023 年
青岛银行	368	406	459	465	469	197	210	213	217	226
厦门银行	201	274	319	279	227	119	104	76	84	83
上海银行	945	1, 239	1, 561	1, 647	1, 606	1, 544	1, 567	1, 561	1, 296	1, 231
盛京银行	360	483	575	570	535	353	701	697	792	446
苏州银行	201	268	323	341	347	55	65	77	99	168
天津银行	224	255	294	278	247	353	359	309	280	310
威海银行	100	139	163	166	155	46	77	74	67	70
西安银行	179	238	254	248	260	165	130	97	92	102
长沙银行	396	518	590	660	686	88	126	123	109	144
郑州银行	301	360	408	377	336	267	306	344	329	292
中原银行	697	854	895	1, 100	1, 193	205	183	172	269	279
重庆银行	268	355	428	416	403	137	146	115	102	96
总计	10, 506	16, 653	18, 867	19, 471	19, 604	8, 280	9, 553	9, 176	9, 498	9, 727

（三）证券投资业务情况

2023 年，城商行的证券投资规模总体为 12. 57 万亿元，同比增长 14. 52%。各城商行规模差异较大，2023 年，北京银行、江苏银行、宁波银行和上海银行的规模超过 1 万亿元，晋商银行、九江银行和泸州银行的规模低于 1, 000 亿元；从增速看，2023 年天津银行增长相对较快，为 355. 30%，贵阳银行、九江银行和西安银行有所下降，九江银行为 -53. 58%（见表 30）。

由于部分银行的证券投资结构中包含占比较高的债权融资计划、未明确分类的基金等，因此对其债券投资情况难以进一步统计分析。整体而言，城商行相较国有行和股份制银行在标准化债券投资的占比相对较低，存在较多非标地方性投资。

表 30　　城商行证券投资情况

银行简称	证券投资（亿元）			2023 年变动率（%）
	2023 年	2022 年	2021 年	
北京银行	12, 758. 06	11, 272. 41	9, 879. 04	13. 18
成都银行	3, 221. 78	2, 999. 94	2, 649. 40	7. 39
甘肃银行	1, 270. 22	1, 210. 75	1, 009. 18	4. 91
贵阳银行	2, 695. 01	2, 866. 91	2, 816. 82	-6. 00
贵州银行	2, 119. 57	2, 019. 18	1, 890. 12	4. 97
哈尔滨行	3, 449. 59	2, 918. 28	2, 456. 67	18. 21
杭州银行	8, 710. 05	7, 450. 46	6, 537. 70	16. 91
徽商银行	6, 873. 89	5, 976. 79	5, 432. 09	15. 01

续表

银行简称	证券投资（亿元）			2023 年变动率（%）
	2023 年	2022 年	2021 年	
江苏银行	12, 290. 48	10, 541. 88	9, 182. 49	16. 59
江西银行	1, 637. 73	1, 570. 97	1, 717. 77	4. 25
晋商银行	908. 15	—	925. 67	—
九江银行	691. 83	1, 490. 26	—	-53. 58
兰州银行	1, 326. 31	1, 289. 81	1, 218. 92	2. 83
泸州银行	498. 10	458. 84	391. 16	8. 56
南京银行	9, 720. 86	9, 018. 65	7, 952. 99	7. 79
宁波银行	12, 349. 16	11, 190. 12	9, 674. 63	10. 36
齐鲁银行	2, 490. 12	2, 033. 74	1, 722. 33	22. 44
青岛银行	2, 260. 11	2, 021. 41	1, 899. 83	11. 81
厦门银行	1, 150. 54	1, 001. 71	933. 83	14. 86
上海银行	13, 052. 72	11, 532. 62	10, 378. 47	13. 18
盛京银行	4, 571. 61	3, 296. 12	3, 120. 01	38. 70
苏州银行	2, 154. 17	1, 849. 73	1, 688. 91	16. 46
天津银行	3, 466. 69	761. 40	3, 162. 40	355. 30
威海银行	1, 458. 93	1, 281. 91	1, 126. 59	13. 81
西安银行	1, 761. 29	1, 796. 83	1, 281. 79	-1. 98
长沙银行	4, 229. 59	3, 843. 30	3, 589. 22	10. 05
郑州银行	1, 863. 53	1, 832. 71	1, 977. 50	1. 68
中原银行	3, 868. 41	3, 734. 38	2, 151. 14	3. 59
重庆银行	2, 807. 36	2, 458. 26	2, 191. 32	14. 20
全部	125, 655. 86	109, 719. 37	98, 957. 99	14. 52

（四）同业业务情况

近五年来，城商行存放同业资产规模由 2019 年的 10, 412. 42 亿元增至 2023 年的 16, 952. 87 亿元，年均增速为 13. 24%。其中，北京银行和上海银行的存放同业资产规模相对较大，分别为 2, 580. 50 亿元和 2, 409. 94 亿元；威海银行的规模相对较小，且近五年降幅较大，年均下降 42. 09%，西安银行近五年增速较快，年均增长 49. 26%（见表 31、表 32）。

表 31　　城商行存放同业资产规模和变动比较

银行简称	同业往来资产规模（亿元）					2023 年变动率（%）	近五年平均变动率（%）
	2019 年	2020 年	2021 年	2022 年	2023 年		
北京银行	1, 331. 64	1, 607. 45	2, 071. 95	2, 579. 93	2, 580. 50	0. 02	17. 99
成都银行	217. 92	434. 35	611. 12	707. 84	710. 55	0. 38	34. 38
甘肃银行	202. 32	228. 66	218. 71	97. 18	159. 37	64. 00	-5. 79
贵阳银行	153. 78	169. 30	89. 29	62. 40	242. 49	288. 61	12. 06

续表

银行简称	同业往来资产规模（亿元）					2023 年变动率（%）	近五年平均变动率（%）
	2019 年	2020 年	2021 年	2022 年	2023 年		
贵州银行	162.16	12.08	310.74	186.23	76.25	-59.05	-17.19
哈尔滨行	—	62.06	71.16	268.53	518.13	92.95	—
杭州银行	996.56	669.68	652.18	662.89	472.78	-28.68	-17.01
徽商银行	476.43	168.24	332.39	440.74	744.56	68.93	11.81
江苏银行	721.78	967.34	1,136.75	1,184.01	1,413.34	19.37	18.29
江西银行	151.33	139.71	83.75	114.15	203.87	78.59	7.73
晋商银行	192.34	222.60	309.67	315.20	575.46	82.57	31.52
九江银行	123.07	—	220.80	116.25	166.41	43.15	7.83
兰州银行	229.37	239.39	360.41	504.93	491.51	-2.66	20.99
泸州银行	—	49.62	74.52	57.39	50.51	-11.99	—
南京银行	515.49	672.28	539.63	901.15	951.99	5.64	16.57
宁波银行	362.64	239.66	492.55	635.63	760.82	19.70	20.35
齐鲁银行	91.94	60.00	64.19	72.47	175.67	142.42	17.57
青岛银行	69.52	122.95	195.24	107.33	301.76	181.15	44.34
厦门银行	170.43	206.22	278.03	400.57	360.98	-9.88	20.64
上海银行	1,869.25	2,036.87	2,156.80	2,483.21	2,409.94	-2.95	6.56
盛京银行	480.17	416.64	123.55	228.18	201.98	-11.48	-19.47
苏州银行	249.33	156.37	284.17	410.42	436.18	6.28	15.01
天津银行	204.77	191.25	249.50	437.40	407.98	-6.73	18.81
威海银行	79.16	57.22	65.65	10.96	8.91	-18.77	-42.09
西安银行	51.53	110.95	101.51	88.54	255.76	188.85	49.26
长沙银行	142.07	116.70	162.15	400.12	544.63	36.12	39.93
郑州银行	77.14	140.27	213.30	167.19	181.61	8.62	23.87
中原银行	477.51	545.93	568.45	1,171.73	1,086.07	-7.31	22.81
重庆银行	612.77	526.59	448.32	433.86	462.86	6.68	-6.77
总计	10,412.42	10,570.38	12,486.48	15,246.43	16,952.87	11.19	13.24

表 32　　城商行存放同业资产结构比较

银行简称	存放同业（%）			拆出资金（%）			买入返售（%）		
	2021 年	2022 年	2023 年	2021 年	2022 年	2023 年	2021 年	2022 年	2023 年
北京银行	3.53	8.26	5.19	75.86	62.84	69.25	20.60	28.90	25.57
成都银行	2.71	2.23	2.34	47.20	85.92	96.86	50.09	11.84	0.80
甘肃银行	22.35	12.60	17.98	17.79	15.44	15.10	59.86	71.95	66.91
贵阳银行	84.34	69.82	41.64	1.24	1.78	0.00	14.42	28.41	58.36
贵州银行	11.32	27.95	78.35	0.00	0.00	0.00	88.68	72.05	21.65

续表

银行简称	存放同业（%）			拆出资金（%）			买入返售（%）		
	2021 年	2022 年	2023 年	2021 年	2022 年	2023 年	2021 年	2022 年	2023 年
哈尔滨行	56.86	41.66	61.50	43.14	54.61	0.00	0.00	3.73	38.50
杭州银行	23.04	25.21	28.52	41.72	38.60	58.68	35.24	36.19	12.81
徽商银行	38.34	24.32	19.35	45.25	46.96	47.37	16.40	28.72	33.27
江苏银行	44.44	37.27	26.16	48.52	58.83	68.87	7.04	3.90	4.97
江西银行	24.96	12.72	18.11	42.86	49.34	81.89	32.19	37.95	0.00
晋商银行	6.18	5.70	4.10	8.72	5.02	23.76	85.10	89.28	72.14
九江银行	12.21	19.20	13.36	0.00	3.60	0.43	87.79	77.20	86.21
兰州银行	20.81	19.27	17.31	65.94	69.93	74.47	13.25	10.80	8.21
泸州银行	100.00	4.05	100.00	0.00	8.70	0.00	0.00	87.25	0.00
南京银行	32.85	26.30	23.04	25.80	15.30	27.08	41.36	58.40	49.89
宁波银行	35.89	33.66	34.55	44.68	47.73	53.29	19.42	18.61	12.16
齐鲁银行	42.07	31.35	27.45	11.20	25.82	12.11	46.73	42.83	60.44
青岛银行	10.89	21.44	7.32	26.17	78.56	46.46	62.94	0.00	46.21
厦门银行	65.95	25.23	15.89	31.68	34.62	53.02	2.37	40.14	31.09
上海银行	6.23	8.41	8.95	92.20	82.00	89.09	1.57	9.60	1.96
盛京银行	71.57	31.59	37.17	10.12	27.31	47.49	18.31	41.10	15.35
苏州银行	26.82	19.14	14.48	69.87	72.79	82.50	3.31	8.07	3.02
天津银行	21.19	14.49	11.43	76.41	60.24	69.78	2.41	25.27	18.80
威海银行	65.69	100.00	93.64	31.26	0.00	6.36	3.05	0.00	0.00
西安银行	35.74	24.65	8.23	0.74	12.05	17.25	63.52	63.30	74.53
长沙银行	24.13	18.51	7.69	44.04	32.24	24.65	31.84	49.25	67.67
郑州银行	13.69	11.50	6.85	19.61	14.42	34.29	66.71	74.09	58.86
中原银行	18.82	18.08	15.39	60.43	26.26	32.77	20.75	55.66	51.84
重庆银行	14.96	9.43	14.55	1.13	7.92	19.69	83.91	82.66	65.76
平均值	32.33	24.28	26.23	33.92	35.82	39.74	33.75	39.90	34.03

五、农商行资产业务分析

（一）农商行总体发展情况

近五年来，13 家上市农商行的总资产规模年均增速为 10.34%。从规模看，渝农商行资产规模相对较大，为 14,411 亿元，江阴银行规模相对较小，为 1,860 亿元。从增速看，近五年来，常熟银行资产规模增长相对较快，年均增速为 15.98%；紫金银行年均增速相对较慢，为 5.32%；2023 年，瑞丰银行资产规模增长相对较快，为 23.35%；九台农商银行相对较慢，为 1.04%（见表 33）。

表 33 农商行银行资产规模比较（亿元）

银行简称	2019 年	2020 年	2021 年	2022 年	2023 年	2023 年变动率（%）	2019—2023 年平均变动率（%）
渝农商行	10,298	11,359	12,659	13,519	14,411	6.60	8.76
沪农商行	9,299	10,570	11,584	12,814	13,922	8.65	10.61
广州农商银行	8,942	10,279	11,616	12,335	13,140	6.53	10.10
东莞农商银行	4,612	5,484	5,934	6,577	7,089	7.78	11.34
青农商行	3,417	4,068	4,304	4,348	4,679	7.62	8.18
常熟银行	1,848	2,087	2,466	2,879	3,345	16.18	15.98
九台农商银行	1,733	2,004	2,341	2,670	2,698	1.04	11.70
紫金银行	2,013	2,177	2,067	2,247	2,477	10.21	5.32
无锡银行	1,619	1,800	2,018	2,116	2,350	11.04	9.76
张家港行	1,230	1,438	1,646	1,875	2,071	10.45	13.91
苏农银行	1,260	1,394	1,587	1,803	2,026	12.36	12.61
瑞丰银行	1,099	1,295	1,369	1,596	1,969	23.35	15.69
江阴银行	1,263	1,428	1,531	1,688	1,860	10.24	10.16
总计	48,633	55,383	61,122	66,467	72,037	8.38	10.34

从数据表现来看，农商行的现金及存放中央银行款项占比接近于股份制银行，略低于国有行。其中：近三年来，九台农商银行占比高于10%，明显高于其他同类型银行；渝农商行贷款及垫款占比低于45%，其余农商行均高于50%；2023 年，紫金银行占比相对较高，为69.66%。渝农商行和东莞农商银行的证券投资占比相对较高，均高于40%，其余农商行均介于20%—30%；近三年来，九台农商银行的占比均低于15%。渝农商行、沪农商行和广州农商银行的同业往来款项占比相对较高，均接近其资产总额的10%（见表34）。

表 34 农商行资产结构比较

银行简称	现金及存放中央银行（%）			贷款及垫款（%）			证券投资（%）			同业往来（%）		
	2021 年	2022 年	2023 年	2021 年	2022 年	2023 年	2021 年	2022 年	2023 年	2021 年	2022 年	2023 年
渝农商行	4.85	3.91	3.87	44.03	44.76	44.92	41.21	42.38	41.55	8.62	7.63	8.33
沪农商行	6.07	5.48	4.99	50.85	50.25	49.19	27.81	31.50	35.49	11.14	8.75	6.41
广州农商银行	7.43	7.07	6.15	54.88	54.25	53.95	27.05	28.33	31.27	9.23	8.81	7.12
东莞农商银行	6.10	6.09	5.21	48.82	48.92	48.32	40.83	41.02	42.49	2.66	2.36	2.48
青农商行	5.27	5.01	4.66	51.95	52.89	52.43	36.04	34.96	36.31	4.83	5.08	4.57
常熟银行	6.92	5.89	5.78	63.36	64.48	64.05	24.36	25.18	26.14	2.86	2.19	1.76
九台农商银行	13.24	12.97	10.06	65.01	63.89	65.40	13.02	12.63	14.34	5.32	7.90	7.44
紫金银行	5.67	5.44	4.30	65.65	69.37	69.66	21.99	18.97	20.51	4.54	4.19	3.66
无锡银行	5.91	5.51	4.94	55.88	58.16	58.46	33.52	31.11	31.30	2.51	3.00	3.19
张家港行	5.54	5.88	4.90	58.06	58.62	59.02	32.11	31.54	32.05	1.28	1.23	1.39

续表

银行简称	现金及存放中央银行（%）			贷款及垫款（%）			证券投资（%）			同业往来（%）		
	2021 年	2022 年	2023 年	2021 年	2022 年	2023 年	2021 年	2022 年	2023 年	2021 年	2022 年	2023 年
苏农银行	6.64	5.75	5.82	57.77	58.18	58.14	27.90	29.80	30.72	4.63	3.54	2.77
瑞丰银行	6.79	6.18	6.11	60.28	62.64	55.97	25.09	26.42	32.34	5.98	2.91	3.92
江阴银行	5.64	5.11	4.43	57.28	58.49	59.69	33.20	32.97	32.72	1.32	1.01	0.87

（二）贷款和垫款业务情况

近五年，农商行的贷款和垫款规模年均增速为 12.88%，其中常熟银行的年均增速相对较快，为 19.45%；青农商行的年均增速相对较慢，为 9.44%。2023 年末，广州农商银行的规模相对较大，为 7,089 亿元；瑞丰银行的规模相对较小，为 1,102 亿元（见表 35）。

表 35　　农商行贷款和垫款规模及变动比较

银行简称	贷款和垫款（亿元）					2019—2023 年平均变动率（%）	2023 年变动率（%）
	2019 年	2020 年	2021 年	2022 年	2023 年		
渝农商行	4,163.41	4,869.63	5,573.35	6,050.85	6,472.77	11.66	6.97
沪农商行	4,497.82	5,100.17	5,889.84	6,439.51	6,848.79	11.08	6.36
广州农商银行	4,630.51	5,531.68	6,375.54	6,691.18	7,089.09	11.23	5.95
东莞农商银行	1,989.71	2,546.42	2,896.85	3,217.48	3,425.12	14.54	6.45
青农商行	1,709.96	2,095.18	2,236.32	2,299.47	2,453.24	9.44	6.69
常熟银行	1,052.16	1,259.84	1,562.46	1,856.26	2,142.27	19.45	15.41
九台农商银行	933.94	1,269.60	1,522.22	1,705.97	1,764.32	17.24	3.42
紫金银行	981.61	1,164.91	1,356.80	1,558.89	1,725.27	15.14	10.67
无锡银行	820.97	959.43	1,127.42	1,230.68	1,373.56	13.73	11.61
张家港行	690.79	819.75	955.55	1,099.41	1,222.56	15.34	11.20
苏农银行	662.46	758.04	916.97	1,048.87	1,177.75	15.47	12.29
瑞丰银行	618.72	744.20	824.97	999.82	1,101.99	15.52	10.22
江阴银行	670.70	772.10	877.07	987.11	1,110.45	13.43	12.50
总计	23,422.76	27,890.95	32,115.36	35,185.50	37,907.18	12.88	7.74

1. 贷款的主体结构

2023 年，农商行的贷款构成以公司类贷款为主。瑞丰银行和常熟银行的个人类贷款和公司类贷款规模较为均衡。九台农商银行的公司类贷款占比相对较高，为 86%；常熟银行的占比相对较低，为 42%。近五年来，瑞丰银行的个人类贷款占比不断下降，非个人类贷款占比有所增长；常熟银行的个人类贷款占比介于 60% 左右（见表 36）。

表 36　　　　　　　　　　　　贷款的主体结构规模和占比比较

银行简称	个人类贷款规模和占比（亿元,%）									
	2019 年		2020 年		2021 年		2022 年		2023 年	
	规模	占比	规模	占比	规模	占比	规模	占比	规模	占比
九台农商银行	228	24	244	19	266	17	270	16	257	15
无锡银行	140	17	175	18	251	22	268	22	262	19
江阴银行	106	16	145	19	214	24	230	23	224	20
苏农银行	144	22	187	25	244	27	276	26	289	25
广州农商银行	1, 247	27	1, 403	25	1, 584	25	1, 660	25	1, 751	25
紫金银行	253	26	297	25	397	29	407	26	425	25
青农商行	457	27	569	27	648	29	706	31	748	30
沪农商行	1, 312	29	1, 617	32	1, 989	34	2, 139	33	2, 109	31
张家港行	256	37	346	42	443	46	512	47	512	42
渝农商行	1, 622	39	2, 165	44	2, 756	49	2, 828	47	2, 909	45
东莞农商银行	800	40	980	38	1, 089	38	1, 144	36	1, 234	36
瑞丰银行	364	59	479	64	517	63	531	53	519	47
常熟银行	591	56	751	60	993	64	1, 160	62	1, 321	62

银行简称	公司类贷款规模和占比（亿元,%）									
	2019 年		2020 年		2021 年		2022 年		2023 年	
	规模	占比	规模	占比	规模	占比	规模	占比	规模	占比
九台农商银行	733	78	1, 056	83	1, 303	86	1, 450	85	1, 524	86
无锡银行	709	86	822	86	927	82	1, 018	83	1, 168	85
江阴银行	596	89	657	85	701	80	802	81	930	84
苏农银行	539	81	598	79	709	77	815	78	934	79
广州农商银行	3, 552	77	4, 286	77	4, 992	78	5, 260	79	5, 562	78
紫金银行	766	78	910	78	1, 004	74	1, 196	77	1, 347	78
青农商行	1, 330	78	1, 609	77	1, 678	75	1, 695	74	1, 810	74
沪农商行	3, 357	75	3, 689	72	4, 146	70	4, 567	71	5, 005	73
张家港行	458	66	502	61	555	58	639	58	759	62
渝农商行	2, 748	66	2, 913	60	3, 066	55	3, 499	58	3, 858	60
东莞农商银行	1, 258	63	1, 343	53	1, 634	56	1, 888	59	2, 038	60
瑞丰银行	274	44	287	39	333	40	498	50	615	56
常熟银行	508	48	566	45	635	41	774	42	904	42

2. 个人类贷款的利率变化趋势

近五年来，农商行的个人贷款利率由 2019 年的 5. 92% 降至 2023 年的 5. 35%，其变化趋势与上市银行的整体趋势相同。其中，常熟银行近五年来的利率降幅相对较大，由 2019 年的 8. 36% 降至 2023 年的 6. 73%，降幅为 163 个基点。紫金银行、沪农商行、无锡银行、东莞农商银行近五年的利率呈上升态势。2023 年，九台农商银行利率相对较高，为 7.02%，青农商行利率相对较低，为 4.69%，相差 233 个基点（见表 37）。

表 37　　农商行个人类贷款利率变化情况（%）

银行简称	2019 年	2020 年	2021 年	2022 年	2023 年
九台农商银行	7.22	7.36	6.92	6.94	7.02
常熟银行	8.36	7.74	7.34	7.09	6.73
瑞丰银行	—	—	6.25	6.24	5.34
紫金银行	5.14	5.51	5.25	5.39	5.27
沪农商行	4.74	5.05	4.97	5.22	5.24
广州农商银行	5.79	5.77	6.5	5.39	5.1
无锡银行	4.79	5.12	5.21	5.33	5.04
苏农银行	6.03	5.94	5.47	5.4	4.87
渝农商行	6.45	5.96	5.7	5.48	4.83
东莞农商银行	4.49	6.14	5.81	5.26	4.74
青农商行	6.18	5.89	5.51	5.2	4.69
平均值	5.92	6.05	5.90	5.72	5.35

3. 涉房贷款

近五年来，农商行涉房贷款规模先增后减，由 2019 年的 5,633 亿元升至 2021 年的 6,811 亿元，随后降至 2023 年的 6,529 亿元。从结构看，按揭贷占涉房贷款总体的约 60%，与城商行涉房贷款结构相近（见图 10）。

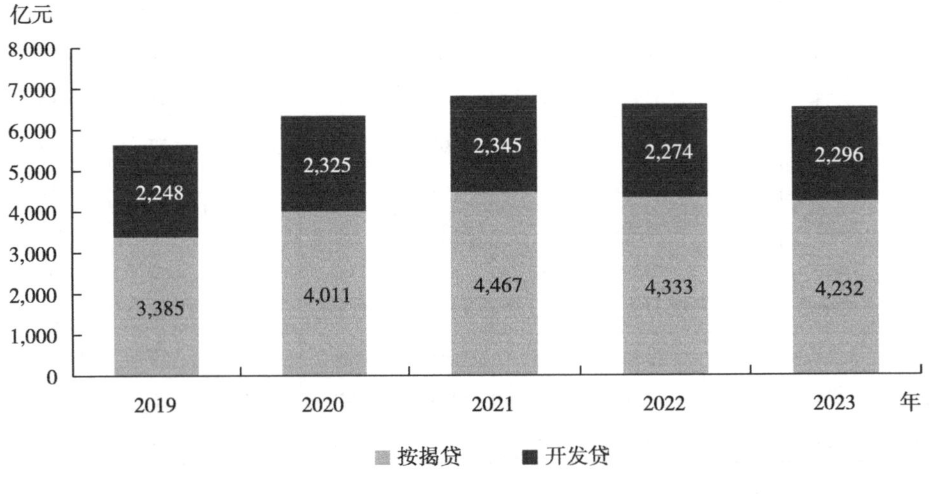

图 10　农商行涉房贷款情况

2023 年，沪农商行涉房贷款规模相对较大，为 2,112 亿元，江阴银行规模相对较小，近 97 亿元。近五年，九台农商银行增速相对较快，年均增长 17.29%；2023 年，东莞农商银行和张家港行涉房贷款规模有所上升（见表 38）。

表 38　　农商行涉房贷款规模和变动情况比较

银行简称	涉房贷款（亿元）					2023 年变动率（%）	近五年平均变动率（%）
	2019 年	2020 年	2021 年	2022 年	2023 年		
常熟银行	95	115	153	157	149	-5.29	11.73
东莞农商银行	417	485	547	551	585	6.24	8.85
广州农商银行	1,320	1,264	1,324	1,303	1,243	-4.65	-1.50
沪农商行	1,956	2,147	2,270	2,138	2,112	-1.18	1.94
江阴银行	61	85	109	104	97	-5.91	12.22
九台农商银行	68	93	85	130	128	-1.50	17.29
青农商行	482	632	627	567	510	-10.16	1.38
瑞丰银行	109	174	174	167	136	-18.61	5.63
苏农银行	76	93	102	114	107	-5.59	9.12
无锡银行	103	124	183	168	145	-13.86	8.95
渝农商行	811	970	1,057	1,014	949	-6.33	4.01
张家港行	73	93	109	117	121	3.45	13.63
紫金银行	—	—	—	—	245	—	—
总计	5,633	6,336	6,811	6,607	6,529	-1.19	3.76

从涉房贷款结构来看，除九台农商银行外，大部分农商行的按揭贷款规模占比高于其开发贷规模占比。其中，沪农商行和青农商行的按揭贷和开发贷规模占比相近（见表 39）。

表 39　　农商行涉房贷款结构比较

银行简称	按揭贷（亿元）					开发贷（亿元）				
	2019 年	2020 年	2021 年	2022 年	2023 年	2019 年	2020 年	2021 年	2022 年	2023 年
常熟银行	82	102	139	139	131	13	13	14	18	18
东莞农商银行	324	377	403	389	389	93	108	144	162	197
广州农商银行	637	674	733	736	712	683	590	590	568	531
沪农商行	985	1,096	1,176	1,133	1,066	971	1,051	1,094	1,005	1,047
江阴银行	58	82	107	100	86	3	3	2	3	12
九台农商银行	33	38	38	34	36	34	54	48	96	92
青农商行	213	285	325	318	296	270	348	302	249	213
瑞丰银行	107	171	172	155	117	3	3	2	12	20
苏农银行	61	74	88	91	80	15	19	14	23	27
无锡银行	92	114	175	161	132	11	10	8	7	13
渝农商行	731	913	1,010	970	915	80	57	47	44	35
张家港行	63	84	101	106	106	10	8	8	11	15
紫金银行	—	—	—	—	169	61	61	72	77	76
总计	3,385	4,011	4,467	4,333	4,232	2,248	2,325	2,345	2,274	2,296

（三）证券投资业务情况

2023 年，农商行证券投资总规模为 2. 48 万亿元，同比增长 14. 05%。其中，从规模看，渝农商行相对较大，为 5, 987. 83 亿元，九台农商银行相对较小，为 386. 96 亿元；从增速看，瑞丰银行相对较快，为 50. 98%，渝农商行相对较慢，为 4. 50%（见表 40）。

表 40　　农商行证券投资情况

银行简称	证券投资（亿元）			2023 年变动率（%）
	2023 年	2022 年	2021 年	
常熟银行	874. 30	724. 92	600. 76	20. 61
东莞农商银行	3, 012. 19	2, 697. 78	2, 422. 62	11. 65
广州农商银行	4, 108. 97	3, 494. 37	3, 142. 39	17. 59
沪农商行	4, 940. 78	4, 036. 35	3, 221. 90	22. 41
江阴银行	608. 62	556. 45	508. 42	9. 38
九台农商银行	386. 96	337. 27	304. 83	14. 73
青农商行	1, 699. 04	1, 520. 13	1, 551. 37	11. 77
瑞丰银行	636. 66	421. 68	343. 37	50. 98
苏农银行	622. 23	537. 15	442. 88	15. 84
无锡银行	735. 47	658. 30	676. 28	11. 72
渝农商行	5, 987. 83	5, 729. 83	5, 215. 99	4. 50
张家港行	663. 93	591. 42	528. 41	12. 26
紫金银行	508. 05	426. 30	454. 41	19. 18
全部	24, 785. 02	21, 731. 96	19, 413. 62	14. 05

（四）同业业务情况

近五年，上市农商行的存放同业资产规模较国有行、股份制银行和城商行持续下降，由 2019 年的 4, 069. 54 亿元降至 2023 年的 4, 023. 02 亿元。其中，2023 年，渝农商行的同业资产规模相对较大，为 1, 200. 98 亿元；江阴银行的规模相对较小，为 16. 17 亿元（见表 41、表 42）。

表 41　　农商行存放同业资产规模和变动比较

银行简称	同业往来资产规模（亿元）					2023 年变动率（%）	近五年平均变动率（%）
	2019 年	2020 年	2021 年	2022 年	2023 年		
常熟银行	39. 28	22. 70	70. 49	63. 11	59. 03	-6. 46	10. 72
东莞农商银行	213. 00	187. 07	157. 73	155. 15	175. 66	13. 22	-4. 70
广州农商银行	798. 98	931. 72	1, 072. 76	1, 087. 08	936. 20	-13. 88	4. 04
沪农商行	913. 93	1, 184. 71	1, 290. 24	1, 121. 34	893. 02	-20. 36	-0. 58
江阴银行	10. 53	15. 74	20. 18	17. 04	16. 17	-5. 14	11. 33
九台农商银行	81. 07	102. 64	124. 61	210. 88	200. 61	-4. 87	25. 42
青农商行	155. 94	274. 82	207. 79	220. 88	213. 74	-3. 23	8. 20
瑞丰银行	61. 84	67. 22	81. 86	46. 46	77. 23	66. 22	5. 71

续表

银行简称	同业往来资产规模（亿元）					2023 年变动率（%）	近五年平均变动率（%）
	2019 年	2020 年	2021 年	2022 年	2023 年		
苏农银行	105.24	85.32	73.43	63.89	56.18	-12.08	-14.53
无锡银行	37.68	37.61	50.57	63.52	74.87	17.87	18.73
渝农商行	1,460.01	1,386.90	1,090.70	1,031.24	1,200.98	16.46	-4.77
张家港行	15.39	36.31	21.14	23.04	28.74	24.70	16.90
紫金银行	176.66	196.75	93.74	94.05	90.60	-3.67	-15.38
总计	4,069.54	4,529.51	4,355.25	4,197.68	4,023.02	-4.16	-0.29

表 42　　农商行存放同业资产结构比较

银行简称	存放同业			拆出资金			买入返售		
	2021 年	2022 年	2023 年	2021 年	2022 年	2023 年	2021 年	2022 年	2023 年
常熟银行	28.83	40.74	44.95	67.02	57.68	55.05	4.15	1.58	0.00
东莞农商银行	59.14	41.26	30.70	10.40	43.37	61.70	30.46	15.37	7.61
广州农商银行	18.90	7.14	15.96	31.65	39.99	59.25	49.45	52.87	24.79
沪农商行	16.41	28.86	19.13	47.22	45.70	60.65	36.37	25.44	20.22
江阴银行	79.44	86.41	95.12	20.56	13.59	4.88	0.00	0.00	0.00
九台农商银行	86.89	52.60	60.54	1.08	2.02	1.86	12.03	45.38	37.60
青农商行	30.95	27.91	30.29	66.86	52.56	49.72	2.18	19.53	19.99
瑞丰银行	67.08	88.26	53.43	12.25	11.74	42.72	20.67	0.00	3.85
苏农银行	22.19	36.36	26.84	29.09	45.03	73.16	48.72	18.61	0.00
无锡银行	49.39	53.54	44.89	1.90	21.27	19.03	48.71	25.19	36.08
渝农商行	15.60	11.66	12.85	83.50	80.13	77.61	0.90	8.20	9.54
张家港行	94.01	100.00	100.00	5.99	0.00	0.00	0.00	0.00	0.00
紫金银行	41.07	35.95	35.52	2.80	21.28	12.84	56.13	42.77	51.64
总计	23.91	22.72	22.56	48.30	49.25	59.16	27.78	28.02	18.28

专题二　负债业务

一、上市银行负债总体变化情况

2010—2023 年，我国上市银行总体负债从 64. 42 万亿元增至 270. 87 万亿元。近 14 年来平均增速为 10. 79%，国有行平均增速为 9. 80%，股份制银行平均增速为 11. 70%，城商行平均增速为 15. 49%，农商行平均增速为 14. 76%。总体来看，城商行负债增速较快，但国有行的负债总额相对较多（见图 1）。

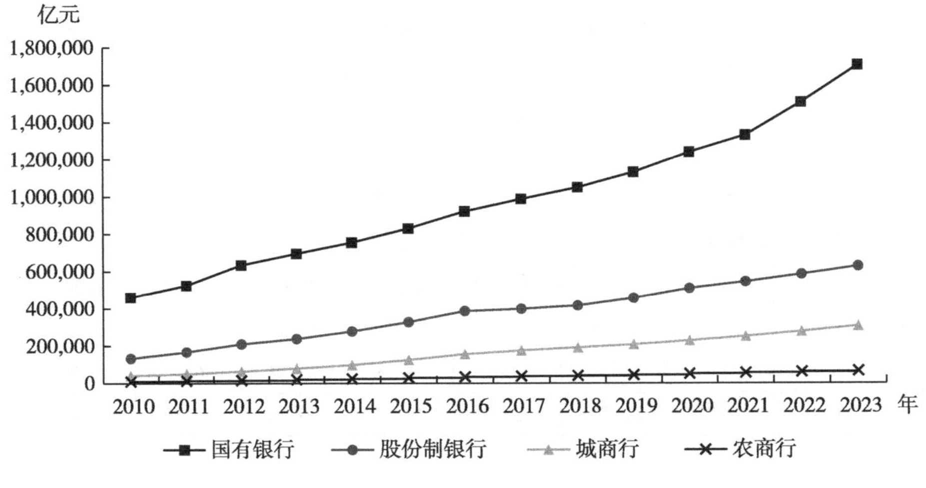

图 1　2010—2023 年上市银行负债规模比较

（一）总体分析

2023 年，国有行的客户存款占负债的比重相对较大，平均占比为 81. 46%（见图 2），但客户存款占比整体在下降，占比从 85. 8% 下降至 79. 49%，2023 年末金额为 135. 49 万亿元。同业往来负债占比相对较少，平均为 10. 21%，其占比基本保持不变，2023 年末金额为 17. 00 万亿元。

2023 年，股份制银行的客户存款占负债的比重相对较小，平均占比为 66. 17%，且客户存款占比整体在下降，2023 年末的金额为 40. 86 万亿元，这是因为股份制银行的分支机构大多分布在一、二线城市，客户理财意识较强，因此导致核心存款脱媒现象比较严重；同业

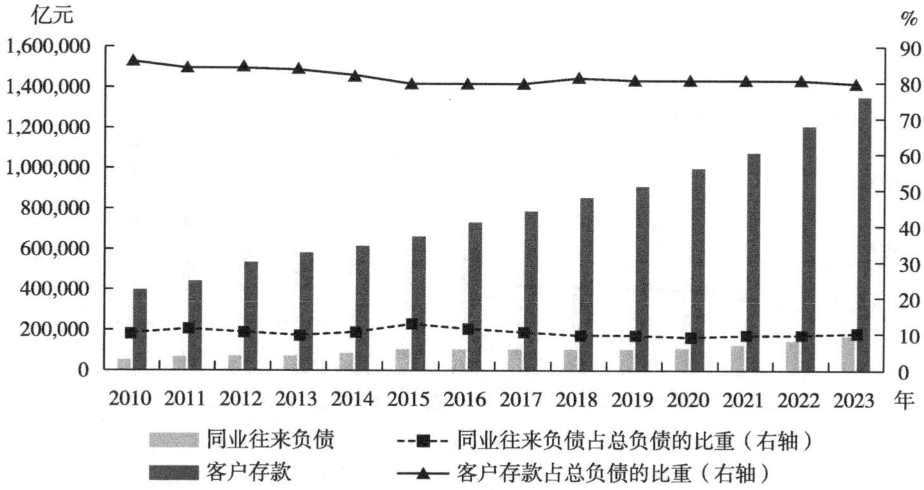

图 2　2010—2023 年国有行负债结构比较

往来负债占比相对较多，平均占比为 21.02%，其占比呈现先上升后下降的趋势，2023 年末金额为 11.38 万亿元（见图 3）。

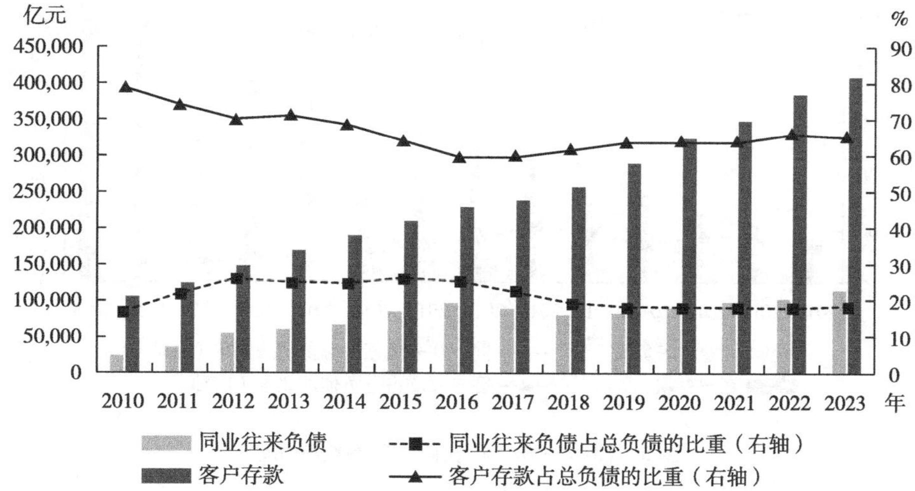

图 3　2010—2023 年股份制银行负债结构比较

2023 年，城商行的客户存款占负债的比重平均为 67.48%，且客户存款占比整体在下降，2023 年末的金额为 20.27 万亿元（见图 4）；同业往来负债占比呈现先上升后下降的趋势，并在 2018 年之后，其占比保持稳定，2023 年末的金额为 4.36 万亿元。

2023 年，农商行的客户存款占负债的比重平均为 78.66%，且客户存款占比在下降（见图 5），2019 年以后占比基本保持不变，2023 年末的金额为 5.19 万亿元；同业往来负债占比呈现先上升后下降的趋势，2023 年末的金额为 5,092.22 亿元。

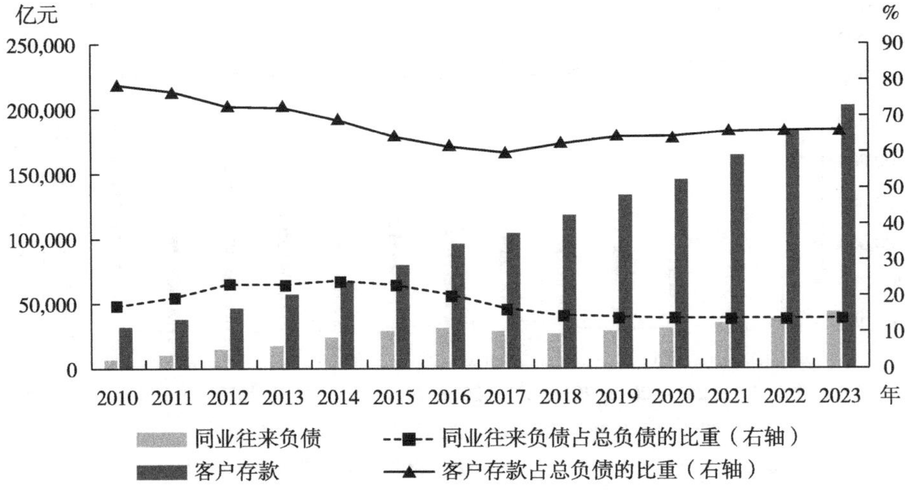

图 4 2010—2023 年城商行负债结构比较

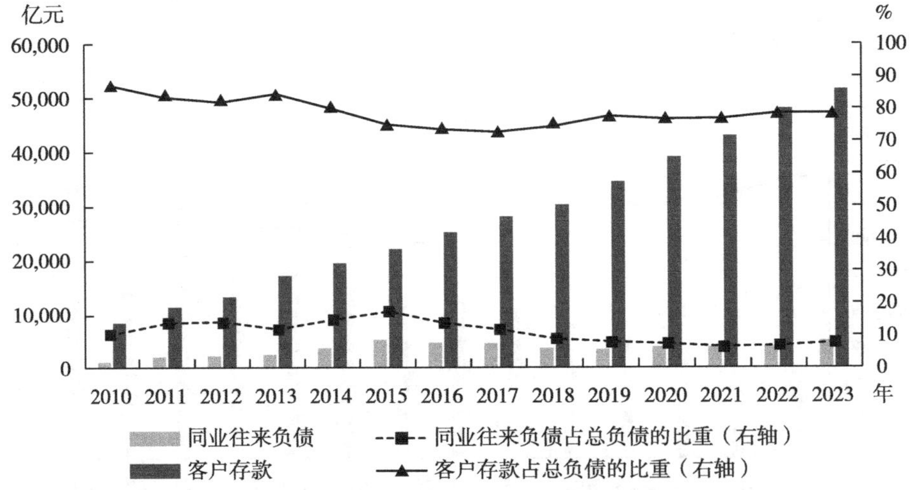

图 5 2010—2023 年农商行负债结构比较

（二）规模与结构分析

2023 年末，各上市银行的负债总规模为 270.87 万亿元，同比增加 27.71 万亿元，增速为 11.40%。其中，国有行的平均增速为 13.17%，股份制银行的平均增速为 7.36%，城商行的平均增速为 10.94%，农商行的平均增速为 8.36%。总体来看，国有行的负债规模增长相对较快。其中：

1. 国有行

国有行的负债总额为 170.46 万亿元，增速为 13.17%。其中，工商银行的负债总额相对较高，为 40.92 万亿元，同比增加 4.82 万亿元，增速为 13.37%。中国银行的负债总额增速为 12.64%（见表 1），其他 4 家银行增速在 8.40%—18.31%。

表1　　国有行负债规模比较

	2023年（亿元）	2022年（亿元）	2021年（亿元）	2023年变动率（%）
工商银行	409, 204. 91	360, 958. 31	318, 961. 25	13. 37
建设银行	351, 527. 52	317, 231. 57	276, 398. 57	10. 81
农业银行	369, 761. 22	312, 530. 82	266, 477. 96	18. 31
中国银行	296, 753. 51	263, 462. 86	243, 718. 55	12. 64
交通银行	129, 610. 22	119, 566. 79	106, 885. 21	8. 40
邮储银行	147, 700. 15	132, 414. 68	117, 923. 24	11. 54
合计	1, 704, 557. 53	1, 506, 165. 03	1, 330, 364. 78	13. 17

从结构来看，6家国有行的客户存款占比均相对较大。其中，邮储银行的占比相对较高，为94. 49%（见表2）；交通银行的占比相对较低，为65. 98%。国有行的负债结构变化各有差别，工商银行、建设银行、农业银行、交通银行和邮储银行的客户存款占比有均所下降，其中农业银行下降得相对较快，中国银行的客户存款占比有所上升。国有行的应付债券占比有所波动，其中交通银行占比下降，其他国有行占比持续上升，农业银行占比相对较高，邮储银行占比相对较低。

表2　　国有行负债结构比较

	同业往来占比（%）			客户存款占比（%）			应付债券占比（%）		
	2023年	2022年	2021年	2023年	2022年	2021年	2023年	2022年	2021年
工商银行	10. 72	10. 42	10. 31	81. 92	82. 75	82. 90	3. 35	2. 51	2. 48
建设银行	9. 77	10. 02	8. 20	78. 67	78. 87	80. 97	5. 39	5. 19	4. 79
农业银行	11. 19	9. 08	7. 32	78. 15	80. 38	82. 21	6. 21	5. 98	5. 66
中国银行	9. 17	10. 27	12. 68	77. 19	76. 68	74. 44	6. 07	5. 85	5. 70
交通银行	14. 62	13. 65	15. 05	65. 98	66. 48	65. 86	4. 57	4. 44	4. 71
邮储银行	2. 90	2. 30	1. 97	94. 49	96. 02	96. 28	1. 77	0. 77	0. 69
均值	9. 73	9. 29	9. 25	79. 40	80. 20	80. 44	4. 12	3. 82	4. 00

2. 股份制银行

2023年末，股份制银行的负债总额为62. 76万亿元，平均增速为7. 36%。其中，招商银行的负债规模相对较大，为9. 94万亿元，同比增加7, 580. 80亿元，增速为8. 25%。兴业银行的负债规模较上年增幅相对较大，同比增加8, 412. 34亿元，增速为9. 89%。浙商银行的负债增速相对较快，为20. 29%，主要原因是该行在2023年以数字化智慧经营带动全行业务稳健增长；浦发银行的负债增速相对较慢，为3. 46%（见表3）。

表3　股份制银行负债规模比较

	2023年末值（亿元）	2022年末值（亿元）	2021年末值（亿元）	2023年变动率（%）
中信银行	83, 178. 09	78, 617. 13	74, 002. 58	5. 80
光大银行	62, 180. 11	57, 904. 97	54, 177. 03	7. 38
招商银行	99, 427. 54	91, 846. 74	83, 833. 40	8. 25
浦发银行	82, 743. 63	79, 978. 76	74, 585. 39	3. 46
民生银行	70, 371. 64	66, 428. 59	63, 662. 47	5. 94
华夏银行	39, 330. 04	35, 768. 45	33, 755. 85	9. 96
平安银行	51, 147. 88	48, 868. 34	45, 259. 32	4. 66
兴业银行	93, 506. 07	85, 093. 73	79, 087. 26	9. 89
浙商银行	29, 543. 02	24, 560. 00	21, 198. 40	20. 29
渤海银行	16, 183. 31	15, 495. 09	14, 761. 44	4. 44
合计	627, 611. 33	584, 561. 80	544, 323. 14	7. 36

从结构来看，招商银行的客户存款占比相对较高，为82. 88%。光大银行、招商银行和渤海银行的同业往来占比在持续下降（见表4）。

表4　股份制银行负债结构比较

	同业往来占比（%）			客户存款占比（%）			应付债券占比（%）		
	2023年	2022年	2021年	2023年	2022年	2021年	2023年	2022年	2021年
中信银行	17. 76	18. 71	18. 26	65. 73	65. 61	64. 73	11. 61	12. 40	12. 95
光大银行	13. 18	14. 20	14. 52	65. 85	67. 65	67. 85	17. 68	15. 13	14. 09
招商银行	8. 96	10. 30	12. 90	82. 88	82. 64	76. 16	1. 78	2. 44	5. 33
浦发银行	21. 92	17. 22	17. 17	61. 16	61. 19	59. 85	12. 23	16. 63	17. 66
民生银行	20. 37	23. 83	20. 90	61. 86	60. 99	60. 09	9. 60	9. 76	11. 17
华夏银行	25. 03	22. 38	20. 81	55. 07	58. 56	57. 10	15. 07	14. 83	16. 21
平安银行	11. 24	9. 70	9. 40	67. 61	68. 60	66. 08	14. 24	14. 16	18. 20
兴业银行	28. 01	26. 55	27. 19	55. 79	56. 28	55. 08	11. 01	13. 61	14. 16
浙商银行	17. 21	12. 71	13. 11	63. 25	68. 46	66. 78	13. 40	13. 15	15. 04
渤海银行	8. 81	11. 03	14. 15	31. 64	35. 18	39. 43	9. 07	11. 27	11. 44
平均值	17. 25	16. 66	16. 84	61. 08	62. 52	61. 31	11. 57	12. 34	13. 63

3. 城商行

2023年末，城商行的负债总额为30. 64万亿元，增速为10. 58%。其中，北京银行的负债规模相对较大，为3. 42万亿元，增速为11. 15%。齐鲁银行的负债增速相对较快，为19. 68%，主要是客户存款和向央行借款增加所致。盛京银行的负债出现负增长，降幅为0. 08%，这是因为自2020年至2021年，盛京银行向恒大提供了325. 95亿元的贷款。此后，盛京银行的房地产不良贷款率从2018年的0. 29%提升到了2021年的1. 98%，三年时间飙升了6. 83倍。据财报显示，盛京银行自2020年至2022年的资产减值分别为106亿元、95

亿元、92 亿元。2022 年恒大事发，同年 9 月起，盛京银行原控股股东恒大集团将其持有的 12.82 亿股内资股尽数拍卖，因此导致市场下调对盛京银行未来的发展预期，故致其负债减少。中原银行和甘肃银行的负债增速相对较慢，分别为 1.33% 和 3.14%（见表 5）。其中，中原银行增速较慢主要是因其内部风险控制，中原银行的多位高管此前因严重违法违规被罚，说明其内控问题并非一朝一夕，并且其不良贷款率也处于同业较高水平。

表 5　　　　　　　　　　　　　　城商行负债规模比较

	2023 年末值（亿元）	2022 年末值（亿元）	2021 年末值（亿元）	2023 年变动率（%）
北京银行	34, 204. 47	30, 773. 35	27, 618. 81	11. 15
天津银行	7, 757. 42	7, 004. 64	6, 623. 63	10. 75
上海银行	28, 464. 67	26, 568. 76	24, 474. 30	7. 14
重庆银行	7, 005. 84	6, 332. 17	5, 697. 07	10. 64
宁波银行	25, 094. 52	21, 975. 71	18, 656. 07	14. 19
南京银行	21, 156. 82	19, 017. 85	16, 263. 82	11. 25
盛京银行	10, 001. 58	10, 009. 76	9, 256. 23	-0. 08
徽商银行	16, 594. 17	14, 574. 14	12, 721. 46	13. 86
哈尔滨行	7, 494. 41	6, 494. 12	5, 822. 66	15. 40
郑州银行	5, 763. 95	5, 388. 88	5, 155. 68	6. 96
青岛银行	5, 680. 46	4, 930. 21	4, 889. 22	15. 22
江苏银行	31, 442. 46	27, 648. 63	24, 208. 19	13. 72
杭州银行	17, 300. 38	15, 179. 65	13, 004. 94	13. 97
贵阳银行	6, 245. 35	5, 873. 46	5, 546. 27	6. 33
中原银行	12, 495. 58	12, 331. 02	7, 058. 54	1. 33
九江银行	4, 628. 93	4, 432. 87	4, 260. 90	4. 42
成都银行	10, 199. 23	8, 562. 24	7, 163. 24	19. 12
长沙银行	9, 517. 14	8, 425. 61	7, 395. 04	12. 95
西安银行	4, 012. 75	3, 765. 91	3, 182. 61	6. 55
泸州银行	1, 467. 09	1, 384. 34	1, 248. 08	5. 98
江西银行	5, 048. 13	4, 687. 58	4, 669. 26	7. 69
甘肃银行	3, 554. 09	3, 445. 97	3, 264. 48	3. 14
晋商银行	3, 364. 92	3, 130. 66	2, 811. 34	7. 48
苏州银行	5, 541. 75	4, 840. 87	4, 187. 40	14. 48
威海银行	3, 638. 69	3, 179. 70	2, 803. 51	14. 43
贵州银行	5, 283. 68	4, 898. 11	4, 648. 92	7. 87
厦门银行	3, 601. 50	3, 464. 64	3, 062. 29	3. 95
兰州银行	4, 201. 29	4, 040. 07	3, 713. 32	3. 99
齐鲁银行	5, 629. 92	4, 704. 24	4, 008. 09	19. 68
合计	306, 391. 19	277, 065. 16	243, 415. 37	10. 58

从结构来看，城商行的客户存款比重介于国有行和股份制银行之间，整体水平基本保持不变，同业往来和应付债券占比持续下降（见表6）。其中晋商银行应付债券占比大幅下降，主要是由于该集团调整负债结构，根据流动性管理的需要，减少了同业存单的发行。

表6　城商行负债结构比较

	同业往来负债占比（%）			客户存款占比（%）			应付债券占比（%）		
	2023年	2022年	2021年	2023年	2022年	2021年	2023年	2022年	2021年
北京银行	17.87	17.60	16.91	61.43	63.20	62.42	13.71	13.13	13.90
天津银行	20.28	20.22	18.41	58.10	56.79	57.74	10.74	13.34	14.87
上海银行	17.33	20.02	21.52	58.72	60.18	60.18	12.88	11.89	11.18
重庆银行	6.78	6.77	6.92	59.21	60.42	59.45	21.89	21.14	20.86
宁波银行	10.57	8.98	8.31	63.30	59.63	56.94	14.79	19.88	20.50
南京银行	9.63	10.71	6.62	66.00	66.31	66.89	12.21	12.13	13.61
盛京银行	8.92	5.55	6.54	77.98	78.80	81.55	1.68	1.70	0.91
徽商银行	12.72	11.49	14.17	62.81	62.63	61.61	10.95	14.96	14.38
哈尔滨行	3.17	4.16	3.89	87.66	87.09	87.04	3.17	4.40	3.29
郑州银行	12.61	14.51	15.07	63.59	63.43	62.37	17.71	17.63	17.47
青岛银行	10.60	10.12	9.93	69.62	70.59	65.03	15.72	15.19	18.86
江苏银行	17.15	14.16	11.91	60.90	59.99	61.09	12.48	17.30	17.88
杭州银行	15.40	15.15	11.03	61.17	61.79	62.84	15.90	17.52	20.55
贵阳银行	10.84	10.85	11.93	65.57	66.91	66.25	13.94	15.13	15.83
中原银行	14.11	14.89	13.41	68.81	68.55	64.56	10.56	11.77	13.72
九江银行	3.82	4.12	4.45	80.09	85.12	80.93	8.03	6.50	7.38
成都银行	3.43	3.16	4.80	76.52	76.46	75.96	13.75	16.14	12.88
长沙银行	8.77	7.20	6.64	70.49	69.95	69.80	15.13	17.92	19.57
西安银行	0.75	3.26	2.30	75.40	76.39	73.75	15.84	17.05	21.75
泸州银行	4.88	6.71	4.21	80.18	79.06	75.93	9.67	9.38	16.14
江西银行	9.30	7.38	10.20	75.52	75.24	73.61	8.99	11.13	8.80
甘肃银行	8.12	8.76	7.32	83.16	80.98	78.42	6.24	7.56	8.85
晋商银行	5.62	5.70	6.30	77.32	69.99	64.33	6.57	12.36	19.04
苏州银行	13.11	11.39	10.25	67.20	66.84	66.47	14.00	16.71	16.15
威海银行	10.84	10.90	9.31	75.30	73.74	73.78	10.29	11.14	11.66
贵州银行	4.80	6.48	10.14	67.42	66.62	65.72	17.84	17.31	15.57
厦门银行	1.96	3.88	1.42	58.56	59.75	60.58	21.86	20.04	21.63
兰州银行	12.68	12.60	8.04	80.30	79.97	82.31	3.75	4.42	4.25
齐鲁银行	7.27	6.74	8.03	72.49	75.98	74.46	11.52	9.10	9.89
平均值	9.77	9.77	9.31	69.82	69.74	68.69	12.13	13.24	14.19

4. 农商行

2023年末，农商行的负债总额为6.62万亿元，增速为8.36%（见表7）。其中，渝农商行的负债规模相对较大，为1.32万亿元。瑞丰银行的负债增速相对较快，为24.63%，这是因为该行坚持在做精客群运营、做优客户服务、做强财富业务三个方向持续发力，稳步推进大零售转型深化；九台农商银行的负债增速相对较慢，为1.02%。

表7　　农商行负债规模比较

	2023年末值（亿元）	2022年末值（亿元）	2021年末值（亿元）	2023年变动率（%）
苏农银行	1,867.68	1,659.50	1,454.56	12.54
广州农商银行	12,175.02	11,452.05	10,747.43	6.31
九台农商银行	2,509.10	2,483.81	2,163.65	1.02
张家港行	1,899.16	1,718.07	1,500.13	10.54
紫金银行	2,291.93	2,076.25	1,906.67	10.39
青农商行	4,288.88	3,983.09	3,953.88	7.68
无锡银行	2,137.57	1,920.83	1,858.46	11.28
渝农商行	13,175.80	12,368.45	11,598.07	6.53
江阴银行	1,699.54	1,543.36	1,399.62	10.12
常熟银行	3,073.25	2,637.66	2,254.46	16.51
东莞农商银行	6,513.65	6,038.70	5,433.79	7.87
沪农商行	12,758.55	11,756.83	10,610.45	8.52
瑞丰银行	1,800.18	1,444.47	1,230.51	24.63
合计	66,190.31	61,083.07	56,111.68	8.36

从结构来看，客户存款是农商行的负债核心，农商行客户存款平均占比为82.30%，同比下降0.13%（见表8），此项指标略高于国有行。在同业往来方面，苏农银行、九台农商银行、张家港行、紫金银行和渝农商行的客户存款占比有所下降，其他农商行的客户存款占比有所上升。在应付债券方面，苏农银行、无锡银行、东莞农商银行均有所增长。

表8　　农商行负债规模比较

	同业往来负债占比（%）			客户存款占比（%）			应付债券占比（%）		
	2023年	2022年	2021年	2023年	2022年	2021年	2023年	2022年	2021年
苏农银行	5.61	5.62	5.73	84.38	84.25	84.31	6.98	6.79	6.74
广州农商银行	8.18	6.23	6.51	77.80	79.50	79.07	10.50	10.88	10.05
九台农商银行	1.35	2.24	3.82	96.53	93.52	89.25	1.35	2.15	2.87
张家港行	7.17	7.57	7.15	84.73	83.58	83.06	4.81	5.03	5.47
紫金银行	3.27	5.45	4.46	87.90	86.56	83.66	4.71	5.15	9.78
青农商行	6.85	6.82	7.15	71.24	71.88	67.99	18.40	19.02	21.19
无锡银行	0.68	2.00	2.71	93.49	92.22	87.07	2.37	2.05	4.72
渝农商行	12.95	11.00	7.11	68.02	66.70	65.47	9.08	13.83	19.42

续表

	同业往来负债占比（%）			客户存款占比（%）			应付债券占比（%）		
	2023年	2022年	2021年	2023年	2022年	2021年	2023年	2022年	2021年
江阴银行	7.24	4.36	8.60	83.77	84.12	83.91	2.83	4.26	2.76
常熟银行	7.42	6.37	5.78	82.80	83.10	83.19	4.02	5.60	6.67
东莞农商银行	6.04	7.34	7.35	76.11	77.12	77.12	11.03	10.61	12.49
沪农商行	6.55	5.96	6.50	81.34	81.77	80.62	7.22	7.42	8.04
瑞丰银行	8.40	3.07	3.48	81.79	87.27	83.18	3.11	4.14	4.98
平均值	6.29	5.70	5.87	82.30	82.43	80.61	6.65	7.46	8.86

二、客户存款变化情况

2023年末，59家上市银行的客户存款总额为201.78万亿元，同比增长10.63%。其中，国有行的客户存款余额为135.49万亿元，同比增长12.09%；股份制银行的客户存款余额为40.86万亿元，同比增长6.43%；城商行的客户存款余额为20.24万亿元，同比增长10.45%；农商行的客户存款余额为5.19万亿元，同比增长8.17%。整体来看，国有行的客户存款增速相对较快，股份制银行的客户存款增速相对较慢。

国有行中，工商银行的客户存款规模相对较大，为33.52万亿元。农业银行的客户存款增速相对较快，为15.04%（见表9）。

表9　　国有行客户存款规模比较

	2023年末值		2022年末值		2021年末值		2023年
	余额（亿元）	占比（%）	余额（亿元）	占比（%）	余额（亿元）	占比（%）	变动率（%）
工商银行	335,211.74	81.92	298,704.91	82.75	264,417.74	82.90	12.22
建设银行	276,540.11	78.67	250,208.07	78.87	223,788.14	80.97	10.52
农业银行	288,984.68	78.15	251,210.40	80.38	219,071.27	82.21	15.04
中国银行	229,070.50	77.19	202,018.25	76.68	181,428.87	74.44	13.39
交通银行	85,512.15	65.98	79,490.72	66.48	70,397.77	65.86	7.58
邮储银行	139,559.63	94.49	127,144.85	96.02	113,540.73	96.28	9.76
合计	1,354,878.81	79.40	1,208,777.20	80.20	1,072,644.52	80.44	12.09

股份制银行中，招商银行的客户存款规模相对较大，为8.24万亿元，占负债总额的82.88%（见表10）。浙商银行的客户存款规模增速相对较快，为11.13%；平安银行的客户存款规模增速相对较慢，为3.16%，主要原因是该行作为股份制银行，声誉度略逊于国有行，区域资源优势略逊于城农商行。同时，该行贷款大量集中在个人消费贷、经营贷，客户比较缺钱，多数情况下是贷款放出后客户就消费出去了，无法形成更多的派生存款。

表 10　　股份制银行客户存款规模比较

	2023 年末值（亿元）		2022 年末值（亿元）		2021 年末值（亿元）		2023 年变动率（%）
	余额（亿元）	占比（%）	余额（亿元）	占比（%）	余额（亿元）	占比（%）	
中信银行	54, 676. 57	65. 73	51, 578. 64	65. 61	47, 899. 69	64. 73	6. 01
光大银行	40, 945. 28	65. 85	39, 171. 68	67. 65	36, 757. 43	67. 85	4. 53
招商银行	82, 404. 98	82. 88	75, 905. 79	82. 64	63, 851. 54	76. 16	8. 56
浦发银行	50, 603. 44	61. 16	48, 938. 12	61. 19	44, 636. 08	59. 85	3. 40
民生银行	43, 532. 81	61. 86	40, 515. 92	60. 99	38, 256. 93	60. 09	7. 45
华夏银行	21, 658. 81	55. 07	20, 946. 69	58. 56	19, 273. 49	57. 10	3. 40
平安银行	34, 582. 87	67. 61	33, 522. 66	68. 60	29, 905. 18	66. 08	3. 16
兴业银行	52, 170. 64	55. 79	47, 887. 54	56. 28	43, 557. 48	55. 08	8. 94
浙商银行	18, 686. 59	63. 25	16, 814. 43	68. 46	14, 157. 05	66. 78	11. 13
渤海银行	9, 345. 94	31. 64	8, 639. 34	35. 18	8, 359. 21	39. 43	8. 18
合计	408, 607. 93	61. 08	383, 920. 81	62. 52	346, 654. 08	61. 31	6. 43

城商行中，北京银行的客户存款规模相对较大，为 2. 1 万亿元（见表 11）。成都银行的客户存款增速相对较快，为 19. 21%；九江银行的客户存款增速相对较慢，为 -1. 75%，这是因为九江银行资产质量下降，不良率连续两年上升，并在上年达 2. 09%，创下近五年新高。而拨备覆盖率则一路下降至 153. 82%，这导致该银行对客户存款的吸引力下降。与此同时，盛京银行、九江银行的客户存款水平由 2022 年的正增长变为负增长，分别为 -1. 11% 和 -1. 75%。

表 11　　城商行客户存款规模比较

	2023 年末值（亿元）		2022 年末值（亿元）		2021 年末值（亿元）		2023 年变动率（%）
	余额（亿元）	占比（%）	余额（亿元）	占比（%）	余额（亿元）	占比（%）	
北京银行	21, 010. 31	61. 43	19, 450. 20	63. 20	17, 238. 37	62. 42	8. 02
天津银行	4, 506. 86	58. 10	3, 977. 65	56. 79	3, 824. 79	57. 74	13. 3
上海银行	16, 713. 85	58. 72	15, 988. 76	60. 18	14, 729. 66	60. 18	4. 54
重庆银行	4, 148. 13	59. 21	3, 825. 94	60. 42	3, 386. 95	59. 45	8. 42
宁波银行	15, 885. 36	63. 30	13, 103. 05	59. 63	10, 623. 28	56. 94	21. 23
南京银行	13, 963. 66	66. 00	12, 611. 32	66. 31	10, 879. 68	66. 89	10. 72
盛京银行	7, 799. 67	77. 98	7, 887. 52	78. 80	7, 548. 81	81. 55	-1. 11
徽商银行	10, 423. 15	62. 81	9, 127. 76	62. 63	7, 838. 13	61. 61	14. 19
哈尔滨行	6, 569. 89	87. 66	5, 655. 87	87. 09	5, 067. 80	87. 04	16. 16
郑州银行	3, 665. 22	63. 59	3, 417. 98	63. 43	3, 215. 74	62. 37	7. 23
青岛银行	3, 954. 67	69. 62	3, 480. 43	70. 59	3, 179. 66	65. 03	13. 63
江苏银行	19, 149. 48	60. 90	16, 586. 78	59. 99	14, 788. 12	61. 09	15. 45
杭州银行	10, 583. 08	61. 17	9, 378. 98	61. 79	8, 172. 33	62. 84	12. 84

续表

	2023年末值（亿元）		2022年末值（亿元）		2021年末值（亿元）		2023年变动率（%）
	余额（亿元）	占比（%）	余额（亿元）	占比（%）	余额（亿元）	占比（%）	
贵阳银行	4, 095. 31	65. 57	3, 930. 13	66. 91	3, 674. 28	66. 25	4. 2
中原银行	8, 597. 84	68. 81	8, 452. 57	68. 55	4, 556. 92	64. 56	1. 72
九江银行	3, 707. 33	80. 09	3, 773. 40	85. 12	3, 448. 51	80. 93	-1. 75
成都银行	7, 804. 21	76. 52	6, 546. 52	76. 46	5, 441. 42	75. 96	19. 21
长沙银行	6, 708. 58	70. 49	5, 894. 13	69. 95	5, 161. 86	69. 80	13. 82
西安银行	3, 025. 58	75. 40	2, 876. 76	76. 39	2, 347. 24	73. 75	5. 17
泸州银行	1, 176. 25	80. 18	1, 094. 46	79. 06	947. 69	75. 93	7. 47
江西银行	3, 812. 12	75. 52	3, 527. 11	75. 24	3, 437. 26	73. 61	8. 08
甘肃银行	2, 955. 56	83. 16	2, 790. 39	80. 98	2, 559. 88	78. 42	5. 92
晋商银行	2, 601. 86	77. 32	2, 191. 25	69. 99	1, 808. 66	64. 33	18. 74
苏州银行	3, 724. 32	67. 20	3, 235. 85	66. 84	2, 783. 43	66. 47	15. 1
威海银行	2, 739. 79	75. 30	2, 344. 87	73. 74	2, 068. 42	73. 78	16. 84
贵州银行	3, 562. 46	67. 42	3, 263. 24	66. 62	3, 055. 21	65. 72	9. 17
厦门银行	2, 109. 02	58. 56	2, 070. 15	59. 75	1, 855. 24	60. 58	1. 88
兰州银行	3, 373. 47	80. 30	3, 230. 70	79. 97	3, 056. 55	82. 31	4. 42
齐鲁银行	4, 081. 06	72. 49	3, 574. 26	75. 98	2, 984. 58	74. 46	14. 18
合计	202, 448. 09	66. 08	183, 288. 03	66. 15	159, 680. 47	65. 60	10. 45

农商行中，沪农商行的客户存款规模相对较大，为10, 377. 38亿元，同比增加763. 68亿元，增速为7. 94%，占负债总额的81. 34%（见表12）。瑞丰银行的客户存款增速相对较快，为16. 80%。

表12　　农商行客户存款规模比较

	2023年末值（亿元）		2022年末值（亿元）		2021年末值（亿元）		2023年变动率（%）
	余额（亿元）	占比（%）	余额（亿元）	占比（%）	余额（亿元）	占比（%）	
苏农银行	1, 575. 98	84. 38	1, 398. 05	84. 25	1, 226. 37	84. 31	12. 73
广州农商银行	9, 471. 86	77. 80	9, 104. 85	79. 50	8, 497. 67	79. 07	4. 03
九台农商银行	2, 422. 07	96. 53	2, 322. 92	93. 52	1, 931. 06	89. 25	4. 27
张家港行	1, 609. 23	84. 73	1, 435. 98	83. 58	1, 246. 08	83. 06	12. 06
紫金银行	2, 014. 66	87. 90	1, 797. 28	86. 56	1, 595. 20	83. 66	12. 09
青农商行	3, 055. 39	71. 24	2, 863. 20	71. 88	2, 688. 23	67. 99	6. 71
无锡银行	1, 998. 42	93. 49	1, 771. 39	92. 22	1, 618. 11	87. 07	12. 82
渝农商行	8, 962. 02	68. 02	8, 249. 47	66. 70	7, 593. 60	65. 47	8. 64
江阴银行	1, 423. 68	83. 77	1, 298. 35	84. 12	1, 174. 47	83. 91	9. 65
常熟银行	2, 544. 53	82. 80	2, 191. 82	83. 10	1, 875. 59	83. 19	16. 09
东莞农商银行	4, 957. 44	76. 11	4, 656. 89	77. 12	4, 190. 66	77. 12	6. 45
沪农商行	10, 377. 38	81. 34	9, 613. 70	81. 77	8, 553. 67	80. 62	7. 94
瑞丰银行	1, 472. 30	81. 79	1, 260. 52	87. 27	1, 023. 59	83. 18	16. 8
合计	51, 884. 96	82. 30	47, 964. 42	82. 43	43, 214. 30	80. 61	8. 17

（一）存款主体结构

上市银行的存款主体结构按银行分类不同，所体现的特征有所差异。总体来看，国有行与农商行的公司存款规模均低于个人存款规模，股份制银行与城商行的公司存款规模均高于个人存款规模；各行的个人存款增速普遍快于公司存款增速。

国有行中，交通银行的公司存款占比相对较高，为60.02%；邮储银行的个人存款占比相对较高，为89.55%。农业银行的公司存款增速相对较快，为15.84%；中国银行的个人存款增速相对较快，为14.26%（见表13）。

表13　　国有行存款主体结构比较

	公司存款				个人存款			
	2023年（亿元）	2022年（亿元）	2021年（亿元）	2023年变动率（%）	2023年（亿元）	2022年（亿元）	2021年（亿元）	2023年变动率（%）
工商银行	162,099.28	146,711.54	133,314.63	10.49	165,655.68	145,453.06	124,979.68	13.89
建设银行	121,621.01	113,743.16	105,662.43	6.93	150,612.03	132,469.27	114,623.80	13.7
农业银行	106,064.87	91,565.11	81,447.16	15.84	171,198.39	149,883.67	129,432.16	14.22
中国银行	112,317.01	98,323.85	92,440.41	14.23	104,447.47	91,414.07	77,864.83	14.26
交通银行	50,419.91	48,770.33	45,500.20	3.38	33,581.56	29,557.24	24,028.12	13.62
邮储银行	14,584.37	14,295.66	13,054.36	2.02	124,948.56	112,821.97	100,456.35	10.75
合计	567,106.45	513,409.65	471,419.19	10.46	750,443.69	661,599.28	571,384.94	13.43

股份制银行中，公司存款规模平均值为个人存款规模平均值的2.54倍。其中，浙商银行的公司存款占比相对较高，为85.33%；招商银行的公司存款占比相对较低，为57.15%，这主要是因为招商银行的客户服务较好，尽管招行的利率很低，但很多居民还是喜欢把资金存入招行当中。华夏银行的公司存款增速相对较快，为13.10%；平安银行的公司存款增速相对较慢，为-3.43%。浙商银行的个人存款增速相对较高，为26.24%；浦发银行的个人存款增速相对较慢，为5.45%（见表14）。

表14　　股份制银行存款主体结构比较

	公司存款				个人存款			
	2023年（亿元）	2022年（亿元）	2021年（亿元）	2023年变动率（%）	2023年（亿元）	2022年（亿元）	2021年（亿元）	2023年变动率（%）
中信银行	39,133.45	37,931.12	37,535.96	3.17	14,658.16	12,918.16	9,723.09	13.47
光大银行	24,171.09	23,745.54	24,495.99	1.79	11,946.15	10,612.76	8,541.85	12.56
招商银行	46,605.22	44,315.53	40,589.24	5.17	34,949.16	31,041.89	22,881.54	12.59
浦发银行	35,789.95	34,928.54	33,773.57	2.47	14,032.93	13,307.28	10,229.96	5.45
民生银行	30,689.31	29,663.75	29,440.13	3.46	12,065.87	10,205.44	8,254.23	18.23
华夏银行	14,897.84	13,172.09	13,102.68	13.10	5,127.75	4,757.23	3,876.83	7.79
平安银行	21,996.77	22,777.14	21,914.54	-3.43	12,076.18	10,349.70	7,703.65	16.68

续表

	公司存款				个人存款			
	2023 年（亿元）	2022 年（亿元）	2021 年（亿元）	2023 年变动率（%）	2023 年（亿元）	2022 年（亿元）	2021 年（亿元）	2023 年变动率（%）
兴业银行	32, 996. 70	33, 019. 63	31, 889. 21	-0. 07	13, 560. 57	10, 855. 33	7, 931. 63	24. 92
浙商银行	15, 672. 01	14, 446. 01	12, 114. 77	8. 49	2, 695. 20	2, 134. 91	1, 854. 52	26. 24
渤海银行	5, 661. 67	5, 381. 03	5, 561. 29	5. 22	2, 010. 02	1, 687. 24	1, 349. 32	19. 13
合计	267, 614. 01	259, 380. 38	250, 417. 38	3. 17	123, 121. 99	107, 869. 94	82, 346. 62	14. 14

城商行中，杭州银行的公司存款占比相对较高，为77. 44%；兰州银行的公司存款占比相对较低，为26. 00%。城商行个人存款平均增速为19. 35%、公司存款平均增速为4. 96%，个人存款平均增速为公司存款增速的3. 90 倍（见表15）。

表 15　　　　城商行存款主体结构比较

	公司存款				个人存款			
	2023 年（亿元）	2022 年（亿元）	2021 年（亿元）	2023 年变动率（%）	2023 年（亿元）	2022 年（亿元）	2021 年（亿元）	2023 年变动率（%）
北京银行	13, 007. 55	12, 159. 63	11, 489. 42	6. 97	6, 210. 83	5, 392. 97	4, 454. 52	15. 17
天津银行	2, 635. 50	2, 474. 80	2, 560. 51	6. 49	1, 658. 03	1, 400. 41	1, 071. 19	18. 40
上海银行	10, 806. 96	10, 762. 38	10, 652. 28	0. 41	5, 593. 82	4, 952. 19	3, 852. 02	12. 96
重庆银行	1, 938. 15	1, 933. 88	1, 800. 65	0. 22	2, 009. 65	1, 672. 23	1, 399. 19	20. 18
宁波银行	10, 917. 66	9, 441. 80	7, 915. 91	15. 63	4, 135. 91	2, 828. 33	2, 138. 94	46. 23
南京银行	9, 047. 39	8, 704. 92	7, 875. 69	3. 93	4, 266. 29	3, 233. 26	2, 404. 21	31. 95
盛京银行	2, 286. 08	2, 443. 70	2, 755. 62	-6. 45	5, 188. 04	5, 026. 64	4, 198. 43	3. 21
徽商银行	4, 362. 18	4, 328. 39	4, 318. 43	0. 78	5, 318. 62	4, 087. 31	2, 928. 98	30. 13
哈尔滨行	1, 873. 92	1, 890. 58	1, 908. 36	-0. 88	4, 451. 14	3, 687. 68	3, 109. 15	20. 70
郑州银行	1, 575. 39	1, 590. 75	1, 633. 70	-0. 97	1, 686. 43	1, 410. 63	1, 216. 80	19. 55
青岛银行	1, 972. 28	1, 936. 30	2, 028. 90	1. 86	1, 884. 44	1, 473. 28	1, 104. 31	27. 91
江苏银行	9, 313. 46	8, 822. 18	9, 182. 26	5. 57	7, 081. 17	5, 551. 75	4, 231. 18	27. 55
杭州银行	7, 834. 71	7, 137. 19	6, 510. 67	9. 77	2, 283. 00	1, 813. 51	1, 354. 14	25. 89
贵阳银行	1, 984. 99	2, 000. 23	2, 019. 84	-0. 76	1, 896. 30	1, 700. 49	1, 451. 74	11. 51
中原银行	2, 577. 97	2, 918. 74	1, 953. 64	-11. 68	5, 197. 55	4, 640. 53	2, 181. 96	12. 00
九江银行	1, 602. 40	1, 719. 64	1, 634. 83	-6. 82	1, 645. 90	1, 537. 39	1, 292. 15	7. 06
成都银行	3, 906. 47	3, 502. 75	3, 144. 89	11. 53	3, 541. 52	2, 737. 44	2, 099. 92	29. 37
长沙银行	2, 911. 50	2, 858. 59	2, 830. 83	1. 85	3, 360. 93	2, 718. 79	2, 121. 61	23. 62
西安银行	1, 252. 81	1, 270. 59	1, 120. 23	-1. 40	1, 621. 59	1, 477. 98	1, 122. 62	9. 72
泸州银行	473. 19	439. 20	414. 45	7. 74	677. 51	618. 85	517. 81	9. 48
江西银行	1, 612. 62	1, 658. 90	1, 447. 95	-2. 79	1, 855. 76	1, 605. 51	1, 817. 29	15. 59
甘肃银行	759. 80	763. 55	772. 47	-0. 49	2, 015. 45	1, 843. 63	1, 642. 43	9. 32

续表

	公司存款				个人存款			
	2023 年（亿元）	2022 年（亿元）	2021 年（亿元）	2023 年变动率（%）	2023 年（亿元）	2022 年（亿元）	2021 年（亿元）	2023 年变动率（%）
晋商银行	1, 276. 67	1, 075. 97	819. 41	18. 65	1, 338. 48	1, 200. 02	942. 60	11. 54
苏州银行	1, 782. 71	1, 480. 28	1, 434. 83	20. 43	1, 855. 50	1, 480. 97	1, 152. 98	25. 29
威海银行	1, 399. 08	1, 237. 00	1, 177. 48	13. 10	1, 265. 31	1, 056. 99	860. 23	19. 71
贵州银行	1, 682. 32	1, 622. 15	1, 708. 82	3. 71	1, 733. 62	1, 491. 06	1, 217. 13	16. 27
厦门银行	1, 312. 15	1, 150. 76	1, 129. 17	14. 02	671. 50	553. 91	416. 43	21. 23
兰州银行	792. 99	780. 11	820. 45	1. 65	2, 257. 16	2, 101. 71	1, 927. 58	7. 40
齐鲁银行	2, 032. 57	1, 865. 82	1, 685. 00	8. 94	1, 948. 20	1, 630. 68	1, 245. 03	19. 47
合计	104, 931. 47	99, 970. 78	94, 746. 69	4. 96	84, 649. 65	70, 926. 14	55, 472. 57	19. 35

农商行中，沪农商行的公司存款规模相对较高，为 4, 214. 15 亿元；渝农商行的个人存款规模相对较高，为 7, 471. 78 亿元。紫金银行的公司存款增速相对较快，为 7. 64%；九台农商银行的公司存款增速相对较慢，为 –22. 40%，这是因为九台农商银行为助力稳增长、落实纾困惠企、减费让利扶持实体，叠加市场利率下行、疫情后企业经营恢复进度、区域经济新旧动能转换及增加资产减值准备等因素影响；苏农银行的个人存款增速相对较快，为 26. 57%（见表 16）。

表 16　　　　农商行存款主体结构比较

	公司存款				个人存款			
	2023 年（亿元）	2022 年（亿元）	2021 年（亿元）	2023 年变动率（%）	2023 年（亿元）	2022 年（亿元）	2021 年（亿元）	2023 年变动率（%）
苏农银行	574. 82	583. 39	583. 54	–1. 47	873. 13	689. 86	532. 13	26. 57
广州农商银行	3, 422. 79	3, 582. 36	3, 799. 48	–4. 45	5, 685. 83	5, 166. 54	4, 536. 05	10. 05
九台农商银行	394. 58	508. 46	459. 83	–22. 40	1, 940. 50	1, 730. 73	1, 434. 13	12. 12
张家港行	485. 98	489. 38	471. 14	–0. 69	931. 61	807. 36	656. 66	15. 39
紫金银行	795. 35	738. 92	739. 92	7. 64	1, 117. 46	953. 56	784. 22	17. 19
青农商行	830. 64	856. 95	978. 92	–3. 07	2, 151. 22	1, 939. 46	1, 653. 35	10. 92
无锡银行	713. 10	731. 85	783. 61	–2. 56	1, 113. 63	923. 90	722. 18	20. 54
渝农商行	1, 418. 43	1, 410. 82	1, 502. 12	0. 54	7, 471. 78	6, 773. 51	6, 040. 16	10. 31
江阴银行	450. 64	436. 07	460. 83	3. 34	805. 55	702. 97	600. 12	14. 59
常熟银行	525. 86	503. 14	526. 99	4. 52	1, 729. 68	1, 408. 29	1, 159. 20	22. 82
东莞农商银行	1, 867. 35	1, 813. 64	1, 689. 88	2. 96	2, 909. 24	2, 700. 62	2, 414. 11	7. 72
沪农商行	4, 214. 15	4, 123. 84	3, 875. 65	2. 19	5, 325. 68	4, 759. 30	4, 019. 98	11. 90
瑞丰银行	405. 62	395. 73	338. 90	2. 50	1, 004. 66	813. 76	646. 97	23. 46
合计	16, 099. 31	16, 174. 55	16, 210. 81	–0. 47	33, 059. 97	29, 369. 86	25, 199. 26	12. 56

（二）存款期限结构

上市银行的定期存款规模普遍略多于活期存款规模，农商行占比相对更加明显，为67.47%；城商行的活期存款增速相对较快，为5.82%；国有行的定期存款增速相对较快，为22.82%。主要是因为当前经济形势不容乐观，居民没有好的理财产品进行投资，储蓄意愿提高，而国有行的存款安全性高，因此定期存款增速相对较快。

国有行中，工商银行的活期存款、定期存款规模相对较高，分别为13.45万亿元和19.32万亿元。建设银行的活期存款占比相对较高，为44.60%；邮储银行的活期存款占比相对较低，为28.87%。中国银行的活期存款增速相对较快，为3.22%，工商银行的活期存款增速相对较慢，为-4.39%；农业银行的定期存款增速相对较快，为27.58%；交通银行的定期存款增速相对较慢，为10.22%（见表17）。

表17　　国有行存款期限结构比较

	活期存款				定期存款			
	2023年（亿元）	2022年（亿元）	2021年（亿元）	2023年变动率（%）	2023年（亿元）	2022年（亿元）	2021年（亿元）	2023年变动率（%）
工商银行	134,505.32	140,676.43	129,236.92	-4.39	193,249.64	151,488.17	129,057.39	27.57
建设银行	121,420.75	121,830.65	115,375.10	-0.34	150,812.29	124,381.78	104,911.13	21.25
农业银行	122,045.32	119,789.09	113,256.21	1.88	155,217.94	121,659.69	97,623.11	27.58
中国银行	94,215.68	91,274.30	87,629.47	3.22	122,548.80	98,463.62	82,675.77	24.46
交通银行	29,352.70	28,743.96	29,125.03	2.12	54,648.77	49,583.61	40,403.29	10.22
邮储银行	40,281.73	41,093.92	39,073.69	-1.98	99,251.20	86,023.71	74,437.02	15.38
合计	541,821.50	543,408.35	513,696.42	-0.29	775,728.64	631,600.58	529,107.71	22.82

股份制银行中，招商银行的活期存款余额相对较高，为4.47万亿元，占比为54.86%；民生银行、渤海银行、光大银行的定期存款占比相对较高，分别为69.11%、67.12%和66.37%。渤海银行的活期存款增速相对较快，为20.03%；招商银行的活期存款增速相对较慢，为-5.73%；招商银行的定期存款增速相对较快，为31.95%，这是因经济下行压力不减，企业资金活化程度未有明显改善，企业结算等对公活期存款派生渠道受限，资本市场扰动及居民的储蓄需求特别是中长期定期存款的需求进一步提升，使得定期存款呈现较快增长态势，活期占比有所下降；光大银行的定期存款增速相对较慢，为1.61%（见表18）。

表18　　股份制银行存款期限结构比较

	活期存款				定期存款			
	2023年（亿元）	2022年（亿元）	2021年（亿元）	2023年变动率（%）	2023年（亿元）	2022年（亿元）	2021年（亿元）	2023年变动率（%）
中信银行	25,086.83	22,861.48	22,736.94	9.73	28,704.78	27,987.80	24,522.11	2.56
光大银行	12,145.69	10,766.26	10,948.61	12.81	23,971.55	23,592.04	22,089.23	1.61
招商银行	44,742.97	47,460.35	42,106.78	-5.73	36,811.41	27,897.07	21,364.00	31.95

续表

	活期存款				定期存款			
	2023 年（亿元）	2022 年（亿元）	2021 年（亿元）	2023 年变动率（%）	2023 年（亿元）	2022 年（亿元）	2021 年（亿元）	2023 年变动率（%）
浦发银行	21, 676. 46	20, 701. 63	20, 857. 21	4. 71	28, 146. 42	27, 534. 19	23, 146. 32	2. 22
民生银行	13, 207. 20	13, 038. 04	14, 636. 98	1. 30	29, 547. 98	26, 831. 15	23, 057. 38	10. 13
华夏银行	7, 457. 52	7, 074. 27	7, 886. 08	5. 42	12, 568. 07	10, 855. 05	9, 093. 43	15. 78
平安银行	11, 933. 11	11, 763. 09	11, 199. 31	1. 45	22, 139. 84	21, 363. 75	18, 418. 88	3. 63
兴业银行	18, 472. 06	17, 792. 73	17, 692. 46	3. 82	28, 085. 21	26, 082. 23	22, 128. 38	7. 68
浙商银行	7, 053. 89	6, 771. 12	6, 352. 05	4. 18	11, 313. 32	9, 809. 80	7, 617. 24	15. 33
渤海银行	2, 522. 31	2, 101. 47	2, 227. 49	20. 03	5, 149. 38	4, 966. 79	4, 683. 12	3. 68
合计	164, 298. 04	160, 330. 44	156, 643. 91	2. 47	226, 437. 96	206, 919. 87	176, 120. 09	9. 43

城商行中，甘肃银行的活期存款占比相对较高，为 76. 02%；哈尔滨行的定期存款占比相对较高，为 80. 04%；江苏银行的活期存款增速相对较快，为 30. 26%；苏州银行的定期存款增速相对较快，为 38. 15%。郑州银行、西安银行和江苏银行的定期存款出现负增长，降幅分别为 6. 61%、17. 22% 和 6. 28%（见表 19）。整体来看，城商行的定期存款增速高于活期存款。

表 19　　城商行存款期限结构比较

	活期存款				定期存款			
	2023 年（亿元）	2022 年（亿元）	2021 年（亿元）	2023 年变动率（%）	2023 年（亿元）	2022 年（亿元）	2021 年（亿元）	2023 年变动率（%）
北京银行	7, 344. 88	7, 961. 90	7, 441. 91	-7. 75	11, 873. 50	9, 590. 70	8, 502. 03	23. 80
天津银行	2, 261. 57	2, 027. 63	1, 953. 06	11. 54	2, 031. 97	1, 847. 58	1, 678. 64	9. 98
上海银行	5, 863. 86	5, 685. 93	5, 505. 47	3. 13	10, 536. 92	10, 028. 64	8, 998. 83	5. 07
重庆银行	847. 83	802. 34	883. 85	5. 67	3, 099. 97	2, 803. 77	2, 315. 99	10. 56
宁波银行	5, 019. 38	4, 657. 42	4, 314. 15	7. 77	10, 034. 19	7, 612. 71	5, 740. 70	31. 81
南京银行	3, 098. 50	2, 980. 26	2, 950. 96	3. 97	10, 215. 19	8, 957. 92	7, 328. 94	14. 04
盛京银行	1, 514. 36	1, 992. 77	1, 916. 21	-24. 01	5, 959. 75	5, 477. 57	5, 037. 84	8. 80
徽商银行	3, 469. 75	3, 333. 96	3, 328. 26	4. 07	6, 211. 05	5, 081. 74	3, 919. 15	22. 22
哈尔滨行	1, 262. 69	1, 295. 07	1, 374. 82	-2. 50	5, 062. 36	4, 283. 19	3, 642. 69	18. 19
郑州银行	2, 223. 01	1, 889. 05	1, 736. 39	17. 68	1, 038. 82	1, 112. 33	1, 114. 12	-6. 61
青岛银行	2, 485. 17	2, 094. 18	1, 987. 87	18. 67	1, 371. 55	1, 315. 40	1, 145. 33	4. 27
江苏银行	10, 422. 95	8, 001. 76	7, 362. 46	30. 26	5, 971. 68	6, 372. 17	6, 050. 99	-6. 28
杭州银行	5, 025. 44	4, 492. 64	4, 339. 44	11. 86	5, 092. 27	4, 458. 06	3, 525. 38	14. 23
贵阳银行	1, 366. 82	1, 373. 26	1, 283. 72	-0. 47	2, 514. 48	2, 327. 45	2, 187. 86	8. 04
中原银行	2, 431. 08	2, 487. 18	1, 892. 70	-2. 26	5, 344. 44	5, 072. 09	2, 242. 90	5. 37
九江银行	1, 301. 04	1, 468. 80	1, 336. 61	-11. 42	1, 947. 25	1, 788. 23	1, 590. 36	8. 89

续表

	活期存款				定期存款			
	2023 年（亿元）	2022 年（亿元）	2021 年（亿元）	2023 年变动率（%）	2023 年（亿元）	2022 年（亿元）	2021 年（亿元）	2023 年变动率（%）
成都银行	2, 629. 34	2, 561. 22	2, 369. 41	2. 66	4, 818. 65	3, 678. 97	2, 875. 40	30. 98
长沙银行	2, 710. 55	2, 532. 54	2, 449. 70	7. 03	3, 561. 87	3, 044. 84	2, 502. 74	16. 98
西安银行	2, 070. 70	1, 777. 71	1, 465. 74	16. 48	803. 70	970. 84	777. 10	-17. 22
泸州银行	529. 56	509. 04	439. 69	4. 03	598. 85	549. 01	492. 57	9. 08
江西银行	1, 181. 82	1, 321. 68	1, 447. 95	-10. 58	2, 286. 56	1, 942. 72	1, 817. 29	17. 70
甘肃银行	2, 109. 71	1, 994. 91	1, 862. 05	5. 75	665. 53	612. 27	552. 85	8. 70
晋商银行	720. 10	686. 67	532. 58	4. 87	1, 895. 04	1, 589. 31	1, 229. 43	19. 24
苏州银行	1, 078. 43	1, 108. 38	1, 032. 63	-2. 70	2, 559. 77	1, 852. 88	1, 555. 17	38. 15
威海银行	592. 23	631. 37	647. 77	-6. 20	2, 072. 16	1, 662. 62	1, 389. 94	24. 63
贵州银行	2, 174. 87	1, 918. 95	1, 784. 81	13. 34	1, 241. 07	1, 194. 26	1, 141. 14	3. 92
厦门银行	589. 25	636. 55	695. 86	-7. 43	1, 394. 40	1, 068. 12	849. 74	30. 55
兰州银行	1, 017. 92	988. 58	970. 24	2. 97	2, 032. 23	1, 893. 24	1, 777. 79	7. 34
齐鲁银行	1, 283. 22	1, 311. 46	1, 124. 75	-2. 15	2, 697. 56	2, 185. 04	1, 805. 28	23. 46
合计	74, 626. 03	70, 523. 21	66, 431. 06	5. 82	114, 932. 78	100, 373. 67	83, 788. 19	14. 50

农商行中，无锡银行的活期存款占比相对较高，为 68. 32%，九台农商银行的定期存款占比相对较高，为 79. 68%（见表 20）。无锡银行的活期存款增速相对较快，为 20. 35%；除江阴银行、瑞丰银行和无锡银行外，其他银行的活期存款均出现负增长；常熟银行的定期存款增速相对较快，为 27. 93%。整体来看，大部分农商行的定期存款占比超过 50. 00%，定期存款增速高于活期存款。这是因为农商行其客户结构以中老年客户为主，他们倾向于将钱存为定期存款，这部分客户的稳定性较强，但也增加了银行的资金负担。

表 20　　农商行存款期限结构比较

	活期存款				定期存款			
	2023 年（亿元）	2022 年（亿元）	2021 年（亿元）	2023 年变动率（%）	2023 年（亿元）	2022 年（亿元）	2021 年（亿元）	2023 年变动率（%）
苏农银行	521. 95	528. 44	527. 76	-1. 23	926. 00	744. 81	587. 91	24. 33
广州农商银行	2, 739. 63	3, 002. 26	3, 049. 94	-8. 75	6, 368. 99	5, 746. 64	5, 285. 60	10. 83
九台农商银行	474. 39	580. 05	546. 73	-18. 22	1, 860. 69	1, 659. 14	1, 347. 22	12. 15
张家港行	359. 63	360. 43	379. 40	-0. 22	1, 057. 97	936. 31	748. 40	12. 99
紫金银行	528. 01	544. 01	551. 09	-2. 94	1, 384. 80	1, 148. 47	973. 04	20. 58
青农商行	843. 56	913. 35	940. 63	-7. 64	2, 138. 29	1, 883. 07	1, 691. 64	13. 55
无锡银行	1, 247. 94	1, 036. 92	914. 45	20. 35	578. 79	618. 82	591. 34	-6. 47
渝农商行	2, 410. 56	2, 507. 50	2, 314. 52	-3. 87	6, 479. 66	5, 676. 83	5, 227. 76	14. 14

续表

	活期存款				定期存款			
	2023年（亿元）	2022年（亿元）	2021年（亿元）	2023年变动率（%）	2023年（亿元）	2022年（亿元）	2021年（亿元）	2023年变动率（%）
江阴银行	421.68	404.76	395.93	4.18	834.50	734.28	665.01	13.65
常熟银行	507.57	545.06	531.62	-6.88	1,747.97	1,366.37	1,154.56	27.93
东莞农商银行	2,090.12	2,239.81	2,050.07	-6.68	2,686.48	2,274.46	2,053.92	18.12
沪农商行	3,385.53	3,425.53	3,132.99	-1.17	6,154.29	5,457.61	4,762.63	12.77
瑞丰银行	460.79	459.69	375.11	0.24	949.49	749.80	610.75	26.63
合计	15,991.36	16,547.81	15,710.24	-3.36	33,167.92	28,996.61	25,699.78	14.39

三、同业往来负债变化情况

2023年末，上市银行同业往来负债总额为33.19万亿元，同比增长14.53%，占负债总额之比为12.25%（见表21）。其中，国有行同业往来负债为17.00万亿元，相较于2022年末增长17.91%；股份制银行同业往来负债为11.38万亿元，相较于2022年末增长10.34%；城商行同业往来负债为4.30万亿元，相较于2022年末增长12.38%；农商行同业往来负债为5091.4亿元，相较于2022年末增长21.23%。股份制银行同业往来负债占负债总额之比相对较高，农商行同业往来负债增速相对较快。

表21　　各类上市银行同业往来负债比例均值比较

	同业往来负债增速算数均值（%）	同业及其他金融机构存放款项占同业负债算数均值（%）	拆入资金占同业负债算数均值（%）	卖出回购款项占同业负债算数均值（%）	2023年末同业往来负债占总负债比算数均值（%）
国有行	17.91	75.05	13.17	11.77	9.97
股份制银行	10.34	66.17	14.60	19.23	18.13
城商行	12.38	51.37	22.57	26.06	13.85
农商行	21.23	24.87	28.46	46.67	7.69

国有行中，工商银行同业往来负债规模相对较大，为4.39万亿元，占负债总额之比为10.72%，增速为16.69%；农业银行同业往来负债规模增速相对较快，增速为45.81%，主要是由于非银金融机构存款增加；中国银行同业往来负债规模增速相对较慢，增速为0.51%（见表22）。从结构来看，国有行在同业往来负债中的主要部分是同业及其他金融机构存放款项，除邮储银行和交通银行外，占比在60%以上。从拆入资金来看，交通银行占比为24.97%，其他银行占比在20%以下。国有行卖出回购款项占比相对较小，多数少于20.00%。

表 22　　国有行同业往来负债规模及结构比较

	同业及其他金融机构存放款项（亿元）			拆入资金（亿元）			卖出回购款项（亿元）			同业往来负债占总负债比例（%）		
	2023 年	2022 年	2021 年	2023 年	2022 年	2021 年	2023 年	2022 年	2021 年	2023 年	2022 年	2021 年
工商银行	28,414	26,649	24,317	5,285	5,207	4,893	10,181	5,748	3,659	10.72	10.42	10.31
建设银行	27,921	25,843	19,329	4,077	3,517	2,993	2,346	2,427	339	9.77	10.02	8.20
农业银行	36,535	24,592	16,224	3,823	3,338	2,911	1,005	438	360	11.19	9.08	7.32
中国银行	22,454	22,403	26,827	3,883	3,284	3,104	867	1,379	974	9.17	10.27	12.68
交通银行	11,332	10,786	10,966	4,730	4,246	4,670	2,883	1,286	448	14.62	13.65	15.05
邮储银行	953	788	1,548	602	427	426	2,734	1,836	346	2.90	2.30	1.97

股份制银行中，兴业银行同业往来负债占负债总额之比相对较大，为28.01%。浙商银行同业往来负债增速相对较快，为62.94%；民生银行同业往来负债降幅相对较快，为9.47%。整体来看，股份制银行同业往来负债平均增速相对较慢，为10.33%。从结构来看，股份制银行在同业往来负债中的主要部分是同业及其他金融机构存放款项，除华夏银行、招商银行和浦发银行外，其他银行占比均在60%以上（见表23）。

表 23　　股份制银行同业往来负债规模及结构比较

	同业及其他金融机构存放款项（亿元）			拆入资金（亿元）			卖出回购款项（亿元）			同业往来负债占总负债（%）		
	2023 年	2022 年	2021 年	2023 年	2022 年	2021 年	2023 年	2022 年	2021 年	2023 年	2022 年	2021 年
中信银行	9,279	11,438	11,748	863	707	783	4,630	2,562	983	17.76	18.71	18.26
光大银行	5,523	5,407	5,263	1,942	1,886	1,796	731	930	806	13.18	14.2	14.52
招商银行	5,084	6,457	7,530	2,473	1,929	1,707	1,351	1,071	1,577	8.96	10.3	12.90
浦发银行	9,910	7,703	9,241	3,027	2,565	1,827	5,198	3,502	1,742	21.92	17.22	17.17
民生银行	11,366	13,828	12,303	1,054	962	640	1,911	1,041	365	20.37	23.83	20.90
华夏银行	5,764	5,600	5,420	2,050	1,668	1,139	2,028	736	465	25.03	22.38	20.81
平安银行	4,678	4,073	3,451	491	533	324	582	133	477	11.24	9.7	9.39
兴业银行	18,530	16,283	17,109	3,495	2,773	1,738	4,166	3,536	2,656	28.01	26.55	27.19
浙商银行	3,587	2,418	2,370	877	642	410	621	61	—	17.21	12.71	—
渤海银行	1,588	1,812	1,715	349	294	602	666	602	682	16.09	17.48	20.32

城商行中，上海银行同业往来负债占负债总额之比相对较大，为21.54%，西安银行占比相对较小，为0.75%。江苏银行同业往来负债增速相对较快，为37.74%（见表24）。从结构来看，大多数城商行的同业及其他金融机构存放款项占比均高于其他同业科目，此项占比数据仅次于国有行及股份制银行；城商行卖出回购款项平均余额占比为26.06%，相对高于国有行及股份制银行。

表 24　　城商行同业往来负债规模及结构比较

	同业及其他金融机构存放款项（亿元）			拆入资金（亿元）			卖出回购款项（亿元）			同业往来负债占总负债（%）		
	2023 年	2022 年	2021 年	2023 年	2022 年	2021 年	2023 年	2022 年	2021 年	2023 年	2022 年	2021 年
北京银行	4, 285	3, 846	3, 691	1, 042	739	542	784	832	437	17. 87	17. 60	16. 91
天津银行	590	421	414	297	233	214	685	763	591	20. 28	20. 22	18. 40
上海银行	4, 663	4, 907	5, 047	271	412	219	1, 196	772	1, 078	21. 54	22. 93	25. 92
重庆银行	77	84	136	398	345	259	167	297	172	9. 16	11. 46	9. 95
宁波银行	821	883	947	1, 831	1, 091	602	1, 226	1, 080	926	15. 46	13. 90	13. 27
南京银行	1, 648	1, 788	739	389	248	338	665	500	731	12. 77	13. 34	11. 12
盛京银行	712	527	599	180	28	6	1, 069	1, 287	893	19. 61	18. 40	16. 18
徽商银行	1, 640	1, 236	1, 370	471	439	432	669	545	385	16. 75	15. 23	17. 19
哈尔滨行	0	249	203	0	21	23	107	33	90	1. 42	4. 66	5. 43
郑州银行	143	295	377	332	295	276	251	191	124	12. 61	14. 51	15. 07
青岛银行	22	64	63	211	178	169	369	256	253	10. 60	10. 12	9. 92
江苏银行	2, 936	1, 961	1, 776	1, 512	1, 021	716	943	933	392	17. 15	14. 16	11. 91
杭州银行	2, 032	1, 759	901	341	337	226	290	203	307	15. 40	15. 15	11. 03
贵阳银行	328	274	372	264	233	220	85	130	70	10. 84	10. 85	11. 94
中原银行	387	301	274	645	518	332	731	1, 017	340	14. 11	14. 89	13. 40
九江银行	131	121	135	46	61	54	50	17	10	3. 82	4. 12	4. 67
成都银行	69	21	85	61	20	17	220	230	242	3. 43	3. 16	4. 80
长沙银行	487	287	297	283	234	176	64	86	18	8. 77	7. 20	6. 64
西安银行	14	11	10	15	21	15	1	90	49	0. 75	3. 26	2. 33
泸州银行	4	7	6	34	35	33	34	51	13	4. 88	6. 71	4. 17
江西银行	172	133	252	40	41	61	257	172	163	9. 30	7. 38	10. 19
甘肃银行	201	240	178	18	28	0	69	33	61	8. 12	8. 76	7. 32
晋商银行	1	8	17	6	3	8	182	168	152	5. 62	5. 70	6. 30
苏州银行	39	76	73	470	354	276	217	121	81	13. 11	11. 39	10. 27
威海银行	55	48	40	226	200	151	114	98	70	10. 84	10. 90	9. 31
贵州银行	254	232	239	49	46	34	—	85	232	4. 80	6. 48	10. 86
厦门银行	71	134	44	248	195	132	222	199	203	15. 04	15. 22	12. 38
兰州银行	164	123	75	26	36	48	342	349	176	12. 68	12. 60	8. 05
齐鲁银行	128	98	108	41	32	19	240	187	195	7. 27	6. 74	8. 03

农商行中，渝农商行同业往来负债占负债总额之比相对较大，为 12. 95%。瑞丰银行的同业往来负债增长相对较快，为 240. 80%（见表 25），主要是因为其他金融机构存放款项增加，其本期期末金额较上期期末变动比例为 499. 56%。从结构上来看，多数农商行的卖出回购款项占比相对高于其他项目，且远高于其他类型银行此项占比。

表 25　　农商行同业往来负债规模及结构比较

	同业及其他金融机构存放款项（亿元）			拆入资金（亿元）			卖出回购款项（亿元）			同业往来负债占总负债比例（%）		
	2023 年	2022 年	2021 年	2023 年	2022 年	2021 年	2023 年	2022 年	2021 年	2023 年	2022 年	2021 年
苏农银行	1.13	19.32	0.27	37.19	29.02	17.93	66.42	44.97	65.21	5.61	5.62	5.73
广州农商银行	425.50	293.25	362.27	53.84	33.43	13.32	517.01	387.17	323.60	8.18	6.23	6.51
九台农商银行	1.11	34.72	67.64	30.65	20.53	15.02	2.20	0.50	0.00	1.35	2.24	3.82
张家港行	8.57	22.58	9.35	22.63	28.02	9.25	104.92	79.50	88.66	7.17	7.57	7.15
紫金银行	28.03	20.09	7.09	47.03	49.08	22.85	0.00	43.95	55.15	3.27	5.45	4.46
青农商行	39.38	63.26	69.56	106.22	94.90	102.68	148.15	113.54	110.50	6.85	6.82	7.15
无锡银行	4.25	4.51	5.25	0.36	25.93	5.32	10.00	8.00	39.80	0.68	2.00	2.71
渝农商行	559.24	518.44	293.02	513.40	416.85	340.95	633.10	424.66	190.88	12.95	11.00	7.11
江阴银行	1.00	0.09	0.08	38.09	18.81	34.04	84.01	48.42	86.29	7.24	4.36	8.60
常熟银行	11.94	8.90	27.33	93.71	66.60	28.11	122.53	92.51	74.77	7.42	6.37	5.78
东莞农商银行	105.27	128.91	250.94	38.43	20.00	11.00	249.49	294.22	137.38	6.04	7.34	7.35
沪农商行	70.06	107.83	49.28	449.16	289.24	349.02	316.20	303.70	291.73	6.55	5.96	6.50
瑞丰银行	10.67	1.78	1.57	18.17	10.01	1.00	122.34	32.57	40.30	8.40	3.07	3.48

四、应付债券变化情况

2023 年末，上市银行应付债券总额为 19.51 万亿元，应付债券占负债总额之比有所下降，应付债券总额同比上升 8.11%。其中，国有行的应付债券为 8.22 万亿元，相较于 2022 年末增长 24.58%；股份制银行的应付债券为 6.94 万亿元，相较于 2022 年末降低 1.28%；城商行的应付债券为 3.79 万亿元，相较于 2022 年末减少 0.86%；农商行的应付债券为 5,544.86 亿元，相较于 2022 年末减少 6.00%。

国有行中，农业银行应付债券总额相对较多，为 2.30 万亿元，其增速相对较快，相较于 2022 年末增加 22.82%，主要是由于发行同业存单和二级资本债。邮储银行的应付债券余额相对较少，为 2,611.38 亿元，相较于 2022 年末增加 156.24%，主要是该行主动优化负债结构，发行同业存单和二级资本债。整体来看，国有行的应付债券占负债总额之比平均为 4.82%（见表 26）。

表 26　　国有行应付债券规模比较

	2023 年		2022 年		2021 年		2023 年变动率（%）
	余额（亿元）	占总负债比例（%）	余额（亿元）	占总负债比例（%）	余额（亿元）	占总负债比例（%）	
工商银行	13,697.77	3.35	9,059.53	2.51	7,913.75	2.48	51.20
建设银行	18,957.35	5.39	16,468.70	5.19	13,233.77	4.79	15.11

续表

	2023 年		2022 年		2021 年		2023 年变动率（%）
	余额（亿元）	占总负债比例（%）	余额（亿元）	占总负债比例（%）	余额（亿元）	占总负债比例（%）	
农业银行	22, 959. 21	6. 21	18, 693. 98	5. 98	15, 076. 57	5. 66	22. 82
中国银行	18, 024. 46	6. 07	15, 409. 35	5. 85	13, 886. 78	5. 70	16. 97
交通银行	5, 921. 75	4. 57	5, 308. 61	4. 44	5, 035. 25	4. 71	11. 55
邮储银行	2, 611. 38	1. 77	1, 019. 10	0. 77	814. 26	0. 69	156. 24

股份制银行中，光大银行应付债券总额相对较高，为 1. 10 万亿元；招商银行应付债券总额相对较小，为 1, 765. 78 亿元（见表 27）。在规模变动方面，浦发银行降幅相对较高，为 23. 95%；光大银行增幅相对较快，为 25. 50%。整体来看，股份制银行的应付债券占负债总额之比平均为 11. 06%，明显高于国有行。

表 27　　股份制银行应付债券规模比较

	2023 年		2022 年		2021 年		2023 年变动率（%）
	余额（亿元）	占总负债比例（%）	余额（亿元）	占总负债比例（%）	余额（亿元）	占总负债比例（%）	
中信银行	9, 659. 81	11. 61	9, 752. 06	12. 40	9, 582. 03	12. 95	-0. 95
光大银行	10, 993. 26	17. 68	8, 759. 71	15. 13	7, 635. 32	14. 09	25. 50
招商银行	1, 765. 78	1. 78	2, 238. 21	2. 44	4, 466. 45	5. 33	-21. 11
浦发银行	10, 116. 53	12. 23	13, 303. 04	16. 63	13, 171. 21	17. 66	-23. 95
民生银行	6, 758. 26	9. 60	6, 481. 07	9. 76	7, 110. 24	11. 17	4. 28
华夏银行	5, 926. 43	15. 07	5, 303. 97	14. 83	5, 472. 48	16. 21	11. 74
平安银行	7, 283. 28	14. 24	6, 920. 75	14. 16	8, 239. 34	18. 20	5. 24
兴业银行	10, 295. 25	11. 01	11, 580. 07	13. 61	11, 201. 16	14. 16	-11. 10
浙商银行	3, 959. 38	13. 40	3, 230. 33	13. 15	3, 189. 08	15. 04	22. 57
渤海银行	2, 679. 23	16. 56	2, 766. 81	17. 86	2, 425. 98	16. 43	-3. 17

城商行中，重庆银行应付债券总额占负债总额之比相对较高，为 21. 89%（见表 28）。整体来看，城商行的应付债券占负债总额之比高于股份制银行和国有行。

表 28　　城商行应付债券规模比较

	2023 年		2022 年		2021 年		2023 年变动率（%）
	余额（亿元）	占总负债比例（%）	余额（亿元）	占总负债比例（%）	余额（亿元）	占总负债比例（%）	
北京银行	4, 688. 39	13. 71	4, 040. 53	13. 13	3, 840. 03	13. 90	16. 03
天津银行	832. 86	10. 74	934. 73	13. 34	985. 11	14. 87	-10. 90
上海银行	3, 665. 58	12. 88	3, 159. 32	11. 89	2, 735. 94	11. 18	16. 02

续表

	2023 年		2022 年		2021 年		2023 年变动率（%）
	余额（亿元）	占总负债比例（%）	余额（亿元）	占总负债比例（%）	余额（亿元）	占总负债比例（%）	
重庆银行	1,533.74	21.89	1,338.77	21.14	1,188.52	20.86	14.56
宁波银行	3,710.83	14.79	4,368.45	19.88	3,823.64	20.50	-15.05
南京银行	2,583.73	12.21	2,307.66	12.13	2,214.03	13.61	11.96
盛京银行	168.34	1.68	169.80	1.70	84.27	0.91	-0.86
徽商银行	1,816.61	10.95	2,180.02	14.96	1,828.88	14.38	-16.67
哈尔滨行	237.26	3.17	285.70	4.40	191.29	3.29	-16.95
郑州银行	1,020.69	17.71	949.93	17.63	900.77	17.47	7.45
青岛银行	892.70	15.72	748.67	15.19	922.18	18.86	19.24
江苏银行	3,924.10	12.48	4,783.05	17.30	4,327.61	17.88	-17.96
杭州银行	2,750.35	15.90	2,660.17	17.52	2,672.51	20.55	3.39
贵阳银行	870.68	13.94	888.67	15.13	877.73	15.83	-2.02
中原银行	1,319.91	10.56	1,451.59	11.77	968.44	13.72	-9.07
九江银行	371.83	8.03	288.00	6.50	314.47	7.38	29.11
成都银行	1,402.51	13.75	1,381.68	16.14	922.97	12.88	1.51
长沙银行	1,439.82	15.13	1,509.79	17.92	1,447.25	19.57	-4.63
西安银行	635.42	15.84	642.17	17.05	692.32	21.75	-1.05
泸州银行	141.80	9.67	129.83	9.38	201.42	16.14	9.22
江西银行	453.71	8.99	521.62	11.13	410.99	8.80	-13.02
甘肃银行	221.72	6.24	260.39	7.56	288.83	8.85	-14.85
晋商银行	220.99	6.57	386.82	12.36	535.39	19.04	-42.87
苏州银行	775.67	14.00	809.02	16.71	676.40	16.15	-4.12
威海银行	374.46	10.29	354.28	11.14	326.98	11.66	5.70
贵州银行	942.68	17.84	847.91	17.31	723.94	15.57	11.18
厦门银行	787.24	21.86	694.39	20.04	662.36	21.63	13.37
兰州银行	157.52	3.75	178.46	4.42	157.99	4.25	-11.73
齐鲁银行	648.92	11.53	427.97	9.10	396.54	9.89	51.63

农商行中，广州农商银行应付债券总额相对较高，为1,278.64亿元，占负债总额的10.50%；青农商行应付债券占负债总额之比相对较高，为18.40%（见表29）。在规模变动方面，无锡银行增速相对较高，为28.57%。整体来看，农商行应付债券平均增速出现负增长，降幅为6.00%；此类银行的应付债券占负债总额之比低于股份制银行和城商行，高于国有行。

表 29　　农商行应付债券规模比较

	2023 年		2022 年		2021 年		2023 年变动率（%）
	余额（亿元）	占总负债比例（%）	余额（亿元）	占总负债比例（%）	余额（亿元）	占总负债比例（%）	
苏农银行	130.32	6.98	112.62	6.79	98.07	6.74	15.72
广州农商银行	1,278.64	10.50	1,245.81	10.88	1,080.34	10.05	2.64
九台农商银行	33.75	1.35	53.51	2.15	62.11	2.87	-36.93
张家港行	91.33	4.81	86.47	5.03	82.01	5.47	5.62
紫金银行	108.04	4.71	106.98	5.15	186.53	9.78	0.99
青农商行	789.24	18.40	757.44	19.02	837.70	21.19	4.20
无锡银行	50.63	2.37	39.38	2.05	87.74	4.72	28.57
渝农商行	1,195.79	9.08	1,710.69	13.83	2,252.54	19.42	-30.10
江阴银行	48.05	2.83	65.68	4.26	38.68	2.76	-26.84
常熟银行	123.57	4.02	147.67	5.60	150.44	6.67	-16.32
东莞农商银行	718.32	11.03	640.53	10.61	678.58	12.49	12.14
沪农商行	921.20	7.22	872.26	7.42	853.13	8.04	5.61
瑞丰银行	55.98	3.11	59.76	4.14	61.31	4.98	-6.33

专题三　收入分析

一、上市银行收入主要指标

（一）营业收入

2023 年上市银行整体营业收入较 2022 年有所下降，各行的营收总额为 5.81 万亿元，同比减少 3.66%。由于经济不振，各上市银行营业收入皆呈现下降趋势。作为商业银行的主要收入来源，利息净收入大幅下降是整体营收下降的主要原因（见图 1）。

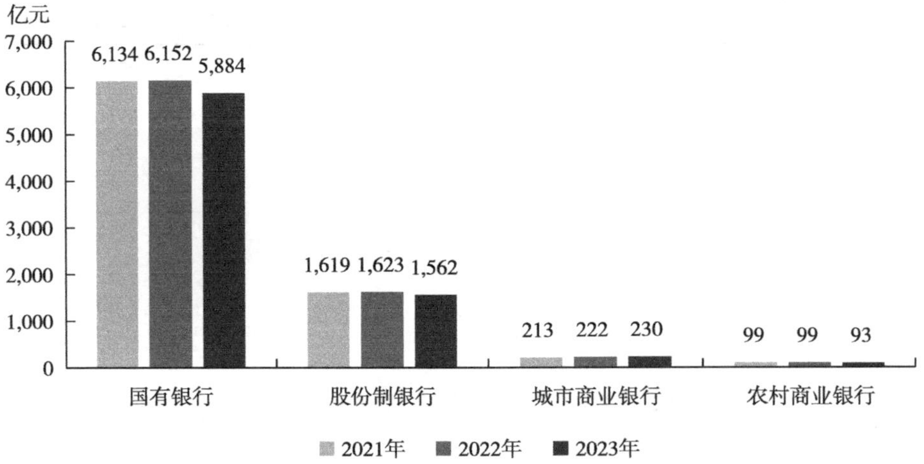

图 1　2021—2023 年各类商业银行平均营业收入变化

国有银行中，工商银行营业收入相对较高，为 8,430.70 亿元，交通银行营业收入相对较低，为 2,575.95 亿元；2023 年有四家国有行营业收入增速为负，其中工商银行降速相对最快，降幅为 8.16%。增速为正的两家国有行中，邮储银行营业收入增速相对较快，为 2.25%，主要是因为邮储银行在 2023 年的净息差达到 2.01%。

股份制银行中，招商银行营业收入相对较高，为 3,391.23 亿元，渤海银行营业收入相对较低，为 249.97 亿元；仅有浙商银行营业收入实现正增长，增速为 4.29%，其他股份制银行增速为负，其中下降最快的是平安银行，降幅为 8.45%。

城商行中，江苏银行营业收入相对较高，为 742.93 亿元；泸州银行营业收入增速相对较快。农商行中，渝农商行营业收入相对较高，为 279.56 亿元；常熟银行营业收入增速相对较快，为12.04%。泸州银行与常熟银行都维持较高的净息差，分别是2.39%和2.86%，是城商行和农商行中净息差最高的银行（见表1）。

表1　　　　近三年营业收入情况

序号	银行简称	营业收入				
		2021年（亿元）	2022年（亿元）	2023年（亿元）	2022年变动率（%）	2023年变动率（%）
1	工商银行	9,427.62	9,179.89	8,430.70	-2.63	-8.16
2	农业银行	7,199.15	7,248.68	6,948.28	0.69	-4.14
3	中国银行	6,055.59	6,180.09	6,228.89	2.06	0.79
4	建设银行	8,242.46	8,224.73	7,697.36	-0.22	-6.41
5	交通银行	2,693.90	2,729.78	2,575.95	1.33	-5.64
6	邮储银行	3,187.62	3,349.56	3,425.07	5.08	2.25
国有行平均		6,134.39	6,152.12	5,884.38	0.29	-4.35
7	中信银行	2,045.57	2,113.92	2,058.96	3.34	-2.60
8	光大银行	1,527.51	1,516.32	1,456.85	-0.73	-3.92
9	招商银行	3,312.53	3,447.83	3,391.23	4.08	-1.64
10	浦发银行	1,909.82	1,886.22	1,734.34	-1.24	-8.05
11	民生银行	1,688.04	1,424.76	1,408.17	-15.60	-1.16
12	华夏银行	958.70	938.08	932.07	-2.15	-0.64
13	平安银行	1,693.83	1,798.95	1,646.99	6.21	-8.45
14	兴业银行	2,212.36	2,223.74	2,108.31	0.51	-5.19
15	浙商银行	544.71	610.85	637.04	12.14	4.29
16	渤海银行	291.94	264.65	249.97	-9.35	-5.55
股份制银行平均		1,618.50	1,622.53	1,562.39	0.25	-3.71
17	北京银行	662.75	662.76	667.11	0.00	0.66
18	天津银行	176.94	157.59	164.56	-10.94	4.42
19	上海银行	562.30	531.12	505.64	-5.55	-4.80
20	重庆银行	145.15	134.65	132.11	-7.23	-1.89
21	宁波银行	527.74	578.79	615.85	9.67	6.40
22	南京银行	409.25	446.06	451.60	8.99	1.24
23	盛京银行	154.23	161.53	100.40	4.73	-37.84
24	徽商银行	355.14	362.30	363.65	2.02	0.37
25	哈尔滨行	123.20	128.71	132.42	4.47	2.88
26	郑州银行	148.01	151.01	136.67	2.03	-9.50
27	青岛银行	111.36	116.44	124.72	4.56	7.11
28	贵州银行	117.37	119.90	113.45	2.16	-5.38
29	甘肃银行	62.78	65.27	66.65	3.97	2.11
30	江苏银行	637.71	705.70	742.93	10.66	5.28

续表

序号	银行简称	营业收入				
		2021 年（亿元）	2022 年（亿元）	2023 年（亿元）	2022 年变动率（%）	2023 年变动率（%）
31	苏州银行	108. 29	117. 63	118. 66	8. 62	0. 88
32	杭州银行	293. 61	329. 32	350. 16	12. 16	6. 33
33	贵阳银行	150. 04	156. 43	150. 96	4. 26	-3. 50
34	中原银行	192. 83	256. 11	261. 83	32. 82	2. 23
35	九江银行	103. 47	108. 97	103. 89	5. 32	-4. 66
36	成都银行	178. 90	202. 41	217. 02	13. 14	7. 22
37	长沙银行	208. 68	228. 68	248. 03	9. 58	8. 46
38	西安银行	72. 03	65. 68	72. 05	-8. 82	9. 70
39	泸州银行	37. 76	39. 02	47. 70	3. 34	22. 25
40	江西银行	111. 44	127. 14	112. 97	14. 09	-11. 15
41	厦门银行	53. 16	58. 95	56. 03	10. 89	-4. 95
42	威海银行	73. 77	82. 91	87. 35	12. 39	5. 36
43	晋商银行	53. 91	52. 60	58. 02	-2. 43	10. 30
城商行平均		215. 99	227. 69	229. 72	5. 42	0. 89
44	渝农商行	308. 42	289. 91	279. 56	-6. 00	-3. 57
45	江阴银行	33. 67	37. 80	38. 65	12. 27	2. 25
46	常熟银行	76. 55	88. 09	98. 70	15. 08	12. 04
47	苏农银行	38. 34	40. 37	40. 46	5. 29	0. 22
48	无锡银行	43. 49	44. 80	45. 38	3. 01	1. 29
49	广州农商银行	234. 81	225. 45	181. 54	-3. 99	-19. 48
50	九台农商银行	63. 62	65. 97	55. 14	3. 69	-16. 42
51	张家港行	46. 16	48. 27	45. 41	4. 57	-5. 93
52	紫金银行	45. 02	45. 07	44. 20	0. 11	-1. 93
53	青农商行	102. 97	99. 44	103. 25	-3. 43	3. 83
农商行平均		99. 31	98. 52	93. 23	-0. 79	-5. 37
全部上市银行		59, 816. 22	60, 270. 90	58, 064. 90	0. 76	-3. 66

数据来源：wind。

（二）净利润

2023 年上市银行归母净利润整体略有上涨，所有上市银行归母净利润达到 2. 12 万亿元，同比增长 1. 43%，与 2022 年同比增速 7. 5% 相比下降明显，主要是受利息净收入下降影响。股份制商业银行平均利润逊于 2022 年表现的主要原因是个别股份制银行净利润下降较多。

国有行实现净利润正增长。其中工商银行归母净利润相对较高，为 3, 639. 93 亿元，邮储银行归母净利润相对较少，为 862. 70 亿元；农业银行归母净利润增长相对较快，达到

3.94%，交通银行归母净利润增长相对较慢，为0.63%（见图2）。

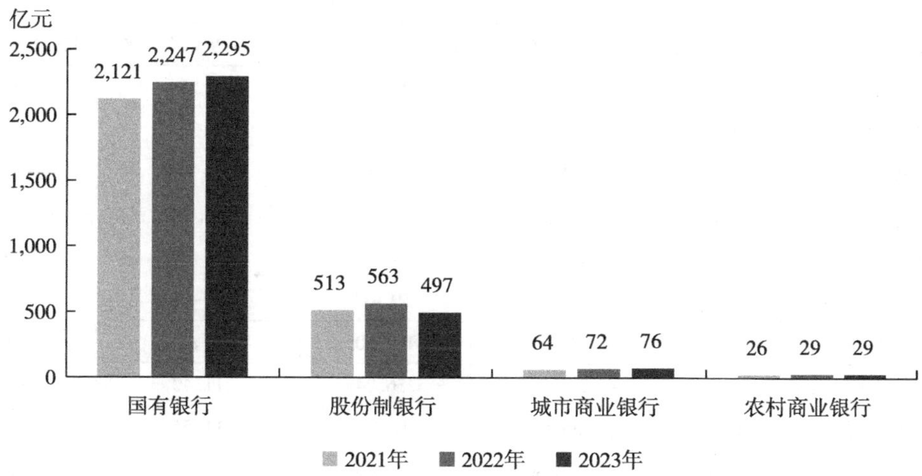

图2　2021—2023年各类商业银行平均归母净利润变动情况

股份制银行方面，招商银行归母净利润相对较高，为1,466.02亿元，渤海银行归母净利润规模相对较少，为50.81亿元。光大银行，浦发银行，兴业银行归母净利润为负增长，其中浦发银行降幅相对较大，为28.28%。浙商银行归母净利润增长相对较快，达到10.50%。

城商行中，江苏银行归母净利润相对较高，为287.50亿元；哈尔滨行归母净利润增速相对较快，为33.33%；九江银行归母净利润大幅下降，降幅相对较大，为55.17%。

农商行中，渝农商行归母净利润规模相对较高，为109.02亿元；常熟银行归母净利润增速相对较快，为19.61%；九台农商银行归母净利润降幅相对较大，为90.02%（见表2）。

表2　　近三年净利润情况

序号	银行简称	归母净利润				
		2021年（亿元）	2022年（亿元）	2023年（亿元）	2022年变动率（%）	2023年变动率（%）
1	工商银行	3,483.38	3,604.83	3,639.93	3.49	0.97
2	农业银行	2,411.83	2,591.40	2,693.56	7.45	3.94
3	中国银行	2,165.59	2,274.39	2,319.04	5.02	1.96
4	建设银行	3,025.13	3,238.61	3,326.53	7.06	2.71
5	交通银行	875.81	921.49	927.28	5.22	0.63
6	邮储银行	761.70	852.24	862.70	11.89	1.23
国有行平均		2,120.57	2,247.16	2,294.84	5.97	2.12
7	中信银行	556.41	621.03	670.16	11.61	7.91
8	光大银行	434.07	448.07	407.92	3.23	-8.96
9	招商银行	1,199.22	1,380.12	1,466.02	15.08	6.22
10	浦发银行	530.03	511.71	367.02	-3.46	-28.28

续表

序号	银行简称	归母净利润				
		2021 年（亿元）	2022 年（亿元）	2023 年（亿元）	2022 年变动率（%）	2023 年变动率（%）
11	民生银行	343.81	352.69	358.23	2.58	1.57
12	华夏银行	235.35	250.35	263.63	6.37	5.30
13	平安银行	363.36	455.16	464.55	25.26	2.06
14	兴业银行	826.80	913.77	771.16	10.52	-15.61
15	浙商银行	126.48	136.18	150.48	7.67	10.50
16	渤海银行	—	—	50.81	—	—
股份制银行平均		512.84	563.23	497.00	9.83	-11.76
17	北京银行	222.26	247.60	256.24	11.40	3.49
18	天津银行	31.96	35.65	37.60	11.55	5.47
19	上海银行	220.42	222.80	225.45	1.08	1.19
20	重庆银行	46.64	48.68	49.30	4.37	1.27
21	宁波银行	195.46	230.75	255.35	18.05	10.66
22	南京银行	158.57	184.08	185.02	16.09	0.51
23	盛京银行	4.02	9.80	7.32	143.78	-25.31
24	徽商银行	114.60	133.98	144.33	16.91	7.73
25	哈尔滨行	2.74	5.55	7.40	102.55	33.33
26	郑州银行	32.26	24.22	18.50	-24.92	-23.62
27	青岛银行	29.23	30.83	35.49	5.47	15.12
28	贵州银行	37.06	38.29	35.41	3.32	-7.52
29	甘肃银行	5.71	6.01	6.45	5.25	7.32
30	江苏银行	196.94	253.86	287.50	28.90	13.25
31	苏州银行	31.07	39.18	46.01	26.13	17.41
32	杭州银行	92.61	116.79	143.83	26.11	23.15
33	贵阳银行	60.45	61.07	55.62	1.02	-8.92
34	中原银行	35.65	36.50	32.21	2.38	-11.75
35	九江银行	17.29	16.15	7.24	-6.59	-55.17
36	成都银行	78.31	100.42	116.71	28.24	16.22
37	长沙银行	63.04	68.11	74.63	8.04	9.57
38	西安银行	28.04	24.24	24.62	-13.55	1.57
39	泸州银行	7.34	7.12	8.99	-2.97	26.21
40	江西银行	20.70	13.58	6.75	-34.43	-50.28
41	厦门银行	21.69	25.06	26.64	15.54	6.30
42	威海银行	15.83	16.92	17.19	6.83	1.62
43	晋商银行	16.86	18.38	20.03	9.06	8.95
城商行平均		66.18	74.65	78.96	12.81	5.77

续表

序号	银行简称	归母净利润				
		2021 年（亿元）	2022 年（亿元）	2023 年（亿元）	2022 年变动率（%）	2023 年变动率（%）
44	渝农商行	95. 60	102. 76	109. 02	7. 49	6. 09
45	江阴银行	12. 74	16. 16	18. 88	26. 84	16. 83
46	常熟银行	21. 88	27. 44	32. 82	25. 41	19. 61
47	无锡银行	15. 80	20. 01	22. 00	26. 65	9. 95
48	苏农银行	11. 60	15. 02	17. 43	29. 48	16. 05
49	广州农商银行	31. 75	34. 92	26. 34	9. 98	-24. 57
50	九台农商银行	11. 29	16. 83	1. 68	49. 07	-90. 02
51	张家港行	13. 04	16. 82	17. 87	28. 99	6. 24
52	紫金银行	15. 15	16. 00	16. 19	5. 61	1. 19
53	青农商行	30. 66	23. 17	25. 68	-24. 43	10. 83
农商行平均		25. 95	28. 91	28. 79	11. 41	-0. 42
全部上市银行		19, 385. 23	20, 856. 79	21, 158. 76	7. 59	1. 45

数据来源：wind。

二、利息净收入

（一）利息净收入

利息净收入占营业收入之比相对较高，上市银行利息净收入总计为 4. 38 万亿元，占营收之比为 75. 37%。其中国有行规模相对较大，但 2023 年利息净收入下降较多（见图 3）。

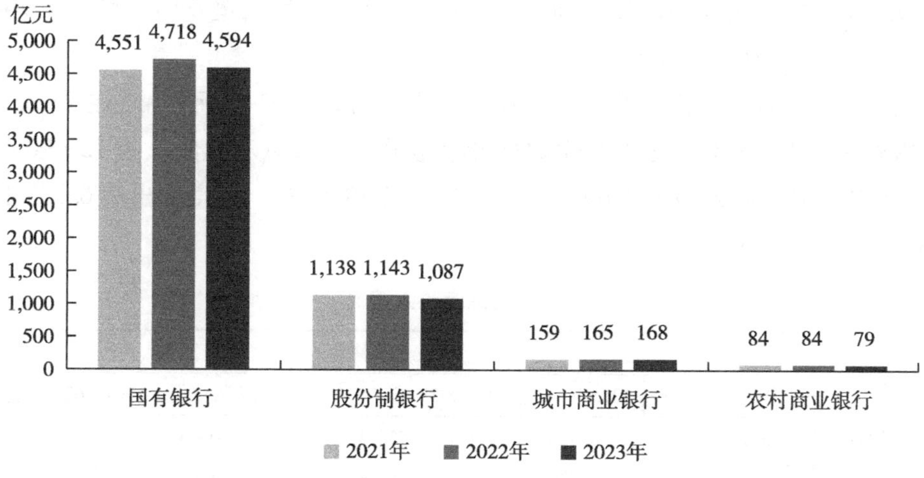

图 3　2021—2023 年各类商业银行平均利息净收入变动情况

国有行中，工商银行利息净收入规模相对较大，为 6, 550. 13 亿元，交通银行利息净收入规模相对较小，为 1, 641. 23 亿元；增速方面依旧是仅有邮储银行和中国银行增速为正，其中邮储银行增速相对较大，达到 3. 00%。2023 年邮储银行发放贷款和垫款的利息收入达到3,195.13亿元，同比增长3.32%，以摊余成本计量的金融资产的利息收入达到1,258.72亿元，同比增长7.15%。工商银行下降速度相对较快，降幅为5.58%，主要是因为利息支出增加较多，同比增长27.84%，而利息收入相对于2022年同比仅增9.7%。在利息收入中，仅个人贷款业务出现下降，2023年个人贷款业务收入为3,530.39亿元，同比下降6.34%，而公司贷款业务在2023年增长较快，为14.56%，科目收入为5,811.17亿元。存放同业和其他金融机构款项收入大幅增加，科目收入为611.12亿元，同比增长69.38%。

股份制银行方面，招商银行利息净收入规模相对较大，为2,146.69亿元。招商银行在2023年利息支出为1,609.41亿元，同比增长19.09%，利息收入为3,756.10亿元，同比增长6.29%，其发放个人贷款和垫款上收入为1,661.04亿元，同比下降1.23%，其投资类利息收入、拆借存放等同业业务、拆出资金业务、存放同业和其他金融机构款项同比增幅较高，分别为22.84%、41.05%、36.55%和69.16%。渤海银行利息净收入规模相对较小，为176.46亿元，同比下降22.16%，主要原因为该行发放贷款和垫款的利息收入为438.21亿元，同比下降6.82%。兴业银行和浙商银行利息净收入实现正增长，其中，浙商银行增幅较高，为0.99%。兴业银行2023年利息收入为3,490.79亿元，同比增长6.19%，利息支出为2,025.76亿元，同比增长10.41%。兴业银行投资类利息收入、拆出资金的利息收入、存放同业和其他金融机构款项同比增幅较高，分别为6.81%、26.31%和111.99%，其票据贴现业务降辐较大，为33.26%。

城商行中，江苏银行利息净收入规模相对较大，为526.45亿元；晋商银行利息净收入增速相对较快，为17.91%。盛京银行净利息收入大幅下降，降幅为31.03%。宁波银行在2023年实现利息净收入增长，涨幅为9.02%，其利息收入和利息支出分别为907.66亿元和498.59亿元，同比分别增长15.29%和20.99%。其公司贷款及垫款同比增长17.34%，投资利息收入为211.30亿元，同比增长20.29%。

农商行中，渝农商行利息净收入规模相对较大，为234.93亿元；常熟银行利息净收入增速相对较快，为11.69%。常熟银行2023年发放贷款及垫款利息收入为122.90亿元，同比增长11.43%，利息收入为150.69亿元，同比增长13.87%，利息支出为65.68亿元，同比增长16.85%（见表3）。

表3　　近三年利息净收入情况

序号	银行简称	利息净收入				
		2021年（亿元）	2022年（亿元）	2023年（亿元）	2022年变动率（%）	2023年变动率（%）
1	工商银行	6,906.80	6,936.87	6,550.13	0.44	-5.58
2	农业银行	5,779.87	5,899.66	5,717.50	2.07	-3.09
3	中国银行	4,251.42	4,606.78	4,665.45	8.36	1.27
4	建设银行	6,054.20	6,430.64	6,172.33	6.22	-4.02
5	交通银行	1,616.93	1,699.37	1,641.23	5.10	-3.42
6	邮储银行	2,693.82	2,735.93	2,818.03	1.56	3.00

续表

序号	银行简称	利息净收入				
		2021 年（亿元）	2022 年（亿元）	2023 年（亿元）	2022 年变动率（%）	2023 年变动率（%）
国有行平均		4, 550. 51	4, 718. 21	4, 594. 11	3. 69	-2. 63
7	中信银行	1, 478. 96	1, 506. 47	1, 435. 39	1. 86	-4. 72
8	光大银行	1, 121. 55	1, 136. 55	1, 074. 80	1. 34	-5. 43
9	招商银行	2, 039. 19	2, 182. 35	2, 146. 69	7. 02	-1. 63
10	浦发银行	1, 359. 58	1, 336. 69	1, 184. 35	-1. 68	-11. 40
11	民生银行	1, 257. 75	1, 074. 63	1, 024. 31	-14. 56	-4. 68
12	华夏银行	796. 05	742. 93	704. 42	-6. 67	-5. 18
13	平安银行	1, 203. 36	1, 301. 30	1, 179. 91	8. 14	-9. 33
14	兴业银行	1, 456. 79	1, 452. 73	1, 465. 03	-0. 28	0. 85
15	浙商银行	419. 52	470. 62	475. 28	12. 18	0. 99
16	渤海银行	251. 79	226. 69	176. 46	-9. 97	-22. 16
股份制银行平均		1, 138. 45	1, 143. 10	1, 086. 66	0. 41	-4. 94
17	北京银行	513. 97	514. 58	503. 50	0. 12	-2. 15
18	天津银行	129. 25	114. 73	114. 20	-11. 23	-0. 46
19	上海银行	404. 38	380. 00	351. 64	-6. 03	-7. 46
20	重庆银行	115. 97	108. 08	104. 47	-6. 80	-3. 34
21	宁波银行	326. 97	375. 21	409. 07	14. 75	9. 02
22	南京银行	271. 03	269. 70	254. 52	-0. 49	-5. 63
23	盛京银行	123. 88	128. 54	88. 66	3. 76	-31. 03
24	徽商银行	268. 56	287. 05	287. 20	6. 88	0. 05
25	哈尔滨行	100. 61	90. 07	95. 49	-10. 48	6. 02
26	郑州银行	119. 49	122. 54	117. 40	2. 55	-4. 19
27	青岛银行	76. 46	82. 88	92. 82	8. 40	11. 99
28	贵州银行	95. 14	100. 94	87. 50	6. 10	-13. 31
29	甘肃银行	49. 24	50. 68	54. 35	2. 92	7. 24
30	江苏银行	454. 80	522. 64	526. 45	14. 92	0. 73
31	苏州银行	75. 33	83. 41	84. 83	10. 73	1. 70
32	杭州银行	210. 36	228. 57	234. 33	8. 66	2. 52
33	贵阳银行	129. 93	138. 31	135. 76	6. 45	-1. 85
34	中原银行	166. 93	212. 76	222. 63	27. 45	4. 64
35	九江银行	84. 57	85. 94	82. 89	1. 62	-3. 55
36	成都银行	144. 22	165. 19	176. 54	14. 54	6. 87
37	长沙银行	161. 12	179. 67	200. 28	11. 52	11. 47
38	西安银行	59. 93	55. 08	53. 08	-8. 09	-3. 63
39	泸州银行	29. 38	32. 58	30. 88	10. 89	-5. 21

续表

序号	银行简称	利息净收入				
		2021 年（亿元）	2022 年（亿元）	2023 年（亿元）	2022 年变动率（%）	2023 年变动率（%）
40	江西银行	87.62	96.24	87.71	9.84	-8.86
41	厦门银行	44.30	47.90	43.26	8.13	-9.69
42	威海银行	60.48	64.51	66.24	6.66	2.68
43	晋商银行	35.54	35.93	42.36	1.10	17.90
城商行平均		160.72	169.40	168.45	5.40	-0.56
44	渝农商行	262.35	254.04	234.93	-3.17	-7.52
45	江阴银行	28.31	31.93	29.82	12.79	-6.61
46	常熟银行	66.91	76.11	85.01	13.75	11.69
47	苏农银行	30.36	31.38	29.66	3.36	-5.48
48	无锡银行	35.04	34.88	34.61	-0.46	-0.77
49	广州农商银行	195.59	185.82	165.83	-5.00	-10.76
50	九台农商银行	61.76	65.15	55.28	5.49	-15.15
51	张家港行	36.91	39.17	38.64	6.12	-1.35
52	紫金银行	39.59	40.35	39.60	1.92	-1.86
53	青农商行	80.48	78.39	73.56	-2.60	-6.16
农商行平均		83.73	83.72	78.69	-0.01	-6.01
全部上市银行		43,864.34	45,151.16	43,766.31	2.93	-3.07

数据来源：wind。

（二）生息资产平均收益率

国有行中，交通银行生息资产平均收益率较高，为3.59%；农业银行生息资产平均收益率较低，为3.41%；中国银行实现生息资产平均收益率正增长，增加22个基点；邮储银行生息资产平均收益率下降相对较大，减少25个基点（见表4）。

表4　　2023年国有行生息资产平均收益率

序号	银行简称	2021 年（%）	2022 年（%）	2023 年（%）	2022 年变动（%）	2023 年变动（%）
1	工商银行	3.56	3.55	3.45	-0.01	-0.10
2	农业银行	3.70	3.57	3.41	-0.13	-0.16
3	中国银行	3.25	3.36	3.58	0.11	0.22
4	建设银行	3.71	3.67	3.45	-0.04	-0.22
5	交通银行	3.64	3.63	3.59	-0.01	-0.04
6	邮储银行	3.95	3.81	3.56	-0.14	-0.25
平均		3.64	3.60	3.51	-0.04	-0.09

股份制银行生息资产平均收益率普遍高于国有行。平安银行生息资产平均收益率较高，为4.58%；招商银行生息资产平均收益率较低，为3.76%；股份制银行2023年末生息资产

平均收益率较2022年末均有下降，其中华夏银行下降相对较多，减少26个基点；民生银行下降相对较少，减少11个基点（见表5）。

表5　　2023年股份制银行生息资产平均收益率

序号	银行简称	2021年（%）	2022年（%）	2023年（%）	2022年变动（%）	2023年变动（%）
1	中信银行	4.24	4.11	3.95	-0.13	-0.16
2	光大银行	4.42	4.26	4.07	-0.16	-0.19
3	招商银行	3.98	3.89	3.76	-0.09	-0.13
4	浦发银行	4.06	3.96	3.82	-0.10	-0.14
5	民生银行	4.21	3.91	3.80	-0.30	-0.11
6	华夏银行	4.52	4.28	4.02	-0.24	-0.26
7	平安银行	4.95	4.83	4.58	-0.12	-0.25
8	兴业银行	4.36	4.14	4.00	-0.22	-0.14
9	浙商银行	4.61	4.37	4.16	-0.24	-0.21
10	渤海银行	4.27	4.09	3.90	-0.18	-0.19
平均		4.36	4.18	4.01	-0.18	-0.18

城商行中，长沙银行生息资产平均收益率较高，为4.63%；上海银行生息资产平均收益率较低，为3.62%；天津银行在2023年实现生息资产平均收益率正增长，增加27个基点；贵州银行生息资产平均收益率下降相对较大，减少48个基点（见表6）。

表6　　2023年城商行生息资产平均收益率

序号	银行简称	2021年（%）	2022年（%）	2023年（%）	2022年变动（%）	2023年变动（%）
1	北京银行	4.07	3.85	3.68	-0.22	-0.17
2	天津银行	4.48	4.25	4.52	-0.23	0.27
3	上海银行	4.01	3.74	3.62	-0.27	-0.12
4	重庆银行	4.87	4.44	4.13	-0.43	-0.31
5	宁波银行	4.59	4.25	4.16	-0.34	-0.09
6	南京银行	4.45	4.32	4.22	-0.13	-0.10
7	盛京银行	4.61	4.53	4.15	-0.08	-0.38
8	徽商银行	4.43	4.42	4.16	-0.01	-0.26
9	哈尔滨行	4.68	4.47	4.45	-0.21	-0.02
10	郑州银行	4.94	4.65	4.38	-0.29	-0.27
11	青岛银行	4.25	4.22	4.17	-0.03	-0.05
12	贵州银行	5.10	4.95	4.47	-0.15	-0.48
13	甘肃银行	4.31	3.85	3.74	-0.46	-0.11
14	江苏银行	4.53	4.53	4.35	0.00	-0.18
15	苏州银行	4.37	4.23	4.01	-0.14	-0.22
16	杭州银行	4.25	4.06	3.87	-0.19	-0.19

续表

序号	银行简称	2021 年（%）	2022 年（%）	2023 年（%）	2022 年变动（%）	2023 年变动（%）
17	贵阳银行	5.02	4.74	4.54	-0.28	-0.20
18	中原银行	4.41	4.22	3.94	-0.19	-0.28
19	九江银行	4.55	4.43	4.15	-0.12	-0.28
20	成都银行	4.32	4.24	4.02	-0.08	-0.22
21	长沙银行	4.85	4.80	4.63	-0.05	-0.17
22	西安银行	4.43	4.17	3.96	-0.26	-0.21
23	泸州银行	5.90	5.66	—	-0.24	—
24	江西银行	4.41	4.32	3.97	-0.09	-0.35
25	厦门银行	4.15	3.94	3.70	-0.21	-0.24
26	威海银行	4.86	4.66	4.45	-0.20	-0.21
27	晋商银行	4.15	3.96	3.72	-0.19	-0.24
平均		4.56	4.37	4.12	-4.14	-5.61

农商行中，常熟银行生息资产平均收益率相对较高，为5.00%；渝农商行生息资产平均收益率相对较低，为3.67%，下降30个基点；常熟银行和紫金银行的降幅相对较小，下降18个基点（见表7）。

表7　　2023年农商行生息资产平均收益率

序号	银行简称	2021 年（%）	2022 年（%）	2023 年（%）	2022 年变动（%）	2023 年变动（%）
1	渝农商行	4.27	3.97	3.67	-0.30	-0.30
2	江阴银行	4.19	4.12	3.92	-0.07	-0.20
3	常熟银行	5.25	5.18	5.00	-0.07	-0.18
4	苏农银行	—	—	—	—	—
5	广州农商银行	—	—	—	—	—
6	无锡银行	—	—	—	—	—
7	九台农商银行	—	—	—	—	—
8	张家港行	4.69	4.47	4.19	-0.22	-0.28
9	紫金银行	3.94	3.86	3.68	-0.08	-0.18
10	青农商行	4.45	4.23	3.94	-0.22	-0.29
平均		4.47	4.31	4.07	-0.16	-0.24

（三）计息负债平均成本率

国有行中，交通银行计息负债平均成本率较高，为2.45%；邮储银行计息负债平均成本率较低，为1.57%；中国银行的计息负债平均成本率也有增长，增加了43个基点，超过了其生息资产平均收益率的增长幅度；国有行中仅有邮储银行计息负债平均成本率有所减少，降幅为6个基点（见表8）。

表 8　　**2023 年国有行计息负债平均成本率**

序号	银行简称	2021 年（%）	2022 年（%）	2023 年（%）	2022 年变动（%）	2023 年变动（%）
1	工商银行	1.64	1.82	2.04	0.18	0.22
2	农业银行	1.74	1.84	1.96	0.10	0.12
3	中国银行	1.63	1.75	2.18	0.12	0.43
4	建设银行	1.77	1.85	1.95	0.08	0.10
5	交通银行	2.17	2.26	2.45	0.09	0.19
6	邮储银行	1.65	1.63	1.57	-0.02	-0.06
平均		1.77	1.86	2.03	0.09	0.17

股份制银行的 2023 年末计息负债成本较国有行略高，同比均实现正增长。渤海银行的计息负债平均成本率相对较高，为 2.71%；招商银行计息负债平均成本率相对较低，为 1.73%，同比增长 12 个基点。浙商银行的本期计息负债平均成本率与上期收益率持平（见表 9）。

表 9　　**2023 年股份制商业银行计息负债平均成本率**

序号	银行简称	2021 年（%）	2022 年（%）	2023 年（%）	2022 年变动（%）	2023 年变动（%）
1	中信银行	2.25	2.19	2.20	-0.06	0.01
2	光大银行	2.35	2.33	2.39	-0.02	0.06
3	招商银行	1.59	1.61	1.73	0.02	0.12
4	浦发银行	2.29	2.24	2.33	-0.05	0.09
5	民生银行	2.40	2.40	2.43	0.00	0.03
6	华夏银行	2.26	2.21	2.25	-0.05	0.04
7	平安银行	2.21	2.16	2.27	-0.05	0.11
8	兴业银行	2.29	2.31	2.34	0.02	0.03
9	浙商银行	2.54	2.35	2.35	-0.19	0.00
10	渤海银行	2.66	2.64	2.71	-0.02	0.07
平均		2.28	2.24	2.30	-0.04	0.06

城商行中，盛京银行计息负债平均成本率较高，为 3.01%；北京银行计息负债平均成本率较低，为 2.15%。宁波银行、南京银行的计息负债平均成本率同比增长较高，增幅为 10 个基点，甘肃银行的计息负债平均成本率同比下降较快，降幅为 16 个基点（见表 10）。

表 10　　**2023 年城商行计息负债平均成本率**

序号	银行简称	2021 年（%）	2022 年（%）	2023 年（%）	2022 年变动（%）	2023 年变动（%）
1	北京银行	2.27	2.14	2.15	-0.13	0.01
2	天津银行	2.61	2.77	2.77	0.16	0.00
3	上海银行	2.23	2.17	2.21	-0.06	0.04
4	重庆银行	2.94	2.85	2.74	-0.09	-0.11
5	宁波银行	2.13	2.05	2.15	-0.08	0.10

续表

序号	银行简称	2021 年（%）	2022 年（%）	2023 年（%）	2022 年变动（%）	2023 年变动（%）
6	南京银行	2.43	2.39	2.49	-0.04	0.10
7	盛京银行	3.22	3.13	3.01	-0.09	-0.12
8	徽商银行	2.45	2.35	2.33	-0.10	-0.02
9	哈尔滨行	2.94	2.89	2.89	-0.05	0.00
10	郑州银行	2.70	2.47	2.38	-0.23	-0.09
11	青岛银行	2.38	2.37	2.32	-0.01	-0.05
12	贵州银行	2.73	2.67	2.61	-0.06	-0.06
13	甘肃银行	2.83	2.64	2.48	-0.19	-0.16
14	江苏银行	2.53	2.42	2.40	-0.11	-0.02
15	苏州银行	2.39	2.30	2.28	-0.09	-0.02
16	杭州银行	2.39	2.32	2.28	-0.07	-0.04
17	贵阳银行	2.90	2.61	2.57	-0.29	-0.04
18	中原银行	2.28	2.33	2.38	0.05	0.05
19	九江银行	2.63	2.50	2.43	-0.13	-0.07
20	成都银行	2.17	2.24	2.29	0.07	0.05
21	长沙银行	2.37	2.28	2.20	-0.09	-0.08
22	西安银行	2.67	2.63	2.65	-0.04	0.02
23	泸州银行	3.31	3.15	—	-0.16	—
24	江西银行	2.53	2.41	2.31	-0.12	-0.10
25	厦门银行	2.63	2.47	2.50	-0.16	0.03
26	威海银行	2.74	2.72	2.69	-0.02	-0.03
27	晋商银行	2.68	2.56	2.43	-0.12	-0.13
平均		2.60	2.51	2.46	-0.08	-0.05

农商行中，部分银行数据未披露。已披露的银行中，张家港行计息负债平均成本率较高，为2.48%；渝农商行计息负债平均成本率较低，为2.03%。紫金银行2023年末计息负债平均成本率相对于2022年末有所增加，增加了1个基点，江阴银行2023年末计息负债平均成本率相对于2022年末下降幅度较大，为11个基点（见表11）。

表11　　2023年农商行计息负债平均成本率

序号	银行简称	2021 年（%）	2022 年（%）	2023 年（%）	2022 年变动（%）	2023 年变动（%）
1	渝农商行	2.26	2.13	2.03	-0.13	-0.10
2	江阴银行	2.30	2.18	2.07	-0.12	-0.11
3	常熟银行	2.30	2.30	2.30	0.00	0.00
4	苏农银行	—	—	—	—	—
5	无锡银行	—	—	—	—	—
6	广州农商银行	—	—	—	—	—

续表

序号	银行简称	2021 年（%）	2022 年（%）	2023 年（%）	2022 年变动（%）	2023 年变动（%）
7	九台农商银行	—	—	—	—	—
8	张家港行	2.51	2.48	2.48	-0.03	0.00
9	紫金银行	2.29	2.26	2.27	-0.03	0.01
10	青农商行	2.27	2.22	2.17	-0.05	-0.05
平均		2.32	2.26	2.22	-0.06	-0.04

（四）非利息收入

上市银行2023年非利息收入总共为1.43万亿元，占营收之比为24.63%。其中国有行规模相对较大，但近三年呈逐年下降的趋势，而其他银行则有小幅变动（见图4）。

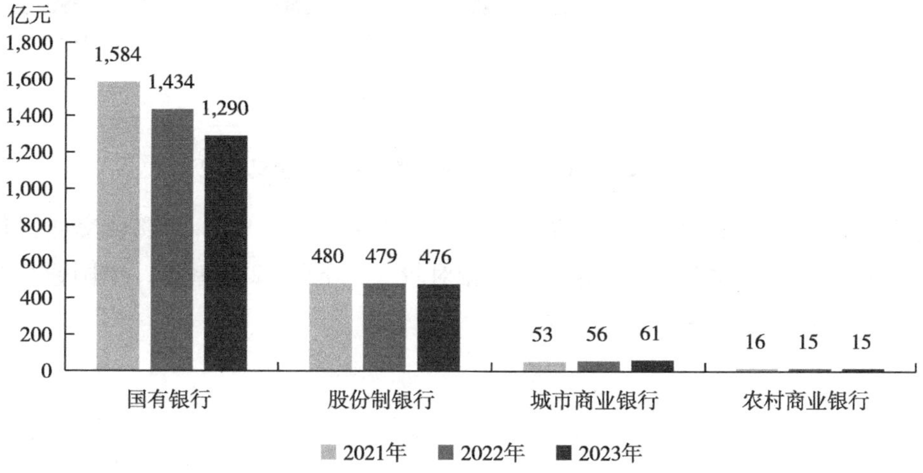

图4　2021—2023年各类商业银行平均非利息收入变动情况

国有行中，工商银行非利息收入规模相对较大，为1,880.58亿元，但其下降幅度也相对较大，为16.16%；邮储银行非利息收入规模相对较小，为607.04亿元；中国银行下降速度相对较慢，为0.63%。

股份制银行中，招商银行非利息收入规模相对较大，为1,244.54亿元，渤海银行非利息收入规模相对较小，为73.51亿元，但渤海银行实现了93.65%的大幅增长。兴业银行非利息收入下降幅度相对较大，为16.57%。

城商行中，江苏银行非利息收入规模相对较大，为216.48亿元；泸州银行非利息收入增速相对较快，为161.21%。盛京银行非利息收入大幅下降，降幅为64.41%。

农商行中，渝农商行非利息收入规模相对较大，为44.63亿元；九台农商银行非利息收入下降幅度相对较大，为117.07%。

三、净息差

2023年以来央行多次降息，LPR利率多次下调，另外信贷需求不足导致上市银行净息差收窄，普遍呈下降趋势。农商行、国有行、股份制银行平均净息差降幅相对较大，降幅均为 25 个基点。城商行平均净息差下降相对较少，仅为 18 个基点（见图 5）。

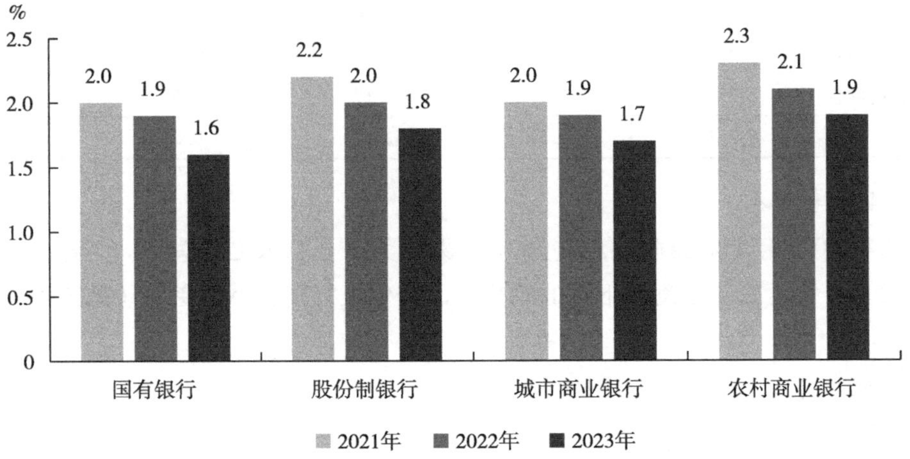

图 5　2021—2023 年各类商业银行净息差变动情况

国有行的净息差都有所缩小。邮储银行净息差相对较大，为 2. 01%；交通银行净息差相对较小，为 1. 28%；建设银行净息差变动相对较大，下降 32 个基点；中国银行净息差变动相对较小，仅下降 17 个基点（见图 6）。

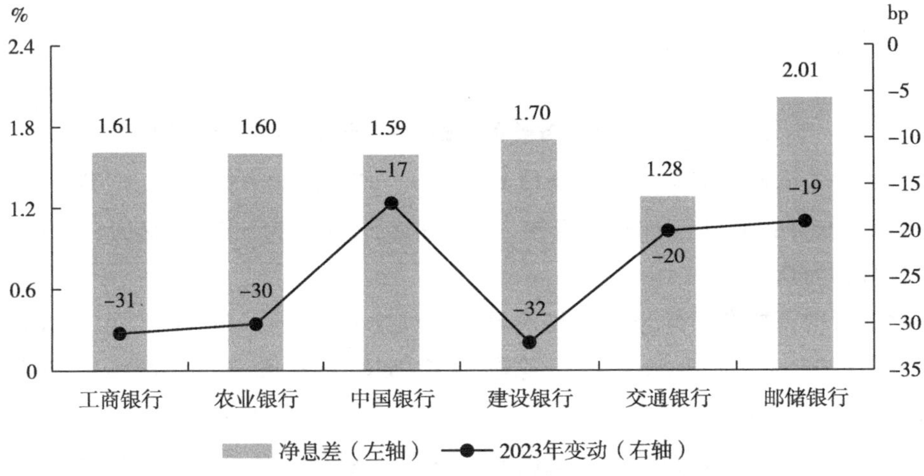

图 6　2023 年国有行净息差变动情况

股份制银行方面，平安银行净息差相对较大，为 2. 38%；渤海银行净息差相对较小，为 1. 14%；平安银行净息差变动较大，下降 37 个基点；民生银行净息差变动相对较小，仅下降 14 个基点（见图 7）。

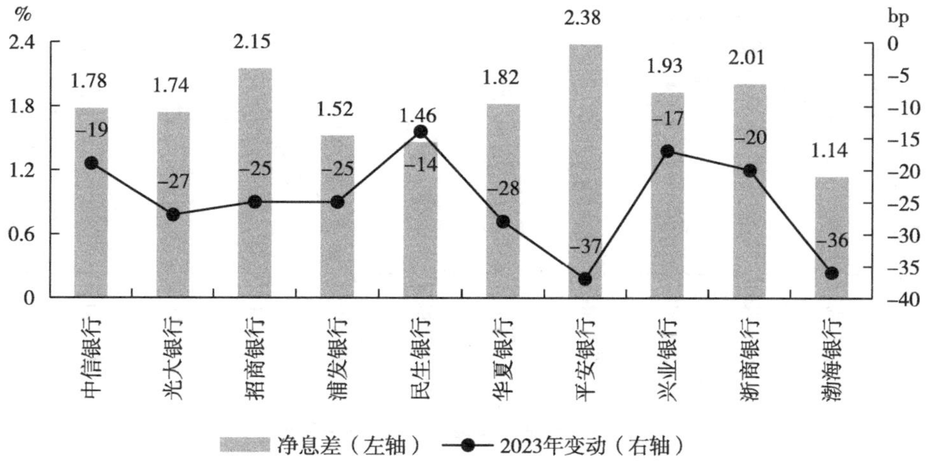

图7　2023 年股份制商业银行净息差变动情况

城商行中，泸州银行净息差相对较大，为 2. 39%；天津银行、青岛银行、甘肃银行、晋商银行净息差实现了正增长，其中青岛银行上涨相对较多，为 7 个基点；贵州银行净息差变动相对较大，下降 45 个基点（见图 8）。

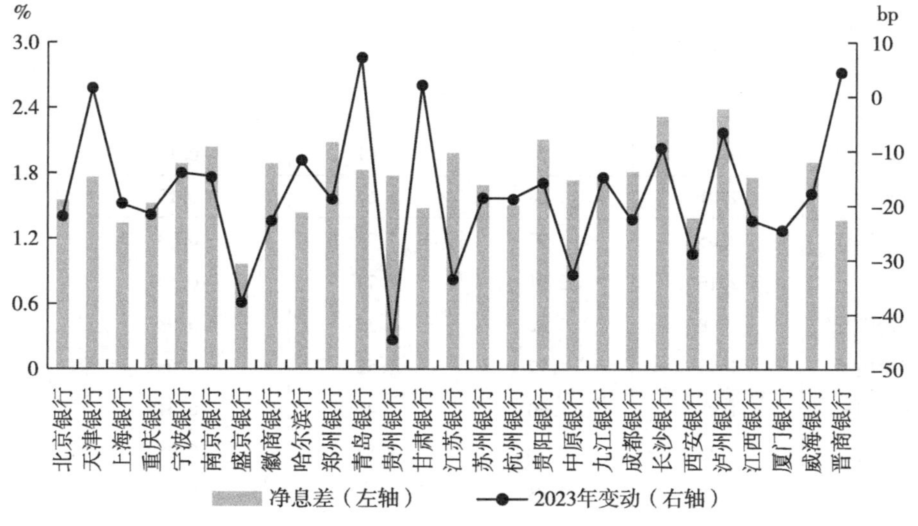

图 8　2023 年城市商业银行净息差变动情况

农商行中，常熟银行净息差相对较大，为 2. 86%；九台农商银行净息差变动相对较大，下降 48 个基点（见图 9、表 12）。

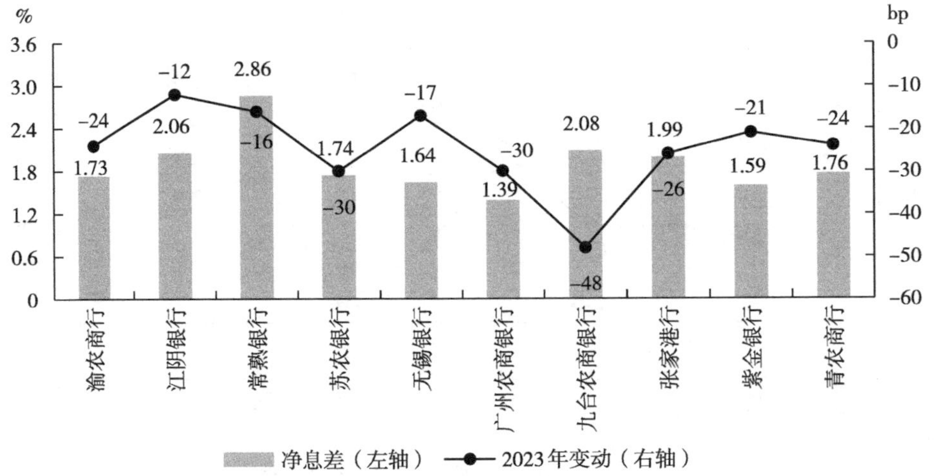

图9　2023年农村商业银行净息差变动情况

表12　近三年净息差情况

序号	银行简称	净息差				
		2021年（%）	2022年（%）	2023年（%）	2022年变动（%）	2023年变动（%）
1	工商银行	2.11	1.92	1.61	-0.19	-0.31
2	农业银行	2.12	1.90	1.60	-0.22	-0.30
3	中国银行	1.75	1.76	1.59	0.01	-0.17
4	建设银行	2.13	2.02	1.70	-0.11	-0.32
5	交通银行	1.56	1.48	1.28	-0.08	-0.20
6	邮储银行	2.36	2.20	2.01	-0.16	-0.19
国有行平均		2.01	1.88	1.63	-0.13	-0.25
7	中信银行	2.05	1.97	1.78	-0.08	-0.19
8	光大银行	2.16	2.01	1.74	-0.15	-0.27
9	招商银行	2.48	2.40	2.15	-0.08	-0.25
10	浦发银行	1.83	1.77	1.52	-0.06	-0.25
11	民生银行	1.91	1.60	1.46	-0.31	-0.14
12	华夏银行	2.35	2.10	1.82	-0.25	-0.28
13	平安银行	2.79	2.75	2.38	-0.04	-0.37
14	兴业银行	2.29	2.10	1.93	-0.19	-0.17
15	浙商银行	2.27	2.21	2.01	-0.06	-0.20
16	渤海银行	1.72	1.50	1.14	-0.22	-0.36
股份制银行平均		2.19	2.04	1.79	-0.14	-0.25
17	北京银行	1.83	1.76	1.54	-0.07	-0.22
18	天津银行	2.12	1.74	1.75	-0.38	0.01
19	上海银行	1.74	1.54	1.34	-0.20	-0.20

续表

序号	银行简称	净息差				
		2021 年（%）	2022 年（%）	2023 年（%）	2022 年变动（%）	2023 年变动（%）
20	重庆银行	2.06	1.74	1.52	-0.32	-0.22
21	宁波银行	2.21	2.02	1.88	-0.19	-0.14
22	南京银行	1.88	2.19	2.04	0.31	-0.15
23	盛京银行	1.40	1.34	0.96	-0.06	-0.38
24	徽商银行	2.20	2.11	1.88	-0.09	-0.23
25	哈尔滨行	1.78	1.55	1.43	-0.23	-0.12
26	郑州银行	2.31	2.27	2.08	-0.04	-0.19
27	青岛银行	1.79	1.76	1.83	-0.03	0.07
28	贵州银行	2.29	2.22	1.77	-0.07	-0.45
29	甘肃银行	1.65	1.45	1.47	-0.20	0.02
30	江苏银行	2.28	2.32	1.98	0.04	-0.34
31	苏州银行	1.91	1.87	1.68	-0.04	-0.19
32	杭州银行	1.83	1.69	1.50	-0.14	-0.19
33	贵阳银行	2.26	2.27	2.11	0.01	-0.16
34	中原银行	2.31	2.06	1.73	-0.25	-0.33
35	九江银行	2.00	1.91	1.76	-0.09	-0.15
36	成都银行	2.13	2.04	1.81	-0.09	-0.23
37	长沙银行	2.40	2.41	2.31	0.01	-0.10
38	西安银行	1.91	1.66	1.37	-0.25	-0.29
39	泸州银行	2.49	2.46	2.39	-0.03	-0.07
40	江西银行	1.94	1.98	1.75	0.04	-0.23
41	厦门银行	1.62	1.53	1.28	-0.09	-0.25
42	威海银行	2.24	2.07	1.89	-0.17	-0.18
43	晋商银行	1.43	1.32	1.36	-0.11	0.04
城商行平均		2.00	1.90	1.72	-0.10	-0.18
44	渝农商行	2.17	1.97	1.73	-0.20	-0.24
45	江阴银行	2.14	2.18	2.06	0.04	-0.12
46	常熟银行	3.06	3.02	2.86	-0.04	-0.16
47	苏农银行	2.24	2.04	1.74	-0.20	-0.30
48	无锡银行	1.95	1.81	1.64	-0.14	-0.17
49	广州农商银行	2.00	1.69	1.39	-0.31	-0.30
50	九台农商银行	2.91	2.56	2.08	-0.35	-0.48
51	张家港行	2.43	2.25	1.99	-0.18	-0.26
52	紫金银行	1.83	1.80	1.59	-0.03	-0.21
53	青农商行	2.16	2.00	1.76	-0.16	-0.24
农商行平均		2.29	2.13	1.88	-0.16	-0.25
全部上市银行		2.09	1.97	1.75	-0.12	-0.21

数据来源：wind，iFind。

四、手续费及佣金收入

2023 年上市银行手续费及佣金净收入呈下降趋势，总额为 7,694.56 亿元，占营业收入的 13.25%（见图 10）。

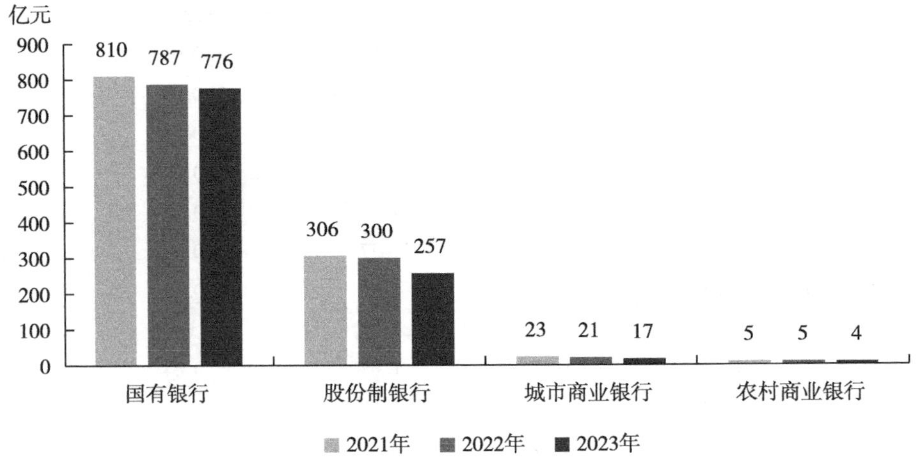

图 10　2021—2023 年各类商业银行平均手续费及佣金净收入变动情况

国有行中，工商银行手续费及佣金净收入规模相对较大，为 1,193.57 亿元，邮储银行手续费及佣金净收入规模相对较小，为 282.52 亿元；增速方面中国银行手续费及佣金净收入增长较快，达到 9.2%，财务顾问业务、银行卡业务、托管及其他受托业务都有大幅提升，2023 年分别实现了 80.51 亿元、135.85 亿元、85.81 亿元收入，增速分别为 42.47%、10.84%、25.38%。工商银行下降速度相对较快，降幅为 7.7%，主要是因为理财业务和担保承诺业务以及托管及其他受托业务收入下降严重，分别下降 15.02%、17.12% 以及

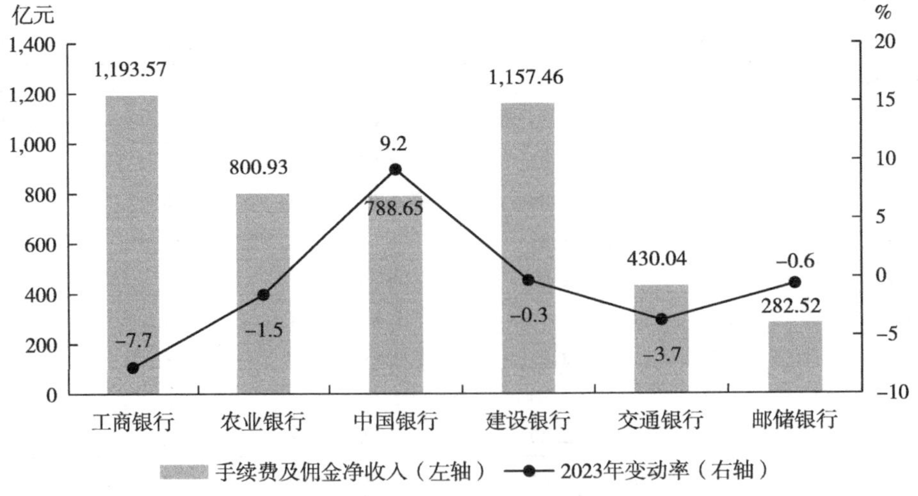

图 11　2023 年国有行手续费及佣金净收入变动情况

8.21%，收入分别为343.52亿元、72.96亿元、79.94亿元。其中对私理财收入225.82亿元，相比于2022年下降13.98%，对公理财收入为117.70亿元，下降16.95%（见图11）。

股份制银行中，招商银行手续费及佣金净收入规模相对较大，为841.08亿元，渤海银行手续费及佣金净收入规模相对较小，为39.99亿元，其增速也是最大的，增加了55.66%。渤海银行是除浙商银行以外实现手续费及佣金净收入正增长的银行。2023年渤海银行实现了50.78亿元的手续费及佣金收入，相较于2022年年末增加了43.45%，其中代理业务手续费收入增加最快，收入达到30.44亿元，相较于2022年年末增加了121.87%。兴业银行手续费及佣金净收入下降幅度相对较大，为38.38%。2023年兴业银行手续费及佣金收入仅为331.19亿元，相较于2022年末下降33.04%，其中占比最大的结算与银行卡业务收入仅为147.22亿元，下降8.89%，财务顾问业务收入仅为52.56亿元，下降72.98%，是下降最严重的科目。但其代理委托业务收入有所增加，收入为58.31亿元，相较于2022年增加了10.90%（见图12）。

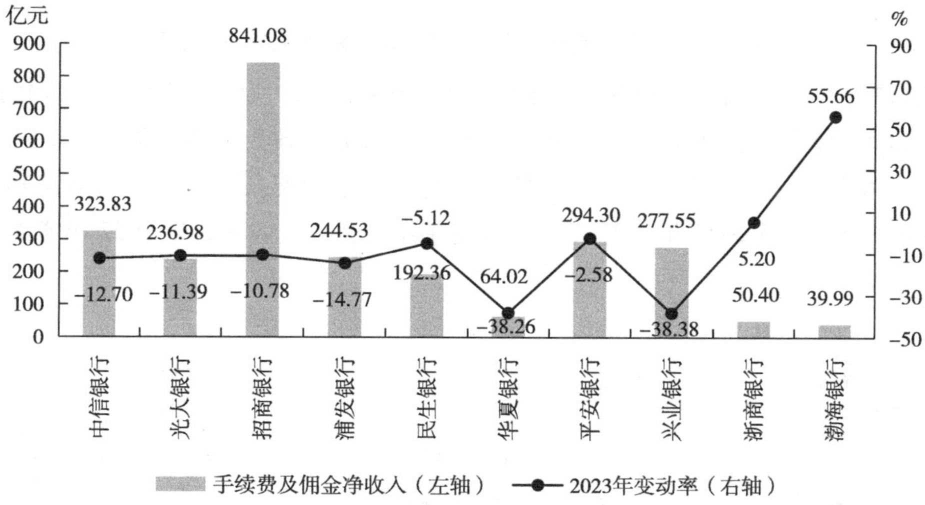

图12　2023年股份制商业银行手续费及佣金净收入变动情况

城商行中，仅有4家银行实现手续费及佣金净收入的正增长。其中，宁波银行手续费及佣金净收入规模相对较大，为57.67亿元；长沙银行手续费及佣金净收入规模增速相对较快，为16.15%。截至2023年年末，长沙银行手续费及佣金收入为22.54亿元，相较于2022年年末增加了14.30%，其中，代理业务手续费增速非常高，该科目收入为5.61亿元，相较于2022年年末增加了113.31%。另外，信用承诺手续费及佣金增速也较快，为47.33%，科目收入为2.53亿元。北京银行手续费及佣金净收入大幅下降，降幅为46.90%。北京银行2023年年末手续费及佣金收入仅为48.32亿元，相较于2022年减少了37.64%。主要原因是约占手续费及佣金收入一半的代理委托业务收入仅为25.30亿元，相较于2022年减少了54.94%（见图13）。

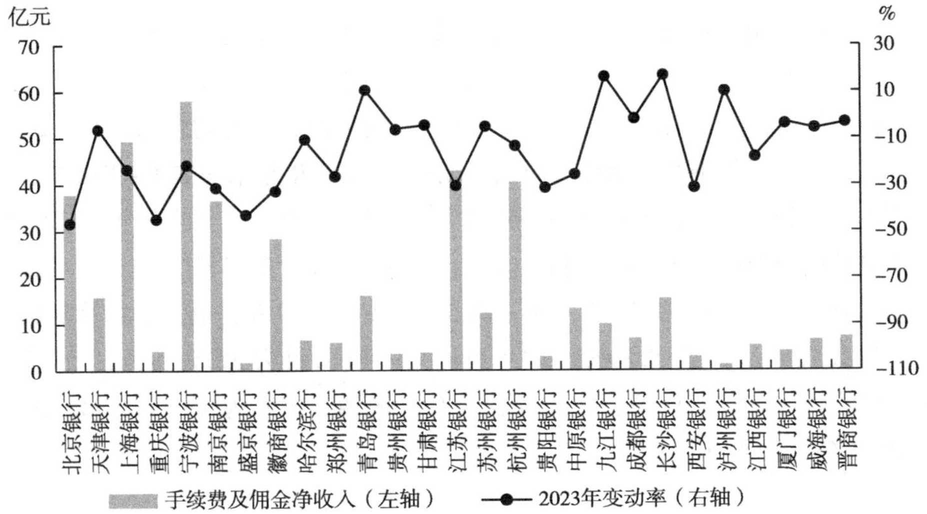

图 13　2023 年城市商业银行手续费及佣金净收入变动情况

农商行中，渝农商行手续费及佣金净收入规模相对较大，为 17.91 亿元，其中手续费及佣金收入为 22.36 亿元，较 2022 年减少 3.91%，主要是其理财业务下降 50.87%，银行卡手续费收入为 5.57 亿元，仅增加 31.37%。紫金银行手续费及佣金净收入增速相对较快，为 74.24%。紫金银行 2023 年实现 2.44 亿元的手续费及佣金收入，较 2022 年增加 42.69%（见图 14、表 13）。

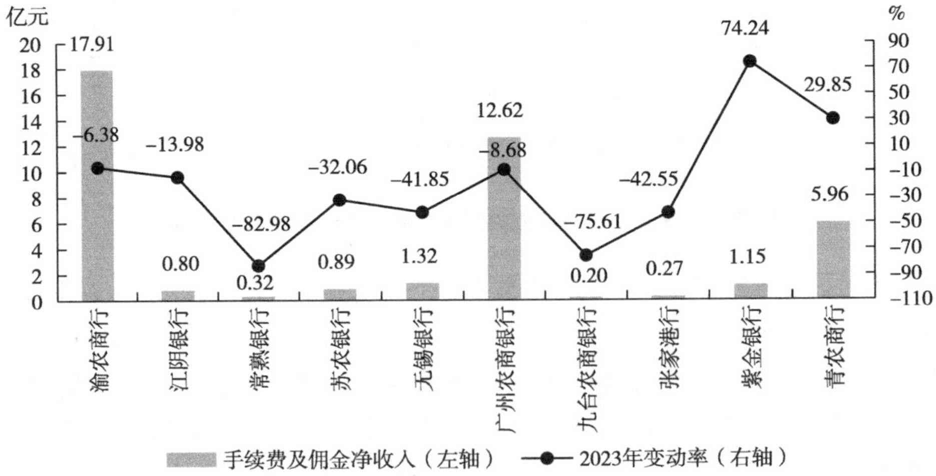

图 14　2023 年农村商业银行手续费及佣金净收入变动情况

表 13　　**近三年手续费及佣金收入情况**

序号	银行简称	手续费及佣金净收入				
		2021 年（亿元）	2022 年（亿元）	2023 年（亿元）	2022 年变动率（%）	2023 年变动率（%）
1	工商银行	1, 330. 24	1, 292. 65	1, 193. 57	-2. 83	-7. 66
2	农业银行	803. 29	812. 82	800. 93	1. 19	-1. 46
3	中国银行	814. 26	722. 48	788. 65	-11. 27	9. 16
4	建设银行	1, 214. 92	1, 160. 85	1, 157. 46	-4. 45	-0. 29
5	交通银行	475. 73	446. 39	430. 04	-6. 17	-3. 66
6	邮储银行	220. 07	284. 34	282. 52	29. 20	-0. 64
国有行平均		809. 75	786. 59	775. 53	-2. 86	-1. 41
7	中信银行	358. 70	370. 92	323. 83	3. 41	-12. 70
8	光大银行	273. 14	267. 44	236. 98	-2. 09	-11. 39
9	招商银行	944. 47	942. 75	841. 08	-0. 18	-10. 78
10	浦发银行	291. 34	286. 91	244. 53	-1. 52	-14. 77
11	民生银行	275. 66	202. 74	192. 36	-26. 45	-5. 12
12	华夏银行	92. 52	103. 69	64. 02	12. 07	-38. 26
13	平安银行	330. 62	302. 08	294. 30	-8. 63	-2. 58
14	兴业银行	426. 80	450. 41	277. 55	5. 53	-38. 38
15	浙商银行	40. 50	47. 91	50. 40	18. 30	5. 20
16	渤海银行	22. 38	25. 69	39. 99	14. 79	55. 66
股份制银行平均		305. 61	300. 05	256. 50	-1. 82	-14. 51
17	北京银行	59. 90	70. 66	37. 52	17. 96	-46. 90
18	天津银行	17. 84	16. 87	15. 70	-5. 44	-6. 94
19	上海银行	90. 47	64. 93	49. 15	-28. 23	-24. 30
20	重庆银行	7. 69	7. 61	4. 11	-1. 04	-45. 99
21	宁波银行	82. 62	74. 66	57. 67	-9. 63	-22. 76
22	南京银行	58. 01	53. 44	36. 29	-7. 88	-32. 09
23	盛京银行	4. 29	2. 64	1. 47	-38. 46	-44. 32
24	徽商银行	44. 31	41. 80	28. 05	-5. 66	-32. 89
25	哈尔滨行	6. 97	7. 32	6. 45	5. 02	-11. 89
26	郑州银行	12. 42	7. 91	5. 79	-36. 31	-26. 80
27	青岛银行	19. 55	14. 45	15. 87	-26. 09	9. 83
28	贵州银行	4. 28	3. 63	3. 38	-15. 19	-6. 89
29	甘肃银行	3. 51	4. 00	3. 80	13. 96	-5. 00
30	江苏银行	74. 90	62. 52	42. 76	-16. 53	-31. 61
31	苏州银行	12. 22	13. 17	12. 39	7. 77	-5. 95
32	杭州银行	36. 08	46. 74	40. 43	29. 53	-13. 50
33	贵阳银行	6. 64	4. 14	2. 81	-37. 65	-32. 06
34	中原银行	19. 32	17. 83	13. 19	-7. 71	-26. 02
35	九江银行	6. 93	8. 42	9. 72	21. 50	15. 44
36	成都银行	5. 32	6. 77	6. 62	27. 21	-2. 25
37	长沙银行	10. 64	13. 19	15. 32	23. 99	16. 15

续表

序号	银行简称	手续费及佣金净收入				
		2021 年（亿元）	2022 年（亿元）	2023 年（亿元）	2022 年变动率（%）	2023 年变动率（%）
38	西安银行	5. 60	4. 07	2. 77	-27. 32	-31. 94
39	泸州银行	0. 57	0. 94	1. 03	63. 79	9. 46
40	江西银行	6. 99	6. 42	5. 22	-8. 21	-18. 76
41	厦门银行	3. 76	4. 32	4. 14	14. 89	-4. 17
42	威海银行	5. 92	6. 77	6. 33	14. 41	-6. 60
43	晋商银行	7. 65	7. 34	7. 03	-4. 11	-4. 24
城商行平均		22. 76	21. 21	16. 11	-6. 81	-24. 02
44	渝农商行	27. 24	19. 13	17. 91	-29. 77	-6. 38
45	江阴银行	1. 38	0. 93	0. 80	-32. 61	-13. 98
46	常熟银行	2. 38	1. 88	0. 32	-21. 01	-82. 98
47	苏农银行	2. 18	1. 31	0. 89	-39. 91	-32. 06
48	广州农商银行	13. 19	13. 82	12. 62	4. 78	-8. 68
49	无锡银行	1. 83	2. 27	1. 32	24. 04	-41. 85
50	九台农商银行	0. 73	0. 82	0. 20	12. 33	-75. 61
51	张家港行	1. 24	0. 47	0. 27	-62. 10	-42. 55
52	紫金银行	1. 23	0. 66	1. 15	-46. 34	74. 24
53	青农商行	4. 92	4. 59	5. 96	-6. 71	29. 85
农商行平均		5. 63	4. 59	4. 14	-18. 54	-9. 68
全部上市银行		8, 585. 36	8, 338. 51	7, 694. 66	-2. 88	-7. 72

数据来源：wind。

五、投资收益

2023 年大部分银行实现了投资收益正增长，上市银行投资收益总额为 4, 325. 30 亿元，占营业收入的 7. 45%。除工商银行以外，其他国有行与一些股份制银行的投资收益相比并没有绝对优势（见图 15）。

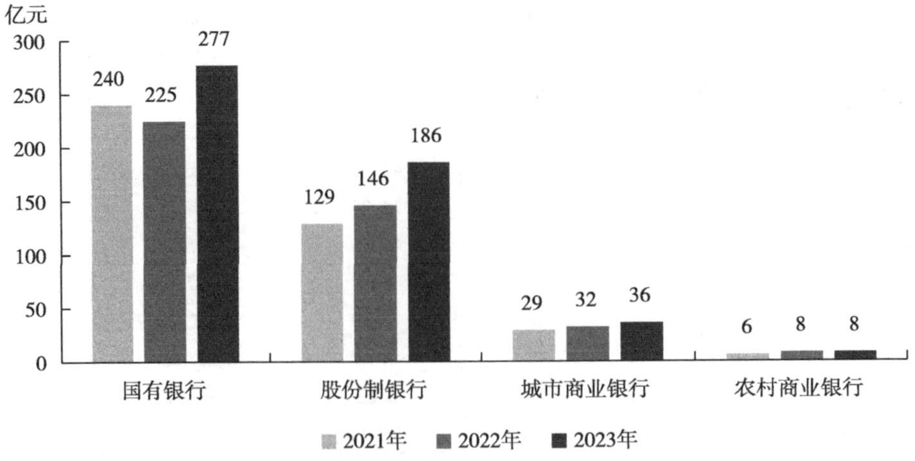

图 15　2021—2023 年各类商业银行平均投资收益变动情况

国有行中，工商银行投资收益远远超过其他银行，为458.76亿元，建设银行投资收益规模相对较小，为168.87亿元；交通银行投资收益迎来大幅增长，达到70.30%；中国银行增长速度相对较慢，为4.43%（见图16）。

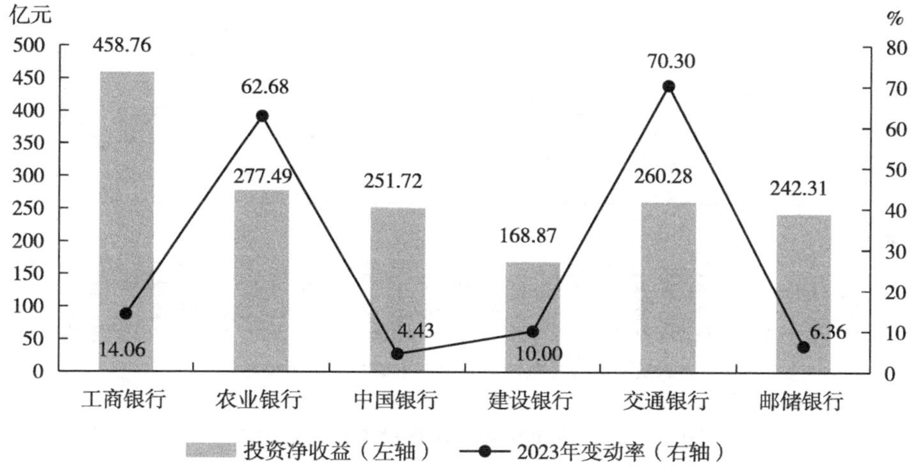

图16　2023年国有行投资收益变动情况

股份制银行中，兴业银行投资收益相对较大，为306.99亿元，浙商银行投资收益相对较小，为88.43亿元；华夏银行投资收益大幅增长，增幅为50.87%。股份制银行中仅有光大银行投资收益是负增长，降幅为7.35%（见图17）。

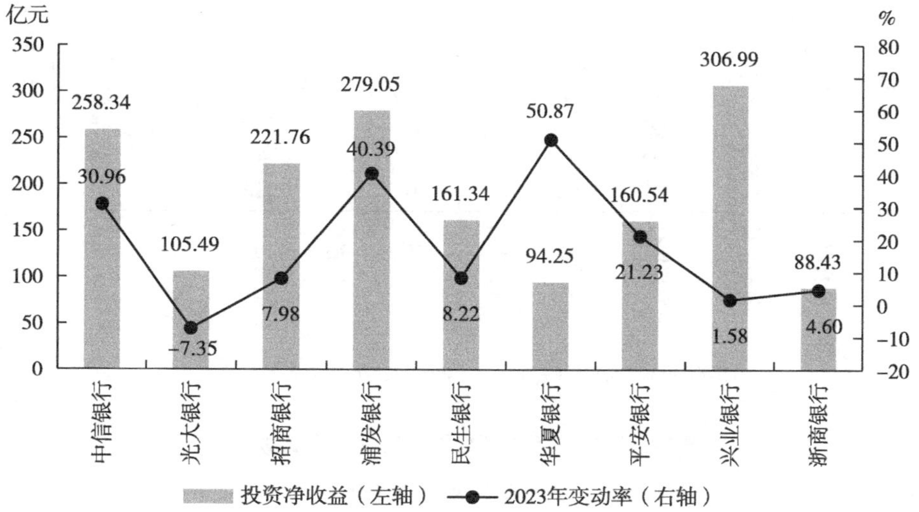

图17　2023年股份制商业银行投资收益变动情况

城商行中，南京银行投资收益相对较大，为148.14亿元；天津银行投资亏损5.14亿元；甘肃银行投资收益实现翻倍增长，增幅为125%，主要是2022年投资收益较少仅为0.52亿元（见图18）。

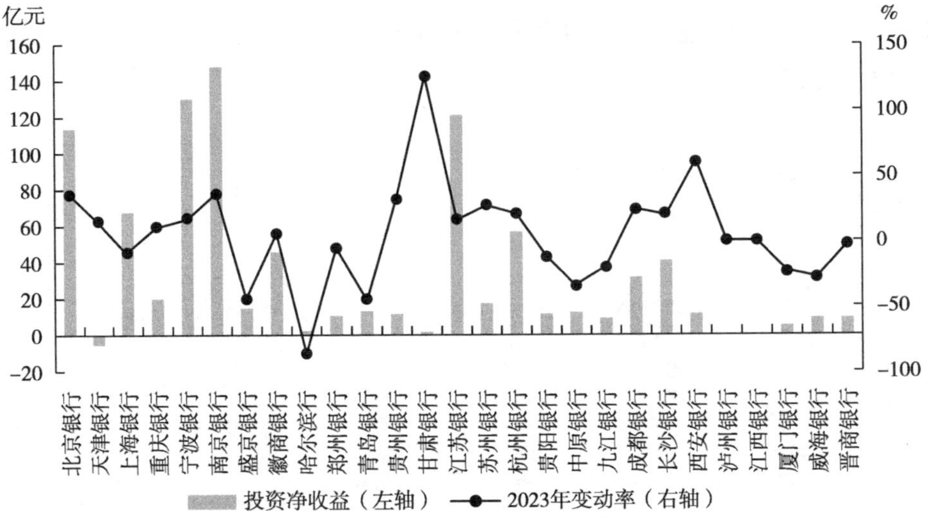

图 18　2023 年城市商业银行投资收益变动情况

农商行中，渝农商行投资收益相对较大，为 21.69 亿元；江阴银行实现投资收益翻倍增长，增幅为 104.10%（见图 19、表 14）。

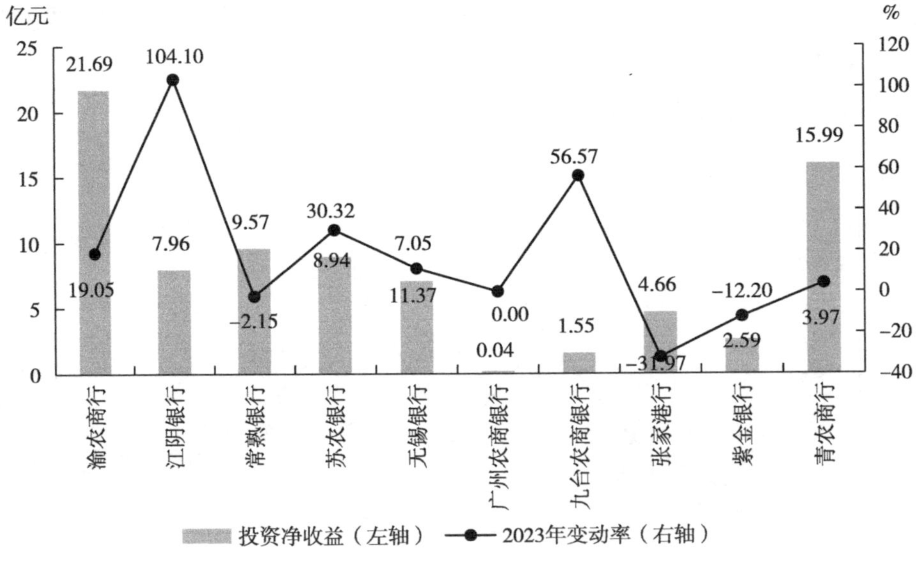

图 19　2023 年农村商业银行投资收益变动情况

表 14　　近三年投资收益情况

序号	银行简称	投资净收益				
		2021 年（亿元）	2022 年（亿元）	2023 年（亿元）	2022 年变动率（%）	2023 年变动率（%）
1	工商银行	339.99	402.20	458.76	18.30	14.06
2	农业银行	270.44	170.57	277.49	-36.93	62.68
3	中国银行	238.35	241.04	251.72	1.13	4.43

续表

序号	银行简称	投资净收益				
		2021 年（亿元）	2022 年（亿元）	2023 年（亿元）	2022 年变动率（%）	2023 年变动率（%）
4	建设银行	239.21	153.52	168.87	-35.82	10.00
5	交通银行	188.58	152.84	260.28	-18.95	70.30
6	邮储银行	161.73	227.81	242.31	40.86	6.36
国有行平均		239.72	224.66	276.57	-6.28	23.10
7	中信银行	174.11	197.27	258.34	13.30	30.96
8	光大银行	108.02	113.86	105.49	5.41	-7.35
9	招商银行	218.52	205.38	221.76	-6.01	7.98
10	浦发银行	172.97	198.77	279.05	14.92	40.39
11	民生银行	114.67	149.08	161.34	30.01	8.22
12	华夏银行	40.68	62.47	94.25	53.56	50.87
13	平安银行	122.43	132.43	160.54	8.17	21.23
14	兴业银行	284.78	302.22	306.99	6.12	1.58
15	浙商银行	41.87	84.54	88.43	101.91	4.60
16	渤海银行	13.99	13.87	—	—	—
股份制银行平均		129.20	145.99	186.24	12.99	27.57
17	北京银行	75.85	84.56	113.65	11.48	34.40
18	天津银行	-2.99	-4.48	-5.14	49.83	14.73
19	上海银行	75.80	74.57	67.72	-1.62	-9.19
20	重庆银行	16.71	18.44	20.11	10.35	9.06
21	宁波银行	125.31	113.01	130.87	-9.82	15.80
22	南京银行	70.69	109.68	148.14	55.16	35.07
23	盛京银行	34.41	28.15	15.20	-18.19	-46.00
24	徽商银行	43.53	44.32	46.27	1.81	4.40
25	哈尔滨行	10.42	20.98	2.65	101.34	-87.37
26	郑州银行	15.23	11.42	10.64	-25.02	-6.83
27	青岛银行	11.83	23.87	12.86	101.78	-46.12
28	贵州银行	9.26	8.46	11.12	-8.64	31.44
29	甘肃银行	1.92	0.52	1.17	-72.92	125.00
30	江苏银行	85.04	105.00	121.21	23.47	15.44
31	苏州银行	16.35	13.98	17.67	-14.52	26.39
32	杭州银行	38.65	46.86	56.49	21.24	20.54
33	贵阳银行	11.27	12.70	11.08	12.73	-12.75
34	中原银行	8.34	18.48	12.04	121.58	-34.85
35	九江银行	—	11.10	8.69	—	-21.71
36	成都银行	21.29	25.71	31.74	20.77	23.48

续表

序号	银行简称	投资净收益				
		2021 年（亿元）	2022 年（亿元）	2023 年（亿元）	2022 年变动率（%）	2023 年变动率（%）
37	长沙银行	23. 30	34. 30	41. 02	47. 17	19. 60
38	西安银行	4. 19	7. 37	11. 74	75. 89	59. 29
39	泸州银行	—	—	—	—	—
40	江西银行	—	—	—	—	—
41	厦门银行	5. 85	6. 19	4. 64	5. 81	-25. 04
42	威海银行	7. 39	12. 92	9. 19	74. 83	-28. 87
43	晋商银行	7. 58	9. 18	8. 87	21. 11	-3. 38
城商行平均		29. 88	33. 49	36. 39	12. 07	8. 64
44	渝农商行	11. 56	18. 22	21. 69	57. 61	19. 05
45	江阴银行	3. 05	3. 90	7. 96	27. 87	104. 10
46	无锡银行	5. 59	6. 33	7. 05	13. 24	11. 37
47	常熟银行	5. 16	9. 78	9. 57	89. 53	-2. 15
48	苏农银行	4. 66	6. 86	8. 94	47. 21	30. 32
49	广州农商银行	3. 44	—	0. 04	—	—
50	九台农商银行	0. 87	0. 99	1. 55	13. 79	56. 57
51	张家港行	6. 33	6. 85	4. 66	8. 21	-31. 97
52	紫金银行	3. 29	2. 95	2. 59	-10. 33	-12. 20
53	青农商行	17. 92	15. 38	15. 99	-14. 17	3. 97
农商行平均		6. 19	7. 92	8. 00	27. 97	1. 09
全部上市银行		3, 509. 43	3, 716. 42	4, 325. 30	5. 90	16. 38

专题四　费用分析

银行业务及管理费用主要包括职工工资、福利费、业务宣传费、工会经费、差旅费、会议费、印刷费、租赁费等。随着银行资产规模的快速增长，以及新业务的开展，银行业务及管理费用均呈高速增长的态势。

一、费用规模分析

步入疫情后时代，叠加其他外部环境因素，各上市银行降本增效，持续优化业务结构，完善费用体系，业务及管理费用增速较上年有所放缓，其中，股份制银行平均费用规模出现负增长；城商行平均费用规模增速下降幅度接近50%，其中，西安银行费用规模增长比例相对较大，为17.86%；农商行增速下降幅度相对较低。各类上市银行中，城商行平均费用规模增速相对较高，为6.76%，股份制银行平均费用规模实现负增长，为－0.87%（见图1）。

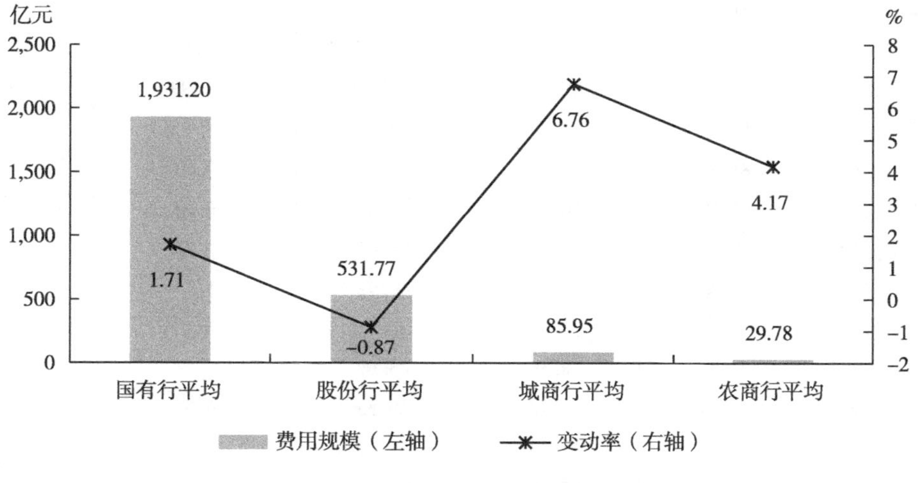

图1　2021—2023年各类银行费用规模及其变动情况

国有行中，农业银行费用规模相对较大，2023年超过工商银行，为2,352.96亿元；交通银行规模相对较小，为773.69亿元。股份制银行中，浙商银行仍保持较高的费用规模增速，主要是该行2023年加大战略业务、科技和零售人才队伍建设的投入，业务及管理费支出保持增长态势所致。城商行中，宁波银行费用规模较大，超过240亿元（见表1）。

表 1　　近三年费用规模情况①

序号	银行简称	费用规模（单位：亿元）				
		2021 年	2022 年	2023 年	2022 年变动率（%）	2023 年变动率（%）
1	工商银行	2, 259. 45	2, 296. 15	2, 272. 66	1. 62	-1. 02
2	建设银行	2, 098. 64	2, 132. 19	2, 100. 88	1. 60	-1. 47
3	农业银行	2, 193. 08	2, 292. 73	2, 352. 96	4. 54	2. 63
4	中国银行	1, 706. 02	1, 723. 11	1, 775. 03	1. 00	3. 01
5	交通银行	745. 45	768. 25	773. 69	3. 06	0. 71
6	邮储银行	1, 881. 02	2, 057. 05	2, 220. 15	9. 36	7. 93
国有行平均		1, 843. 52	1, 898. 78	1, 931. 20	3. 00	1. 71
7	中信银行	597. 37	645. 48	666. 12	8. 05	3. 20
8	光大银行	428. 05	422. 79	410. 42	-1. 23	-2. 93
9	招商银行	1, 097. 27	1, 133. 75	1, 117. 86	3. 32	-1. 40
10	浦发银行	499. 78	526. 07	514. 24	5. 26	-2. 25
11	民生银行	492. 32	507. 29	508. 34	3. 04	0. 21
12	华夏银行	278. 63	282. 64	292. 36	1. 44	3. 44
13	平安银行	479. 37	493. 87	459. 59	3. 02	-6. 94
14	兴业银行	554. 68	648. 43	626. 08	16. 90	-3. 45
15	浙商银行	137. 84	167. 74	190. 88	21. 69	13. 80
股份制银行平均		507. 26	536. 45	531. 77	5. 76	-0. 87
16	北京银行	165. 43	175. 99	192. 69	6. 38	9. 49
17	上海银行	120. 98	122. 26	124. 46	1. 06	1. 80
18	重庆银行	31. 12	33. 99	35. 97	9. 22	5. 83
19	宁波银行	195	215. 82	240. 12	10. 68	11. 26
20	南京银行	119. 57	132. 71	137. 62	10. 99	3. 70
21	盛京银行	52. 17	57. 9	60	10. 98	3. 63
22	徽商银行	81. 56	89. 39	95. 62	9. 60	6. 97
23	哈尔滨行	45. 79	50. 05	58. 27	9. 30	16. 42
24	成都银行	40. 79	49. 37	54. 46	21. 03	10. 32
25	贵阳银行	41. 20	41. 92	40. 72	1. 75	-2. 88
26	杭州银行	80. 17	97. 60	102. 93	21. 75	5. 46
27	苏州银行	34. 01	38. 54	43. 07	13. 31	11. 76
28	长沙银行	59. 35	64. 72	69. 33	9. 04	7. 13
29	九江银行	30. 92	31. 43	32. 69	1. 65	4. 01
30	中原银行	68. 25	98. 77	101. 77	44. 72	3. 04
31	郑州银行	34	34. 72	36. 96	2. 12	6. 45
32	青岛银行	37. 76	40. 72	43. 6	7. 84	7. 07

① 受各上市银行披露信息精细程度所限，部分样本行数据缺失，相应分类行平均值以有数据样本计算。各类数据的平均值如有总分差异，均系四舍五入所致。本专题其他表格数据处理方法均按此执行。

续表

序号	银行简称	费用规模（单位：亿元）				
		2021 年	2022 年	2023 年	2022 年变动率（%）	2023 年变动率（%）
33	江苏银行	143.07	173.07	178.26	20.97	3.00
34	西安银行	41.4	40.88	48.18	-1.26	17.86
35	厦门银行	18.36	20.22	22.21	10.13	9.84
城商行平均		72.04	80.50	85.95	11.74	6.76
36	无锡银行	12.5	13.88	14.6	11.04	5.19
37	渝农商行	84.88	92.32	94.89	8.77	2.78
38	江阴银行	11.24	11.49	11.93	2.22	3.83
39	常熟银行	31.69	33.98	36.39	7.23	7.09
40	苏农银行	12.61	13.77	14.02	9.20	1.82
41	张家港行	14.36	15.74	16.76	9.61	6.48
42	紫金银行	16.14	17.38	16.93	7.68	-2.59
43	青农商行	30.09	30.17	32.74	0.27	8.52
农商行平均		26.69	28.59	29.78	7.13	4.17
全部上市银行		612.18	635.81	644.37	6.84	2.92

二、点均费用分析

各上市银行的点均费用从高到低依次为股份制银行、城商行、农商行、国有行（见图2）。具体来看：国有行中，邮储银行点均费用相对较低，为564.01亿元，主要由于该行营业网点相对较多所致；股份制银行中，招商银行点均费用相对较高，为5,810.08亿元，主要由于该行加大数字化基础设施建设及研发人员投入所致（见图3）；城商行中，无锡银行点均费用相对较低，为1,269.57亿元；西安银行点均费用变动幅度相对较大，增幅为17.2%；农商行中，紫金银行点均费用同比下降。

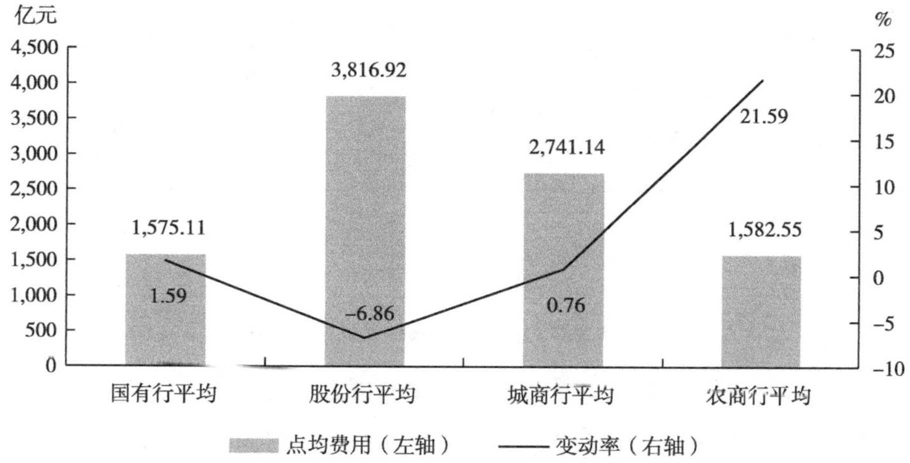

图2　2021—2023 年各类银行点均费用及其变动情况

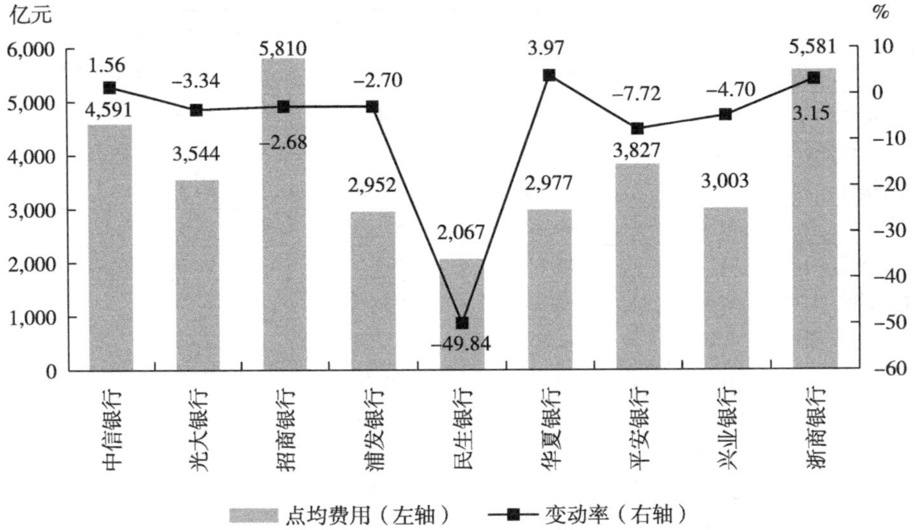

图3　2020年股份制银行点均费用变动情况

三、人均费用分析

2023年，上市银行人均费用整体变化不大，增速呈现下降趋势。国有行中，邮储银行人均费用相对较高，为122.01万元，同时增幅相对较大，为6.79%；建设银行人均费用降幅相对较大，为7.82%（见图4）。

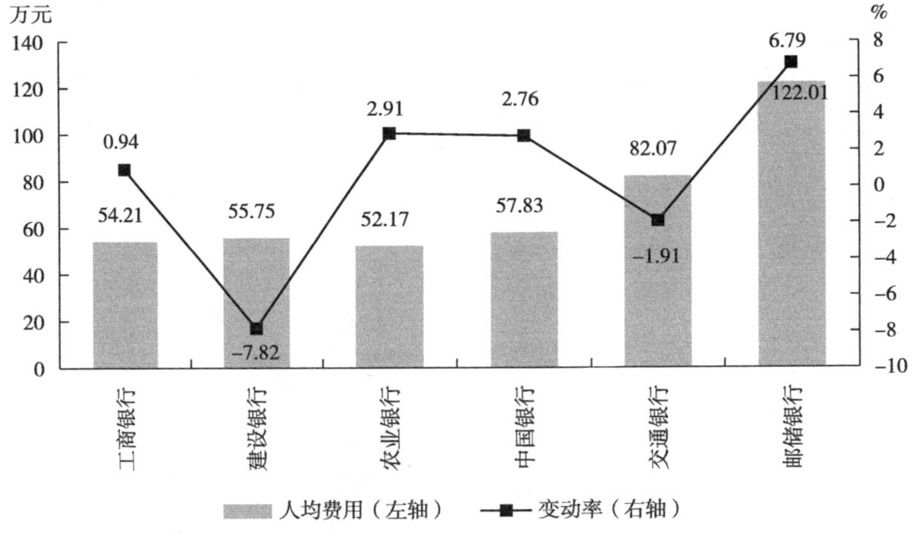

图4　2023年国有行人均费用变动情况

股份制银行中，中信银行人均费用相对较高，为99.58万元，同时降幅相对较大，降幅为5.73%，主要是由于该行突出高质量发展，优化业务结构和增加员工人数规模所致（见图5）。

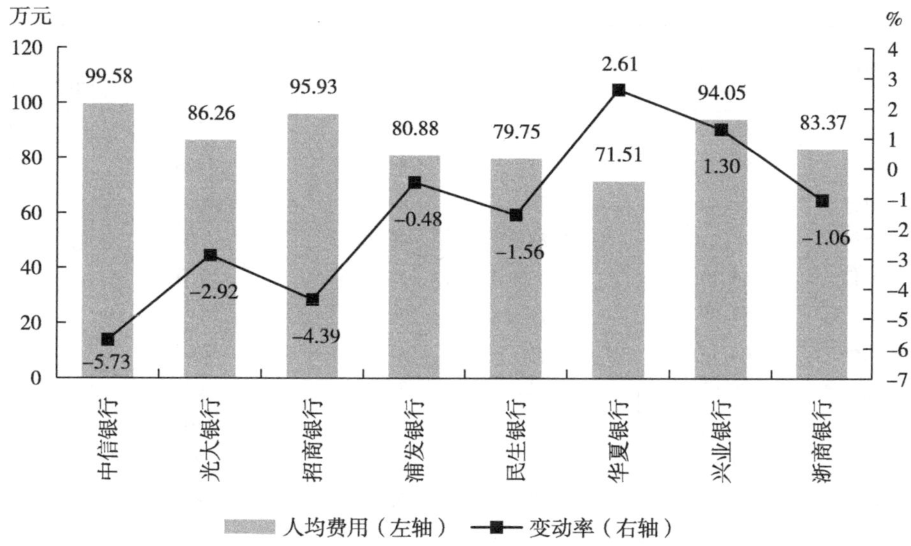

图5　2020年股份制银行人均费用变动情况

城商行中，西安银行人均费用相对较高，为140.71万元，同比增长17.69%；厦门银行人均费用相对较低，为58.11万元（见表2）。

表2　　近三年人均费用情况

序号	银行简称	人均费用（单位：万元）				
		2021年	2022年	2023年	2022年变动率（%）	2023年变动率（%）
1	工商银行	52.05	53.70	54.21	3.17	0.94
2	建设银行	59.75	60.47	55.75	1.21	-7.82
3	农业银行	48.18	50.70	52.17	5.22	2.91
4	中国银行	55.69	56.28	57.83	1.05	2.76
5	交通银行	82.61	83.67	82.07	1.28	-1.91
6	邮储银行	105.53	114.26	122.01	8.27	6.79
国有行平均		67.30	69.84	70.67	3.78	1.18
7	中信银行	100.81	105.64	99.58	4.79	-5.73
8	光大银行	92.70	88.85	86.26	-4.16	-2.92
9	招商银行	105.84	100.33	95.93	-5.21	-4.39
10	浦发银行	78.88	81.27	80.88	3.03	-0.48
11	民生银行	81.74	81.02	79.75	-0.88	-1.56
12	华夏银行	70.12	69.69	71.51	-0.61	2.61
13	兴业银行	88.70	92.85	94.05	4.68	1.30
14	浙商银行	79.73	84.26	83.37	5.68	-1.06
股份制银行平均		87.31	87.99	86.42	0.77	-1.79
15	北京银行	100.10	97.88	99.09	-2.22	1.24
16	上海银行	88.56	85.30	83.59	-3.68	-2.01
17	重庆银行	66.02	68.09	68.07	3.14	-0.02

续表

序号	银行简称	人均费用（单位：万元）				
		2021 年	2022 年	2023 年	2022 年变动率（%）	2023 年变动率（%）
18	宁波银行	80.66	79.74	82.21	-1.14	3.10
19	南京银行	87.97	84.16	84.21	-4.33	0.06
20	盛京银行	64.42	67.70	69.98	5.09	3.37
21	徽商银行	76.22	79.88	82.30	4.81	3.02
22	哈尔滨行	66.27	73.33	82.22	10.66	12.12
23	成都银行	59.00	67.75	70.87	14.84	4.60
24	贵阳银行	63.14	63.25	61.60	0.19	-2.61
25	杭州银行	76.67	73.96	74.83	-3.53	1.17
26	苏州银行	69.14	69.85	72.45	1.03	3.73
27	长沙银行	74.39	72.77	72.34	-2.18	-0.60
28	郑州银行	61.53	58.97	62.53	-4.16	6.04
29	青岛银行	82.83	83.87	86.73	1.26	3.41
30	江苏银行	91.99	98.39	90.96	6.96	-7.55
31	西安银行	120.95	119.57	140.71	-1.14	17.69
32	厦门银行	58.58	54.98	58.11	-6.16	5.70
城商行平均		77.13	77.75	80.16	0.79	3.10
33	无锡银行	76.78	81.26	83.52	5.84	2.78
34	渝农商行	50.45	51.45	52.45	1.98	1.94
农商行平均		63.62	66.36	67.99	4.31	2.46
全部上市银行		70.55	71.80	72.47	1.78	0.93

四、人均薪酬分析

2023 年，股份制银行、城商行的人均薪酬较 2022 年出现小幅下降。其中，股份制银行人均薪酬相对较高，为 50.50 万元；国有行、城商行、农商行人均薪酬相对较低且区间较为接近，国有行人均薪酬相对较低，为 36.29 万元（见图 6）。

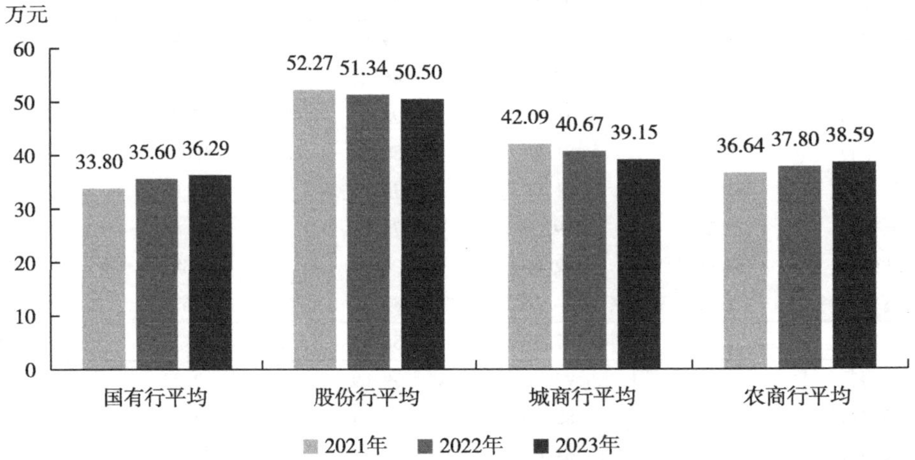

图 6　2021—2023 年各类银行人均薪酬变动情况

在各类上市银行中，股份制银行的人均薪酬变化幅度呈分化趋势：4 家股份制银行人均薪酬有所上升、5 家股份制银行人均薪酬有所下降。其中，招商银行人均薪酬相对较高，为 57.42 万元，增幅为 1.70%；渤海银行人均薪酬变化幅度相对较大，降幅超过 10%（见图 7、表 3）。

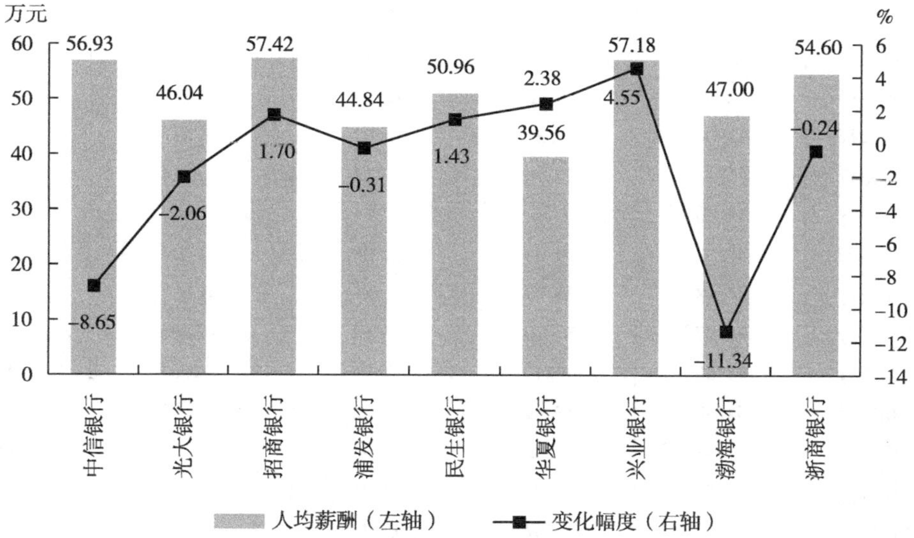

图 7　2023 年股份制银行人均薪酬变动情况

表 3　　近三年人均薪酬情况

序号	银行简称	人均薪酬（单位：万元）				
		2021 年	2022 年	2023 年	2022 年变动率（%）	2023 年变动率（%）
1	工商银行	32.10	33.56	34.24	4.55	2.03
2	建设银行	33.72	35.99	34.32	6.73	-4.64
3	农业银行	30.46	32.64	34.11	7.16	4.50
4	中国银行	32.45	33.54	35.78	3.36	6.68
5	交通银行	40.75	42.85	43.55	5.15	1.63
6	邮储银行	33.30	35.02	35.72	5.17	2.00
国有行平均		33.80	35.60	36.29	5.34	1.93
7	中信银行	58.06	62.32	56.93	7.34	-8.65
8	光大银行	48.24	47.01	46.04	-2.55	-2.06
9	招商银行	56.65	56.46	57.42	-0.34	1.70
10	浦发银行	45.28	44.98	44.84	-0.66	-0.31
11	民生银行	51.49	50.24	50.96	-2.43	1.43
12	华夏银行	39.59	38.64	39.56	-2.40	2.38
13	兴业银行	55.47	54.69	57.18	-1.41	4.55
14	渤海银行	62.57	53.01	47.00	-15.28	-11.34
15	浙商银行	53.11	54.73	54.60	3.05	-0.24

续表

序号	银行简称	人均薪酬（单位：万元）				
		2021 年	2022 年	2023 年	2022 年变动率（%）	2023 年变动率（%）
股份制银行平均		52.27	51.34	50.50	-1.78	-1.63
16	北京银行	46.16	46.62	48.27	1.00	3.54
17	天津银行	44.15	38.32	40.07	-13.20	4.57
18	上海银行	52.83	51.55	44.15	-2.41	-14.36
19	重庆银行	42.65	43.38	41.29	1.71	-4.81
20	宁波银行	52.00	53.31	52.02	2.53	-2.42
21	南京银行	66.33	62.90	57.12	-5.18	-9.18
22	盛京银行	39.46	—	—	—	—
23	徽商银行	45.58	50.98	52.08	11.85	2.16
24	哈尔滨行	34.48	36.78	0.00	6.68	-100.00
25	郑州银行	38.27	37.10	36.69	-3.06	-1.11
26	青岛银行	41.59	40.49	43.91	-2.64	8.45
27	杭州银行	54.98	52.83	50.72	-3.92	-3.99
28	贵阳银行	38.49	39.02	38.95	1.37	-0.16
29	中原银行	31.53	31.96	33.01	1.37	3.29
30	九江银行	38.13	36.62	35.47	-3.96	-3.16
31	成都银行	39.06	43.63	44.67	11.70	2.38
32	长沙银行	41.60	41.51	42.03	-0.21	1.25
33	泸州银行	57.44	58.54	58.37	1.92	-0.29
34	江西银行	41.01	40.34	40.96	-1.63	1.54
35	甘肃银行	28.28	28.27	28.01	-0.04	-0.92
36	晋商银行	28.99	30.14	32.34	3.97	7.30
37	苏州银行	42.93	44.05	47.28	2.61	7.33
38	威海银行	26.28	29.98	30.10	14.08	0.40
39	贵州银行	43.19	43.53	44.37	0.79	1.93
40	厦门银行	36.79	34.80	36.84	-5.41	5.86
城商行平均		42.09	42.36	40.78	0.65	-3.73
41	苏农银行	41.57	43.61	44.85	4.91	2.84
42	广州农商银行	32.26	40.19	34.42	24.58	-14.36
43	九台农商银行	35.53	35.93	36.38	1.13	1.25
44	张家港行	37.02	37.53	40.65	1.38	8.31
45	紫金银行	35.10	37.92	38.62	8.03	1.85
46	青农商行	35.67	34.20	35.29	-4.12	3.19
47	无锡银行	42.88	44.70	46.55	4.24	4.14
48	江阴银行	36.89	36.95	39.55	0.16	7.04
49	常熟银行	29.29	29.16	31.02	-0.44	6.38
农商行平均		36.25	37.80	38.59	4.29	2.10
全部上市银行		41.10	41.78	41.54	1.64	-0.56

专题五　不良贷款

2023 年上市银行继续加大信用风险管理，平均不良贷款率较 2022 年末下降 0.03 个百分点。拨备覆盖率方面，58 家上市银行的平均拨备覆盖率较上年末下降 2.52 个百分点，其中，农商行的下降趋势最为明显，同比下降 16.24 个百分点。从银行贷款质量来看，上市银行五级分类比重基本保持稳定，农商行正常类、关注类贷款平均占比的波动幅度高于其他类型银行，2023 年各类上市银行可疑类贷款占比有所下降，而损失类贷款占比呈上升趋势。上市银行不良贷款主要集中在房地产业、批发和零售业、制造业、建筑业等行业，其中房地产业不良贷款率有所上升。

一、不良贷款率分析

2023 年末，58 家上市银行平均不良贷款率从 1.40% 下降至 1.37%，各类上市银行不良贷款率均呈下降趋势。具体来看，国有行、股份制银行、城商行和农商行的平均不良贷款率分别为 1.25%、1.34%、1.47% 和 1.22%，较 2022 年末分别下降 0.02 个百分点、0.04 个百分点、0.03 个百分点和 0.01 个百分点。如图 1 所示，除 2020 年国有行不良贷款率有所上升外，近五年来各类上市银行不良贷款率均逐年下降，其中城商行不良贷款率明显高于上市银行平均水平。

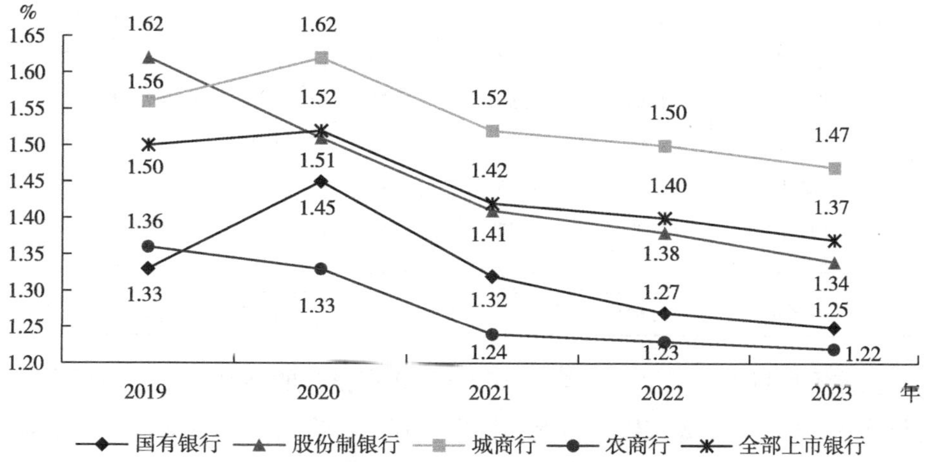

图 1　各类银行不良贷款率变动趋势

国有行整体不良贷款率呈下降趋势。具体来看，建设银行的不良贷款率相对较高，2023年为1.37%；邮储银行的不良贷款率近五年均较低，2023年为0.83%；中国银行变动相对较大，同比降低0.05个百分点（见表1）。

表1　国有行近五年不良贷款率情况

银行类型	银行名称	不良贷款率（%）					
		2019年	2020年	2021年	2022年	2023年	2023年变化
国有行	工商银行	1.43	1.58	1.42	1.38	1.36	-0.02
	农业银行	1.40	1.57	1.43	1.37	1.33	-0.04
	中国银行	1.37	1.46	1.33	1.32	1.27	-0.05
	建设银行	1.42	1.56	1.42	1.38	1.37	-0.01
	交通银行	1.47	1.67	1.48	1.35	1.33	-0.02
	邮储银行	0.86	0.88	0.82	0.84	0.83	-0.01
	平均值	1.33	1.45	1.32	1.27	1.25	-0.03

股份制银行整体不良贷款率呈下降趋势。2023年7家银行不良贷款率有所下降，光大银行与2022年持平，平安银行、渤海银行不良贷款率略有上升。其中，渤海银行不良贷款率相对较高，为1.78%；招商银行近五年不良贷款率均相对较低，2023年为0.95%；中信银行的变化率相对较大，同比降低0.09个百分点（见表2）。

表2　股份制银行近五年不良贷款率情况

银行类型	银行名称	不良贷款率（%）					
		2019年	2020年	2021年	2022年	2023年	2023年变化
股份制银行	中信银行	1.65	1.64	1.39	1.27	1.18	-0.09
	光大银行	1.56	1.38	1.25	1.25	1.25	0.00
	招商银行	1.16	1.07	0.91	0.96	0.95	-0.01
	浦发银行	2.05	1.73	1.61	1.52	1.48	-0.04
	民生银行	1.56	1.82	1.79	1.68	1.48	-0.20
	华夏银行	1.83	1.80	1.77	1.75	1.67	-0.08
	平安银行	1.65	1.18	1.02	1.05	1.06	0.01
	兴业银行	1.54	1.25	1.10	1.09	1.07	-0.02
	浙商银行	1.37	1.42	1.53	1.47	1.44	-0.03
	渤海银行	1.78	1.77	1.76	1.76	1.78	0.02
	平均值	1.62	1.51	1.41	1.38	1.34	-0.04

城商行整体不良贷款率呈下降趋势。2023年20家银行的不良贷款率有所下降，7家银行的不良贷款率有所上升，2家银行与上年持平。其中，哈尔滨行不良贷款率相对较高，为2.87%，成都银行不良贷款率相对较低，为0.68%；盛京银行的变化率相对较大，同比下降0.54个百分点；九江银行不良贷款率上升最明显，同比提高0.27个百分点（见表3）。

表 3　　**城商行近五年不良贷款率情况**

银行类型	银行名称	不良贷款率（%）					
		2019 年	2020 年	2021 年	2022 年	2023 年	2023 年变化
城商行	北京银行	1.41	1.57	1.44	1.43	1.32	-0.11
	天津银行	1.96	2.14	2.39	1.81	1.67	-0.14
	上海银行	1.16	1.22	1.25	1.25	1.21	-0.04
	重庆银行	1.27	1.27	1.30	1.38	1.34	-0.04
	宁波银行	0.78	0.79	0.77	0.75	0.76	0.01
	南京银行	0.89	0.91	0.91	0.90	0.90	0.00
	盛京银行	1.75	3.26	3.28	3.22	2.68	-0.54
	徽商银行	1.04	1.98	1.78	1.49	1.26	-0.23
	哈尔滨行	1.99	2.97	2.88	2.89	2.87	-0.02
	郑州银行	2.37	2.08	1.85	1.88	1.87	-0.01
	青岛银行	1.65	1.51	1.34	1.21	1.18	-0.03
	江苏银行	1.38	1.32	1.08	0.94	0.91	-0.03
	杭州银行	1.34	1.07	0.86	0.77	0.76	-0.01
	贵阳银行	1.45	1.53	1.45	1.45	1.59	0.14
	中原银行	2.23	2.21	2.18	1.93	2.04	0.11
	九江银行	1.71	1.55	1.41	1.82	2.09	0.27
	成都银行	1.43	1.37	0.98	0.78	0.68	-0.10
	长沙银行	1.22	1.21	1.20	1.16	1.15	-0.01
	西安银行	1.18	1.18	1.32	1.25	1.35	0.10
	泸州银行	0.94	1.83	1.42	1.53	1.35	-0.18
	江西银行	2.26	1.73	1.47	2.18	2.17	-0.01
	甘肃银行	2.45	2.28	2.04	2.00	2.00	0.00
	晋商银行	1.86	1.84	1.84	1.80	1.78	-0.02
	苏州银行	1.53	1.38	1.11	0.88	0.84	-0.04
	威海银行	1.82	1.47	1.47	1.46	1.45	-0.01
	贵州银行	1.18	1.15	1.15	1.47	1.68	0.21
	厦门银行	1.18	0.98	0.91	0.86	0.76	-0.10
	兰州银行	2.44	1.75	1.73	1.71	1.73	0.02
	齐鲁银行	1.49	1.43	1.35	1.29	1.26	-0.03
	平均值	1.56	1.62	1.52	1.50	1.47	-0.03

农商行整体不良贷款率有升有降。其中，4 家银行的不良贷款率有所上升，8 家银行的不良贷款率有所下降，江阴银行不良贷款率与上年持平。2023 年，九台农商银行的不良贷款率相对较高，为 2.34%；常熟银行的不良贷款率相对较低，为 0.75%；青农商行变化率相对较大，同比下降 0.38 个百分点；九台农商银行不良贷款率上升最明显，同比提高 0.36

个百分点（见表4）。

表4　　农商行近五年不良贷款率情况

银行类型	银行名称	不良贷款率（%）					
		2019年	2020年	2021年	2022年	2023年	2023年变化
农商行	苏农银行	1.33	1.28	1.00	0.95	0.91	-0.04
	广州农商银行	1.73	1.81	1.83	2.11	1.87	-0.24
	九台农商银行	1.68	1.63	1.88	1.98	2.34	0.36
	张家港行	1.38	1.17	0.95	0.89	0.94	0.05
	紫金银行	1.68	1.68	1.45	1.20	1.16	-0.04
	青农商行	1.46	1.44	1.74	2.19	1.81	-0.38
	无锡银行	1.21	1.10	0.93	0.81	0.79	-0.02
	渝农商行	1.25	1.31	1.25	1.22	1.19	-0.03
	江阴银行	1.83	1.79	1.32	0.98	0.98	0.00
	常熟银行	0.96	0.96	0.81	0.81	0.75	-0.06
	东莞农商银行	0.94	0.78	0.80	0.86	1.21	0.35
	沪农商行	0.90	0.99	0.95	0.94	0.97	0.03
	瑞丰银行	1.35	1.32	1.25	1.08	0.97	-0.11
	平均值	1.36	1.33	1.24	1.23	1.22	-0.01

从不良贷款率的变化情况来看，2023年农商行中不良贷款率增加的银行占比相对较高，其次是城商行和股份制银行。具体来看，58家银行中，13家银行的不良贷款率同比增长，较2022年减少1家，占比为22.41%。如图2所示，四类银行中唯一上升比例为零的是国有行，6家国有行的不良贷款率较上年均有不同程度下降；股份制银行中，平安银行和渤海银行不良贷款率有所上升，占比为20.00%；城商行中，九江银行、贵州银行、贵阳银行、中原银行等7家银行的不良贷款率有所上升，占比为24.14%；农商行中，九台农商银行、东莞农商银行、张家港行和沪农商行的不良贷款率有所上升，占比为30.77%。

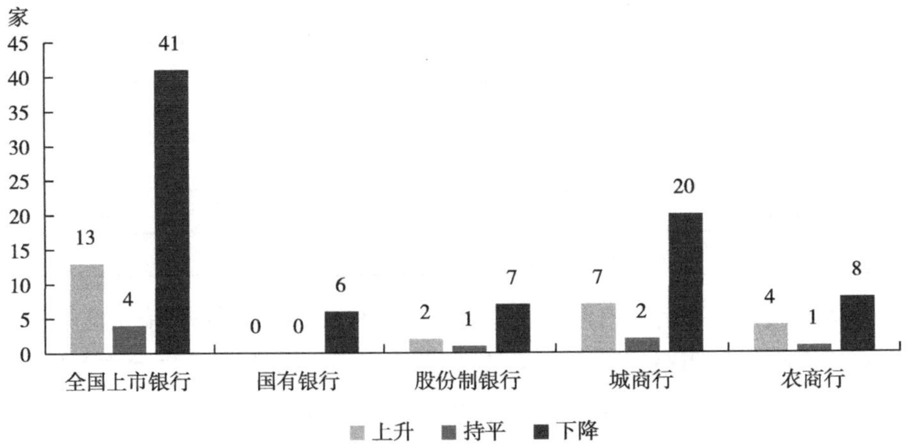

图2　各类银行不良贷款率增减情况

二、拨备覆盖率分析

2023 年，58 家银行的平均拨备覆盖率为 279.50%，同比下降 2.51 个百分点，主要是由于农商行、国有行的拨备覆盖率普遍下降所致。国有行、股份制银行、城商行、农商行的平均拨备覆盖率分别为 248.69%、217.22%、276.16%、349.07%。其中，农商行的拨备覆盖率下降幅度较大，为 16.24 个百分点，国有行下降 2.73 个百分点，股份制银行和城商行分别增长 1.10 个和 2.44 个百分点。如图 3 所示，五年来上市银行拨备覆盖率整体略有波动，农商行普遍高于上市银行平均水平，股份制银行普遍低于平均水平，2021 年各类银行均出现较为明显的上升。

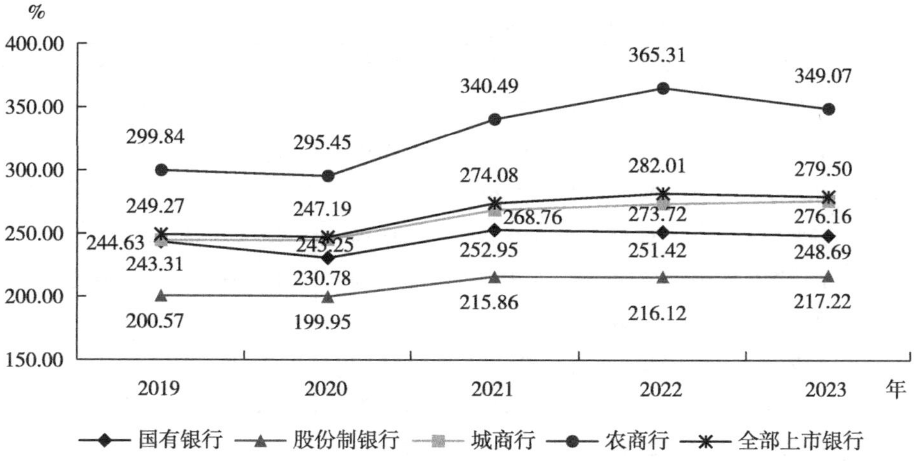

图 3　各类银行拨备覆盖率变动趋势

国有行中，4 家银行的拨备覆盖率有所提高，2 家银行有所下降。2023 年，邮储银行的拨备覆盖率相对较高，为 347.57%，中国银行的拨备覆盖率相对较低，为 191.66%。邮储银行拨备覆盖率变化幅度相对较大，同比下降 37.94 个百分点，交通银行拨备覆盖率同比上升 14.53 个百分点。

股份制银行中，招商银行、平安银行、光大银行 3 家银行的拨备覆盖率较上年有所下降，其余 7 家银行有所提高。2023 年，招商银行的拨备覆盖率相对较高，为 437.70%，民生银行的拨备覆盖率相对较低，为 149.69%。其中，招商银行降幅相对较大，同比下降 13.09 个百分点，浦发银行上升幅度相对较大，同比提高 14.47 个百分点。

城商行中，14 家银行的拨备覆盖率较上年有所下降，15 家银行有所上升。2023 年，杭州银行的拨备覆盖率相对较高，为 561.42%，甘肃银行的拨备覆盖率相对较低，为 133.39%。其中，贵州银行降幅相对较大，同比下降 63.50 个百分点，泸州银行上升幅度相对较大，同比提高 115.49 个百分点。

农商行中，6 家银行的拨备覆盖率较上年有所下降，7 家银行有所上升。2023 年，常熟银行的拨备覆盖率相对较高，为 537.88%，九台农商银行的拨备覆盖率相对较低，为

156.98%。其中，张家港行降幅相对较大，同比下降96.86个百分点，青农商行上升幅度相对较大，同比提高30.33个百分点（见表5）。

表5　　各类银行近五年拨备覆盖率情况

银行类型	银行名称	拨备覆盖率（%）					
		2019年	2020年	2021年	2022年	2023年	2023年变化
国有行	工商银行	199.32	180.68	205.84	209.47	213.97	4.50
	农业银行	288.75	260.64	299.73	302.60	303.87	1.27
	中国银行	182.86	177.84	187.05	188.73	191.66	2.93
	建设银行	227.69	213.59	239.96	241.53	239.85	-1.68
	交通银行	171.77	143.87	166.50	180.68	195.21	14.53
	邮储银行	389.45	408.06	418.61	385.51	347.57	-37.94
	平均值	243.31	230.78	252.95	251.42	248.69	-2.73
股份制银行	中信银行	175.25	171.68	180.07	201.19	207.59	6.40
	光大银行	181.62	182.71	187.02	187.93	181.27	-6.66
	招商银行	426.78	437.68	483.87	450.79	437.70	-13.09
	浦发银行	133.85	150.74	143.96	159.04	173.51	14.47
	民生银行	155.50	139.38	145.30	142.49	149.69	7.20
	华夏银行	141.92	147.22	150.99	159.88	160.06	0.18
	平安银行	183.12	201.40	288.42	290.28	277.63	-12.65
	兴业银行	199.13	218.83	268.73	236.44	245.21	8.77
	浙商银行	220.80	191.01	174.61	182.19	182.60	0.41
	渤海银行	187.73	158.80	135.63	150.95	156.94	5.99
	平均值	200.57	199.95	215.86	216.12	217.22	1.10
城商行	北京银行	224.69	215.95	210.22	210.04	216.78	6.74
	天津银行	220.58	183.45	154.26	159.27	167.86	8.59
	上海银行	337.15	321.38	301.13	291.61	272.66	-18.95
	重庆银行	279.83	309.13	274.01	211.19	234.18	22.99
	宁波银行	524.08	505.59	525.52	504.90	461.04	-43.86
	南京银行	417.73	391.76	397.34	397.20	360.58	-36.62
	盛京银行	160.90	114.05	130.87	140.30	159.50	19.20
	徽商银行	303.86	181.90	239.74	276.57	271.94	-4.63
	哈尔滨行	152.50	133.26	162.45	181.54	197.38	15.84
	郑州银行	159.85	160.44	156.58	165.73	174.87	9.14
	青岛银行	155.09	169.62	197.42	219.77	225.96	6.19
	江苏银行	232.79	256.40	307.72	362.07	378.13	16.06
	杭州银行	316.71	469.54	567.71	565.10	561.42	-3.68
	贵阳银行	291.86	277.30	271.03	260.86	244.50	-16.36

续表

银行类型	银行名称	拨备覆盖率（%）					
		2019 年	2020 年	2021 年	2022 年	2023 年	2023 年变化
城商行	中原银行	151.77	153.31	153.49	157.08	154.06	-3.02
	九江银行	182.34	165.97	214.66	173.01	153.82	-19.19
	成都银行	253.88	293.43	402.88	501.57	504.29	2.72
	长沙银行	279.98	292.68	297.87	311.09	314.21	3.12
	西安银行	262.41	269.39	224.21	201.63	197.07	-4.56
	泸州银行	349.78	187.43	262.49	256.93	372.42	115.49
	江西银行	165.65	171.56	188.26	178.05	177.16	-0.89
	甘肃银行	135.87	131.23	132.04	134.73	133.39	-1.34
	晋商银行	199.92	194.06	184.77	177.04	198.71	21.67
	苏州银行	224.07	291.74	422.91	530.81	522.77	-8.04
	威海银行	147.33	173.39	171.56	154.68	152.12	-2.56
	贵州银行	324.95	334.36	426.41	351.21	287.71	-63.50
	厦门银行	274.58	368.03	370.64	387.93	412.89	24.96
	兰州银行	160.11	181.36	191.88	194.99	197.51	2.52
	齐鲁银行	204.09	214.60	253.95	281.06	303.58	22.52
	平均值	244.63	245.25	268.76	273.72	276.16	2.43
农商行	苏农银行	249.32	305.31	412.22	442.83	452.85	10.02
	广州农商银行	208.09	154.85	167.04	156.93	164.63	7.70
	九台农商银行	167.58	164.82	157.33	157.39	156.98	-0.41
	张家港行	252.14	307.83	475.35	521.09	424.23	-96.86
	紫金银行	236.95	220.15	232.00	246.66	247.25	0.59
	青农商行	310.23	278.73	231.77	207.63	237.96	30.33
	无锡银行	288.18	355.88	477.19	552.74	522.57	-30.17
	渝农商行	380.31	314.95	340.25	357.74	366.70	8.96
	江阴银行	259.13	224.27	330.62	469.62	409.46	-60.16
	常熟银行	481.28	485.33	531.82	536.77	537.88	1.11
	东莞农商银行	389.57	375.13	375.34	373.83	308.30	-65.53
	沪农商行	431.31	419.17	442.50	445.32	404.98	-40.34
	瑞丰银行	243.84	234.41	252.90	280.50	304.12	23.62
	平均值	299.84	295.45	340.49	365.31	349.07	-16.24

三、贷款质量分析

2023 年，从贷款五级分类的角度来看，各行正常类贷款平均占比均较高，为 96%—97.5%；不良类贷款的平均占比相对较低，为 1%—1.5%。不良贷款中，次级类贷款平均占比为 0.4%—0.7%，可疑类贷款平均占比为0.3%—0.5%，损失类贷款平均占比为 0.1%—0.6%。近五年，各类上市银行不良类贷款占比均呈稳步下降趋势（见表6）。

表6　　各类银行近五年五级贷款情况

贷款质量	银行类型	平均占比（%）				
		2019年	2020年	2021年	2022年	2023年
正常类	国有行	96.52	96.72	97.13	97.18	97.19
	股份制银行	96.01	96.38	96.53	96.50	96.59
	城商行	95.81	96.15	96.05	96.04	96.02
	农商行	96.32	96.55	96.83	96.67	96.45
	全部上市银行	96.04	96.34	96.42	96.38	96.34
关注类	国有行	2.15	1.83	1.56	1.54	1.56
	股份制银行	2.37	2.11	2.05	2.12	2.07
	城商行	2.64	2.23	2.43	2.46	2.51
	农商行	2.31	2.12	1.92	2.09	2.33
	全部上市银行	2.47	2.14	2.16	2.22	2.29
次级类	国有行	0.50	0.63	0.52	0.58	0.42
	股份制银行	0.70	0.71	0.60	0.63	0.54
	城商行	0.75	0.88	0.79	0.77	0.62
	农商行	0.67	0.73	0.66	0.56	0.65
	全部上市银行	0.70	0.79	0.70	0.68	0.59
可疑类	国有行	0.56	0.56	0.50	0.44	0.43
	股份制银行	0.56	0.48	0.52	0.46	0.41
	城商行	0.57	0.46	0.43	0.43	0.33
	农商行	0.62	0.53	0.51	0.60	0.43
	全部上市银行	0.58	0.49	0.47	0.47	0.38
损失类	国有行	0.27	0.26	0.29	0.26	0.40
	股份制银行	0.36	0.31	0.29	0.29	0.38
	城商行	0.24	0.27	0.30	0.30	0.52
	农商行	0.08	0.08	0.08	0.07	0.15
	全部上市银行	0.22	0.24	0.25	0.24	0.40

如图4所示，从各行的五级贷款平均占比同上年末变动情况来看，可疑类贷款平均占比均存在不同程度的下降，而损失类贷款平均占比存在不同程度的增加。正常类、关注类和次级类贷款的平均占比同比变动情况存在一定分化，例如农商行正常类贷款占比下降，关注类和次级类贷款比例有所上升。

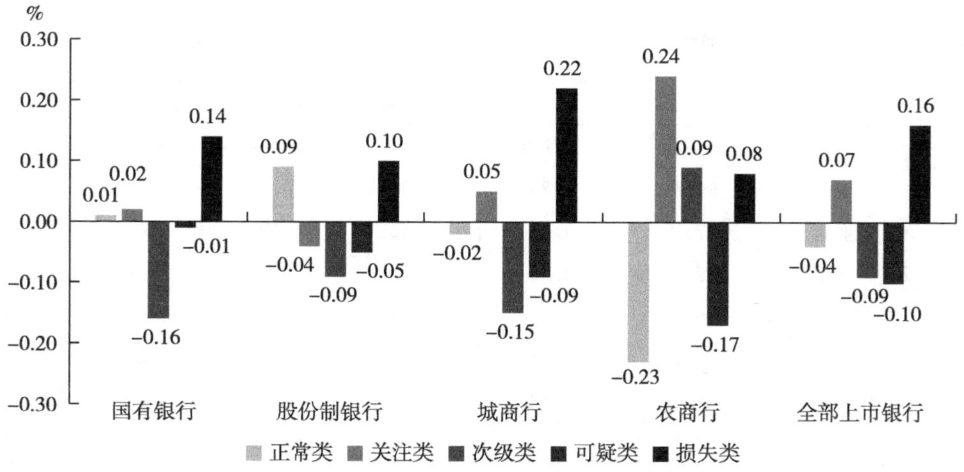

图4　上市银行五级贷款占比2023年同比变动情况

如图5所示，具体来看，58家上市银行中有25家银行的正常类贷款占比有所增加，34家银行的关注类贷款占比有所增加，18家银行的次级类贷款占比有所增加，16家银行的可疑类贷款占比有所增加，48家银行的损失贷款占比有所增加。2023年，大部分上市银行的损失类贷款占比均有所上升。

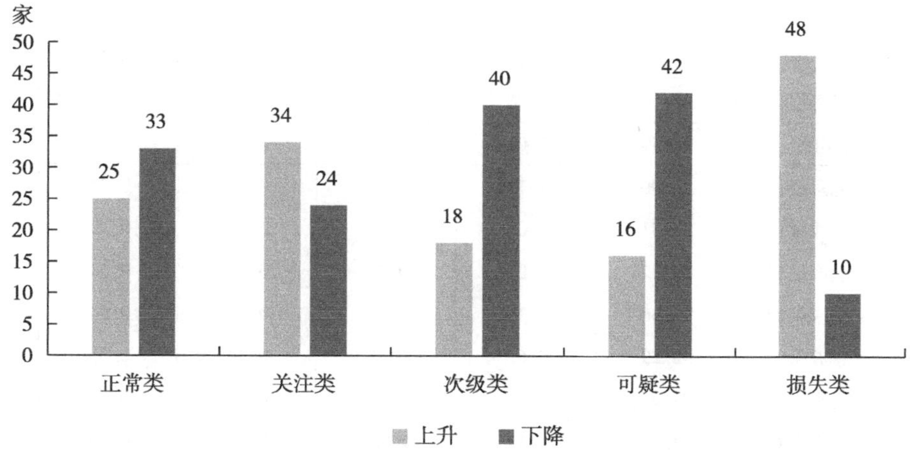

图5　各类贷款占比同比变动情况的银行数量

国有行中，邮储银行的不良贷款占比相对较低，正常类、关注类贷款占比为99.17%；股份制银行中，招商银行的正常类、关注类贷款占比相对较高，为99.06%，浙商银行和华夏银行的正常类、关注类贷款占比相对较低，分别为98.23%和98.34%；城商行中，成都银行的正常类、关注类贷款占比相对较高，为99.32%，哈尔滨行和盛京银行的正常类、关注类贷款占比相对较低，分别为97.14%和97.32%；农商行中，常熟银行的正常类、关注类贷款占比相对较高，为99.24%，九台农商银行的正常类、关注类贷款占比相对较低，为

97.65%（见表7）。

表7　　2023年上市银行贷款质量分布

银行类别	银行名称	2023年上市银行贷款质量分布（%）					
		正常类	关注类	次级类	可疑类	损失类	不良类
国有行	工商银行	96.79	1.85	0.38	0.45	0.53	1.36
	农业银行	97.25	1.42	0.62	0.59	0.13	1.33
	中国银行	97.27	1.46	0.34	0.53	0.41	1.27
	建设银行	96.19	2.44	0.53	0.42	0.42	1.37
	交通银行	97.16	1.51	0.36	0.41	0.56	1.33
	邮储银行	98.49	0.68	0.27	0.20	0.36	0.83
国有行平均值		97.19	1.56	0.42	0.43	0.40	1.25
股份制银行	中信银行	97.25	1.58	0.32	0.47	0.39	1.18
	光大银行	96.90	1.84	0.62	0.40	0.23	1.25
	招商银行	97.96	1.10	0.25	0.33	0.36	0.95
	浦发银行	96.19	2.33	0.49	0.45	0.54	1.48
	民生银行	95.81	2.70	0.62	0.41	0.46	1.48
	华夏银行	95.60	2.74	0.72	0.47	0.48	1.67
	平安银行	97.19	1.75	0.56	0.32	0.18	1.06
	兴业银行	97.38	1.55	0.42	0.21	0.44	1.07
	浙商银行	95.13	3.10	0.59	0.60	0.58	1.78
	渤海银行	96.50	2.06	0.82	0.44	0.19	1.44
股份制银行平均值		96.59	2.07	0.54	0.41	0.38	1.34
城商行	北京银行	96.90	1.78	0.67	0.41	0.24	1.32
	天津银行	95.31	3.02	1.19	0.25	0.23	1.67
	上海银行	96.72	2.07	0.22	0.42	0.57	1.21
	重庆银行	95.30	3.36	0.61	0.18	0.54	1.34
	宁波银行	98.59	0.65	0.10	0.34	0.32	0.76
	南京银行	97.94	1.17	0.26	0.20	0.44	0.90
	盛京银行	94.21	3.11	2.27	0.23	0.19	2.68
	徽商银行	97.94	0.80	0.65	0.24	0.37	1.26
	哈尔滨行	90.95	6.19	0.41	0.62	1.84	2.87
	郑州银行	96.08	2.05	1.02	0.36	0.50	1.87
	青岛银行	98.28	0.54	0.56	0.24	0.38	1.18
	江苏银行	97.75	1.34	0.55	0.12	0.24	0.91
	杭州银行	98.84	0.40	0.33	0.26	0.16	0.76
	贵阳银行	95.55	2.86	0.72	0.19	0.68	1.59
	中原银行	94.70	3.25	0.44	0.24	1.36	2.04

续表

银行类别	银行名称	2023 年上市银行贷款质量分布（%）					
		正常类	关注类	次级类	可疑类	损失类	不良类
城商行	九江银行	94. 22	3. 69	0. 45	0. 45	1. 19	2. 09
	成都银行	98. 91	0. 41	0. 26	0. 02	0. 39	0. 68
	长沙银行	97. 04	1. 82	0. 53	0. 34	0. 28	1. 15
	西安银行	94. 28	4. 37	0. 84	0. 26	0. 25	1. 35
	泸州银行	97. 38	1. 28	0. 37	0. 46	0. 51	1. 35
	江西银行	92. 78	5. 06	0. 89	0. 99	0. 29	2. 17
	甘肃银行	93. 92	4. 09	0. 96	0. 18	0. 86	2. 00
	晋商银行	94. 51	3. 71	0. 45	0. 87	0. 46	1. 78
	苏州银行	98. 35	0. 81	0. 41	0. 11	0. 32	0. 84
	威海银行	96. 26	2. 29	0. 81	0. 60	0. 04	1. 45
	贵州银行	95. 40	2. 92	0. 30	0. 30	1. 08	1. 68
	厦门银行	97. 80	1. 43	0. 17	0. 24	0. 36	0. 76
	兰州银行	91. 45	6. 83	1. 00	0. 25	0. 47	1. 73
	齐鲁银行	97. 36	1. 38	0. 49	0. 30	0. 47	1. 26
城商行平均值		96. 02	2. 51	0. 62	0. 33	0. 52	1. 47
农商行	苏农银行	97. 89	1. 21	0. 81	0. 07	0. 03	0. 91
	广州农商银行	91. 88	6. 25	0. 95	0. 71	0. 21	1. 87
	九台农商银行	91. 72	5. 93	0. 74	1. 25	0. 36	2. 34
	张家港行	97. 47	1. 59	0. 56	0. 23	0. 16	0. 94
	紫金银行	97. 88	0. 96	0. 58	0. 56	0. 02	1. 16
	青农商行	92. 40	5. 79	0. 81	0. 82	0. 18	1. 81
	无锡银行	98. 79	0. 42	0. 41	0. 17	0. 21	0. 79
	渝农商行	97. 67	1. 14	0. 52	0. 55	0. 12	1. 19
	江阴银行	97. 96	1. 06	0. 82	0. 08	0. 07	0. 98
	常熟银行	98. 07	1. 17	0. 63	0. 07	0. 05	0. 75
	东莞农商银行	96. 55	2. 24	0. 73	0. 34	0. 14	1. 21
	沪农商行	97. 79	1. 23	0. 53	0. 20	0. 24	0. 97
	瑞丰银行	97. 73	1. 30	0. 36	0. 50	0. 12	0. 97
农商行平均值		96. 45	2. 33	0. 65	0. 43	0. 15	1. 22
全部银行平均值		96. 34	2. 29	0. 59	0. 38	0. 40	1. 37

从正常类、关注类和不良类三种形态来看，各行的三类贷款比重基本保持稳定。城商行、农商行的正常类、关注类贷款波动幅度高于国有行和股份制银行。

如图 6 所示，从不良贷款的三种类型来看，2023 年不同类型银行三类贷款占比顺序有所不同，其中，国有行可疑类贷款占比相对较高，其他类型银行均为次级类占比相对较高。

具体而言，农商行和城商行的次级类贷款占比相对较高，分别为 0.65% 和 0.62%，国有行的次级类贷款占比相对较低，为 0.42%；国有行和农商行的可疑类贷款占比相对较高，均为 0.43%，城商行的可疑类贷款占比相对较低，为 0.33%；城商行的损失类贷款占比相对较高，为 0.52%，农商行的损失类贷款占比相对较低，为 0.15%。

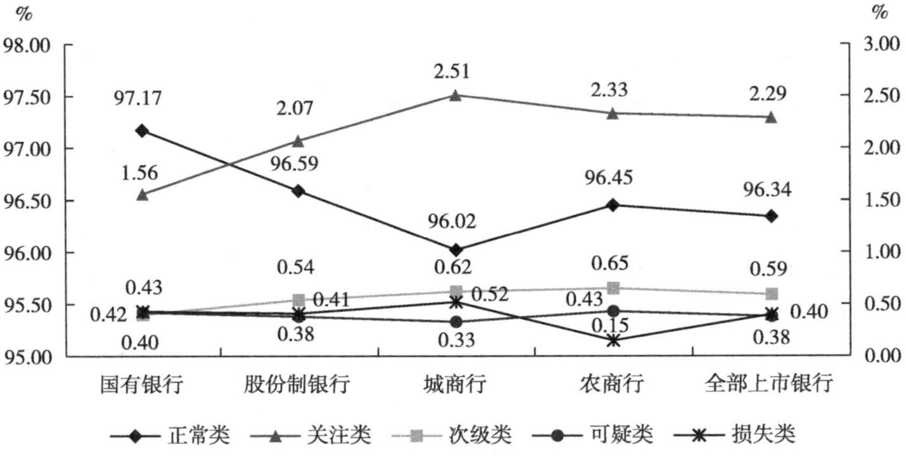

图 6　各类银行 2023 年贷款质量分布

如图 7 所示，次级类贷款方面，国有行中，农业银行、建设银行 2 家银行的次级类贷款占比高于同类银行平均水平，分别高出 0.20 个和 0.12 个百分点；股份制银行中，招商银行、中信银行、兴业银行、浦发银行 4 家银行的次级类贷款占比低于同类银行平均水平，招商银行较平均值低 0.29 个百分点，渤海银行较平均值高出 0.28 个百分点；城商行中，盛京

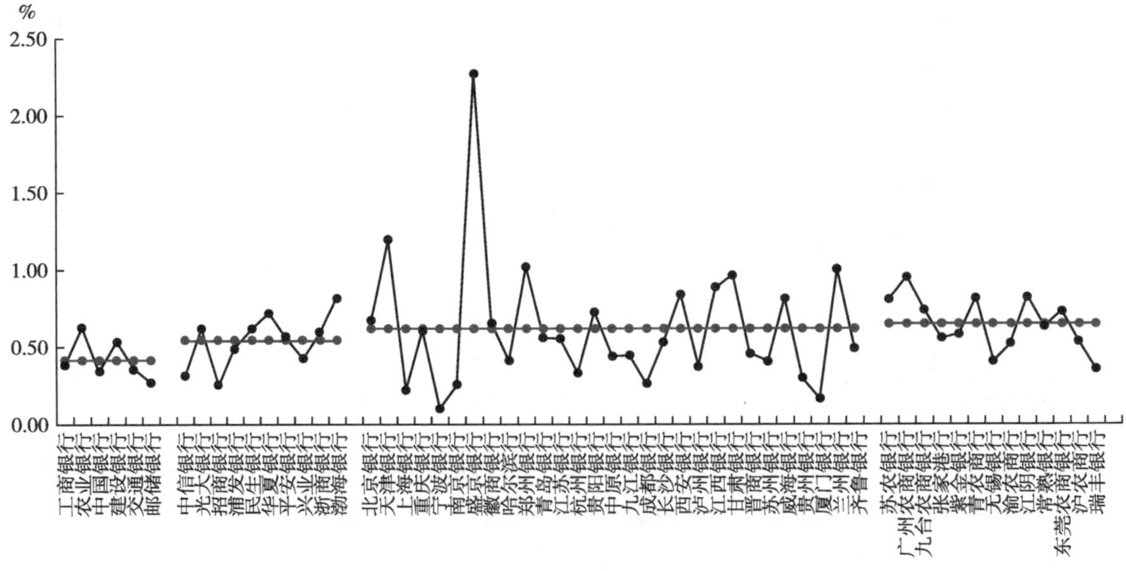

图 7　各类银行次级类贷款占比情况

银行、天津银行、兰州银行、甘肃银行等 11 家银行的次级类贷款占比高于同类银行平均水平，其中，盛京银行较平均值高 1.65 个百分点；农商行中，广州农商银行、江阴银行、苏农银行、青农商行等 6 家银行的次级类贷款占比高于同类银行平均水平，其中，广州农商银行较平均值高 0.30 个百分点。

如图 8 所示，可疑类贷款方面，国有行中，农业银行、中国银行、工商银行 3 家银行的可疑类贷款占比高于同类银行平均水平，其中，农业银行高于平均值 0.15 个百分点；股份制银行中，浙商银行、中信银行、华夏银行等 6 家银行的可疑类贷款占比高于同类银行平均水平，其中，浙商银行高于平均值 0.19 个百分点；城商行中，江西银行、晋商银行、哈尔滨行、威海银行等 11 家银行的可疑类贷款占比高于同类银行平均水平，其中，江西银行高于平均值 0.66 个百分点；农商行中，九台农商银行、青农商行、广州农商银行等 6 家银行的可疑类贷款占比高于同类银行平均水平，其中，九台农商银行高于平均值 0.82 个百分点。

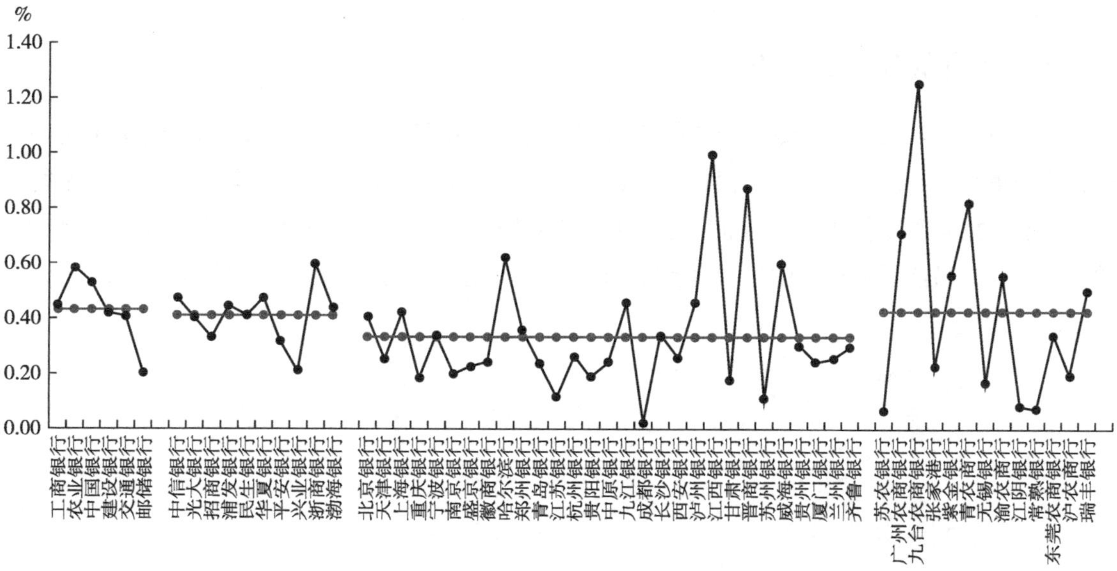

图 8　各类银行可疑类贷款占比情况

如图 9 所示，损失类贷款方面，国有行中，交通银行、工商银行等 4 家银行的损失类贷款占比高于同类银行平均水平，其中，交通银行高于平均值 0.16 个百分点；股份制银行中，浙商银行、浦发银行等 6 家银行的损失类贷款占比高于同类银行平均水平，其中，浙商银行高于平均值 0.20 个百分点；城商行中，哈尔滨行、中原银行、九江银行、贵州银行等 8 家银行的损失类贷款占比高于同类银行平均水平，其中，哈尔滨行高于平均值 1.32 个百分点；农商行中，九台农商银行、沪农商行等 6 家银行的损失类贷款占比高于同类银行平均水平，其中，九台农商银行高于平均值 0.21 个百分点。

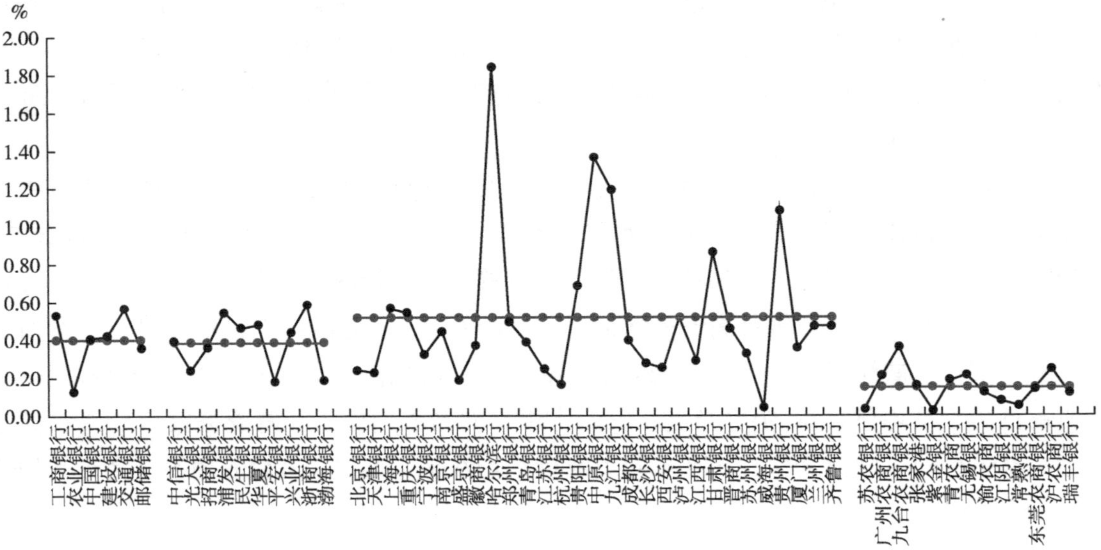

图 9　各类银行损失类贷款占比情况

四、不良贷款行业分析

如图 10 所示，2023 年 50 家上市银行披露了行业不良贷款率情况（未披露的银行有北京银行、西安银行、长沙银行、江阴银行、无锡银行、苏农银行、张家港行、紫金银行 8 家银行），房地产业、批发和零售业、制造业、建筑业、农林牧渔业、住宿和餐饮业为不良贷款排名前五的行业。在排名前五的行业中，40 家银行涉及房地产业，39 家银行涉及批发和零售业。

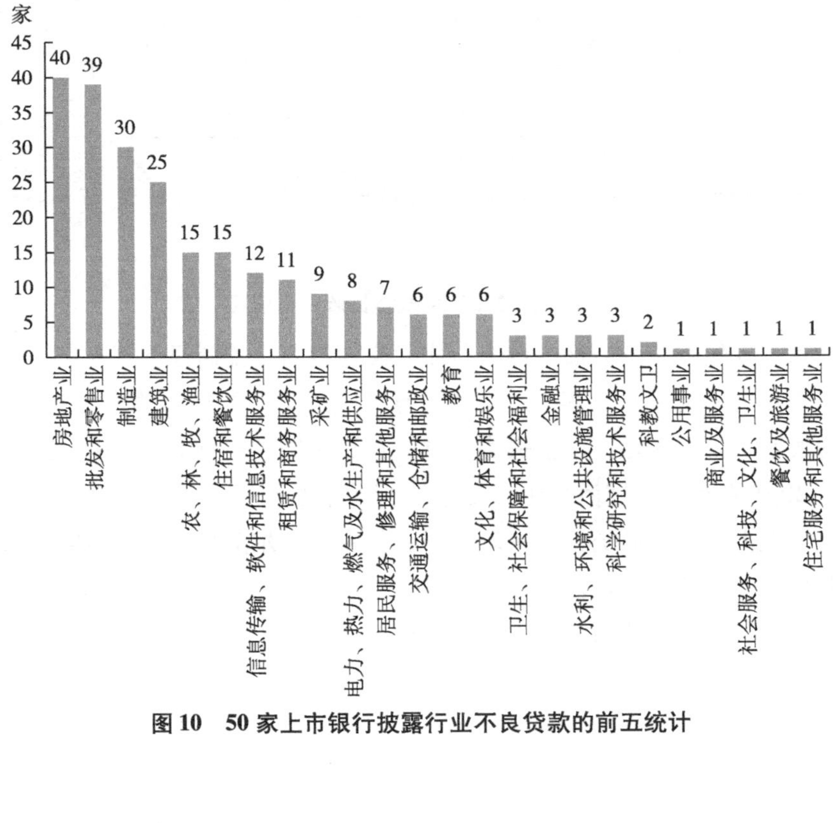

图 10　50 家上市银行披露行业不良贷款的前五统计

各类银行的行业不良率差异明显。其中，交通银行发放住宿和餐饮业贷款的不良率为11.67%；浙商银行发放交通运输、仓储和邮政业贷款的不良率为6.79%；哈尔滨行发放金融业贷款的不良率为100.00%，贵州银行发放房地产业贷款的不良率为40.39%；青农商行发放住宿和餐饮业贷款的不良率为12.33%（见表8）。

表8　　各类银行不良贷款率前五行业排名及其不良率

银行类型	银行名称	不良贷款行业及其不良率（%）				
国有行	工商银行	房地产业	批发和零售业	建筑业	制造业	科教文卫
		5.37	4.40	3.25	2.35	2.31
	农业银行	房地产业	采矿业	批发和零售业	信息传输、软件和信息技术服务业	建筑业
		5.42	3.98	2.48	2.27	2.04
	中国银行	房地产业	公用事业	商业及服务业	制造业	采矿业
		5.51	1.92	1.50	1.44	1.42
	建设银行	房地产业	采矿业	建筑业	批发和零售业	租赁和商务服务业
		5.64	5.61	2.63	1.91	1.82
	交通银行	住宿和餐饮业	房地产业	科教文卫	批发和零售业	制造业
		11.67	4.99	2.91	2.70	1.96
	邮储银行	房地产业	居民服务和其他服务业	住宿和餐饮业	批发和零售业	水利、环境和公共设施管理业
		2.45	1.79	1.45	0.96	0.93
股份制银行	中信银行	信息传输、软件和信息技术服务业	建筑业	房地产业	制造业	批发和零售业
		3.90	2.86	2.59	2.24	1.68
	光大银行	房地产业	批发和零售业	制造业	建筑业	交通运输、仓储和邮政业
		5.33	2.25	1.06	0.79	0.78
	招商银行	房地产业	采矿业	租赁和商务服务业	信息传输、软件和信息技术服务业	批发和零售业
		5.26	1.20	0.76	0.73	0.67
	浦发银行	房地产业	居民服务、修理和其他服务业	农、林、牧、渔业	教育	金融业
		4.11	3.96	3.82	3.79	2.67
	民生银行	房地产业	采矿业	批发和零售业	制造业	租赁和商务服务业
		4.92	2.16	1.36	1.29	1.15
	华夏银行	采矿业	房地产业	批发和零售业	建筑业	电力、热力、燃气及水生产和供应业
		5.50	4.21	3.61	2.56	2.20

续表

银行类型	银行名称	不良贷款行业及其不良率（%）				
股份制银行	平安银行	建筑业	批发和零售业	社会服务、科技、文化、卫生业	房地产业	制造业
		1.94	1.17	1.07	0.86	0.32
	光业银行	批发和零售业	文化、体育和娱乐业	居民服务、修理和其他服务业	农、林、牧、渔业	建筑业
		3.66	3.20	2.19	1.82	1.32
	浙商银行	交通运输、仓储和邮政业	房地产业	租赁和商务服务业	住宿和餐饮业	建筑业
		6.79	2.48	2.00	1.27	1.19
	渤海银行	批发和零售业	房地产业	建筑业	采矿业	制造业
		4.66	3.65	3.45	2.29	2.20
城商行	天津银行	电力、热力、燃气及水生产和供应业	制造业	住宿和餐饮业	批发和零售业	农、林、牧、渔业
		8.74	4.96	4.82	4.69	4.04
	上海银行	信息传输、软件和信息技术服务业	房地产业	批发和零售业	租赁和商务服务业	交通运输、仓储和邮政业
		13.15	2.11	1.80	1.41	1.13
	重庆银行	金融业	采矿业	房地产业	批发和零售业	制造业
		17.19	7.45	6.48	5.19	3.11
	宁波银行	教育	卫生、社会保障和社会福利业	信息传输、软件和信息技术服务业	居民服务、修理和其他服务业	批发和零售业
		3.65	1.06	0.65	0.48	0.47
	南京银行	信息传输、软件和信息技术服务业	建筑业	卫生、社会保障和社会福利业	批发和零售业	教育
		6.44	5.72	2.96	1.52	1.18
	盛京银行	农、林、牧、渔业	住宿和餐饮业	批发和零售业	制造业	文化、体育和娱乐业
		8.88	6.53	5.02	3.61	3.19
	徽商银行	房地产业	租赁和商务服务业	餐饮及旅游业	建筑业	制造业
		7.33	3.17	2.58	2.06	1.37
	哈尔滨行	金融业	教育	制造业	农、林、牧、渔业	科学研究和技术服务业
		100.00	18.46	12.63	9.29	6.97
	郑州银行	住宿和餐饮业	房地产业	制造业	批发和零售业	租赁和商务服务业
		26.18	6.48	5.19	2.78	1.11

续表

银行类型	银行名称	不良贷款行业及其不良率（%）				
城商行	青岛银行	电力、热力、燃气及水生产和供应业	制造业	房地产业	批发和零售业	建筑业
		4.61	3.28	2.30	1.22	0.32
	江苏银行	房地产业	批发和零售业	建筑业	制造业	科学研究和技术服务业
		2.54	1.92	1.40	1.12	0.97
	杭州银行	房地产业	电力、热力、燃气及水生产和供应业	制造业	批发和零售业	信息传输、软件和信息技术服务业
		6.36	3.20	1.14	0.81	0.56
	贵阳银行	批发和零售业	建筑业	房地产业	信息传输、软件和信息技术服务业	农、林、牧、渔业
		4.07	2.25	2.21	1.92	1.54
	中原银行	农、林、牧、渔业	房地产业	住宿和餐饮业	制造业	批发和零售业
		7.42	4.56	3.74	3.45	3.01
	九江银行	文化、体育和娱乐业	住宿和餐饮业	房地产业	电力、热力、燃气及水生产和供应业	农、林、牧、渔业
		10.73	9.46	5.97	5.91	3.88
	成都银行	居民服务、修理和其他服务业	住宿和餐饮业	房地产业	建筑业	制造业
		19.57	11.91	3.04	2.69	1.17
	泸州银行	交通运输、仓储和邮政业	房地产业	批发和零售业	租赁和商务服务业	建筑业
		7.06	4.84	0.94	0.69	0.36
	江西银行	批发和零售业	制造业	建筑业	住宿和餐饮业	房地产业
		11.22	4.42	4.13	3.48	3.29
	甘肃银行	信息传输、软件和信息技术服务业	批发和零售业	住宿和餐饮业	房地产业	农、林、牧、渔业
		7.31	7.06	5.42	4.46	3.51
	晋商银行	房地产业	租赁和商务服务业	农、林、牧、渔业	批发和零售业	教育
		10.56	6.71	5.63	4.50	4.06
	苏州银行	房地产业	农、林、牧、渔业	批发和零售业	制造业	建筑业
		2.60	1.36	1.20	0.89	0.65

续表

银行类型	银行名称	不良贷款行业及其不良率（%）				
城商行	威海银行	文化、体育和娱乐业	房地产业	批发和零售业	制造业	电力、热力、燃气及水生产和供应业
		4.20	3.94	1.50	1.30	1.18
	贵州银行	房地产业	住宿和餐饮业	文化、体育和娱乐业	建筑业	批发和零售业
		40.39	2.99	1.11	1.03	0.71
	厦门银行	房地产业	制造业	信息传输、软件和信息技术服务业	建筑业	交通运输、仓储和邮政业
		4.70	2.36	2.06	0.76	0.74
	兰州银行	教育	农、林、牧、渔业	房地产业	信息传输、软件和信息技术服务业	建筑业
		14.46	7.05	4.30	4.21	3.37
	齐鲁银行	制造业	批发和零售业	住宿和餐饮业	房地产业	信息传输、软件和信息技术服务业
		5.67	1.50	1.40	1.37	0.38
农商行	广州农商银行	卫生、社会保障和社会福利业	房地产业	批发和零售业	居民服务、修理和其他服务业	农、林、牧、渔业
		6.59	5.94	5.65	4.53	3.79
	九台农商银行	居民服务、修理和其他服务业	电力、热力、燃气及水生产和供应业	文化、体育和娱乐业	制造业	采矿业
		7.46	5.76	5.45	3.45	2.48
	青农商行	住宿和餐饮业	制造业	批发和零售业	交通运输、仓储和邮政业	房地产业
		12.33	6.86	3.08	1.58	1.36
	渝农商行	房地产业	批发和零售业	电力、热力、燃气及水生产和供应业	制造业	建筑业
		9.27	2.89	0.92	0.90	0.70
	常熟银行	制造业	建筑和租赁服务业	水利、环境和公共设施管理业	—	—
		1.12	0.89	0.67	—	—
	东莞农商银行	批发和零售业	制造业	住宅服务和其他服务业	水利、环境和公共设施管理业	农、林、牧、渔业
		3.08	2.15	1.46	1.32	0.86
	沪农商行	房地产业	批发和零售业	建筑业	住宿和餐饮业	科学研究和技术服务业
		2.18	1.39	1.19	0.85	0.85
	瑞丰银行	农、林、牧、渔业	批发和零售业	制造业	建筑业	租赁和商务服务业
		2.31	1.68	0.36	0.27	0.21

从各类银行不良贷款率的行业分布来看，城商行和农商行的分布范围相对较大，国有行和股份制银行的分布范围相对较小。具体来看，国有行和股份制银行不良贷款率排名前五行业为房地产业、批发和零售业、制造业、建筑业、采矿业，两类银行中农林牧渔业、住宿和餐饮业等行业不良贷款率相对较低；而城商行和农商行的农林牧渔业、住宿和餐饮业不良贷款率相对较高。整体而言，房地产业、批发和零售业在各类银行中不良贷款率均相对较高（见表9）。

表9　　各类银行不良贷款率前五行业

全部上市银行	国有行	股份制银行	城商行	农商行
房地产业	房地产业	房地产业	房地产业	批发和零售业
批发和零售业	批发和零售业	批发和零售业	批发和零售业	制造业
制造业	制造业	建筑业	制造业	房地产业
建筑业	建筑业	制造业	建筑业	建筑业
农、林、牧、渔业/住宿和餐饮业	采矿业	采矿业	农、林、牧、渔业/住宿和餐饮业	农、林、牧、渔业

从行业角度来看，上市银行不良贷款率较高的行业为房地产业（4.03%）、批发和零售业（2.29%）、居民服务、修理和其他服务业（1.78%）。其中，国有行主要集中在房地产业（5.40%）、批发和零售业（2.48%）、制造业（1.89%）；股份制银行主要集中在房地产业（3.88%）、批发和零售业（1.97%）、采矿业（1.83%）；城商行主要集中在金融业（8.87%）、房地产业（3.62%）、住宿和餐饮业（2.99%）；农商行主要集中在批发和零售业（2.89%）、农林牧渔业（2.15%）、房地产业（1.98%）（见表10）。

表10　　行业不良贷款率①

行业	不良贷款率中位数（%）				
	上市银行	国有行	股份制银行	城商行	农商行
房地产业	4.03	5.40	3.88	3.62	1.98
批发和零售业	2.29	2.48	1.97	1.92	2.89
制造业	1.37	1.89	1.18	1.37	1.24
建筑业	1.17	1.72	1.47	1.14	0.89
交通运输、仓储和邮政业	0.39	0.52	0.36	0.33	0.55
租赁和商务服务业	0.60	1.82	0.83	0.45	0.42
信息传输、软件和信息技术服务业	1.30	1.60	1.05	1.44	0.71
水利、环境和公共设施管理业	0.30	1.14	0.27	0.10	0.67
采矿业	1.31	1.42	1.83	0.90	—
电力、热力、燃气及水生产和供应业	0.73	0.78	0.55	0.60	—

① 表中列示的18个行业为披露数据较多的行业。

续表

行业	不良贷款率中位数（%）				
	上市银行	国有行	股份制银行	城商行	农商行
金融业	0.23	0.13	0.17	8.87	—
农、林、牧、渔业	1.68	—	1.11	1.54	2.15
住宿和餐饮业	1.45	—	0.79	2.99	1.09
教育	0.36	—	0.55	0.36	—
科学研究和技术服务业	0.42	—	—	0.44	0.37
居民服务、修理和其他服务业	1.78	—	—	1.40	—
卫生和社会工作	1.01	—	—	1.01	—
文化、体育和娱乐业	0.83	—	—	0.47	—

2023 年上半年以来，房地产市场持续下行，多家房地产企业出现债务违约，使得上市银行“坏账”增加。在复杂严峻的宏观环境中，行业结构的变化让部分房企还款能力发生变化，同时，在房地产不良出清过程中，部分房企资产质量面临一定压力。总体来看，披露行业不良贷款率的 50 家上市银行中，房地产业不良率在 40 家银行中位居前五，在 18 家银行中居于首位，行业平均不良率为 4.67%。

如图 11 所示，各类银行房地产业平均不良贷款率均较 2022 年有所上升。国有行中，交通银行、建设银行和邮储银行房地产业不良率上升，工商银行、农业银行和中国银行不良率有所下降。交通银行表示将把房地产业贷款质量管控作为工作重点领域；邮储银行表示，将在相关领域动态监控摸清底数，重点排查分类施策。股份制银行中，7 家银行房地产业不良率有所上升，3 家银行不良率有所下降。城商行中，15 家银行房地产业不良率有所上升，10 家银行不良率有所下降。农商行中，4 家银行房地产业不良率有所上升，1 家银行不良率有所下降。

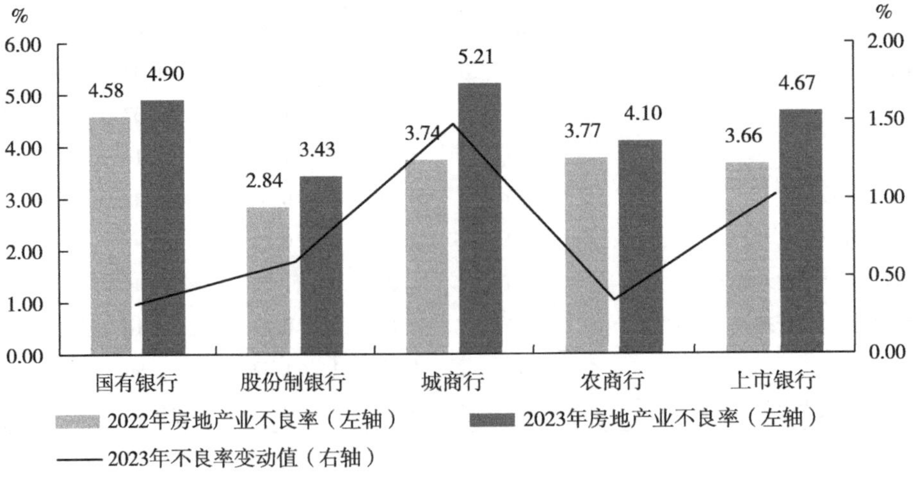

图 11　各类银行房地产业不良率

其中，城商行不良率上升幅度较大，增加 1.47 个百分点至 5.21%，主要由于贵州银行 2023 年房地产行业不良贷款率为 40.39%，较上年上升 20.18 个百分点，不良贷款规模为 30.46 亿元，原因主要为报告期内个别房企贷款被纳入不良管理。晋商银行和渝农商行 2023 年房地产业不良率分别为 10.56% 和 9.27%，徽商银行和九江银行行业不良率分别较 2022 年提高 7.00 个和 4.03 个百分点。多家银行表示，将在支持房企合理融资需求的同时，加强房地产领域风险防控，如动态监测智能预警、重点排查分类施策，并强调风险整体可控。

专题六　利率风险

一、上市银行利率风险概述及分析价值

（一）利率风险概述

风险管理在上市银行经营管理中扮演着越来越重要的角色，其中，市场风险是银行风险管理的重要组成部分，包含利率风险和汇率风险。

利率风险会影响到商业银行的业绩表现，如当期净利润和净资产等。银行领域的账户基本可以分为银行账簿账户和交易账户，其中银行账簿账户是相对于交易账户而言的，记录的是商业银行未划入交易账簿的相关表内外业务。银行账簿利率风险指利率水平、期限结构等不利变动导致银行账簿经济价值和整体收益遭受损失的风险，主要包括缺口风险、基准风险和期权性风险。

商业银行将银行账簿利率风险纳入全面风险管理框架，建立与该行系统重要性、风险状况和业务复杂程度相适应的银行账簿利率风险管理体系，加强对银行账簿利率风险的识别、计量、监测、控制和缓释，将对商业银行控制利率风险起到积极作用。为此，商业银行应当建立完善的银行账簿利率风险治理架构，制定包括风险策略、风险偏好、限额体系等在内的风险管理政策框架，并定期对银行账簿利率风险管理流程进行评估和完善。

一般来说，缺口风险在利率风险中最受关注。缺口风险是指利率变动时，由于不同金融工具重定价期限不同而引发的风险。利率变动既包括收益率曲线平行上移或下移，也包括收益率曲线形状变化。由于金融工具的重定价期限不同，利率上升时当负债利率重定价早于资产利率，或利率下降时当资产利率重定价早于负债利率，银行在一定时间内面临利差减少甚至负利差，从而导致损失。

缺口分析可以分为融资缺口分析和久期缺口分析，前者会影响当期净利润或者其他综合收益，后者会影响银行净资产价值。一般来说，银行集团口径下会采用敏感性缺口分析衡量利率变化对本集团净利息收入的可能影响。利率敏感性资产与利率敏感性负债之间的差额，反映了银行在面临市场利率变动时可能遭受的风险敞口。如重庆银行所述“本集团定期计量利率敏感性缺口，通过缺口分析来评估承受的利率风险，并进一步评估在不同利率情景下，利率变动对利息净收入和企业净值的影响”。

利率风险往往来源于以下情形：

一是在利率变动时，不同金融工具重定价期限不同；

二是定价基准利率不同的银行账簿表内外业务，尽管期限相同或相近，但基准利率的变化不一致；

三是银行因持有期权衍生工具，或银行账簿表内外业务存在嵌入式期权条款或隐含选择权，而使银行或交易对手可以改变金融工具的未来现金流水平或期限；

四是由于预期违约水平或市场流动性变化，市场对金融工具信用质量的评估发生变化，进而导致信用利差发生变化。

（二）分析在上市银行中的地位

利率风险分析在上市银行中具有至关重要的地位。首先，利率是金融市场的核心变量之一。上市银行的业务广泛，涉及存贷款、债券投资等，利率的波动直接影响其资产和负债的价值。美国硅谷银行破产倒闭，究其本质原因，就是当市场利率上升时，固定利率的贷款价值相对下降，而存款成本可能上升，从而对银行的净利息收入产生负面影响。不仅如此，利率上升还会导致硅谷银行所释放的贷款遭到打击，科技企业更偏好用自己的钱而不是去贷款，这就导致存款受到了挤兑，最终引发的流动性风险是美国硅谷银行破产的直接原因。

其次，上市银行面临着严格的监管要求。监管机构通常会关注银行的利率风险管理能力，以确保金融体系的稳定。若银行不能有效管理利率风险，可能会面临监管处罚，影响其声誉和业务开展。最后，利率风险对银行的资本充足率也有重要影响。利率的大幅波动可能导致银行资产价值缩水，从而降低资本充足率，威胁银行的财务稳健性。

（三）利率风险分析在上市银行中的研究价值

1. 帮助银行制定合理的战略决策

通过深入分析利率风险，上市银行能够更准确地预测未来利率走势，从而制定相应的资产负债管理策略。比如，在预期利率下降时，增加长期固定利率贷款的发放，以锁定较高的利息收入。又或者改变降低利率风险敞口，博得更高的风险收益，当然这里不仅要考虑净利润，还要考虑其他综合收益。

2. 优化资产负债结构

研究利率风险可以促使银行调整资产和负债的期限结构、利率结构，实现资产和负债的更好匹配，降低风险敞口，避免出现不合理的期限错配现象，避免出现类似美国硅谷银行流动性风险的事件。

3. 提升风险管理水平

深入的利率风险分析有助于银行建立完善的风险管理体系，采用先进的风险计量和控制手段，提高风险管理的精细化程度。

4. 增强投资者信心

透明和准确的利率风险分析信息披露，能够让投资者更好地了解银行的风险状况，增强对银行的信任和投资意愿，有利于银行在资本市场上的融资和估值。

二、国有行利率风险分析

本部分分析首先以2023年上市银行年报披露数据与上年同期数据或可获取到的同口径数据进行对比，货币均以人民币计价，假设所有货币收益率曲线向下平行移动25个基点或100个基点（此处作加粗处理），且表内外资产负债结构保持不变，且不将客户行为、基准风险等变化的影响考虑在内，整理出人民币货币未来12个月的收益敏感性状况如下，从六大国有行的数据来看，当利率下降时，国有行的未来12个月的利息等当期收入均增加。

其中，建设银行的利率风险缺口最高，年报披露的数据假设存放央行款项的利率不变，这体现该行对未来利率下降的预期，并作出了处置措施，风险偏好相对激进，这一特征在其2022年的年报披露数据中更为明显，这或许是建行在面临国内降息预期被消化时所作出的早期预警反应。

由于中国银行的敏感性分析是假设利率下降25个基点，而其余银行假设利率下降100个基点，所以量纲上没有可比性，难以推测哪家银行的风险敞口最小。

交通银行和邮储银行的利率风险敞口被放大，与其对降息预期是否可被消化的预期有关，两家银行采取类似于突破型的利率策略。其余银行在2023年均缩小了利率风险敞口，整体来看，国有行偏好于更低的利率风险，利率下行的预期在2023年被部分消化（见表1）。

表1　　国有行在利率变化后未来12个月收入变化　　单位：百万元

银行名称	2023年	2022年	变化
中国银行	477	3, 294	-2, 817
工商银行	14, 922	29, 472	-14, 550
建设银行	51, 907	62, 482	-10, 575
农业银行	35, 951	43, 303	-7, 352
交通银行	20, 084	17, 861	2, 223
邮储银行	15, 670	13, 143	2, 527

三、股份制银行利率风险分析

为便于分析，根据2023年12月29日的中国债券网披露国债收益率曲线，以上市股份制银行数据为基础，假设所有货币收益率曲线向下平行移动25个基点或100个基点（此处作加粗处理，见图1）。

招商银行的敏感性分析是以25个基点进行计算，而其余股份制银行均为100个基点。在以100个基点进行分析的股份制银行中，兴业银行的风险敞口位居第一，利率下降100个基点后，净利息收入会升高102.63亿元。利率风险敞口最小的是渤海银行，其2022年年报披露的净利息变化为6.89亿元，2023年年报披露的净利息变化为17.81亿元。

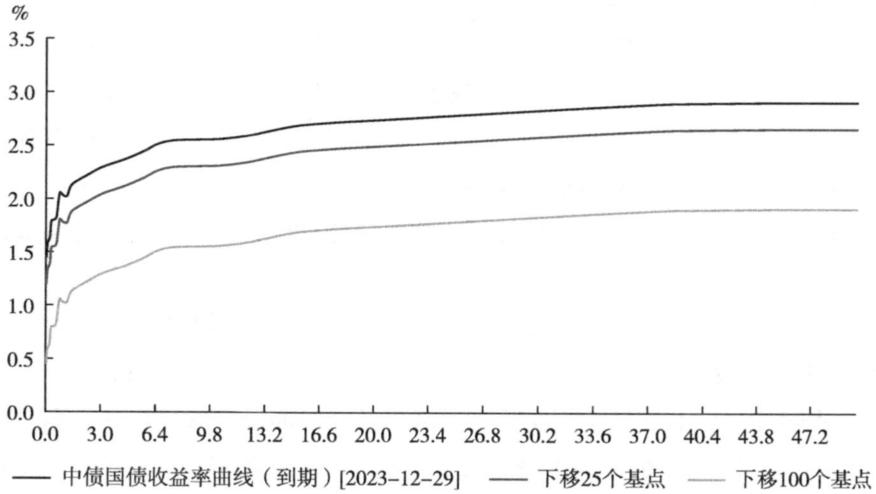

图 1　2023 年 12 月 29 日国债收益率曲线

2023 年相对于 2022 年的风险敞口绝对值扩大的有中信银行、民生银行、浙商银行、渤海银行、华夏银行，风险敞口绝对值缩小的有招商银行、兴业银行、浦发银行、光大银行、平安银行。风险敞口绝对值扩大往往对应着银行选择了更激进的策略，对利率走势的把控更加确定（见表 2）。

表 2　　股份制银行在利率变化后未来 12 个月收入变化　　单位：百万元

银行名称	2023 年	2022 年	变化值
招商银行	4, 118	4, 412	-294
兴业银行	10, 263	12, 420	-2, 157
浦发银行	2, 454	3, 487	-1, 033
中信银行	7, 681	6, 517	1, 164
民生银行	8, 469	8, 132	337
光大银行	2, 404	2, 908	-504
平安银行	4, 210	5, 782	-1, 572
浙商银行	1, 768	1, 135	633
渤海银行	1, 781	689	1, 092
华夏银行	4, 282	2, 097	2, 185

四、城商行利率风险分析

城商行的规模均小于国有行和部分股份制银行，因此其利率风险敞口的规模也远低于后者，而从风格上看，城商行更偏好在市场走势不明朗的阶段降低利率风险敞口，而不是博取资本利得。

其中，徽商银行 2023 年的利率风险敞口最大，在所有货币收益率降低 100 个基点后，当期收益达到了44亿元，与此相反，晋商银行的风险敞口极低，在相同条件下，当期收益仅有2,400万元，出现了数量级的差异，反映出城商行之间利率风险偏好分化。

从风险敞口的方向来看，在2023年年报披露数据中，只有3家城市商业银行的风险敞口损益在所有货币收益率降低基点后为负值，即预测未来利率不降反升，或有提高股东权益等其他方面的考虑。其余披露数据的25家银行的风险敞口使得所有货币收益率降低基点后的损益是正值，即预测未来利率下降，以博得更高的当期收益，或者说有提高股东权益等其他方面的考虑。

从各个城商行的风险敞口变化来看，成都银行的利率风险敞口变化最大，收益率降低100个基点后的当期收益由2022年年报数据盈利12.22亿元变为2023年年报数据损失13.39亿元，表明其利率走势判断出现反向变化，根据成都银行所披露的数据显示，利率下降100个基点后，2023年末的权益上升67.55亿元，所以成都银行可能是出于提高股东价值的考虑，而不是单独看当期净利润变化。重庆银行的利率风险敞口位居其次，收益率降低100个基点后的当期收益由盈利14.02亿元变为盈利27.93亿元，表明其利率风险敞口被放大。

从变化的方向来看，有13家城商行的利率风险敞口被放大，15家城商行的利率风险敞口缩小甚至转负（成都银行）（见表3）。

表3　城市商业银行在利率变化后未来12个月收入变化　单位：百万元

银行名称	2023年	2022年	变化
北京银行	1,012	1,087	-75
天津银行	3,261	2,735	526
上海银行	978	384	594
重庆银行	2,793	1,402	1,391
宁波银行	1,607	1,718	-111
南京银行	-590	-287	-303
盛京银行	1,258	344	914
徽商银行	4,419	3,781	638
哈尔滨行	1,030	1,386	-356
郑州银行	585	1,061	-476
青岛银行	732	831	-99
江苏银行	1,292	1,526	-234
杭州银行	849	365	484
贵阳银行	139	194	-55
中原银行	756	541	215
九江银行	1,569	1,608	-39
成都银行	-1,339	1,222	-2,561
长沙银行	2,334	1,592	742

续表

银行名称	2023 年	2022 年	变化
西安银行	47	487	-440
泸州银行	222	188	34
江西银行	1, 144	759	385
甘肃银行	183	128	55
晋商银行	24	259	-235
苏州银行	63	73	-10
威海银行	-166	-54	-112
贵州银行	566	593	-27
厦门银行	1, 005	781	224
兰州银行	—	—	—
齐鲁银行	879	809	70

五、农商行利率风险分析

由于上市农商行体量相对较小，从总体来看，上市农商行的整体利率风险敞口比国有六大商业银行、股份制银行和城市商业银行相对较低，结合数据可知，上市农商行更加偏好降低利率风险和更加灵活轻盈的轻资产经营方式。

具体来看，广州农商银行 2023 年的利率风险敞口最大，在所有货币收益率降低 100 个基点后，当期收益达到 15. 42 亿元，比上一年收益升高 2. 32 亿元。与此相反，青农银行的风险敞口极低，在相同条件下，当期损失 2, 400 万元。这里同样表现出了利率风险偏好的分化。

从风险敞口的方向来看，2023 年年报披露数据里，有 5 家农村商业银行的风险敞口使得所有货币收益率降低 100 个基点后的损益是负值，也即预测未来利率不降反升，或有提高股东权益等其他方面的考虑。其余披露数据的 7 家银行的风险敞口使得所有货币收益率降低 100 个基点后的损益是正值，即预测未来利率下降，以博取更高的当期收益，或有提高股东权益等其他方面的考虑。

从各个农村商业银行的风险敞口变化来看，无锡银行的利率风险敞口变化最大，收益率降低 100 个基点后的当期收益由盈利 1. 23 亿元变为损失 3. 79 亿元，表明其利率走势判断出现反向变化，但是无锡银行的 2023 年年报的敏感性分析中，没有计算出相应的权益变化幅度，推测是出于提高股东价值的考虑。渝农商行的利率风险敞口位居其次，收益率降低 100 个基点后的当期收益由亏损 5. 98 亿元变为损失 1. 51 亿元，渝农商行缩小利率风险敞口，选择采取更加稳健的策略，同样没有披露相同情况下权益变化幅度。从变化的方向来看，7 家农商行的利率风险敞口被放大，5 家农商行的利率风险敞口缩小甚至为负（见表 4）。

表4 农村商业银行在利率变化后未来12个月收入变化 单位：百万元

银行名称	2023年末	2022年末	变化量
苏农银行	-164	-249	85
广州农商银行	1,542	1,310	232
九台农商银行	—	—	—
张家港行	370	662	-292
紫金银行	315	336	-21
青农商行	-24	19	-43
无锡银行	-379	123	-502
渝农商行	-151	-598	447
江阴银行	377	367	10
常熟银行	436	104	332
东莞农商银行	1,066	829	237
沪农商行	-645	-799	154
瑞丰银行	236	246	-10

利率敏感性分析只是作为例证，以简化情况为基础。分析显示在各个预计收益曲线情形及银行集团现时利率风险状况下，利息净收入和权益之估计变动。但该影响并未考虑管理层为减低利率风险而可能采取的除套期之外的其他风险管理活动。上述估计假设所有期限的利率均以相同幅度变动，因此并不反映若某些利率改变而其他利率维持不变时，其对利息净收入和权益的潜在影响。

专题七　监管指标

2023 年 10 月，中央金融工作会议提出要全面加强金融监管，有效防范化解金融风险，及时处置中小金融机构风险，建立防范化解地方债务风险长效机制。2024 年 1 月习近平总书记对“着力防范化解金融风险特别是系统性风险”作出具体部署：“金融监管要‘长牙带刺’、有棱有角，关键在于金融监管部门和行业主管部门要明确责任，加强协作配合。在市场准入、审慎监管、行为监管等各个环节，都要严格执法，实现金融监管横向到边、纵向到底。”金融监管进入全面加强时代。

2023 年，53 家上市银行共披露 12 个监管指标，分别为收益类指标中的平均总资产收益率、平均净资产收益率、成本收入比；资本类指标中的资本充足率、一级资本充足率、核心一级资本充足率；信用风险类指标中的不良贷款率、拨备覆盖率、单一客户贷款集中度、最大十家客户贷款集中度；流动性类指标中的流动性比率、存贷比。

总体来看，各行的收益率进一步下降。其中，国有行总资产收益率降幅较大，农商行净资产收益率降幅较大，收益率指标未达标率有所上升；城商行的总资产收益率较高，国有行净资产收益率两项指标均较高；各行的成本收入大部分有所上升，三家银行未能达标；各行资本充足率均满足监管要求并进一步改善；各行信用风险类指标未能全部满足监管要求；拨备覆盖率指标未达标率有所上升；流动性指标全部满足监管要求。

一、收益类指标

（一）平均总资产收益率与平均净资产收益率

根据国家金融监督管理总局（即原银保监会，以下简称金融监管总局）《商业银行风险监管核心指标》的相关要求，总资产收益率不得低于 0.6%，净资产收益率不得低于 11%。2023 年，53 家上市银行的平均总资产收益率为 0.81%，同比下降 0.05 个百分点；平均净资产收益率为 9.13%，同比下降 0.68 个百分点，其中浦发银行等 19 家银行的总资产收益率未满足监管要求，工商银行等 37 家银行的净资产收益率未满足监管要求。从趋势上看，从 2019 年到 2023 年，各类型银行的总资产收益率和净资产收益率经历了先降后升再降的过程，大部分银行在 2023 年 ROA 和 ROE 降幅进一步扩大。

降幅扩大的原因中，一方面是由于 2023 年，中国宏观利率持续走低且贷款利率降幅大于存款，2023 年 8 月底，随着监管部门发布《关于降低存量首套住房贷款利率有关事项的通知》，9 月开始各大银行纷纷启动降低存量房贷利率。与此同时，因有效信贷需求走弱、居民消费及购房意愿降低，市场利率持续走低，带动新发贷款定价同比下行，导致上市银行净息差普遍收窄；另一方面由于第三方收入的手续费及佣金等下降明显。近年来，随着房价步入调整，居民理财需求向金融市场转移，各大金融机构纷纷向财富管理转型，银行凭借客源优势，代销和托管基金、理财收入大幅增长。不过在 2023 年基金巨亏、新发基金缩水及监管层要求降低管理费和托管费等因素影响下，上市银行相关收入开始大幅下降（见图 1、图 2）。

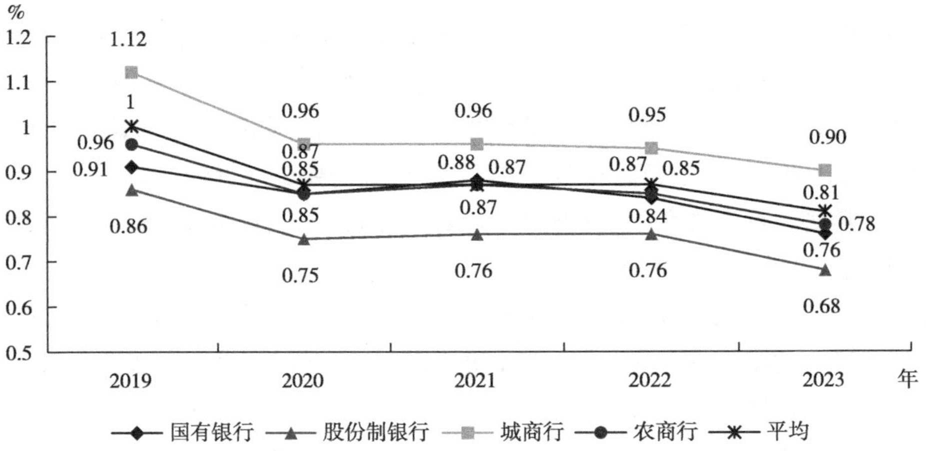

图 1　近五年各类型银行总资产收益率

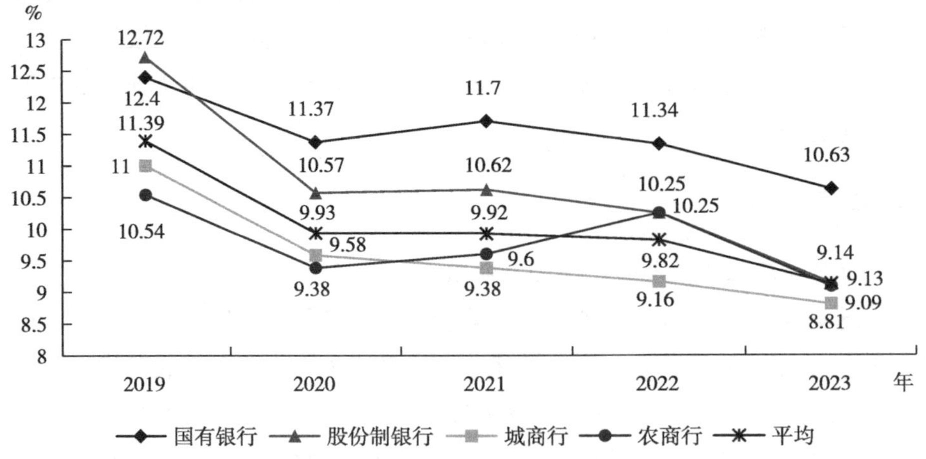

图 2　近五年各类型银行净资产收益率

具体来看，国有行的平均总资产收益率为 0. 76%，同比下降 0. 08 个百分点；平均净资产收益率为 10. 63%，同比下降 0. 71 个百分点。其中，建设银行的总资产收益率和净资产收益率均较高，分别为 0. 91% 和 11. 56%；邮储银行的总资产收益率较低，为 0. 58%；交通银行的净资产收益率较低，为 9. 68%（见表 1）。

表1　　近五年国有行平均总资产收益率和净资产收益率情况

银行简称	2019年	2020年	2021年	2022年	2023年	2023年变动百分比
平均总资产收益率（%）						
工商银行	1.08	1.00	1.02	0.97	0.87	-0.10
农业银行	0.90	0.83	0.86	0.82	0.73	-0.09
中国银行	0.92	0.87	0.89	0.85	0.80	-0.05
建设银行	1.11	1.02	1.04	1.00	0.91	-0.09
交通银行	0.80	0.77	0.80	0.75	0.69	-0.06
邮储银行	0.62	0.60	0.64	0.64	0.58	-0.06
平均	0.91	0.85	0.88	0.84	0.76	-0.08
平均净资产收益率（%）						
工商银行	13.05	11.95	12.15	11.43	10.66	-0.77
农业银行	12.43	11.35	11.57	11.28	10.91	-0.37
中国银行	11.45	10.61	11.28	10.81	10.12	-0.69
建设银行	13.18	12.12	12.55	12.27	11.56	-0.71
交通银行	11.20	10.35	10.76	10.35	9.68	-0.67
邮储银行	13.10	11.84	11.86	11.89	10.85	-1.04
平均	12.40	11.37	11.70	11.34	10.63	-0.71

股份制银行的平均总资产收益率为0.68%，同比下降0.07个百分点；平均净资产收益率为9.14%，同比下降1.11个百分点。其中，招商银行平均总资产收益率和平均净资产收益率两项指标均较高，分别为1.39%和16.22%。渤海银行两项指标均较低，分别为0.30%和4.48%。此外，兴业银行在两项指标中跌幅较大，分别下降0.23个和3.21个百分点。

值得一提的是，在净息差承压的情况下，取得较好数据表现的银行并非完全是以自身的业务能力来规避社会资本回报率下行周期的影响，依靠释放损益使收益较平滑地下降是另一种内驱因素。以招商银行为例，在营收下降的情况下，招商银行净利润的增加或可归因为信用减值损失的变动，原因可进一步追溯到私人银行条线相关的表外预期信用减值的损失，通过表外预期信用减值损失调整“以丰补歉”，将“丰年”留存利润进行释放（见表2）。

表2　　近五年股份制银行平均总资产收益率和净资产收益率情况

银行简称	2019年	2020年	2021年	2022年	2023年	2023年变动百分比
平均总资产收益率（%）						
中信银行	0.75	0.69	0.72	0.75	0.76	0.01
光大银行	0.82	0.75	0.77	0.73	0.62	-0.11
招商银行	1.31	1.23	1.36	1.42	1.39	-0.04
浦发银行	0.89	0.78	0.66	0.61	0.41	-0.19
民生银行	0.85	0.50	0.49	0.50	0.48	-0.02

续表

银行简称	2019 年	2020 年	2021 年	2022 年	2023 年	2023 年变动百分比
华夏银行	0.78	0.67	0.68	0.67	0.66	-0.01
平安银行	0.77	0.69	0.77	0.89	0.85	-0.04
兴业银行	0.96	0.90	1.02	1.03	0.80	-0.23
浙商银行	0.76	0.65	0.60	0.57	0.54	-0.03
渤海银行	0.76	0.67	0.58	0.38	0.30	-0.08
平均值	0.86	0.75	0.76	0.76	0.68	-0.07
平均净资产收益率（%）						
中信银行	11.07	10.11	10.73	10.80	10.80	0.00
光大银行	11.77	10.71	10.64	10.27	8.38	-1.89
招商银行	16.84	15.73	16.96	17.06	16.22	-0.84
浦发银行	12.29	10.81	8.75	7.98	5.21	-2.77
民生银行	12.40	6.81	6.59	6.31	6.10	-0.21
华夏银行	10.61	8.64	9.04	9.00	8.71	-0.29
平安银行	11.30	9.58	10.85	12.36	11.38	-0.98
兴业银行	14.02	12.62	13.94	13.85	10.64	-3.21
浙商银行	12.92	10.03	9.83	9.01	9.45	0.44
渤海银行	13.93	10.68	8.88	5.81	4.48	-1.33
平均值	12.72	10.57	10.62	10.25	9.14	-1.11

城商行的平均总资产收益率为0.62%，同比下降0.03个百分点；平均净资产收益率为8.81%，同比下降0.35个百分点，两项降幅均在各类银行中最小。成都银行两项指标均相对较高，分别为1.16%和18.78%。盛京银行总资产收益率相对较低，为0.07%，哈尔滨行的净资产收益率相对较低，为0.35%（见表3）。

表3　近五年城商行平均总资产收益率和净资产收益率情况

银行简称	2019 年	2020 年	2021 年	2022 年	2023 年	2023 年变动百分比
平均总资产收益率（%）						
北京银行	0.81	0.76	0.75	0.77	0.72	-0.05
天津银行	0.68	0.63	0.45	0.48	0.47	-0.01
上海银行	1.05	0.95	0.92	0.87	0.87	0.00
重庆银行	0.91	0.86	0.82	0.78	0.72	-0.06
宁波银行	1.13	1.03	1.08	1.06	1.01	-0.05
南京银行	0.94	0.97	0.92	0.98	0.97	0.00
盛京银行	0.54	0.12	0.04	0.10	0.07	-0.03
徽商银行	0.92	0.83	0.89	0.92	0.89	-0.04
哈尔滨行	0.61	0.13	0.06	0.11	0.12	0.01
郑州银行	0.68	0.60	0.57	0.42	0.30	-0.11

续表

银行简称	2019 年	2020 年	2021 年	2022 年	2023 年	2023 年变动百分比
青岛银行	0. 66	0. 57	0. 60	0. 59	0. 62	0. 04
江苏银行	0. 73	0. 68	0. 79	0. 91	0. 90	-0. 01
杭州银行	0. 68	0. 65	0. 72	0. 78	0. 83	0. 06
贵阳银行	1. 13	1. 07	1. 04	1. 00	0. 84	-0. 15
中原银行	0. 48	0. 45	0. 47	0. 35	0. 24	-0. 11
九江银行	0. 54	0. 43	0. 39	0. 34	0. 15	-0. 20
成都银行	1. 06	1. 00	1. 10	1. 19	1. 16	-0. 03
长沙银行	0. 93	0. 85	0. 88	0. 84	0. 82	-0. 02
西安银行	0. 96	0. 90	0. 81	0. 60	0. 57	-0. 03
泸州银行	0. 73	0. 55	0. 58	0. 57	0. 65	0. 08
江西银行	0. 48	0. 42	0. 44	0. 31	0. 20	-0. 11
甘肃银行	0. 15	0. 16	0. 16	0. 16	0. 17	0. 01
晋商银行	0. 62	0. 61	0. 58	0. 57	0. 57	0. 00
苏州银行	0. 80	0. 75	0. 78	0. 84	0. 85	0. 01
威海银行	0. 75	0. 67	0. 66	0. 64	0. 58	-0. 07
贵州银行	0. 95	0. 85	0. 77	0. 74	0. 66	-0. 08
厦门银行	0. 70	0. 65	0. 67	0. 69	0. 70	0. 01
平均值	0. 76	0. 67	0. 67	0. 65	0. 62	-0. 03
平均净资产收益率（%）						
北京银行	11. 45	10. 65	10. 29	9. 60	9. 32	-0. 28
天津银行	9. 32	8. 26	5. 77	6. 03	6. 00	-0. 03
上海银行	12. 94	12. 09	11. 80	11. 00	10. 36	-0. 64
重庆银行	12. 95	12. 20	10. 99	10. 20	10. 14	-0. 06
宁波银行	17. 10	14. 90	16. 63	15. 56	15. 08	-0. 48
南京银行	16. 53	14. 32	14. 85	15. 12	13. 12	-2. 00
盛京银行	7. 99	1. 55	0. 54	1. 26	0. 95	-0. 31
徽商银行	14. 60	12. 94	12. 33	12. 77	12. 52	-0. 25
哈尔滨行	7. 41	1. 51	0. 55	0. 04	0. 35	0. 31
郑州银行	9. 30	8. 37	7. 17	3. 53	3. 29	-0. 24
青岛银行	8. 27	8. 56	10. 40	8. 95	10. 71	1. 76
江苏银行	12. 65	11. 91	12. 60	14. 79	14. 52	-0. 27
杭州银行	12. 15	11. 14	12. 33	14. 09	15. 57	1. 48
贵阳银行	17. 41	15. 75	13. 34	11. 82	9. 81	-2. 01
中原银行	5. 67	5. 74	5. 97	4. 85	3. 54	-1. 31
九江银行	7. 69	6. 60	5. 70	4. 59	1. 91	-2. 68
成都银行	16. 63	15. 94	17. 60	19. 48	18. 78	-0. 70

续表

银行简称	2019 年	2020 年	2021 年	2022 年	2023 年	2023 年变动百分比
长沙银行	15.61	13.76	13.26	12.57	12.50	-0.07
西安银行	11.94	11.24	10.59	8.57	8.22	-0.35
泸州银行	9.56	7.27	7.87	8.12	9.41	1.30
江西银行	6.15	5.33	5.44	3.56	2.23	-1.33
甘肃银行	2.05	2.00	0.00	1.87	1.97	0.10
晋商银行	8.22	7.61	7.81	8.09	8.32	0.24
苏州银行	9.85	8.96	9.96	11.52	12.00	0.48
威海银行	10.37	8.42	8.54	8.63	8.15	-0.48
贵州银行	12.01	10.50	9.88	9.23	7.91	-1.32
厦门银行	11.11	11.23	10.98	11.38	11.20	-0.18
平均值	11.00	9.58	9.38	9.16	8.81	-0.35

农商行的平均总资产收益率为0.75%，同比下降0.05个百分点；平均净资产收益率为9.09%，同比下降1.16个百分点。江阴银行平均总资产收益率相对较高，为1.14%，常熟银行平均净资产收益率相对较高，为13.69%。九台农商银行的两项指标相对较低，分别为0.07%和1.05%（见表4）。

表4　　近五年农商行平均总资产收益率和净资产收益率情况

银行简称	2019 年	2020 年	2021 年	2022 年	2023 年	2023 年变动百分比
平均总资产收益率（%）						
苏农银行	0.75	0.72	0.78	0.89	0.91	0.02
广州农商银行	0.95	0.55	0.34	0.34	0.26	-0.08
九台农商银行	0.71	0.64	0.59	0.67	0.07	-0.60
张家港行	0.79	0.75	0.87	0.96	0.91	-0.05
紫金银行	0.72	0.69	0.71	0.74	0.69	-0.05
青农商行	0.90	0.80	0.74	0.54	0.58	0.04
无锡银行	0.79	0.77	0.83	0.97	0.99	0.02
渝农商行	1.01	0.79	0.81	0.80	0.80	0.00
江阴银行	0.84	0.80	0.87	1.00	1.14	0.14
常熟银行	1.08	0.98	1.03	1.10	1.13	0.03
平均值	0.85	0.75	0.76	0.80	0.75	-0.05
平均净资产收益率（%）						
苏农银行	8.44	8.07	9.31	10.92	11.67	0.75
广州农商银行	12.41	7.37	4.25	4.34	3.10	-1.24
九台农商银行	7.93	8.18	8.00	11.05	1.05	-10.00
张家港行	9.22	9.15	11.08	12.21	11.65	-0.56
紫金银行	10.80	10.14	9.85	9.64	9.10	-0.54

续表

银行简称	2019 年	2020 年	2021 年	2022 年	2023 年	2023 年变动百分比
青农商行	12.38	11.58	10.63	6.97	7.33	0.36
无锡银行	11.22	10.84	11.41	13.01	11.48	-1.53
渝农商行	12.35	9.28	9.67	9.44	9.28	-0.16
江阴银行	9.10	8.85	10.15	11.87	12.55	0.68
常熟银行	11.52	10.34	11.62	13.06	13.69	0.63
平均值	10.54	9.38	9.60	10.25	9.09	-1.16

（二）成本收入比

金融监管总局对成本收入比的要求是不高于45%。2023 年，53 家上市银行的平均成本收入比为33.40%，较2022 年上升1.80 个百分点。总体上看，股份制银行成本收入比相对较低，农商行成本收入比相对较高，其中，邮储银行、盛京银行和九台农商银行三家未满足监管要求，其成本收入比分别为64.82%、56.41%和58.78%。

从趋势来看，近五年，各类银行成本收入比总体呈上升趋势，可以追溯到三类原因：

第一，存款等负债成本刚性较强，利率下行周期中，降低贷款利率容易、降低存款利率相对较难。以招商银行为例，从近几年的年报数据来看，存款结构中企业定期存款比例从22%升至24.7%，个人定期存款比例从14.87%升至20.4%。由此可见，银行实际存款成本仍然处于较高水平，这主要是由于活期存款大量转定期存款，数据上升背后又可追溯到两个原因：一方面，在企业端，经济恢复不及预期，企业预期修复较慢，企业资金活化程度低，投融资意愿不足，活期存款派生少；另一方面，在个人端，资本市场扰动及居民的储蓄需求特别是中长期定期存款的需求提升，此外存款定期化趋势导致市场竞争激烈程度加剧，使成本高居不下。

第二，业务管理费成本刚性较强。从费用结构看，部分机构的薪酬总额略有增加。例如，除工商银行同比下降之外，其他5 家国有行2023 年度薪酬总额合计4,926.32 亿元，同比增长3.93%。再以宁波银行为例，2023 年，该行业务与管理费合计240.12 亿元，同比增长11.26%。其中，员工薪酬总额为146.38 亿元，同比增长7.25%；业务费用为68.61 亿元，同比增长19.30%。主要是该行2023 年末员工数量比年初增加2,143 人，同比增长7.92%。此外，2022 年部分样本机构的科技费用仍然保持增长趋势。其中，6 家国有行的科技投入合计1,228.22 亿元，同比增长5.38%；科技费用与营收的比值为3.48%，比上年提高0.32 个百分点。

第三，各类风险成本刚性较强。以最主要的信用风险成本为例。2023 年末，商业银行不良贷款余额为32,256 亿元，比上年末增加2,427 亿元；不良率1.59%，比上年末下降0.04 个百分点。年末不良率的下降，一方面得益于贷款增速相对较高，起到稀释作用；另一方面是由于大力开展核销，付出相对较高的处置成本。2023 年度，金融机构核销不良贷款10,967 亿元，继续保持2018 年以来的“万亿级”核销规模。尽管表外清收力度依然较大，回收后可以形成利润，但仍会造成部分损失（见图3）。

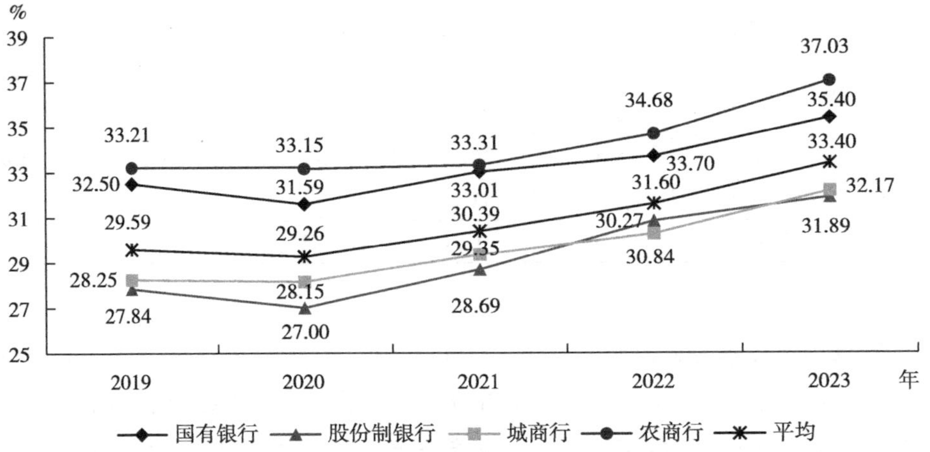

图3　近五年各类型银行成本收入比

具体来看，国有行的平均成本收入比为35.40%，同比上升1.70个百分点。其中工商银行成本收入比相对较低，为26.96%；邮储银行成本收入比相对较高，为64.82%，其增幅相对较大，为3.41个百分点，主要是受代理储蓄费上升影响。由于代理网点吸收个人客户存款规模增长较快，储蓄代理费较2022年增加126.76亿元，同比上升12.4%（见表5）。

表5　近五年国有行成本收入比　单位:%

银行简称	2019年	2020年	2021年	2022年	2023年	2023年变动百分比
工商银行	23.28	22.30	23.97	25.01	26.96	1.95
农业银行	30.49	29.23	30.46	31.63	33.86	2.23
中国银行	28.00	26.73	28.17	27.88	28.50	0.62
建设银行	26.53	25.12	27.43	28.12	28.20	0.08
交通银行	30.11	28.29	29.00	28.14	30.04	1.90
邮储银行	56.57	57.88	59.01	61.41	64.82	3.41
平均值	32.50	31.59	33.01	33.70	35.40	1.70

股份制银行的平均成本收入比控制得较好，为31.89%，同比增长1.05个百分点，其中平安银行成本收入比相对较低，为27.90%；渤海银行成本收入比相对较高，为40.51%，同比增长1.27个百分点（见表6）。

表6　近五年股份制银行成本收入比　单位:%

银行简称	2019年	2020年	2021年	2022年	2023年	2023年变动百分比
中信银行	27.70	26.65	29.20	30.53	32.35	1.82
光大银行	27.27	26.38	28.02	27.88	28.17	0.29
招商银行	32.09	33.30	33.12	32.88	32.96	0.08

续表

银行简称	2019 年	2020 年	2021 年	2022 年	2023 年	2023 年变动百分比
浦发银行	22.58	23.78	26.17	27.89	29.65	1.76
民生银行	26.74	26.19	29.17	35.61	36.10	0.49
华夏银行	30.59	27.93	29.06	30.13	31.37	1.24
平安银行	29.61	29.11	28.30	27.45	27.90	0.45
兴业银行	26.03	24.16	25.68	29.37	29.97	0.60
浙商银行	26.24	25.96	25.31	27.46	29.96	2.50
渤海银行	29.50	26.52	32.88	39.24	40.51	1.27
平均值	27.84	27.00	28.69	30.84	31.89	1.05

城商行的平均成本收入比为32.17%，同比上升1.90个百分点。其中盛京银行成本收入比相对较高，为56.41%；威海银行成本收入比相对较低，为21.31%。盛京银行增幅相对较大，为22.61个百分点；泸州银行降幅相对较大，为4.01个百分点（见表7）。

表7　　近五年城商行成本收入比　　单位:%

银行简称	2019 年	2020 年	2021 年	2022 年	2023 年	2023 年变动百分比
北京银行	23.23	22.07	24.96	26.55	28.88	2.33
天津银行	22.20	21.80	23.81	26.92	27.68	0.76
上海银行	19.98	18.93	21.52	23.02	24.61	1.59
重庆银行	21.68	20.64	21.44	25.25	27.23	1.98
宁波银行	34.32	37.96	36.95	37.29	38.99	1.70
南京银行	27.39	28.46	29.22	29.75	30.47	0.72
盛京银行	21.31	29.76	36.26	33.80	56.41	22.61
徽商银行	22.76	23.71	24.45	26.15	28.05	1.90
哈尔滨行	32.71	32.06	38.28	39.41	42.01	2.60
郑州银行	26.46	22.40	22.98	22.99	27.11	4.12
青岛银行	31.88	33.61	33.91	34.97	34.96	-0.01
江苏银行	25.64	23.46	22.44	24.52	23.99	-0.53
杭州银行	28.71	26.35	27.30	29.64	29.40	-0.24
贵阳银行	26.30	23.84	27.46	26.80	26.97	0.17
中原银行	38.45	35.61	35.95	39.05	40.07	1.02
九江银行	28.12	27.28	28.57	28.91	31.56	2.65
成都银行	26.52	23.87	22.80	24.39	25.09	0.70
长沙银行	30.72	29.69	28.44	28.30	27.95	-0.35
西安银行	25.68	25.33	26.06	28.92	27.45	-1.47
泸州银行	35.95	36.09	38.59	38.87	34.86	-4.01
江西银行	26.08	32.96	31.46	27.50	30.60	3.10
甘肃银行	31.53	34.30	34.52	34.26	34.29	0.03

续表

银行简称	2019 年	2020 年	2021 年	2022 年	2023 年	2023 年变动百分比
晋商银行	34.79	36.01	36.84	39.93	38.94	-0.99
苏州银行	31.68	29.74	32.02	33.33	36.46	3.13
威海银行	28.68	25.08	20.50	21.80	21.31	-0.49
贵州银行	30.84	30.29	31.09	30.68	33.50	2.82
厦门银行	29.13	28.64	34.56	34.30	39.65	5.35
平均值	28.25	28.15	29.35	30.27	32.17	1.90

农商行的平均成本收入比为 37.03%，同比上升 2.35 个百分点。江阴银行成本收入比相对较低，为 30.87%；九台农商银行成本收入比相对较高，为 58.78%；九台农商银行增幅相对较大，为 10.74 个百分点；常熟银行降幅相对较大，为 1.71 个百分点（见表 8）。

表 8　　近五年农商行成本收入比　　单位：%

银行简称	2019 年	2020 年	2021 年	2022 年	2023 年	2023 年变动百分比
苏农银行	34.61	32.72	32.88	34.10	34.65	0.55
广州农商银行	27.25	31.95	26.08	31.37	36.08	4.71
九台农商银行	51.08	47.96	46.90	48.04	58.78	10.74
张家港行	31.15	31.27	31.11	32.61	36.90	4.29
紫金银行	29.69	30.36	35.85	38.57	38.31	-0.26
青农商行	30.25	28.79	29.22	30.34	31.70	1.36
无锡银行	29.66	27.15	28.77	30.98	32.19	1.21
渝农商行	28.54	27.09	27.52	31.84	33.94	2.10
江阴银行	31.66	31.47	33.40	30.39	30.87	0.48
常熟银行	38.24	42.77	41.40	38.58	36.87	-1.71
平均值	33.21	33.15	33.31	34.68	37.03	2.35

二、资本类指标

2023 年 11 月 1 日，《商业银行资本管理办法》（以下简称资本新规）正式发布，资本新规于 2024 年 1 月 1 日起正式实施。其中规定，资本监管分为四个层次：第一层次为最低资本要求，核心一级资本充足率、一级资本充足率和资本充足率的最低要求为 5%、6% 和 8%；第二层次为储备资本要求和逆周期资本要求，储备资本要求为 2.5%，逆周期资本要求为 0—2.5%；第三层次为系统重要性银行附加资本要求，为 1%；第四层次为第二支柱资本要求。资本新规实施后，正常时期系统重要性银行和非系统重要性银行的资本充足率要求分别为 11.5% 和 10.5%。

总体来看，各类银行的资本指标近五年稳中有升，体现出银行对于风险控制的重视。2023 年所有上市银行均符合监管要求，上市银行平均资本充足率为13.76%，同比上升0.09个百分点；核心一级资本充足率为9.95%，同比上升0.09个百分点；一级资本充足率为11.40%，同比上升0.18个百分点。2023 年我国中、农、工、建、交五大行入选 FSB 公布 2023 年 G－SIBs 名单，入选行需满足监管更高的附加资本要求和 TLAC（总损失吸收能力）要求。《全球系统重要性银行总损失吸收能力管理办法》要求纳入全球系统重要性银行的四大行需要 TLAC 风险加权比率和杠杆比率应于 2025 年初分别达到 16% 和 6%，2028 年初分别达到 18% 和 6.75%，对国有行的资本要求进一步上升（见表9）。

表9　　2019—2023 年各类银行资本指标

银行类别	2019 年	2020 年	2021 年	2022 年	2023 年	2023 年变动百分比
资本充足率（%）						
国有行	15.73	15.98	16.63	16.87	16.91	0.04
股份制银行	13.63	13.60	13.78	13.45	13.37	-0.08
城商行	13.66	13.42	13.64	13.11	13.28	0.17
农商行	14.41	13.78	13.55	13.50	13.57	0.07
平均值	14.03	13.81	13.99	13.67	13.76	0.09
一级资本充足率（%）						
国有行	13.00	13.23	13.54	13.50	13.29	-0.21
股份制银行	11.04	11.11	11.36	11.16	11.15	-0.01
城商行	10.64	10.84	11.10	10.77	11.10	0.33
农商行	11.54	10.99	11.05	11.16	11.34	0.18
平均值	11.15	11.19	11.41	11.23	11.40	0.18
核心一级资本充足率（%）						
国有行	11.79	11.60	11.70	11.69	11.50	-0.19
股份制银行	9.45	9.25	9.29	9.33	9.47	0.14
城商行	9.78	9.83	9.72	9.43	9.52	0.08
农商行	11.35	10.63	10.37	10.49	10.70	0.21
平均值	10.24	10.07	9.98	9.87	9.95	0.09

具体来看，国有行的资本充足率为16.91%，同比增长0.04个百分点；一级资本充足率为13.29%，同比下降0.21个百分点。其中工商银行的资本充足率和核心一级资本充足率相对较高，分别为19.10%和13.72%；邮储银行的资本充足率和核心一级资本充足率相对较低，分别为14.23%和9.53%。工商银行的一级资本充足率相对较高，为15.17%，邮储银行的一级资本充足率相对较低，为11.61%（见表10）。

表 10　　近五年国有行资本指标

银行简称	2019 年	2020 年	2021 年	2022 年	2023 年	2023 年变动百分比
资本充足率（%）						
工商银行	16.77	16.88	18.02	19.26	19.10	-0.16
农业银行	16.13	16.59	17.13	17.20	17.14	-0.06
中国银行	15.59	16.22	16.53	17.52	17.74	0.22
建设银行	17.52	17.06	17.85	18.42	17.95	-0.47
交通银行	14.83	15.25	15.45	14.97	15.27	0.30
邮储银行	13.52	13.88	14.78	13.82	14.23	0.41
平均值	15.73	15.98	16.63	16.87	16.91	0.04
一级资本充足率（%）						
工商银行	14.27	14.28	14.94	15.64	15.17	-0.47
农业银行	12.53	12.92	13.46	13.37	12.87	-0.50
中国银行	12.79	13.19	13.32	14.11	13.83	-0.28
建设银行	14.68	14.22	14.14	14.40	14.04	-0.36
交通银行	12.85	12.88	13.01	12.18	12.22	0.04
邮储银行	10.87	11.86	12.39	11.29	11.61	0.32
平均值	13.00	13.23	13.54	13.50	13.29	-0.21
核心一级资本充足率（%）						
工商银行	13.20	13.18	13.31	14.04	13.72	-0.32
农业银行	11.24	11.04	11.44	11.15	10.72	-0.43
中国银行	11.30	11.28	11.30	11.84	11.63	-0.21
建设银行	13.88	13.62	13.59	13.69	13.15	-0.54
交通银行	11.22	10.87	10.62	10.06	10.23	0.17
邮储银行	9.90	9.60	9.92	9.36	9.53	0.17
平均值	11.79	11.60	11.70	11.69	11.50	-0.19

股份制银行的平均资本充足率为 13.37%，同比下降 0.08 个百分点；平均核心一级资本充足率为 9.47%，同比上升 0.14 个百分点，平均一级资本充足率为 11.15%，同比下降 0.01 个百分点。其中招商银行资本充足率、核心一级资本充足率和一级资本充足率相对较高，分别为 17.88%、13.73% 和 16.01%；渤海银行资本充足率和核心一级资本充足率相对较低，为 11.58% 和 8.17%；浙商银行的一级资本充足率相对较低，为 9.52%（见表 11）。

表 11　　近五年股份制银行资本指标

银行简称	2019 年	2020 年	2021 年	2022 年	2023 年	2023 年变动百分比
资本充足率（%）						
中信银行	12.44	13.01	13.53	13.18	12.93	-0.25
光大银行	13.47	13.90	13.37	12.95	13.50	0.55
招商银行	15.54	16.54	17.48	17.77	17.88	0.11

续表

银行简称	2019 年	2020 年	2021 年	2022 年	2023 年	2023 年变动百分比
浦发银行	13.86	14.64	14.01	13.65	12.67	−0.98
民生银行	13.17	13.04	13.64	13.14	13.14	0.00
华夏银行	13.89	13.08	12.82	13.27	12.23	−1.04
平安银行	13.22	13.29	13.34	13.01	13.43	0.42
兴业银行	13.36	13.47	14.39	14.44	14.13	−0.31
浙商银行	14.24	12.93	12.89	11.60	12.19	0.59
渤海银行	13.07	12.08	12.35	11.50	11.58	0.08
平均值	13.63	13.60	13.78	13.45	13.37	−0.08
一级资本充足率（%）						
中信银行	10.20	10.18	10.88	10.63	10.75	0.12
光大银行	11.08	11.75	11.41	11.01	11.36	0.35
招商银行	12.69	13.98	14.94	15.75	16.01	0.26
浦发银行	11.53	11.54	11.29	10.98	10.63	−0.35
民生银行	10.28	9.81	10.73	10.91	10.95	0.04
华夏银行	11.91	11.17	10.98	11.36	10.48	−0.88
平安银行	10.54	10.91	10.56	10.40	10.90	0.50
兴业银行	10.56	10.85	11.22	11.08	10.93	−0.15
浙商银行	10.94	9.88	10.80	9.54	9.52	−0.02
渤海银行	10.63	11.01	10.76	9.94	10.01	0.07
平均值	11.04	11.11	11.36	11.16	11.15	−0.01
核心一级资本充足率（%）						
中信银行	8.69	8.74	8.85	8.74	8.99	0.25
光大银行	9.20	9.02	8.91	8.72	9.18	0.46
招商银行	11.95	12.29	12.66	13.68	13.73	0.05
浦发银行	10.26	9.51	9.40	9.19	8.97	−0.22
民生银行	8.89	8.51	9.04	9.17	9.28	0.11
华夏银行	9.25	8.79	8.78	9.24	9.16	−0.08
平安银行	9.11	8.69	8.60	8.64	9.22	0.58
兴业银行	9.47	9.33	9.81	9.81	9.76	−0.05
浙商银行	9.64	8.75	8.13	8.05	8.22	0.17
渤海银行	8.06	8.88	8.69	8.06	8.17	0.11
平均值	9.45	9.25	9.29	9.33	9.47	0.14

城商行的平均资本充足率为13.28%，同比上升0.17个百分点；平均核心一级资本充足率为9.52%，同比增长0.08个百分点；平均一级资本充足率为11.10%，同比增长0.33个百分点。其中厦门银行资本充足率相对较高，为15.40%；中原银行资本充足率相对较

低，为11.64%；贵阳银行核心一级资本充足率相对较高，为11.84%；泸州银行核心一级资本充足率相对较低，为8.12%；贵阳银行一级资本充足率相对较高，为12.90%；成都银行一级资本充足率相对较低，为8.98%（见表12）。

表12 近五年城商行资本指标

银行简称	2019年	2020年	2021年	2022年	2023年	2023年变动百分比
资本充足率（%）						
北京银行	12.28	11.49	14.63	14.04	13.37	-0.67
天津银行	15.24	14.48	13.49	12.80	12.64	-0.16
上海银行	13.84	12.86	12.16	13.16	13.38	0.22
重庆银行	13.00	12.54	12.99	12.72	13.37	0.65
宁波银行	15.57	14.84	15.44	15.18	15.01	-0.17
南京银行	13.03	14.75	13.54	14.31	13.53	-0.78
盛京银行	14.54	12.23	12.12	11.52	14.12	2.60
徽商银行	13.21	12.12	12.23	12.02	13.21	1.19
哈尔滨行	12.53	12.59	12.54	11.91	13.71	1.80
郑州银行	12.11	12.86	15.00	12.72	12.38	-0.34
青岛银行	14.76	14.11	15.83	13.56	12.79	-0.77
江苏银行	12.89	14.47	13.38	13.07	13.31	0.24
杭州银行	13.54	14.41	13.62	12.89	12.51	-0.38
贵阳银行	13.61	12.88	13.96	14.16	15.03	0.87
中原银行	13.02	13.20	13.30	11.83	11.64	-0.19
九江银行	11.64	10.71	13.21	12.62	12.01	-0.61
成都银行	15.69	14.23	13.00	13.15	12.89	-0.26
长沙银行	13.25	13.60	13.66	13.41	13.04	-0.37
西安银行	14.85	14.50	14.12	12.84	13.14	0.30
泸州银行	12.09	13.87	13.36	13.01	12.74	-0.27
江西银行	12.63	12.89	14.41	14.00	13.55	-0.45
甘肃银行	11.83	13.39	12.44	12.29	11.88	-0.41
晋商银行	13.60	11.72	12.02	12.40	13.17	0.77
苏州银行	14.36	14.21	13.06	12.92	14.03	1.11
威海银行	16.03	15.18	14.59	13.83	13.38	-0.45
贵州银行	14.45	13.67	13.78	13.82	13.30	-0.52
厦门银行	15.21	14.49	16.40	13.76	15.40	1.64
平均值	13.66	13.42	13.64	13.11	13.28	0.17
一级资本充足率（%）						
北京银行	10.09	10.28	13.45	12.86	12.18	-0.68
天津银行	10.63	11.12	10.74	10.39	10.83	0.44

续表

银行简称	2019年	2020年	2021年	2022年	2023年	2023年变动百分比
上海银行	10.92	10.46	9.95	10.09	10.42	0.33
重庆银行	9.82	9.57	10.45	10.50	11.16	0.66
宁波银行	11.30	10.88	11.29	10.71	11.01	0.30
南京银行	10.01	10.99	11.07	12.04	11.40	-0.64
盛京银行	11.48	11.07	10.54	9.86	12.43	2.57
徽商银行	10.85	9.89	9.54	9.53	10.82	1.29
哈尔滨行	10.24	10.20	11.33	10.69	12.48	1.79
郑州银行	10.05	10.87	13.76	11.63	11.13	-0.50
青岛银行	11.33	11.31	11.04	10.69	10.10	-0.59
江苏银行	10.10	11.91	11.07	10.87	11.25	0.38
杭州银行	9.62	10.83	10.40	9.77	9.64	-0.13
贵阳银行	10.77	10.53	11.75	12.02	12.90	0.88
中原银行	10.31	10.35	10.39	9.47	10.44	0.97
九江银行	8.97	9.02	11.08	10.61	11.07	0.46
成都银行	10.14	10.65	9.84	9.39	8.98	-0.41
长沙银行	10.76	9.97	10.90	10.80	10.57	-0.23
西安银行	12.62	12.37	12.09	10.48	10.73	0.25
泸州银行	9.31	10.01	9.75	9.72	9.61	-0.11
江西银行	9.96	10.30	11.80	12.82	12.37	-0.45
甘肃银行	9.92	12.85	11.95	11.76	11.38	-0.38
晋商银行	11.47	10.72	10.10	10.50	11.14	0.64
苏州银行	11.34	11.30	10.41	10.47	10.81	0.34
威海银行	11.78	11.53	11.33	10.61	10.41	-0.20
贵州银行	12.30	11.63	11.79	11.91	12.16	0.25
厦门银行	11.16	11.97	11.77	10.60	12.34	1.74
平均值	10.64	10.84	11.10	10.77	11.10	0.33
核心一级资本充足率（%）						
北京银行	9.22	9.42	9.86	9.54	9.21	-0.33
天津银行	10.62	11.12	10.73	10.38	9.80	-0.58
上海银行	9.66	9.34	8.95	9.14	9.53	0.39
重庆银行	8.51	8.39	9.36	9.52	9.78	0.26
宁波银行	9.62	9.52	10.16	9.75	9.64	-0.11
南京银行	8.87	9.97	10.16	9.73	9.39	-0.34
盛京银行	11.48	11.07	10.54	9.86	10.42	0.56
徽商银行	8.85	8.04	8.45	8.60	9.14	0.54
哈尔滨行	10.22	10.18	9.28	8.64	8.69	0.05

续表

银行简称	2019 年	2020 年	2021 年	2022 年	2023 年	2023 年变动百分比
郑州银行	7.98	8.92	9.49	9.29	8.90	-0.39
青岛银行	8.36	8.35	8.38	8.75	8.42	-0.33
江苏银行	8.59	9.25	8.78	8.79	9.46	0.67
杭州银行	8.08	8.53	8.43	8.08	8.16	0.08
贵阳银行	9.39	9.30	10.62	10.95	11.84	0.89
中原银行	8.51	8.59	8.70	7.98	8.10	0.12
九江银行	8.97	9.02	8.28	7.93	8.64	0.71
成都银行	10.13	9.26	8.70	8.47	8.22	-0.25
长沙银行	9.16	8.61	9.69	9.70	9.59	-0.11
西安银行	12.62	12.37	12.09	10.48	10.73	0.25
泸州银行	9.31	8.11	8.05	8.10	8.12	0.02
江西银行	9.96	10.29	9.66	9.65	9.37	-0.28
甘肃银行	9.92	12.85	11.95	11.76	11.38	-0.38
晋商银行	11.47	10.72	10.10	10.50	11.14	0.64
苏州银行	11.30	11.26	10.37	9.63	9.38	-0.25
威海银行	9.76	9.88	9.35	8.81	8.77	-0.04
贵州银行	12.30	11.63	11.79	11.20	11.25	0.05
厦门银行	11.15	11.34	10.47	9.50	9.86	0.36
平均值	9.78	9.83	9.72	9.43	9.52	0.08

农商行的平均资本充足率为13.57%，同比上升0.07个百分点；平均核心一级资本充足率为10.70%，同比上升0.21个百分点；平均一级资本充足率为11.34%，同比上升0.18个百分点。其中渝农商行资本充足率相对较高，为15.99%；苏农银行资本充足率相对较低，为11.88%；渝农商行核心一级资本充足率相对较高，为13.53%；九台农商银行核心一级资本充足率相对较低，为8.72%；渝农商行一级资本充足率相对较高，为14.24%；九台农商银行一级资本充足率相对较低，为8.81%（见表13）。

表13　　近五年农商行资本指标

银行简称	2019 年	2020 年	2021 年	2022 年	2023 年	2023 年变动百分比
资本充足率（%）						
苏农银行	14.67	13.53	12.99	12.09	11.88	-0.21
广州农商银行	14.23	12.56	13.09	12.59	13.67	1.08
九台农商银行	11.98	11.37	11.63	11.50	11.35	-0.15
张家港行	15.10	13.75	14.30	13.13	13.04	-0.09
紫金银行	14.78	16.81	15.20	14.35	14.03	-0.32
青农商行	12.26	12.32	13.07	13.18	13.21	0.03

续表

银行简称	2019 年	2020 年	2021 年	2022 年	2023 年	2023 年变动百分比
无锡银行	15. 85	15. 21	14. 35	14. 75	14. 41	-0. 34
渝农商行	14. 88	14. 28	14. 77	15. 62	15. 99	0. 37
江阴银行	15. 29	14. 48	14. 11	13. 90	14. 24	0. 34
常熟银行	15. 10	13. 53	11. 95	13. 87	13. 86	-0. 01
平均值	14. 41	13. 78	13. 55	13. 50	13. 57	0. 07
一级资本充足率（%）						
苏农银行	12. 17	11. 38	10. 72	10. 17	10. 19	0. 02
广州农商银行	11. 65	10. 74	11. 06	10. 56	11. 12	0. 56
九台农商银行	9. 66	9. 15	8. 96	9. 01	8. 81	-0. 20
张家港行	11. 02	10. 35	11. 53	10. 86	11. 17	0. 31
紫金银行	11. 07	11. 19	10. 65	10. 42	10. 28	-0. 14
青农商行	10. 49	10. 46	11. 27	11. 41	11. 48	0. 07
无锡银行	10. 20	10. 20	10. 13	12. 30	12. 52	0. 22
渝农商行	12. 44	11. 97	12. 98	13. 84	14. 24	0. 40
江阴银行	14. 17	13. 36	12. 97	12. 78	13. 11	0. 33
常熟银行	12. 49	11. 13	10. 26	10. 27	10. 48	0. 21
平均值	11. 54	10. 99	11. 05	11. 16	11. 34	0. 18
核心一级资本充足率（%）						
苏农银行	12. 17	11. 38	10. 72	10. 17	10. 19	0. 02
广州农商银行	9. 96	9. 20	9. 68	9. 21	9. 83	0. 62
九台农商银行	9. 55	9. 05	8. 83	8. 91	8. 72	-0. 19
张家港行	11. 02	10. 35	9. 82	9. 36	9. 76	0. 40
紫金银行	11. 07	11. 19	10. 65	10. 42	10. 28	-0. 14
青农商行	10. 48	9. 73	9. 62	9. 77	9. 91	0. 14
无锡银行	10. 20	9. 03	8. 74	10. 97	11. 27	0. 30
渝农商行	12. 42	11. 96	12. 47	13. 10	13. 53	0. 43
江阴银行	14. 16	13. 34	12. 96	12. 77	13. 10	0. 33
常熟银行	12. 44	11. 08	10. 21	10. 21	10. 42	0. 21
平均值	11. 35	10. 63	10. 37	10. 49	10. 70	0. 21

三、信用类风险指标

（一）不良贷款率与拨备覆盖率

金融监管总局要求商业银行的不良贷款率应不高于 5%，拨备覆盖率不低于 150%。2023 年上市银行平均不良贷款率为 1. 38%，同比下降 0. 03 个百分点；平均拨备覆盖率为 277. 21%，同比下降 1. 67 个百分点。城商行的不良贷款率相对较高，为 1. 47%；国有行的不良贷款率相对较低，为 1.25%。农商行的拨备覆盖率相对较高，为 352.05%；股份制银行的拨备覆盖率相对较低，为 217.22%。其中，53 家上市银行的不良贷款率全部满足监管要求，民生银行和甘肃银行的拨备覆盖率未满足监管要求。

从趋势上看，近五年各类银行不良贷款率总体呈下降趋势，拨备覆盖率逐步上升，中小银行表现明显，一是由于该数据越高表明冲抵贷款损失、抵御信用风险的能力越强，能够向市场释放稳健经营、财务安全和风险可控的积极信号，在市场竞争中获得优势地位。二是由于自身管理能力、经营实力相对有限，加之贷款客户集中度较高，在疫情冲击下，中小银行盈利能力下降、不良贷款率攀升、资产质量承压，因而会主动计提贷款损失准备金，以增强应对各种突发风险的能力。但拨备覆盖率并非越高越好，中小银行拨备覆盖率过高会直接占用大量可贷资金，尤其在高利差的信贷环境中，准备金具有高昂的机会成本，当贷款损失准备对不良贷款的吸收能力达饱和后，其补偿信贷风险的潜在收益已弱于准备金的机会成本。银行提取过多的贷款损失准备，反而不利于其成本控制和利润创造（见图 4、图 5）。

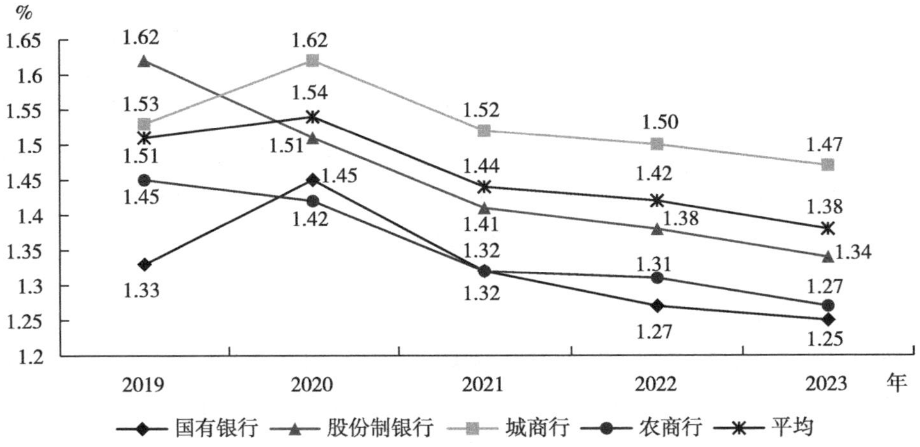

图 4　近五年各类型银行不良贷款率

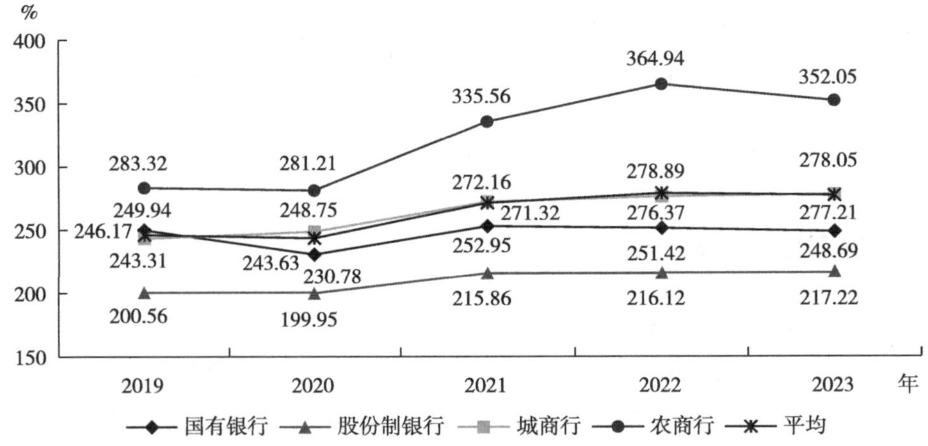

图 5　近五年各类型银行拨备覆盖率

具体来看，国有行的平均不良贷款率为1.25%，在各类银行中控制相对较好，同比下降0.03个百分点；平均拨备覆盖率为248.69%，同比下降2.73个百分点。建设银行不良贷款率相对较高，为1.37%；邮储银行不良贷款率相对较低，为0.83%；2023年，国有行不良贷款率均有不同幅度的下降。邮储银行拨备覆盖率相对较高，为347.57%；中国银行拨备覆盖率相对较低，为191.66%（见表14）。

表14　　近五年国有行不良贷款率和资本覆盖率

银行简称	2019年	2020年	2021年	2022年	2023年	2023年变动百分比
不良贷款率（%）						
工商银行	1.43	1.58	1.42	1.38	1.36	-0.02
农业银行	1.40	1.57	1.43	1.37	1.33	-0.04
中国银行	1.37	1.46	1.33	1.32	1.27	-0.05
建设银行	1.42	1.56	1.42	1.38	1.37	-0.01
交通银行	1.47	1.67	1.48	1.35	1.33	-0.02
邮储银行	0.86	0.88	0.82	0.84	0.83	-0.01
平均值	1.33	1.45	1.32	1.27	1.25	-0.03
拨备覆盖率（%）						
工商银行	199.32	180.68	205.84	209.47	213.97	4.50
农业银行	288.75	260.64	299.73	302.60	303.87	1.27
中国银行	182.86	177.84	187.05	188.73	191.66	2.93
建设银行	227.69	213.59	239.96	241.53	239.85	-1.68
交通银行	171.77	143.87	166.50	180.68	195.21	14.53
邮储银行	389.45	408.06	418.61	385.51	347.57	-37.94
平均值	243.31	230.78	252.95	251.42	248.69	-2.73

股份制银行的平均不良贷款率为1.34%，同比下降0.04个百分点；平均拨备覆盖率为217.22%，同比上升1.10个百分点。其中，渤海银行不良贷款率相对较高，为1.78%；招商银行不良贷款率相对较低，为0.95%。招商银行拨备覆盖率相对较高，为437.70%；民生银行拨备覆盖率相对较低，为149.69%（见表15）。

表15　　近五年股份制银行不良贷款率和资本覆盖率

银行简称	2019年	2020年	2021年	2022年	2023年	2023年变动百分比
不良贷款率（%）						
中信银行	1.65	1.64	1.39	1.27	1.18	-0.09
光大银行	1.56	1.38	1.25	1.25	1.25	0.00
招商银行	1.16	1.07	0.91	0.96	0.95	-0.01
浦发银行	2.05	1.73	1.61	1.52	1.48	-0.04
民生银行	1.56	1.82	1.79	1.68	1.48	-0.20
华夏银行	1.83	1.80	1.77	1.75	1.67	-0.08

续表

银行简称	2019 年	2020 年	2021 年	2022 年	2023 年	2023 年变动百分比
平安银行	1.65	1.18	1.02	1.05	1.06	0.01
兴业银行	1.54	1.25	1.10	1.09	1.07	-0.02
浙商银行	1.37	1.42	1.53	1.47	1.44	-0.03
渤海银行	1.78	1.77	1.76	1.76	1.78	0.02
平均值	1.62	1.51	1.41	1.38	1.34	-0.04
拨备覆盖率（%）						
中信银行	175.25	171.68	180.07	201.19	207.59	6.40
光大银行	181.62	182.71	187.02	187.93	181.27	-6.66
招商银行	426.78	437.68	483.87	450.79	437.70	-13.09
浦发银行	133.73	150.74	143.96	159.04	173.51	14.47
民生银行	155.50	139.38	145.30	142.49	149.69	7.20
华夏银行	141.92	147.22	150.99	159.88	160.06	0.18
平安银行	183.12	201.40	288.42	290.28	277.63	-12.65
兴业银行	199.13	218.83	268.73	236.44	245.21	8.77
浙商银行	220.80	191.01	174.61	182.19	182.60	0.41
渤海银行	187.73	158.80	135.63	150.95	156.94	5.99
平均值	200.56	199.95	215.86	216.12	217.22	1.10

城商行的平均不良贷款率为 1.47%，同比下降 0.03 个百分点；平均拨备覆盖率为 278.05%，同比上升 1.69 个百分点。其中，江西银行不良贷款率相对较高，为 2.17%；成都银行不良贷款率相对较低，为 0.68%。杭州银行拨备覆盖率相对较高，为 561.42%；威海银行拨备覆盖率相对较低，为 152.12%（见表 16）。

表 16　　近五年城商行不良贷款率和资本覆盖率

银行简称	2019 年	2020 年	2021 年	2022 年	2023 年	2023 年变动百分比
不良贷款率（%）						
北京银行	1.41	1.57	1.44	1.43	1.32	-0.11
天津银行	1.96	2.16	2.41	1.84	1.67	-0.17
上海银行	1.16	1.22	1.25	1.25	1.21	-0.04
重庆银行	1.27	1.27	1.30	1.38	1.34	-0.04
宁波银行	0.78	0.79	0.77	0.75	0.76	0.01
南京银行	0.89	0.91	0.91	0.90	0.90	0.00
盛京银行	1.75	3.26	3.28	3.22	2.68	-0.54
徽商银行	1.04	1.98	1.78	1.49	1.26	-0.23
哈尔滨行	1.99	2.97	2.88	2.89	2.87	-0.02
郑州银行	2.37	2.08	1.85	1.88	1.87	-0.01
青岛银行	1.65	1.51	1.34	1.21	1.18	-0.03

续表

银行简称	2019 年	2020 年	2021 年	2022 年	2023 年	2023 年变动百分比
江苏银行	1.38	1.32	1.08	0.94	0.91	-0.03
杭州银行	1.34	1.07	0.86	0.77	0.76	-0.01
贵阳银行	1.45	1.53	1.45	1.45	1.59	0.14
中原银行	2.23	2.21	2.18	1.93	2.04	0.11
九江银行	1.71	1.55	1.41	1.82	2.09	0.27
成都银行	1.43	1.37	0.98	0.78	0.68	-0.10
长沙银行	1.22	1.21	1.20	1.16	1.15	-0.01
西安银行	1.18	1.18	1.32	1.25	1.35	0.10
泸州银行	0.94	1.83	1.42	1.53	1.35	-0.18
江西银行	2.26	1.73	1.47	2.18	2.17	-0.01
甘肃银行	2.45	2.28	2.04	2.00	2.00	0.00
晋商银行	1.86	1.84	1.84	1.80	1.78	-0.02
苏州银行	1.53	1.38	1.11	0.88	0.84	-0.04
威海银行	1.80	1.47	1.47	1.46	1.45	-0.01
贵州银行	1.18	1.15	1.15	1.47	1.68	0.21
厦门银行	1.18	0.98	0.91	0.86	0.76	-0.10
平均值	1.53	1.62	1.52	1.50	1.47	-0.03
拨备覆盖率（%）						
北京银行	224.69	215.95	210.22	210.04	216.78	6.74
天津银行	220.58	183.45	154.26	159.27	167.86	8.59
上海银行	337.15	321.38	301.13	291.61	272.66	-18.95
重庆银行	279.83	309.13	274.01	211.19	234.18	22.99
宁波银行	524.08	505.59	525.52	504.90	461.04	-43.86
南京银行	417.73	391.76	397.34	397.20	360.58	-36.62
盛京银行	160.90	114.05	130.87	140.30	159.50	19.20
徽商银行	303.86	181.90	239.74	276.57	271.94	-4.63
哈尔滨行	152.50	133.26	162.45	181.54	197.38	15.84
郑州银行	159.85	160.44	156.58	165.73	174.87	9.14
青岛银行	155.09	169.62	197.42	219.77	225.96	6.19
江苏银行	232.79	256.40	307.72	362.07	378.13	16.06
杭州银行	316.71	469.54	567.71	565.10	561.42	-3.68
贵阳银行	291.86	277.30	271.03	260.86	244.50	-16.36
中原银行	151.77	153.31	153.49	157.08	154.06	-3.02
九江银行	182.34	165.97	214.66	173.01	153.82	-19.19
成都银行	253.88	293.43	402.88	501.57	504.29	2.72
长沙银行	279.98	292.68	297.87	311.09	314.21	3.12

续表

银行简称	2019 年	2020 年	2021 年	2022 年	2023 年	2023 年变动百分比
西安银行	262.41	269.39	224.21	201.63	197.07	-4.56
泸州银行	349.78	187.43	262.49	256.93	372.42	115.49
江西银行	165.65	171.56	188.26	178.05	177.16	-0.89
甘肃银行	135.87	131.23	132.04	134.73	133.39	-1.34
晋商银行	199.92	194.06	184.77	177.04	198.71	21.67
苏州银行	224.07	291.74	422.91	530.81	522.77	-8.04
威海银行	165.50	173.39	171.56	154.68	152.12	-2.56
贵州银行	324.95	334.36	426.41	351.21	287.71	-63.50
厦门银行	274.58	368.03	370.64	387.93	412.89	24.96
平均值	249.94	248.75	272.16	276.37	278.05	1.69

农商行的平均不良贷款率为 1.27%，同比下降 0.04 个百分点；平均拨备覆盖率为 352.05%，同比下降 12.89 个百分点。其中，九台农商银行不良贷款率相对较高，达 2.34%；无锡银行不良贷款率相对较低，为 0.79%。常熟银行拨备覆盖率相对较高，为 537.88%；广州农商银行拨备覆盖率相对较低，为 164.63%（见表 17）。

表 17　　近五年农商行不良贷款率和资本覆盖率

银行简称	2019 年	2020 年	2021 年	2022 年	2023 年	2023 年变动百分比
不良贷款率（%）						
苏农银行	1.33	1.28	1.00	0.95	0.91	-0.04
广州农商银行	1.73	1.81	1.83	2.11	1.87	-0.24
九台农商银行	1.68	1.63	1.88	1.98	2.34	0.36
张家港行	1.38	1.17	0.95	0.89	0.94	0.05
紫金银行	1.68	1.68	1.45	1.20	1.16	-0.04
青农商行	1.46	1.44	1.74	2.19	1.81	-0.38
无锡银行	1.21	1.10	0.93	0.81	0.79	-0.02
渝农商行	1.25	1.31	1.25	1.22	1.19	-0.03
江阴银行	1.83	1.79	1.32	0.98	0.98	0.00
常熟银行	0.96	0.96	0.81	0.81	0.75	-0.06
平均值	1.45	1.42	1.32	1.31	1.27	-0.04
拨备覆盖率（%）						
苏农银行	249.32	305.31	412.22	442.83	452.85	10.02
广州农商银行	208.09	154.85	167.04	156.93	164.63	7.70
九台农商银行	167.58	164.82	157.33	157.39	156.98	-0.41
张家港行	252.14	307.83	475.35	521.09	424.23	-96.86
紫金银行	236.95	220.15	232.00	246.66	247.25	0.59
青农商行	310.23	278.73	231.77	207.63	237.96	30.33

续表

银行简称	2019 年	2020 年	2021 年	2022 年	2023 年	2023 年变动百分比
无锡银行	288.18	355.88	477.19	552.74	522.57	-30.17
渝农商行	380.31	314.95	340.25	357.74	366.70	8.96
江阴银行	259.13	224.27	330.62	469.62	409.46	-60.16
常熟银行	481.28	485.33	531.82	536.77	537.88	1.11
平均值	283.32	281.21	335.56	364.94	352.05	-12.89

（二）单一客户贷款集中度与最大前十家客户贷款集中度

金融监管总局对单一客户贷款集中度的要求为不高于10%，最大前十家客户贷款集中度的要求为不高于50%。2023 年，除宁波银行与广州农商银行未公布数据外，其他上市银行平均单一客户贷款集中度为4.90%，同比下降0.03 个百分点；最大前十家客户贷款集中度平均为28.58%，同比下降0.11 个百分点。城商行单一客户贷款集中度相对较高，为5.80%；股份制银行单一客户贷款集中度相对较低，为2.83%。城商行最大前十家客户贷款集中度相对较高，为35.55%；股份制银行最大前十家客户贷款集中度相对较低，为15.82%。邮储银行、江西银行和甘肃银行单一客户贷款集中度未满足监管要求；甘肃银行等五家银行的最大前十家客户贷款集中度未满足监管要求。从近五年趋势看，除国有行在单一客户贷款集中度呈下降趋势外，其他类型银行上述两个指标均呈上升趋势（见图6）。

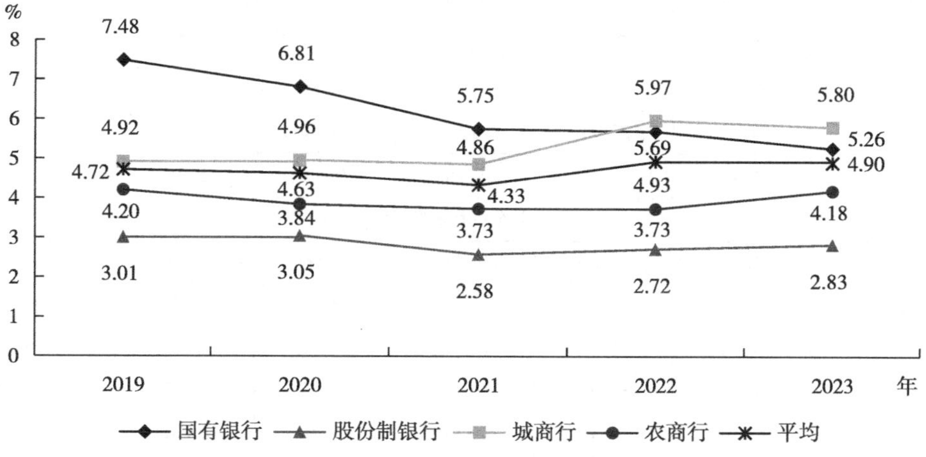

图6　近五年各类型银行单一客户贷款集中度

具体来看，国有行的单一客户贷款集中度为5.26%，同比下降0.43 个百分点；平均最大前十家客户贷款集中度为17.83%，同比上升0.69 个百分点。其中邮储银行单一客户贷款集中度相对较高，为13.34%，此为历史原因所致，邮储银行在年报中披露该行最大的单一借款人为国家铁路集团，该行给予国铁集团2,400 亿元的授信额度已得到监管机构许可，受此影响，该集中度指标相对较高。工商银行最大前十家客户贷款集中度相对较高，为23.50%。农业银行两项指标均相对较低，分别为1.99%和12.02%（见图7、表18）。

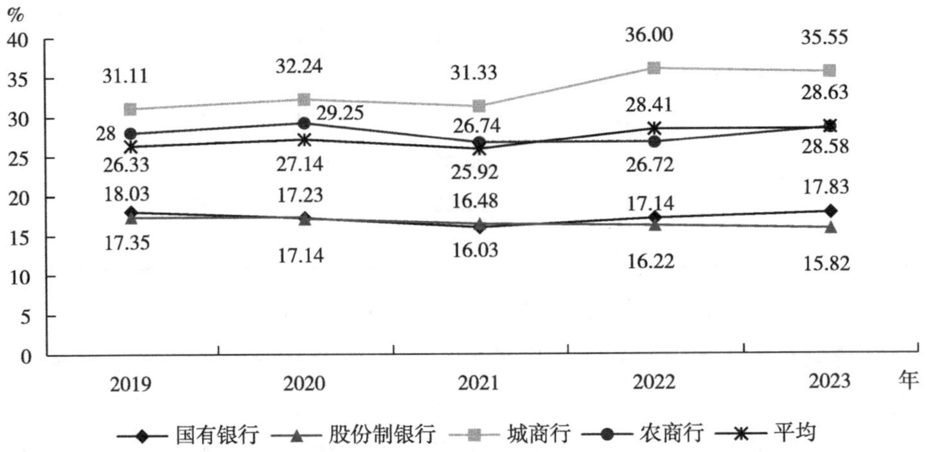

图7　近五年各类型银行最大前十家客户贷款集中度

表18　国有行近五年单一客户贷款集中度与最大前十家客户贷款集中度

银行简称	2019年	2020年	2021年	2022年	2023年	2023年变动百分比
单一客户贷款集中度（%）						
工商银行	3.10	3.50	3.60	3.80	4.50	0.70
农业银行	4.68	4.07	2.44	2.59	1.99	-0.60
中国银行	3.20	2.80	2.30	2.20	2.00	-0.20
建设银行	2.65	3.55	4.24	4.50	4.42	-0.08
交通银行	4.08	3.71	3.21	4.56	5.33	0.77
邮储银行	27.19	23.21	18.72	16.50	13.34	-3.16
平均值	7.48	6.81	5.75	5.69	5.26	-0.43
最大前十家客户贷款集中度（%）						
工商银行	12.60	14.80	14.20	16.00	23.50	7.50
农业银行	13.83	12.58	11.67	13.54	12.02	-1.52
中国银行	14.50	13.90	12.80	12.70	13.00	0.30
建设银行	10.82	11.84	12.83	14.87	14.87	0.00
交通银行	17.02	15.75	15.98	18.56	20.42	1.86
邮储银行	39.42	34.49	28.67	27.14	23.14	-4.00
平均值	18.03	17.23	16.03	17.14	17.83	0.69

股份制银行的平均单一客户贷款集中度为2.83%，同比上升0.11个百分点；最大前十家客户贷款平均集中度为15.82%，同比下降0.40个百分点。较其他类型银行，集中度风险控制较好。其中渤海银行单一贷款集中度相对较高，达6.34%；中信银行单一贷款集中度相对较小，为1.20%。渤海银行最大前十家客户贷款集中度相对较高，为46.48%；中信银行最大前十家客户贷款集中度相对较小，为9.50%（见表19）。

表 19　　股份制银行近五年单一客户贷款集中度与最大前十家客户贷款集中度

银行简称	2019 年	2020 年	2021 年	2022 年	2023 年	2023 年变动百分比
单一客户贷款集中度（%）						
中信银行	2.27	4.31	1.23	1.19	1.20	0.01
光大银行	1.86	2.08	1.17	1.63	2.24	0.61
招商银行	4.89	3.48	2.26	2.24	2.10	-0.14
浦发银行	1.48	1.31	1.69	2.54	3.05	0.51
民生银行	2.67	1.63	1.57	2.17	3.44	1.27
华夏银行	3.20	3.58	3.60	2.83	2.80	-0.03
平安银行	3.80	1.96	2.25	2.74	2.58	-0.16
兴业银行	1.38	1.67	1.52	1.95	1.84	-0.11
浙商银行	2.16	2.33	2.04	3.22	2.69	-0.53
渤海银行	6.40	8.10	8.43	6.71	6.34	-0.37
平均值	3.01	3.05	2.58	2.72	2.83	0.11
最大前十家客户贷款集中度（%）						
中信银行	13.12	15.74	10.15	9.84	9.50	-0.34
光大银行	10.91	8.77	7.74	8.11	10.51	2.40
招商银行	18.34	17.50	14.48	14.45	12.33	-2.12
浦发银行	8.60	8.49	11.47	12.76	14.71	1.95
民生银行	12.31	9.73	9.76	11.17	10.45	-0.72
华夏银行	15.77	16.54	17.35	14.31	14.12	-0.19
平安银行	16.96	14.02	12.66	13.93	12.77	-1.16
兴业银行	11.00	10.61	9.53	10.65	12.25	1.60
浙商银行	18.38	19.40	15.22	16.89	15.06	-1.83
渤海银行	48.10	50.57	56.43	50.05	46.48	-3.57
平均值	17.35	17.14	16.48	16.22	15.82	-0.40

城商行的平均单一客户贷款集中度为5.80%，同比下降0.17个百分点；最大前十家客户贷款集中度平均为35.55%，同比下降0.45个百分点。其中，甘肃银行单一客户集中度相对较高，为23.26%，同比下降0.42个百分点；南京银行单一客户集中度相对较低，为1.37%；甘肃银行最大前十家客户集中度相对较高，为77.89%；南京银行最大前十家客户集中度相对较低，为8.91%（见表20）。

表 20　　城商行近五年单一客户贷款集中度与最大前十家客户贷款集中度

银行简称	2019 年	2020 年	2021 年	2022 年	2023 年	2023 年变动百分比
单一客户贷款集中度（%）						
北京银行	2.02	3.18	5.03	7.56	4.83	-2.73
天津银行	4.38	4.35	5.49	6.80	4.85	-1.95

续表

银行简称	2019 年	2020 年	2021 年	2022 年	2023 年	2023 年变动百分比
上海银行	8. 56	6. 42	3. 01	2. 52	2. 33	-0. 19
重庆银行	2. 52	2. 48	3. 30	3. 85	2. 98	-0. 87
宁波银行	—	—	—	—	—	—
南京银行	2. 96	2. 64	2. 12	1. 56	1. 37	-0. 19
盛京银行	2. 08	1. 55	1. 45	1. 39	1. 69	0. 30
徽商银行	2. 75	3. 31	3. 03	2. 55	3. 45	0. 90
哈尔滨行	4. 91	5. 47	7. 50	7. 70	8. 75	1. 05
郑州银行	4. 11	3. 61	4. 75	5. 18	5. 32	0. 14
青岛银行	5. 86	6. 93	—	—	5. 35	—
江苏银行	2. 90	2. 03	2. 05	2. 08	2. 07	-0. 01
杭州银行	6. 36	2. 92	2. 83	3. 59	3. 64	0. 05
贵阳银行	3. 51	7. 31	6. 00	5. 60	5. 23	-0. 37
中原银行	4. 20	5. 10	3. 60	7. 80	7. 50	-0. 30
九江银行	5. 49	7. 02	5. 17	4. 22	6. 69	2. 47
成都银行	3. 07	3. 37	4. 72	4. 78	4. 81	0. 03
长沙银行	2. 98	2. 21	2. 24	3. 47	4. 56	1. 09
西安银行	4. 25	7. 09	6. 63	6. 74	7. 37	0. 63
泸州银行	8. 44	6. 85	7. 41	8. 26	8. 76	0. 50
江西银行	13. 75	11. 85	10. 89	10. 95	10. 66	-0. 28
甘肃银行	10. 30	9. 23	4. 00	23. 68	23. 26	-0. 42
晋商银行	7. 50	8. 50	9. 80	8. 50	8. 10	-0. 40
苏州银行	2. 36	2. 10	2. 34	2. 15	1. 71	-0. 44
威海银行	—	6. 37	6. 41	6. 23	5. 73	-0. 50
贵州银行	5. 35	5. 64	7. 70	8. 10	7. 55	-0. 55
厦门银行	3. 58	3. 93	2. 87	4. 62	3. 18	-1. 44
兰州银行	5. 85	4. 60	6. 22	6. 86	6. 71	-0. 15
齐鲁银行	2. 68	2. 84	4. 62	4. 43	3. 85	-0. 58
平均值	4. 92	4. 96	4. 86	5. 97	5. 80	-0. 17
最大前十家客户贷款集中度（%）						
北京银行	15. 26	21. 74	20. 57	25. 59	25. 17	-0. 42
天津银行	31. 76	32. 79	39. 26	44. 62	42. 67	-1. 95
上海银行	32. 38	30. 23	20. 44	19. 27	15. 35	-3. 92
重庆银行	19. 30	20. 49	23. 90	22. 12	21. 53	-0. 59
宁波银行	—	—	—	—	—	—
南京银行	17. 91	15. 30	13. 66	10. 52	8. 91	-1. 61
盛京银行	13. 17	12. 28	11. 13	11. 04	12. 07	1. 03
徽商银行	17. 15	20. 02	20. 23	18. 91	19. 80	0. 89
哈尔滨行	25. 28	33. 10	37. 71	44. 69	45. 28	0. 59
郑州银行	26. 94	26. 17	27. 66	34. 06	35. 36	1. 30

续表

银行简称	2019 年	2020 年	2021 年	2022 年	2023 年	2023 年变动百分比
青岛银行	38.26	48.69	—	—	42.06	—
江苏银行	14.18	10.95	12.51	12.26	10.98	-1.28
杭州银行	29.27	23.22	23.89	24.78	23.94	-0.84
贵阳银行	27.10	34.03	30.93	33.52	35.66	2.14
中原银行	17.70	20.10	17.80	33.70	33.40	-0.30
九江银行	34.02	39.26	28.31	27.73	30.69	2.96
成都银行	22.69	25.68	34.37	38.35	37.50	-0.85
长沙银行	20.86	18.36	18.89	23.74	24.85	1.11
西安银行	32.47	37.01	39.01	41.25	55.13	13.88
泸州银行	64.97	56.11	61.87	59.49	55.79	-3.70
江西银行	89.65	91.23	84.65	83.79	77.24	-6.55
甘肃银行	46.20	46.31	12.30	80.46	77.89	-2.57
晋商银行	52.50	59.20	66.50	65.40	60.30	-5.10
苏州银行	13.84	12.75	13.00	13.75	14.02	0.27
威海银行	—	44.96	51.22	52.32	48.39	-3.93
贵州银行	41.32	43.40	50.67	52.53	47.42	-5.11
厦门银行	—	22.44	21.44	24.88	19.00	-5.88
兰州银行	43.45	36.90	44.52	48.47	48.53	0.06
齐鲁银行	21.32	19.93	19.56	24.65	26.33	1.68
平均值	31.11	32.24	31.33	36.00	35.55	-0.45

农商行的平均单一客户贷款集中度为4.18%，同比上升0.45个百分点；最大前十家客户贷款集中度平均为28.58%，同比上升1.86个百分点。其中苏农银行单一客户贷款集中度相对较高，为7.86%。常熟银行单一客户贷款集中度相对较低，为1.20%；九台农商银行最大前十家客户贷款集中度相对较高，为43.64%；常熟银行最大前十家客户贷款集中度相对较低，为7.36%（见表21）。

表21　　农商行近五年单一客户贷款集中度与最大前十家客户贷款集中度

银行简称	2019 年	2020 年	2021 年	2022 年	2023 年	2023 年变动百分比
单一客户贷款集中度（%）						
苏农银行	4.57	5.36	4.77	4.30	7.86	3.56
广州农商银行	—	—	—	—	—	—
九台农商银行	6.50	6.25	5.49	4.94	4.96	0.02
张家港行	2.83	1.92	1.88	2.45	2.15	-0.30
紫金银行	4.43	3.47	4.90	4.76	4.41	-0.35
青农商行	7.31	6.13	5.48	5.26	5.38	0.12
无锡银行	3.04	—	4.04	3.79	2.16	-1.63
渝农商行	5.15	3.74	2.73	3.21	3.72	0.51

续表

银行简称	2019 年	2020 年	2021 年	2022 年	2023 年	2023 年变动百分比
江阴银行	3. 23	3. 10	3. 62	3. 22	5. 82	2. 60
常熟银行	0. 78	0. 76	0. 70	1. 65	1. 20	-0. 45
平均值	4. 20	3. 84	3. 73	3. 73	4. 18	0. 45
最大前十家客户贷款集中度（%）						
苏农银行	29. 99	37. 44	31. 10	32. 47	42. 87	10. 40
广州农商银行	—	—	—	—	—	—
九台农商银行	46. 62	55. 36	49. 68	44. 63	43. 64	-0. 99
张家港行	16. 92	14. 83	12. 67	15. 40	16. 33	0. 93
紫金银行	26. 44	24. 12	28. 48	31. 07	29. 04	-2. 03
青农商行	53. 56	46. 91	39. 72	39. 76	42. 19	2. 43
无锡银行	20. 54	—	21. 31	19. 96	19. 63	-0. 33
渝农商行	24. 19	23. 76	24. 00	22. 37	22. 98	0. 61
江阴银行	26. 67	25. 12	27. 82	28. 48	33. 19	4. 71
常熟银行	7. 04	6. 48	5. 91	6. 36	7. 36	1. 00
平均值	28. 00	29. 25	26. 74	26. 72	28. 58	1. 86

四、流动性指标

（一）流动性比例

金融监管总局对流动性比例的要求是大于或等于 25%，2023 年已披露该数据的所有上市银行均满足监管要求，近五年各银行流动性比例亦逐步提高，2023 年农商行流动性比例相对较高，为 86. 93%；股份制银行流动性比例相对较低，为 61. 14%（见图 8、表 22）。

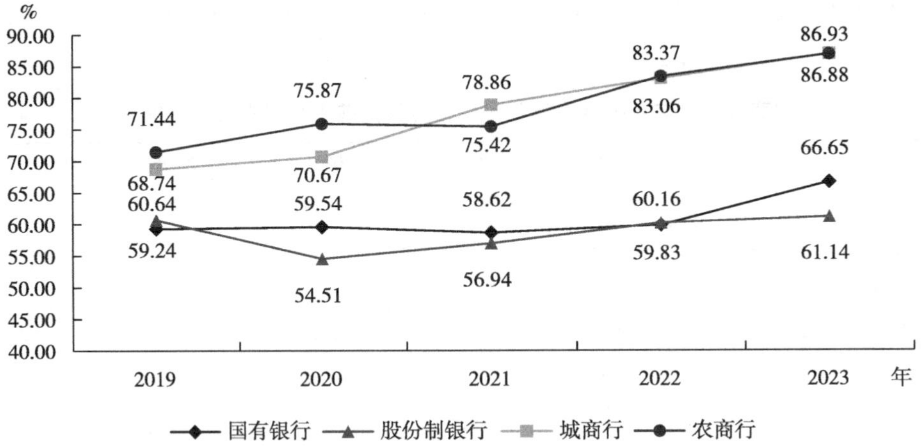

图 8　近五年各类型银行流动性比例

表 22　　各类银行近五年流动性比例　　单位:%

银行简称	2019 年	2020 年	2021 年	2022 年	2023 年	2023 年变动百分比
工商银行	43.00	43.20	41.50	42.30	54.50	12.20
农业银行	57.74	59.15	62.01	64.21	75.42	11.21
中国银行	54.60	54.50	49.60	49.00	55.00	6.00
建设银行	—	—	—	—	—	—
交通银行	72.92	69.24	67.11	69.76	64.92	-4.84
邮储银行	67.96	71.61	72.86	73.87	83.39	9.52
国有行平均值	59.24	59.54	58.62	59.83	66.65	6.82
中信银行	63.88	58.04	59.99	62.18	52.00	-10.18
光大银行	72.63	66.07	75.58	74.44	76.71	2.27
招商银行	51.18	42.06	48.33	51.94	56.24	4.30
浦发银行	51.61	45.95	49.45	50.85	50.91	0.06
民生银行	54.06	49.72	46.11	50.21	66.63	16.42
华夏银行	55.84	57.94	64.43	70.78	72.83	2.05
平安银行	62.54	62.05	55.57	55.19	68.01	12.82
兴业银行	75.07	67.39	56.26	64.45	54.82	-9.63
浙商银行	55.74	42.52	54.36	58.46	54.89	-3.57
渤海银行	63.85	53.40	59.28	63.11	58.40	-4.71
股份制银行平均值	60.64	54.51	56.94	60.16	61.14	0.98
北京银行	62.50	60.33	71.82	76.93	92.23	15.30
天津银行	51.38	60.57	57.60	53.40	48.20	-5.20
上海银行	61.59	67.50	77.02	71.27	83.92	12.65
重庆银行	78.35	83.52	86.36	128.95	154.89	25.94
宁波银行	53.39	56.04	64.25	73.21	84.28	11.07
南京银行	59.94	51.97	58.86	94.61	95.43	0.82
盛京银行	—	—	—	—	—	—
徽商银行	—	—	—	—	—	—
哈尔滨行	—	—	—	—	—	—
郑州银行	56.44	70.41	63.72	72.34	59.10	-13.24
青岛银行	68.84	65.44	73.28	88.21	78.23	-9.98
江苏银行	62.07	72.77	93.80	93.08	96.94	3.86
杭州银行	46.24	51.74	66.44	70.83	66.09	-4.74
贵阳银行	97.49	88.08	89.13	75.11	87.50	12.39
中原银行	—	—	—	—	—	—
九江银行	75.57	72.65	81.42	63.69	56.40	-7.29
成都银行	74.19	64.60	67.68	81.44	77.85	-3.59
长沙银行	62.06	57.31	60.24	65.79	65.19	-0.60

续表

银行简称	2019 年	2020 年	2021 年	2022 年	2023 年	2023 年变动百分比
西安银行	74.85	73.56	114.86	128.22	142.96	14.74
泸州银行	83.72	83.02	87.79	73.47	80.14	6.67
江西银行	58.74	78.17	79.03	85.03	76.27	-8.76
甘肃银行	—	—	—	—	—	—
晋商银行	90.01	102.62	122.42	70.88	104.13	33.25
苏州银行	55.65	63.78	72.63	79.96	87.55	7.59
威海银行	61.89	52.61	63.22	79.09	86.52	7.43
贵州银行	96.29	91.94	112.85	133.49	106.05	-27.44
厦门银行	81.13	86.06	70.43	75.22	81.38	6.16
城商行平均值	68.74	70.67	78.86	83.37	86.88	3.50
苏农银行	66.44	69.26	62.04	77.02	86.06	9.04
广州农商银行	88.51	87.52	93.15	101.76	102.51	0.75
九台农商银行	—	—	—	—	—	—
张家港行	57.72	63.33	71.82	72.47	81.83	9.36
紫金银行	74.62	51.36	58.60	60.47	78.95	18.48
青农商行	71.45	74.90	89.95	103.08	98.03	-5.05
无锡银行	94.10	109.68	84.85	102.94	105.92	2.98
渝农商行	56.72	—	—	—	—	—
江阴银行	89.70	99.05	93.57	96.80	82.09	-14.71
常熟银行	43.67	51.86	49.34	49.91	60.07	10.16
农商行平均值	71.44	75.87	75.42	83.06	86.93	3.88
平均值	66.48	66.77	71.12	75.54	78.92	3.38

（二）存贷比

2023 年，上市银行平均存贷比为 83.83%，同比增长 0.01 个百分点。股份制银行存贷比相对较高，为 96.40%；国有行存贷比相对较低，为 79.88%。从趋势看，近三年各类银行存贷比出现不同程度下降，股份制银行下降较为明显，从 2021 年的 101.02% 降至 2023 年的 96.40%。主要是受剥离不良贷款、全国性银行信贷权限上收、企业融资渠道多元化等因素影响所致。

具体来看，国有行的平均存贷比为 79.88%，同比下降 0.11 个百分点；其中，交通银行存贷比相对较高，为 94.69%；邮储银行相对较低，为 58.39%；中国银行降幅相对较大，达 5.10 个百分点（见图 9、表 23）。

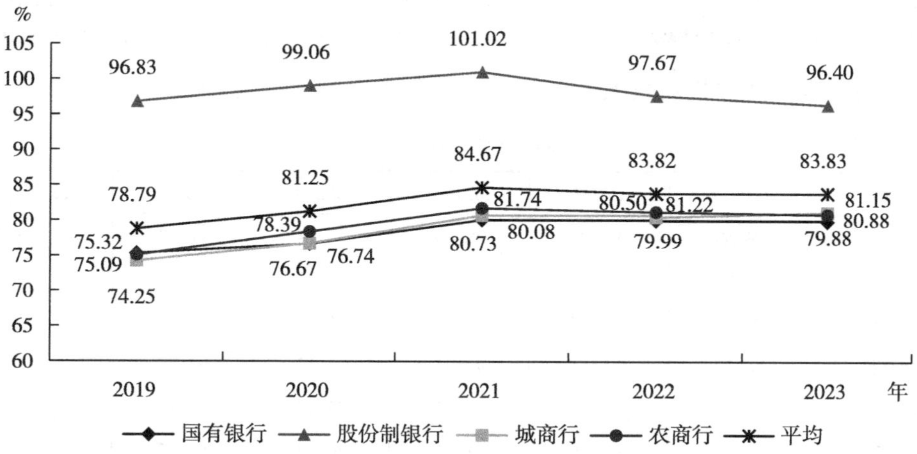

图 9　近五年各类型银行存贷比

表 23　　**国有行近五年存贷比**　　单位:%

银行简称	2019 年	2020 年	2021 年	2022 年	2023 年	2023 年变动百分比
工商银行	71.60	72.80	77.30	76.70	76.70	0.00
农业银行	72.78	75.28	79.35	79.73	79.34	-0.39
中国银行	83.29	84.96	87.47	87.80	82.70	-5.10
建设银行	82.54	82.33	85.18	85.90	87.47	1.56
交通银行	88.33	89.44	94.31	93.10	94.69	1.59
邮储银行	53.41	55.19	56.84	56.71	58.39	1.68
平均值	75.32	76.67	80.08	79.99	79.88	-0.11

股份制银行的平均存贷比为 96.40%，同比下降 1.27 个百分点。其中，民生银行相对较高，达 102.38%，招商银行相对较低，为 79.81%。其中，浙商银行增幅相对较大，达 2.92 个百分点，渤海银行降幅相对较大，达 11.52 个百分点（见表 24）。

表 24　　**股份制银行近五年存贷比**　　单位:%

银行简称	2019 年	2020 年	2021 年	2022 年	2023 年	2023 年变动百分比
中信银行	98.99	98.78	102.52	101.05	101.86	0.81
光大银行	90.86	87.56	91.35	92.84	94.09	1.25
招商银行	92.70	89.35	87.76	80.30	79.81	-0.49
浦发银行	109.49	111.22	108.70	101.54	100.66	-0.87
民生银行	96.77	103.37	107.15	103.70	102.38	-1.32
华夏银行	98.86	99.95	99.19	93.35	89.24	-4.11
平安银行	93.72	99.74	103.43	100.50	100.01	-0.49
兴业银行	91.55	98.09	102.72	105.19	106.30	1.11
浙商银行	84.40	83.70	91.00	84.82	87.74	2.92
渤海银行	110.99	118.86	116.42	113.43	101.91	-11.52
平均值	96.83	99.06	101.02	97.67	96.40	-1.27

城商行的平均存贷比为 81. 15%，同比增长 0. 65 个百分点。其中厦门银行相对较高，达 101. 02%，哈尔滨行相对较低，为 50. 30%。其中，九江银行增幅相对较大，增长 7. 38 个百分点，盛京银行降幅相对较大，下降 16. 72 个百分点（见表 25）。

表 25　　城商行近五年存贷比　　单位：%

银行简称	2019 年	2020 年	2021 年	2022 年	2023 年	2023 年变动百分比
北京银行	94. 59	95. 75	98. 46	93. 94	97. 38	3. 44
天津银行	85. 05	87. 06	88. 70	87. 81	90. 72	2. 91
上海银行	81. 89	83. 21	83. 59	81. 22	81. 17	-0. 05
重庆银行	88. 27	90. 06	93. 91	92. 15	94. 73	2. 58
宁波银行	66. 51	71. 85	79. 75	79. 79	78. 98	-0. 81
南京银行	66. 93	71. 33	73. 77	76. 44	80. 30	3. 86
盛京银行	71. 28	80. 28	79. 51	79. 50	62. 78	-16. 72
徽商银行	78. 13	80. 36	85. 19	85. 48	85. 70	0. 22
哈尔滨行	61. 92	59. 79	58. 67	50. 99	50. 30	-0. 69
郑州银行	72. 33	82. 63	98. 13	97. 99	99. 90	1. 91
青岛银行	81. 20	75. 95	77. 89	78. 81	77. 73	-1. 08
江苏银行	87. 77	91. 99	93. 21	93. 52	89. 79	-3. 73
杭州银行	67. 23	68. 91	72. 51	74. 77	75. 67	0. 90
贵阳银行	61. 37	65. 05	70. 88	74. 36	80. 97	6. 61
中原银行	77. 71	84. 01	86. 56	82. 69	84. 47	1. 78
九江银行	70. 11	67. 06	72. 41	73. 98	81. 36	7. 38
成都银行	62. 27	66. 66	74. 76	77. 57	83. 20	5. 63
长沙银行	66. 80	66. 64	69. 70	70. 25	67. 79	-2. 46
西安银行	87. 63	79. 98	78. 33	66. 67	68. 65	1. 98
泸州银行	73. 53	70. 57	80. 08	77. 14	80. 35	3. 20
江西银行	73. 81	70. 75	80. 80	88. 31	88. 37	0. 06
甘肃银行	71. 96	72. 82	77. 58	75. 28	74. 64	-0. 64
晋商银行	75. 49	78. 49	78. 18	74. 89	68. 11	-6. 78
苏州银行	74. 06	77. 18	78. 59	79. 23	80. 64	1. 41
威海银行	65. 01	67. 78	70. 30	71. 59	71. 26	-0. 33
贵州银行	69. 60	74. 63	82. 94	91. 31	95. 01	3. 70
厦门银行	72. 18	91. 19	95. 23	97. 81	101. 02	3. 21
平均值	74. 25	76. 74	80. 73	80. 50	81. 15	0. 65

农商行的平均存贷比为 80. 88%，同比下降 0. 34 个百分点。其中，紫金银行存贷比相对较高，达 90. 06%，无锡银行存贷比相对较低，为 73. 68%，江阴银行存贷比增长相对较快，达 1. 47 个百分点（见表 26）。

表 26　　　　农商行近五年存贷比　　　　单位:%

银行简称	2019 年	2020 年	2021 年	2022 年	2023 年	2023 年变动百分比
苏农银行	72.38	73.61	77.68	78.00	77.60	-0.40
广州农商银行	72.92	73.09	77.39	76.00	77.21	1.21
九台农商银行	78.23	86.85	81.22	75.67	75.26	-0.41
张家港行	78.64	79.18	82.40	82.41	81.19	-1.22
紫金银行	77.72	81.45	89.65	91.12	90.06	-1.06
青农商行	82.86	88.34	88.28	85.83	85.75	-0.08
无锡银行	66.25	70.54	75.14	74.48	73.68	-0.80
渝农商行	64.91	70.05	76.67	76.69	75.51	-1.18
江阴银行	75.39	77.84	79.92	81.39	82.86	1.47
常熟银行	81.62	82.95	89.09	90.62	89.72	-0.90
平均值	75.09	78.39	81.74	81.22	80.88	-0.34

专题八　数字金融

在数字经济高速发展的背景下，科技水平已成为上市银行的核心竞争力之一。2023 年，各上市银行对金融科技均有不同程度的信息披露。其中：25 家银行在金融科技方面的平均投入为 78.80 亿元，同比增长 6.16%；各类银行均呈现增长趋势，但增速均较 2022 年有所放缓。各类银行金融科技人员平均数量均连续两年增长，2023 年平均为 5,340 人，同比增长 8.90%；其中，国有行和城商行人员同比多增，股份制银行和农商行人员同比少增。越来越多的上市银行开始探索人工智能的应用，其基础能力建设和业务场景搭建等方面发展前景良好，生成式 AI 大模型的实践应用为上市银行带来新的机遇。在业务场景搭建方面，上市银行积极探索各类功能应用，促进新质生产力的培育与发展。

一、金融科技投入

2023 年，25 家上市银行披露金融科技/信息科技投入金额，各类银行均呈现增长趋势，上市银行平均投入 78.80 亿元，同比增长 6.16%。如图 1 所示，国有行和股份制银行科技投入金额明显高于城商行和农商行。具体来看，国有行、股份制银行、城商行和农商行分别投入 204.70 亿元、72.48 亿元、10.40 亿元和 5.59 亿元，较 2022 年分别增长 5.38%、6.84%、13.64% 和 7.64%。各类银行投入金额增速均较 2022 年有所放缓，金融科技投入逐渐进入平稳增长阶段。

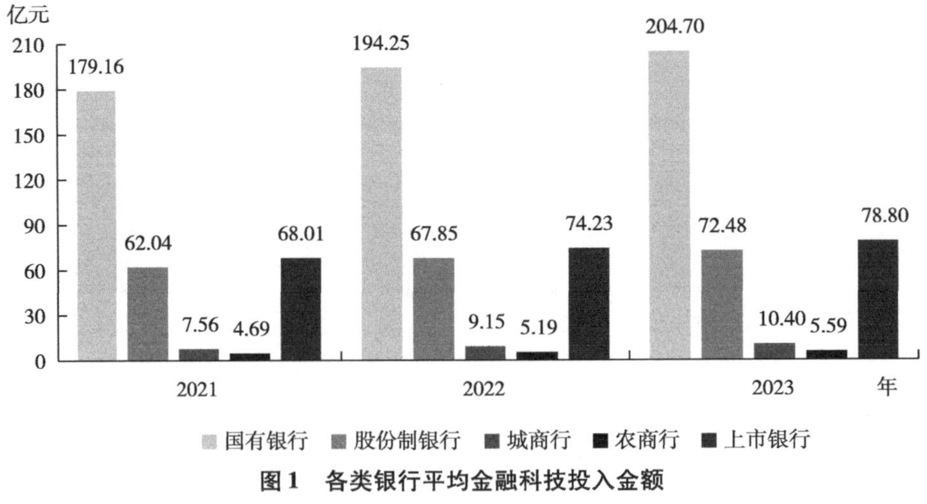

图 1　各类银行平均金融科技投入金额

国有行中，6 家银行的金融科技投入金额均有所增加。2023 年，工商银行金融科技投入金额相对较高，为 272. 46 亿元，邮储银行金融科技投入金额相对较低，为 112. 78 亿元。建设银行投入金额较 2022 年变化幅度较大，同比增长 7. 45% ，交通银行变化幅度相对较小，同比增长 3. 40% 。

股份制银行中，5 家银行的金融科技投入金额有所增加，4 家银行有所减少。2023 年，招商银行和中信银行金融科技投入金额超过 100 亿元，分别为 141. 26 亿元和 121. 53 亿元，渤海银行投入金额相对较低，为 14. 00 亿元。中信银行投入金额较 2022 年变化幅度较大，同比增长 38. 91% ，平安银行投入金额出现明显下降，同比降低 8. 46% 。

城商行中，4 家银行的金融科技投入金额有所增加，3 家银行有所减少。2023 年，北京银行和上海银行金融科技投入金额相对较高，分别为 30. 02 亿元和 24. 42 亿元，甘肃银行投入金额相对较低，为 1. 98 亿元。重庆银行投入金额较 2022 年变化幅度较大，同比增长 25. 00% ，甘肃银行投入金额出现明显下降，同比降低 23. 82% 。

农商行中，2 家银行的金融科技投入金额有所增加，1 家银行有所减少。2023 年，沪农商行金融科技投入金额相对较高，为 11. 35 亿元，无锡银行投入金额相对较低，为 0. 15 亿元。无锡银行投入金额较 2022 年变化幅度较大，同比增长 32. 96% ，东莞农商银行投入金额出现明显下降，同比降低 4. 50% （见表 1）。

表 1　　上市银行近三年金融科技投入金额

银行类型	银行名称	金融科技投入金额（亿元）			2023 年变化
		2021 年	2022 年	2023 年	
国有行	工商银行	259. 87	262. 24	272. 46	3. 90%
	农业银行	205. 32	232. 11	248. 50	7. 06%
	中国银行	186. 18	215. 41	223. 97	3. 97%
	建设银行	235. 76	232. 90	250. 24	7. 45%
	交通银行	87. 50	116. 31	120. 27	3. 40%
	邮储银行	100. 30	106. 52	112. 78	5. 88%
	平均值	179. 16	194. 25	204. 70	5. 38%
股份制银行	中信银行	75. 37	87. 49	121. 53	38. 91%
	光大银行	57. 86	61. 27	58. 15	-5. 09%
	招商银行	132. 91	141. 68	141. 26	-0. 30%
	浦发银行	67. 06	70. 07	69. 65	-0. 60%
	民生银行	45. 07	47. 07	59. 87	27. 19%
	华夏银行	33. 19	38. 63	40. 48	4. 79%
	平安银行	73. 83	69. 29	63. 43	-8. 46%
	兴业银行	63. 64	82. 51	83. 98	1. 78%
	渤海银行	9. 45	12. 60	14. 00	11. 11%
	平均值	62. 04	67. 85	72. 48	6. 84%

续表

银行类型	银行名称	金融科技投入金额（亿元）			2023 年变化
		2021 年	2022 年	2023 年	
城商行	北京银行	23.20	24.52	30.02	22.43%
	上海银行	18.53	21.32	24.42	14.54%
	重庆银行	3.36	3.84	4.80	25.00%
	青岛银行	0.40	5.03	5.68	12.92%
	贵阳银行	3.06	3.58	3.14	-12.29%
	甘肃银行	2.11	2.60	1.98	-23.82%
	威海银行	2.24	3.16	2.75	-13.07%
	平均值	7.56	9.15	10.40	13.64%
农商行	无锡银行	0.09	0.11	0.15	32.96%
	东莞农商银行	5.14	5.51	5.26	-4.50%
	沪农商行	8.83	9.95	11.35	14.07%
	平均值	4.69	5.19	5.59	7.64%

近年来，各类银行金融科技投入占营业收入比例均有所增长，2023 年上市银行占比平均为3.92%，较2022 年增加0.28 个百分点。如图2 所示，股份制银行金融科技投入占比明显高于其他类型银行，农商行相对较低。具体来看，国有行、股份制银行、城商行和农商行金融科技投入占营业收入比例分别为3.77%、4.54%、3.69%和2.87%，较2022 年分别增长0.25 个、0.49 个、0.10 个和0.10 个百分点。其中，城商行2022 年金融科技投入占比出现明显提升。

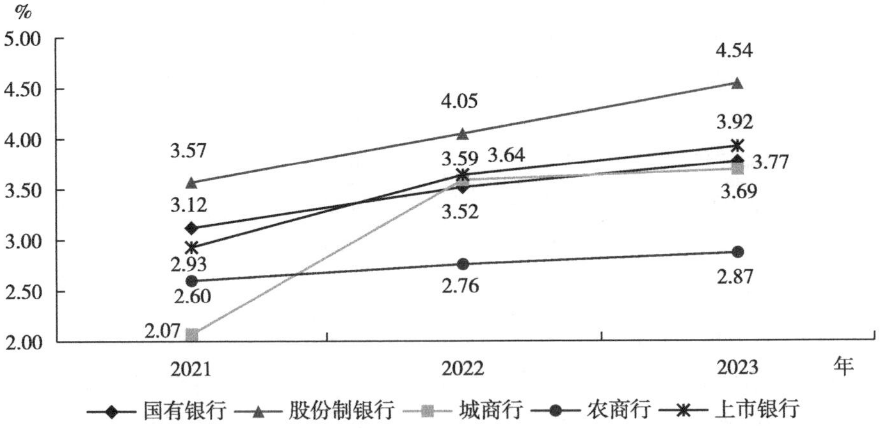

图2　各类银行金融科技投入占营业收入比例

国有行中，6 家银行金融科技投入占比均有所提高。2023 年，交通银行金融科技投入占比相对较高，为5.64%，工商银行投入占比相对较低，为3.23%。建设银行投入占比较2022 年变化幅度较大，同比提高0.42 个百分点，中国银行和邮储银行变化幅度相对较小，均同比提高 0.11 个百分点。

股份制银行中，7 家银行金融科技投入占比有所提高，2 家银行有所降低。2023 年，中信银行金融科技投入占比相对较高，为 5.90%，平安银行投入占比相对较低，为 3.85%。中信银行投入占比较 2022 年变化幅度较大，同比提高 1.76 个百分点，光大银行投入占比较 2022 年降低 0.05 个百分点。

城商行中，4 家银行金融科技投入占比有所提高，3 家银行有所降低。2023 年，上海银行金融科技投入占比相对较高，为 4.98%，贵阳银行投入占比相对较低，为 2.08%。北京银行和上海银行投入占比较 2022 年变化幅度较大，同比均提高 0.80 个百分点，甘肃银行投入占比出现明显下降，同比降低 1.01 个百分点。

农商行中，2 家银行金融科技投入占比有所提高，1 家银行有所降低。2023 年，沪农商行金融科技投入占比相对较高，为 4.30%，无锡银行投入占比相对较低，为 0.33%。沪农商行投入占比较 2022 年变化幅度较大，同比提高 0.42 个百分点，东莞农商银行投入占比较 2022 年降低 0.19 个百分点（见表 2）。

表 2　　上市银行近三年金融科技投入占营业收入比例

银行类型	银行名称	金融科技投入占营业收入比例（%）			
		2021 年	2022 年	2023 年	2023 年变化
国有行	工商银行	2.76	2.99	3.23	0.24
	农业银行	2.85	3.34	3.58	0.24
	中国银行	3.07	3.49	3.60	0.11
	建设银行	2.86	2.83	3.25	0.42
	交通银行	4.03	5.26	5.64	0.38
	邮储银行	3.15	3.18	3.29	0.11
	平均值	3.12	3.52	3.77	0.25
股份制银行	中信银行	3.68	4.14	5.90	1.76
	光大银行	3.79	4.04	3.99	-0.05
	招商银行	4.37	4.51	4.59	0.08
	浦发银行	3.51	3.71	4.02	0.31
	民生银行	2.83	3.57	4.56	0.99
	华夏银行	3.46	4.12	4.34	0.22
	平安银行	4.36	3.85	3.85	0.00
	兴业银行	2.88	3.71	3.98	0.27
	渤海银行	3.24	4.76	5.60	0.84
	平均值	3.57	4.05	4.54	0.49
城商行	北京银行	3.50	3.70	4.50	0.80
	上海银行	3.36	4.18	4.98	0.80
	重庆银行	2.31	2.85	3.63	0.78

续表

银行类型	银行名称	金融科技投入占营业收入比例（%）			
		2021 年	2022 年	2023 年	2023 年变化
城商行	青岛银行	0.36	4.32	4.55	0.23
	贵阳银行	2.04	2.29	2.08	-0.21
	甘肃银行	0.03	3.98	2.97	-1.01
	威海银行	2.92	3.81	3.15	-0.66
	平均值	2.07	3.59	3.69	0.10
农商行	无锡银行	0.20	0.25	0.33	0.08
	东莞农商银行	3.95	4.16	3.97	-0.19
	沪农商行	3.65	3.88	4.30	0.42
	平均值	2.60	2.76	2.87	0.10

国有行和股份制银行资产规模较大，业务范围较广，能够更好地发挥数字化转型带来的优势，是上市银行数字金融的先行者。当前上市银行科技投入逐渐进入稳步增长阶段，更加关注提质增效，以及科技与业务的深度融合。工商银行强调塑造高效集约的经营管理新模式，优化对内服务平台；邮储银行大力推广应用 RPA 机器人技术，有效促进降本增效。中国银行升级一体化反洗钱事中系统，加快推进隐私计算、物联网等前沿技术，“双向赋能”科技创新与业务发展。

二、科技人才队伍

2023 年，27 家上市银行披露了金融科技人员数量，各类银行平均数量均连续两年增长，上市银行科技人员数量平均为 5,340 人，较 2022 年增长 8.90%。如图 3 所示，各类银行科技人员数量差距较大，国有行明显多于其他类型银行。具体来看，国有行、股份制银行、城商行和农商行平均科技人员数量分别为 15,815 人、5,761 人、706 人和 475 人，较 2022 年分别增长 8.59%、8.14%、17.14%和 12.29%。其中，国有行和城商行人员增速较 2022 年更高，股份制银行和农商行人员增速较 2022 年有所放缓。

国有行中，5 家银行金融科技人员数量有所增加，工商银行科技人员数量与 2022 年持平。2023 年，工商银行科技人员数量相对较多，为 3.6 万人，邮储银行科技人员数量相对较少，为 7,055 人。交通银行和农业银行科技人员数量增长相对较快，同比分别增长 33.30%和 31.22%。

股份制银行中，5 家银行金融科技人员数量有所增加，2 家银行有所减少。2023 年，招商银行科技人员数量相对较多，为 10,650 人，渤海银行科技人员数量相对较少，为 1,554 人。渤海银行科技人员数量增长相对较快，同比增长 22.27%，招商银行和浦发银行科技人员数量有所减少，同比分别下降 1.81%和 0.34%。

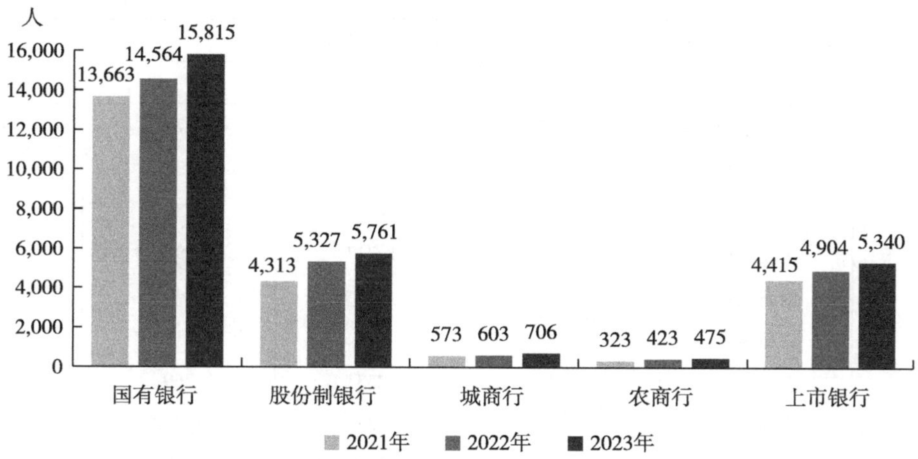

图 3　各类银行平均科技人员数量

城商行中，10 家银行金融科技人员数量均有所增加。2023 年，宁波银行科技人员数量相对较多，为 1, 946 人，泸州银行和甘肃银行科技人员数量相对较少，均为 149 人。重庆银行科技人员数量增长相对较快，同比增长 57. 62%，泸州银行科技人员数量增长相对较少，同比增长 3. 47%。

农商行中，4 家银行金融科技人员数量均有所增加。2023 年，沪农商行科技人员数量相对较多，为 818 人，无锡银行科技人员数量相对较少，为 124 人。渝农商行科技人员数量增长较快，同比增长 15. 52%，无锡银行科技人员数量增长相对较少，同比增长 5. 08%（见表 3）。

表 3　上市银行近三年金融科技人员数量

银行类型	银行名称	金融科技人员数量（人）			2023 年变化
		2021 年	2022 年	2023 年	
国有行	工商银行	35, 000	36, 000	36, 000	0. 00
	农业银行	9, 095	10, 021	13, 150	0. 31
	中国银行	12, 873	13, 318	14, 541	0. 09
	建设银行	15, 121	15, 811	16, 331	0. 03
	交通银行	4, 539	5, 862	7, 814	0. 33
	邮储银行	5, 350	6, 373	7, 055	0. 11
	平均值	13, 663	14, 564	15, 815	0. 09
股份制银行	中信银行	4, 286	4, 762	5, 626	0. 10
	光大银行	2, 361	3, 212	3, 685	0. 15
	招商银行	10, 043	10, 846	10, 650	-0. 02
	浦发银行	6, 428	6, 447	6, 425	0. 00
	民生银行	3, 062	4, 053	4, 559	0. 12
	兴业银行	3, 303	6, 699	7, 828	0. 17
	渤海银行	709	1, 271	1, 554	0. 22
	平均值	4, 313	5, 327	5, 761	0. 08

续表

银行类型	银行名称	金融科技人员数量（人）			2023 年变化
		2021 年	2022 年	2023 年	
城商行	北京银行	1,297	783	977	0.25
	上海银行	1,055	1,232	1,373	0.11
	重庆银行	141	151	238	0.58
	宁波银行	1,414	1,727	1,946	0.13
	徽商银行	404	517	640	0.24
	青岛银行	220	245	319	0.30
	贵阳银行	232	253	269	0.06
	中原银行	715	837	1,000	0.19
	泸州银行	140	144	149	0.03
	甘肃银行	116	138	149	0.08
	平均值	573	603	706	0.17
农商行	无锡银行	71	118	124	0.05
	渝农商行	440	522	603	0.16
	东莞农商银行	298	338	356	0.05
	沪农商行	484	715	818	0.14
	平均值	323	423	475	0.12

近年来，各类银行金融科技人员数量占比均有所增长，2023 年上市银行平均占比为 7.02%，较 2022 年提高 0.67 个百分点。如图 4 所示，股份制银行科技人员占比明显高于其他类型银行，国有行科技人员数量较多，但占比相对较低。具体来看，国有行、股份制银行、城商行和农商行科技人员占比分别为 5.41%、9.80%、6.35% 和 6.25%，较 2022 年分别增加 0.62 个、0.73 个、0.69 个和 0.60 个百分点。其中，国有行和城商行人员占比增速较 2022 年更高，股份制银行和农商行人员占比增速较 2022 年有所放缓。

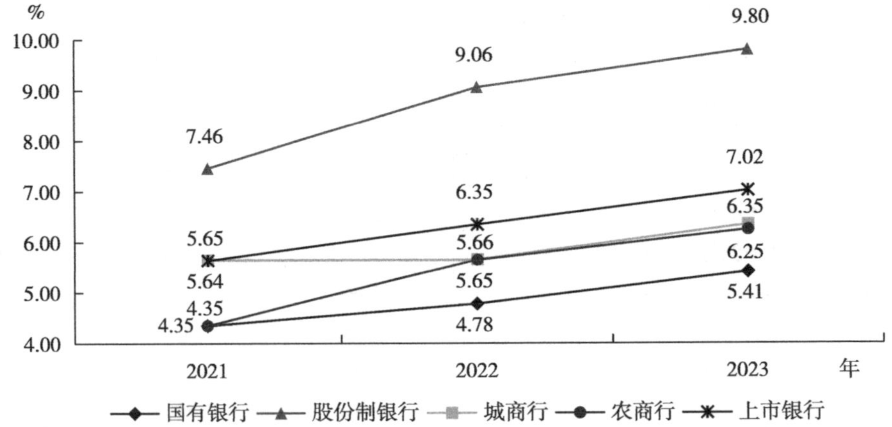

图 4　各类银行金融科技人员数量占比

国有行中，6 家银行金融科技人员占比均有所提高。2023 年，工商银行科技人员占比相对较高，为 8.60%，农业银行科技人员占比相对较低，为 2.90%。交通银行科技人员占比变化幅度相对较大，同比提高 1.91 个百分点，建设银行科技人员占比变化相对较小，同比提高 0.13 个百分点。

股份制银行中，6 家银行金融科技人员占比有所提高，1 家银行有所降低。2023 年，兴业银行科技人员占比相对较高，为 13.91%，民生银行科技人员占比相对较低，为 7.49%。兴业银行科技人员占比变化幅度相对较大，同比提高 2.04 个百分点，招商银行科技人员占比较 2022 年降低 0.46 个百分点，是披露该项数据的 27 家上市银行中唯一科技人员占比下降的银行。

城商行中，10 家银行金融科技人员占比均有所提高。2023 年，上海银行科技人员占比相对较高，为 10.75%，甘肃银行科技人员占比相对较低，为 3.31%。重庆银行科技人员占比变化幅度相对较大，同比提高 1.49 个百分点，泸州银行科技人员占比变化相对较小，同比提高 0.08 个百分点。

农商行中，4 家银行金融科技人员占比均有所提高。2023 年，沪农商行科技人员占比相对较高，为 9.15%，渝农商行科技人员占比相对较低，为 4.13%。沪农商行科技人员占比变化幅度相对较大，同比提高 1.29 个百分点，无锡银行科技人员占比变化相对较小，同比提高 0.20 个百分点（见表 4）。

表 4　　上市银行近三年金融科技人员占比

银行类型	银行名称	金融科技人员占比（%）			
		2021 年	2022 年	2023 年	2023 年变化
国有行	工商银行	8.10	8.30	8.60	0.30
	农业银行	2.00	2.20	2.90	0.70
	中国银行	4.20	4.35	4.74	0.39
	建设银行	4.03	4.20	4.33	0.13
	交通银行	5.03	6.38	8.29	1.91
	邮储银行	2.76	3.27	3.58	0.31
	平均值	4.35	4.78	5.41	0.62
股份制银行	中信银行	7.73	8.40	8.41	0.01
	光大银行	5.11	6.75	7.74	0.99
	招商银行	9.69	9.60	9.14	-0.46
	浦发银行	10.64	10.47	10.58	0.11
	民生银行	5.31	6.78	7.49	0.71
	兴业银行	6.45	11.87	13.91	2.04
	渤海银行	7.32	9.57	11.30	1.73
	平均值	7.46	9.06	9.80	0.73

续表

银行类型	银行名称	金融科技人员占比（%）			
		2021 年	2022 年	2023 年	2023 年变化
城商行	北京银行	7.52	4.74	5.50	0.76
	上海银行	9.05	10.14	10.75	0.61
	重庆银行	2.99	3.02	4.51	1.49
	宁波银行	6.17	7.11	7.44	0.33
	徽商银行	3.79	4.62	5.51	0.89
	青岛银行	4.83	5.05	6.35	1.30
	贵阳银行	3.99	4.30	4.50	0.20
	中原银行	5.30	4.27	5.31	1.04
	泸州银行	10.20	10.23	10.31	0.08
	甘肃银行	2.68	3.13	3.31	0.18
	平均值	5.65	5.66	6.35	0.69
农商行	无锡银行	4.36	7.00	7.20	0.20
	渝农商行	3.00	3.54	4.13	0.59
	东莞农商银行	3.74	4.20	4.50	0.30
	沪农商行	6.28	7.86	9.15	1.29
	平均值	4.35	5.65	6.25	0.60

为加强金融科技人才队伍建设，2023 年上市银行进一步加强人才引进和人才培养，优化组织架构，强化部门协同，以科技创新促进新质生产力。交通银行推进科技万人计划落地，招录科技理工应届生占比提升至七成；重庆银行引入 AI 等领域专业人才；兴业银行开展三位一体数字化培训，完善科技条线人才岗位地图。邮储银行推进科技治理架构转型，强化信息科技统筹引领作用；建设银行试点业务 IT 产品经理制，促进敏捷协同与业务融合，促进研发质效与科技融合。

三、人工智能发展

2023 年，上市银行加大人工智能应用的探索与开发。人工智能在商业银行的基础能力建设和业务场景搭建等方面具有良好发展前景，生成式 AI 大模型的实践应用为上市银行带来新机遇。在基础能力建设方面，工商银行建成全栈自主可控的千亿级 AI 大模型技术体系。农业银行推进大模型技术预研孵化；建设银行实施“方舟计划”，推进金融大模型建设工程；招商银行基于开源环境，在专业场景自研百亿参数大模型；兴业银行发布百亿级大模型 ChatCIB，聚焦财富、投资、报告等垂直领域；北京银行自研“京智大模型”等。

在业务场景搭建方面，上市银行积极探索各类功能应用，促进新质生产力的培育与发展。国有行中，工商银行实现大模型技术在座席助手等场景落地，保障成都大运会、杭州亚运会等重点时期多语言服务，上线基于大模型的网点员工智能助手，提升网点效能；农业银行开发客服知识库上线答案推荐、知识库辅助搜索等功能；中国银行探索大模型技术在内部知识服务、辅助编码等场景的应用；建设银行构建大模型向量知识库，打造“文生图”工具，深入推进智能客服、市场营销、投研报告、智慧办公、智能运营、智能风控等场景应用；交通银行探索大模型在办公助手、客服问答等场景的应用；邮储银行研发基于大模型的投诉问题分类智能模型，实现消保投诉管理自动统计分析和智能监测。

股份制银行中，中信银行打造软硬件一体化的中信大模型平台，完成千亿级开源大模型部署，探索落地代码生成、智能操作等场景；招商银行积极探索大模型在零售、批发、中后台的应用；浦发银行提供大模型推理、知识管理等核心能力，完成企业智能风险分析、审计制度问答等 10 个大模型应用场景上线运行；民生银行稳妥推进大模型建设，在知识问答、代码辅助、客服坐席、办公写作、数据分析、营销文案等内部场景展开应用试点；平安银行将大模型技术用于零售贷款审批、运营管理数智化升级、消保降诉、汽车金融 AI 验车等场景，结合计算机视觉、多模态等技术，形成综合人工智能解决方案；兴业银行深化人工智能大模型应用，形成首批大模型场景赋能，应用于智能研报摘要生成、企金产品智能问答、研发代码辅助生成等 6 大领域。

城商行中，北京银行研发新一代金融人工智能核心，通过“大模型 + 小模型”驱动宣传文案、智能周报、文章翻译、工作总结、会议纪要、通知撰写、代码生成、代码注释等基础应用场景；上海银行形成“模型训练、推理服务、智能知识、模型管理、异构算力”五大 AI 能力中心，发布可交易型元宇宙银行；重庆银行完成 47 个 OCR 定制化模型，新增 56 个 RPA 场景，落地远程双录、远程签约等 4 类业务场景；青岛银行探索人工智能技术在提升营销和风控的准确性和合规性的应用；贵阳银行运用人工智能等技术，打造包括零售 CRM 系统和公司业务管理平台在内的决策支持系统；中原银行研发生成式对话助手，在合规、人力、餐饮、流程、报表分析等 5 类场景落地；长沙银行研发专有 AI 大模型引擎，赋能高业务价值场景 14 项，自主研发了营销文案、工单总结、知识运营、质检合规等 AI 助手。

农商行中，青农商行聚焦数据资产服务化，上线 BI + AI 智能数据分析平台，集成“五位一体”数据资产管理体系，实现亿级数据的秒级查询，上线 200 余个数据分析场景；沪农商行建了感知能力群、认知能力群、决策能力群等技术框架，已应用在身份识别、智能客服、智能营销和智能风控等业务场景，大模型技术已在智能合规系统的应用方面上线运行。

专题九　绿色金融

全球范围内，绿色金融已成为推动可持续发展的关键动力。中国政府设定了力争到2030年实现碳达峰和2060年实现碳中和的雄心目标，展现了对绿色低碳发展的坚定承诺。政策层面，在2023年10月举行的中央金融工作会议上，“绿色金融”被确定为金融“五篇大文章”之一。2024年4月，中国人民银行等七部门发布了《关于进一步强化金融支持绿色低碳发展的指导意见》。预计到2035年，将建立完善高效的绿色低碳发展金融支持体系，优化资源配置、风险管理和市场定价功能。

在政策和市场需求的驱动下，中国绿色金融市场规模不断扩大。特别是商业银行的绿色信贷余额稳步增加。2023年57家上市银行披露了绿色信贷规模，绿色信贷余额总计22.99万亿元，同比增长40.37%，各类银行均呈明显增长趋势。近三年来，共有38家上市银行发行绿色债券，包含国有行6家、股份制银行8家，城商行17家和农商行7家。越来越多的上市银行开始发行绿色债券，为服务经济社会高质量发展注入绿色可持续能量。部分上市银行在绿色业务发展过程中展现出特色成果，主要体现在绿色信贷及绿色债券产品及服务方面。

一、政策指导

2023年10月举行的中央金融工作会议提出了金融“五篇大文章”，对“绿色金融”的要求是做好绿色发展和实现“双碳”目标的坚实后盾。

2024年5月，国家金融监督管理总局发布《关于银行业保险业做好金融“五篇大文章”的指导意见》，文件指出未来5年，银行业保险业应形成多层次、广覆盖、多样化、可持续的“五篇大文章”服务体系。其中，对“绿色金融”的要求为：绿色金融标准和评价体系更加完善，对绿色、低碳、循环经济的金融支持不断加强，绿色保险覆盖面进一步扩大，银行保险机构环境、社会和治理（ESG）表现持续提升。在优化“五篇大文章”金融产品和服务方面，该文件表明要聚焦“双碳”目标健全绿色金融体系。绿色金融要乘势而上、先立后破，促进经济社会发展全面绿色转型。引导银行保险机构积极支持重点行业和领域节能、减污、降碳、增绿、防灾，促进清洁低碳能源体系建设和绿色技术推广应用。丰富绿色金融产品和服务，发展碳排放权、排污权等环境权益抵质押融资，探索绿色保险费率调节机制，推动环境保护、气候变化、绿色产业和技术等领域绿色保险业务发展。强化对客户环境、社会和治理风险的分类管理与动态评估，纳入业务管理流程和全面风险管理体系，采取差别化管理措施。有效满足高耗能高排放行业低碳转型的合理融资需求。

二、绿色信贷

（一）绿色信贷余额及其占贷款和垫款比例

1. 绿色信贷余额及其变化率

2023 年 57 家上市银行披露了绿色信贷规模，绿色信贷余额总计 22.99 万亿元，同比增长 40.37%，各类银行均呈明显增长趋势。如图 1 所示，不同类型银行绿色信贷余额规模差异较大，国有行绿色信贷余额显著高于其他类型银行，2023 年余额为 17.90 万亿元，占上市银行绿色信贷余额总和的 77.84%。股份制银行、城商行和农商行绿色信贷余额分别为 34,620.05 亿元、14,084.13 亿元和 2,253.56 亿元。

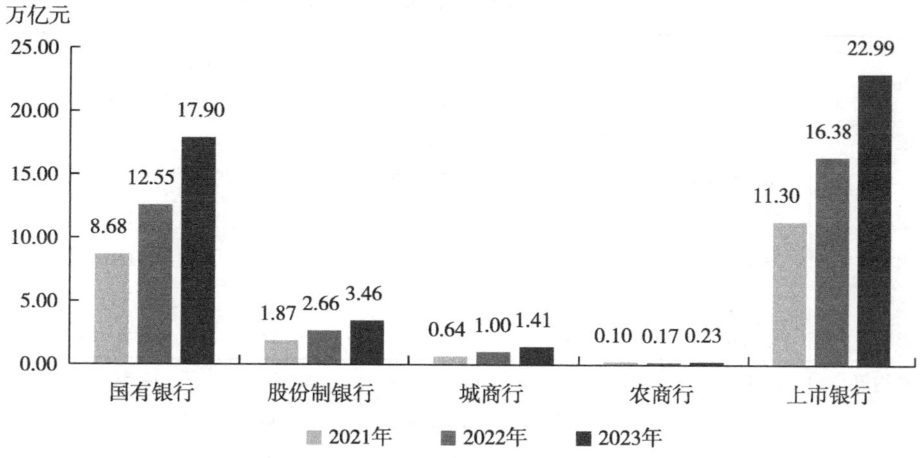

图 1　2021—2023 年上市银行绿色信贷余额

如图 2 所示，2023 年上市银行绿色信贷平均余额较 2022 年增长 37.91%，各类银行平均增长率均超过 30%。具体来看，国有行、股份制银行、城商行和农商行绿色信贷平均余额增长率分别为 42.67%、30.01%、35.46% 和 33.52%。近三年来，国有行、城商行和农商行绿色信贷平均余额增长率均为先升后降，而股份制银行增长率持续下降，是各类银行中的较低水平。

截至 2023 年末，工商银行绿色信贷规模排名第一，为 5.4 万亿元，其次是农业银行和建设银行，分别为 40,487 亿元和 38,829.36 亿元；泸州银行绿色信贷余额相对较低，为 4.68 亿元。无锡银行绿色信贷余额同比增速相对较高，为 79.01%；瑞丰银行绿色信贷余额同比下降 80.29%，是 57 家上市银行中唯一负增长的银行（见表 1）。

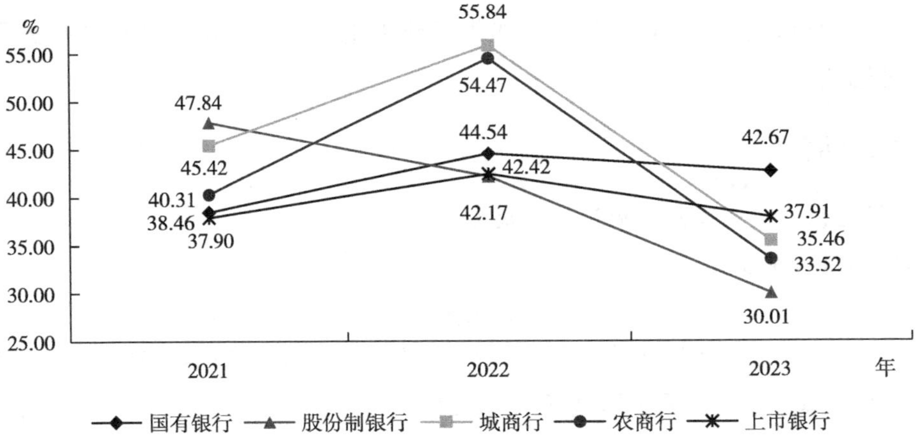

图 2　2021—2023 年上市银行绿色信贷平均余额变化率

表 1　　2021—2023 年上市银行绿色信贷余额及其变化率

银行名称	绿色信贷余额（亿元）			绿色信贷余额变化率（%）		
	2023 年	2022 年	2021 年	2023 年	2022 年	2021 年
工商银行	54, 000. 00	39, 784. 58	24, 806. 21	35. 73	60. 38	34. 40
农业银行	40, 487. 00	26, 975. 00	19, 778. 00	50. 09	36. 39	30. 56
中国银行	31, 067. 00	19, 872. 00	14, 086. 00	56. 34	41. 08	57. 07
建设银行	38, 829. 36	27, 501. 04	19, 631. 29	41. 19	40. 09	46. 21
邮储银行	6, 378. 78	4, 965. 49	3, 722. 94	28. 46	33. 38	32. 52
交通银行	8, 220. 42	6, 354. 32	4, 767. 63	29. 37	33. 28	23. 11
国有行平均值	29, 830. 43	20, 908. 74	14, 465. 35	42. 67	44. 54	38. 46
招商银行	4, 477. 65	3, 553. 57	2, 638. 42	26. 00	34. 69	27. 38
兴业银行	8, 090. 00	6, 370. 72	4, 539. 40	26. 99	40. 34	42. 11
浦发银行	5, 246. 00	4, 271. 00	3, 113. 50	22. 83	37. 18	43. 74
中信银行	4, 590. 22	3, 340. 82	2, 054. 25	37. 40	62. 63	210. 33
民生银行	2, 642. 41	1, 799. 12	1, 073. 17	46. 87	67. 65	103. 76
光大银行	3, 137. 62	1, 992. 90	1, 245. 92	57. 44	59. 95	20. 12
平安银行	1, 396. 47	1, 097. 68	691. 35	27. 22	58. 77	204. 56
华夏银行	2, 692. 73	2, 470. 35	2, 084. 77	9. 00	18. 50	15. 79
浙商银行	2, 034. 36	1, 459. 23	1, 042. 44	39. 41	39. 98	32. 75
渤海银行	312. 59	273. 05	247. 19	14. 48	10. 46	24. 33
股份制银行平均值	3, 462. 01	2, 662. 84	1, 873. 04	30. 01	42. 17	47. 84
北京银行	1, 560. 47	1, 103. 03	477. 40	41. 47	131. 05	112. 18
上海银行	1, 033. 63	653. 70	302. 11	58. 12	116. 38	180. 07
江苏银行	2, 870. 00	2, 015. 00	1, 272. 00	42. 43	58. 41	29. 27
南京银行	1, 770. 13	1, 329. 56	987. 73	33. 14	34. 61	46. 39
宁波银行	386. 00	237. 10	158. 31	62. 80	49. 77	79. 16

续表

银行名称	绿色信贷余额（亿元）			绿色信贷余额变化率（%）		
	2023 年	2022 年	2021 年	2023 年	2022 年	2021 年
徽商银行	824.00	545.76	321.81	50.98	69.59	53.86
杭州银行	681.64	540.03	419.32	26.22	28.79	33.19
天津银行	243.50	164.17	120.69	48.32	36.03	62.15
长沙银行	429.03	326.01	254.03	31.60	28.34	36.42
哈尔滨行	31.00	30.89	21.83	0.36	41.50	-17.06
贵阳银行	313.41	282.16	227.49	11.08	24.03	17.44
重庆银行	360.62	276.21	191.15	30.56	44.50	32.65
江西银行	311.96	226.96	170.06	37.45	33.46	46.05
青岛银行	261.35	209.24	190.78	24.90	9.68	25.24
九江银行	334.58	258.89	176.12	29.24	47.00	49.71
苏州银行	301.80	178.94	113.17	68.66	58.12	44.92
甘肃银行	160.34	—	—	—	—	—
西安银行	17.00	11.00	11.00	54.55	0.00	-15.90
贵州银行	521.94	466.30	349.71	11.93	33.34	53.03
厦门银行	71.11	41.31	18.27	72.14	126.07	116.82
成都银行	405.08	263.10	107.34	53.96	145.11	141.87
郑州银行	40.88	28.54	21.06	43.24	35.52	66.61
晋商银行	95.43	90.82	76.77	5.08	18.30	47.21
威海银行	250.21	159.51	126.20	56.86	26.39	28.36
泸州银行	4.68	3.01	2.31	55.66	30.15	19.57
盛京银行	97.97	64.49	75.17	51.92	-14.21	0.05
兰州银行	127.66	94.35	48.80	35.30	93.34	-18.65
中原银行	336.91	271.30	72.26	24.18	275.45	56.58
齐鲁银行	241.80	167.64	128.92	44.24	30.03	34.42
城商行平均值	485.66	358.54	230.06	35.46	55.84	45.42
渝农商行	620.00	487.15	366.64	27.27	32.87	49.24
紫金银行	122.46	109.09	95.00	12.26	14.83	33.54
常熟银行	26.27	22.76	15.60	15.42	45.90	24.20
无锡银行	70.01	39.11	28.88	79.01	35.42	25.95
苏农银行	44.98	36.95	28.79	21.73	28.34	34.16
张家港行	35.43	22.21	10.55	59.52	110.52	133.92
青农商行	108.00	71.96	56.55	50.08	27.25	82.60
广州农商银行	432.49	248.95	147.31	73.73	69.00	30.44
东莞农商银行	130.47	99.23	73.34	31.48	35.30	20.35
沪农商行	614.31	435.67	171.90	41.00	153.44	161.25
江阴银行	30.36	19.43	7.00	56.25	177.57	—
瑞丰银行	18.78	95.29	—	-80.29	—	—
农商行平均值	187.80	140.65	91.05	33.52	54.47	40.31

2023 年，从各类上市银行绿色信贷余额均值来看，规模均值从高到低依次为国有行、股份制银行、城商行和农商行，分别为 29,830.43 亿元、3,462.01 亿元、485.66 亿元和 187.80 亿元，国有行绿色信贷余额占比在市场中呈绝对优势。

国有行中，工商银行绿色信贷余额相对较高，为 54,000 亿元；邮储银行和交通银行相对较低，分别为 6,378.78 亿元和 8,220.42 亿元。中国银行和农业银行绿色信贷余额增速相对较快，同比增长 56.34% 和 50.09%，农业银行近三年增长率持续提高。

股份制银行中，兴业银行绿色信贷余额相对较高，为 8,090 亿元；渤海银行余额相对较低，为 312.59 亿元。光大银行和民生银行绿色信贷余额增速相对较快，同比增长 57.44% 和 46.87%；华夏银行增速相对较慢，为 9.00%。

城商行中，江苏银行绿色信贷余额相对较高，为 2,870 亿元，其次是南京银行和北京银行，余额均超过 1,500 亿元；泸州银行绿色信贷余额相对较低，为 4.68 亿元，西安银行、哈尔滨行和郑州银行余额均不超过 50 亿元。厦门银行绿色信贷余额增速相对较快，同比增长 72.14%；哈尔滨行增速相对较慢，同比增长 0.36%。

农商行中，渝农商行和沪农商行绿色信贷余额相对较高，分别为 620.00 亿元和 614.31 亿元；瑞丰银行绿色信贷余额相对较低，为 18.78 亿元。无锡银行和广州农商银行绿色信贷余额增速相对较快，同比增长 79.01% 和 73.73%，近三年来增长率均持续提高；瑞丰银行绿色信贷余额同比下降 80.29%。

2. 绿色信贷余额占贷款和垫款净额比例情况

2023 年，57 家上市银行绿色信贷余额占贷款和垫款净额比例的均值为 8.06%，各类银行均呈明显增长趋势。如图 3 所示，国有行、股份制银行、城商行和农商行绿色信贷余额占贷款和垫款净额比例的均值分别为 15.22%、8.78%、7.68% 和 4.79%，国有行的绿色信贷余额占贷款和垫款净额比例整体高于其他类型银行。

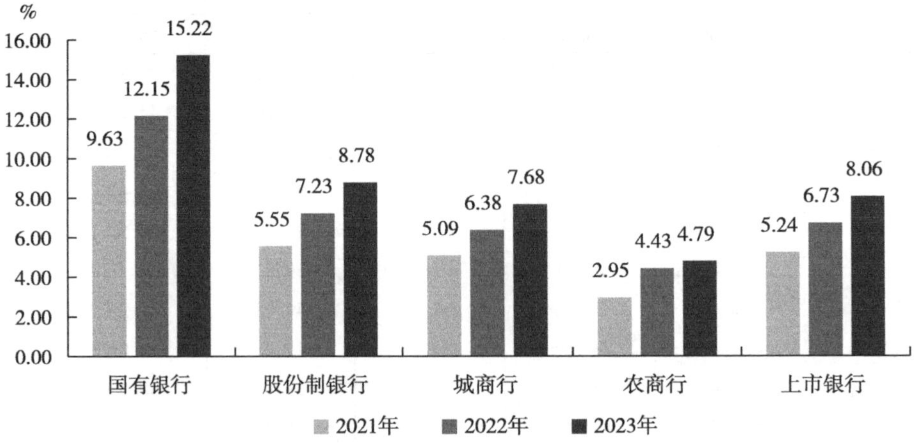

图 3　2021—2023 年上市银行绿色信贷余额占贷款和垫款净额平均比例

2023 年，工商银行绿色信贷余额占贷款和垫款净额比例处于首位，为 21.27%，其次是农业银行，占比为18.63%；泸州银行绿色信贷占比相对较低，为0.53%。农业银行绿色信贷余额占贷款和垫款净额比例增长相对较快，同比提高4.42个百分点；瑞丰银行、贵阳银行和哈尔滨行绿色贷款占比分别同比下降7.83个、0.21个和0.13个百分点（见表2）。

表2　　2021—2023年上市银行绿色信贷余额占贷款和垫款净额比例及其变化情况

银行名称	绿色信贷余额占贷款和垫款净额比例（%）			绿色信贷余额占比变动（%）		
	2023年	2022年	2021年	2023年	2022年	2021年
工商银行	21.27	17.61	12.34	3.66	5.27	2.43
农业银行	18.63	14.21	12.02	4.42	2.19	2.03
中国银行	15.95	11.61	9.19	4.34	2.42	2.88
建设银行	16.82	13.42	10.80	3.40	2.62	2.53
邮储银行	8.06	7.12	5.97	0.94	1.15	0.87
交通银行	10.58	8.91	7.44	1.67	1.47	0.67
国有行平均值	15.22	12.15	9.63	3.07	2.52	1.90
招商银行	7.17	6.12	4.95	1.05	1.17	0.63
兴业银行	15.17	13.08	10.53	2.09	2.55	2.27
浦发银行	10.70	9.10	6.64	1.59	2.47	1.75
中信银行	8.53	6.63	4.33	1.90	2.30	2.81
民生银行	6.11	4.42	2.70	1.69	1.71	1.31
光大银行	8.45	5.70	3.85	2.76	1.85	0.32
平安银行	4.21	3.39	2.32	0.82	1.07	1.45
华夏银行	11.93	11.14	9.64	0.79	1.50	0.34
浙商银行	12.16	9.82	7.95	2.34	1.87	1.21
渤海银行	3.40	2.90	2.64	0.50	0.26	0.40
股份制银行平均值	8.78	7.23	5.55	1.55	1.68	1.25
北京银行	7.96	6.32	2.94	1.64	3.38	1.46
上海银行	7.72	5.17	2.55	2.55	2.62	1.54
江苏银行	16.42	12.95	9.36	3.48	3.59	0.92
南京银行	16.59	14.53	12.93	2.06	1.60	2.59
宁波银行	3.18	2.35	1.90	0.83	0.44	0.57
徽商银行	9.74	7.43	5.12	2.31	2.31	1.34
杭州银行	8.81	8.03	7.48	0.78	0.55	0.63
天津银行	6.15	4.87	3.72	1.28	1.15	1.20
长沙银行	9.05	7.90	7.10	1.16	0.79	0.99
哈尔滨行	1.01	1.14	0.77	−0.13	0.37	0.20
贵阳银行	10.03	10.24	9.25	−0.21	0.99	0.53
重庆银行	9.47	8.07	6.23	1.40	1.84	0.94
江西银行	9.58	7.56	6.28	2.03	1.27	0.93

续表

银行名称	绿色信贷余额占贷款和垫款净额比例（%）			绿色信贷余额占比变动（%）		
	2023 年	2022 年	2021 年	2023 年	2022 年	2021 年
青岛银行	8.92	7.97	8.00	0.95	-0.03	0.47
九江银行	11.40	9.53	7.25	1.87	2.28	1.53
苏州银行	10.73	7.47	5.55	3.26	1.92	1.24
甘肃银行	7.39	—	—	—	—	—
西安银行	0.86	0.59	0.62	0.27	-0.03	-0.16
贵州银行	16.75	16.67	14.64	0.08	2.03	3.56
厦门银行	3.49	2.13	1.08	1.37	1.05	0.46
成都银行	6.70	5.61	2.87	1.09	2.74	1.24
郑州银行	1.17	0.89	0.75	0.28	0.14	0.20
晋商银行	5.14	5.02	5.08	0.12	-0.06	1.13
威海银行	13.35	9.86	8.99	3.49	0.87	0.64
泸州银行	0.53	0.38	0.32	0.15	0.06	-0.02
盛京银行	1.97	1.02	1.29	0.95	-0.27	-0.12
兰州银行	5.36	4.29	2.32	1.08	1.96	-0.85
中原银行	4.88	4.07	1.91	0.82	2.16	0.58
齐鲁银行	8.34	6.73	6.14	1.61	0.60	0.41
城商行平均值	7.68	6.38	5.09	1.29	1.30	0.85
渝农商行	9.58	8.05	6.58	1.53	1.47	1.53
紫金银行	7.10	7.00	7.00	0.10	0.00	0.89
常熟银行	1.23	1.23	1.00	0.00	0.23	0.00
无锡银行	5.10	3.18	2.56	1.92	0.62	0.17
苏农银行	3.82	3.52	3.14	0.30	0.38	0.31
张家港行	2.90	2.02	1.10	0.88	0.92	0.55
青农商行	4.40	3.13	2.53	1.27	0.60	1.05
广州农商银行	6.10	3.72	2.31	2.38	1.41	0.27
东莞农商银行	3.81	3.08	2.53	0.73	0.55	0.14
沪农商行	8.97	6.77	2.92	2.20	3.85	1.63
江阴银行	2.73	1.97	0.80	0.77	1.17	—
瑞丰银行	1.71	9.53	—	-7.83	—	—
农商行平均值	4.79	4.43	2.95	0.35	1.48	0.44

国有行中，工商银行绿色贷款余额占贷款和垫款净额比例相对较高，为 21.27%；邮储银行绿色贷款占比相对较低，为 8.06%。农业银行绿色贷款占比增速相对较快，同比提高 4.42 个百分点，且近三年来提高幅度持续增加；邮储银行增速相对较慢，同比提高 0.94 个百分点。

股份制银行中，兴业银行绿色贷款余额占贷款和垫款净额比例相对较高，为15.17%；渤海银行绿色贷款占比相对较低，为3.40%。光大银行和浙商银行绿色贷款占比增速相对较快，同比分别提高2.76个和2.34个百分点，且近三年来提高幅度均持续增加；渤海银行增速相对较慢，同比提高0.50个百分点。

城商行中，贵州银行绿色贷款余额占贷款和垫款净额比例相对较高，为16.75%，其次是南京银行和江苏银行，占比均超过16%；泸州银行和西安银行绿色贷款占比相对较低，分别为0.53%和0.86%。威海银行绿色贷款占比增速相对较快，同比提高3.49个百分点，且近三年来增幅持续提高；贵阳银行和哈尔滨行绿色贷款占比较2022年有所下降。

农商行中，渝农商行绿色贷款余额占贷款和垫款净额比例相对较高，为9.58%；常熟银行绿色贷款占比相对较低，为1.23%。广州农商银行绿色贷款占比增速相对较快，较2022年提高2.38个百分点，且近三年来提高幅度持续增加；瑞丰银行绿色贷款占比出现下降。

（二）绿色信贷折合减排数据

绿色信贷折合减排情况主要从折合减排标准煤、减排二氧化碳当量、减排化学需氧量（COD）、减排氨氮、减排二氧化硫、减排氮氧化物和节水量7个维度进行考量。2023年，26家上市银行披露了绿色信贷折合减排数据（见表3.1、表3.2）。

表3.1　　2021—2023年上市银行绿色信贷折合减排数据　　单位：万吨

银行名称	折合减排标准煤			减排二氧化碳当量			减排COD		
	2023年	2022年	2021年	2023年	2022年	2021年	2023年	2022年	2021年
国有行									
工商银行	7,268.65	7,048.31	4,738.13	14,413.28	13,726.53	9,884.69	54.30	35.09	28.38
农业银行	5,488.00	4,585.00	4,688.00	12,895.00	9,783.00	9,554.00	27.00	25.00	41.00
中国银行	42,845.00	8,920.00	11,702.00	68,712.00	20,410.00	25,380.00	34.00	63.00	67.00
建设银行	16,675.25	13,505.21	12,427.57	17,253.83	13,530.46	12,509.58	497.67	427.43	394.93
邮储银行	2,005.64	1,665.60	1,397.92	4,821.75	3,623.57	3,151.76	—	—	—
股份制银行									
招商银行	799.42	733.01	694.29	1,778.67	1,613.05	1,525.24	27.66	35.72	29.58
兴业银行	951.73	546.18	4,087.80	2,292.28	1,403.36	10,671.83	23.07	18.60	—
民生银行	401.33	319.12	96.99	807.53	466.08	169.67	38.10	50.70	64.41
华夏银行	109.84	117.50	132.72	260.84	278.59	311.11	—	—	—
浙商银行	6.18	3.68	4.28	17.56	8.08	9.07	0.44	0.11	0.26
渤海银行	16.46	8.34	150.91	47.42	29.52	38.54	0.22	0.04	—
城商行									
北京银行	264.44	320.75	—	5,621.73	4,008.69	—	41.14	41.08	—
江苏银行	167.10	137.61	66.92	499.50	373.45	173.32	11.20	10.23	8.01
南京银行	62.29	3.08	—	240.31	16.52	—	0.68	0.39	—
杭州银行	5.52	—	—	17.45	—	—	—	—	—

续表

银行名称	折合减排标准煤			减排二氧化碳当量			减排 COD		
	2023 年	2022 年	2021 年	2023 年	2022 年	2021 年	2023 年	2022 年	2021 年
天津银行	30.07	25.85	29.20	78.82	79.19	81.66	0.00	0.07	1.45
长沙银行	22.61	18.98	—	29.63	26.10	—	4.75	1.47	—
哈尔滨行	—	8.62	8.98	0.79	0.80	—	—	—	—
贵阳银行	6.43	8.03	6.64	50.23	48.42	24.08	2.70	0.57	0.53
江西银行	4.32	—	—	27.02	—	—	5.01	—	—
九江银行	246.57	—	—	968.09	—	—	3.47	—	—
苏州银行	2.60	—	—	12.40	—	—	—	—	—
贵州银行	4.94	—	—	80.41	—	—	0.63	—	—
厦门银行	3.70	2.13	—	10.10	5.25	—	—	—	—
农商行									
渝农商行	30.96	20.47	42.72	59.59	41.95	80.16	0.70	0.89	0.41
广州农商银行	12.17	3.57	2.69	25.85	17.66	6.83	1.14	4.47	0.53

表 3.2　　2021—2023 年上市银行绿色信贷折合减排数据（续）　　单位：万吨

银行名称	减排氨氮			减排二氧化硫			减排氮氧化物			节水		
	2023 年	2022 年	2021 年	2023 年	2022 年	2021 年	2023 年	2022 年	2021 年	2023 年	2022 年	2021 年
国有行												
工商银行	13.47	9.29	7.26	2,147.54	2,925.84	1,817.13	1,060.70	2,071.03	1,539.46	9,262.06	10,842.27	7,521.52
农业银行	2.00	2.00	8.00	292.00	228.00	—	258.00	124.00	134.00	13,669.00	9,750.00	7,255.00
中国银行	8.00	20.00	52.00	1,729.00	3,909.00	1,385.00	2,064.00	4,326.00	1,374.00	8,200.00	20,969.00	12,992.00
建设银行	83.13	67.07	59.39	493.62	390.48	359.27	588.92	485.51	457.03	32,311.05	25,066.65	22,844.55
邮储银行	—	—	—	—	—	—	—	—	—	—	—	—
股份制银行												
招商银行	2.40	5.50	5.06	17.29	16.49	16.55	4.43	3.48	4.52	1,552.68	1,481.79	1,638.25
兴业银行	1.34	1.39	—	19.73	11.23	—	7.81	4.95	—	1,054.52	1,038.48	—
民生银行	1.13	1.06	0.97	22.03	9.55	3.36	25.33	3.09	0.56	194.54	89.00	46.77
华夏银行	—	—	—	—	—	—	—	—	—	2,197.92	1,121.36	1,113.72
浙商银行	0.00	0.07	0.07	0.33	0.13	0.08	0.14	0.02	0.04	944.21	952.59	1,075.17
渤海银行	0.04	0.09	—	0.04	0.05	14.54	0.04	0.09	16.21	37.17	44.47	66.84
城商行												
北京银行	1.88	1.88	—	33.31	10.66	—	3.23	1.82	—	4,641.23	5,048.34	—
江苏银行	2.60	2.64	0.24	56.80	38.00	1.42	19.50	14.26	3.65	4,539.40	4,356.78	2,565.02
南京银行	0.09	0.03	—	1.83	0.10	—	0.98	0.01	—	8.34	—	—
杭州银行	—	—	—	0.27	—	—	—	—	—	16.88	—	—
天津银行	0.00	0.01	0.15	0.27	0.16	0.18	0.12	0.09	0.11	947.52	941.02	976.01

续表

银行名称	减排氨氮			减排二氧化硫			减排氮氧化物			节水		
	2023 年	2022 年	2021 年	2023 年	2022 年	2021 年	2023 年	2022 年	2021 年	2023 年	2022 年	2021 年
长沙银行	4.50	2.73	—	0.83	0.58	—	1.17	0.62	—	43.28	40.73	—
哈尔滨行	—	—	—	0.08	0.01	0.00	—	—	—	—	71.87	75.01
贵阳银行	0.10	0.06	0.05	0.02	0.01	0.00	0.02	0.01	0.01	—	—	—
江西银行	0.51	—	—	0.12	—	—	0.02	—	—	—	—	—
九江银行	0.08	—	—	9.85	—	—	0.71	—	—	—	—	—
苏州银行	—	—	—	—	—	—	—	—	—	—	—	—
贵州银行	0.06	—	—	0.17	—	—	0.01	—	—	—	—	—
厦门银行	—	—	—	0.00	0.00	—	0.00	0.00	—	—	—	—
农商行												
渝农商行	0.06	0.47	0.03	0.29	0.78	2.53	0.13	0.27	0.14	0.00	0.65	1.62
广州农商银行	0.25	0.04	0.04	0.04	0.06	0.02	0.85	0.05	0.04	—	—	—

1. 各类上市银行减排总体情况

国有行中，2023 年交通银行未披露绿色信贷折合减排数据，邮储银行仅披露折合减排标准煤及二氧化碳当量，其他四家银行均披露前述 7 个维度的折合减排数据。在披露数据的所有上市银行中，国有行减排量明显领先于其他类型银行。其中，农业银行和建设银行各项减排量均较 2022 年有所增长，其他国有行减排情况则存在一定波动。股份制银行中，6 家银行披露 2023 年减排相关数据，华夏银行仅披露部分数据，招商银行、兴业银行、民生银行、浙商银行和渤海银行披露 7 个维度的折合减排数据。

城商行中，13 家银行披露 2023 年减排相关数据，北京银行、江苏银行、南京银行、天津银行和长沙银行披露 7 个维度的折合减排数据，其中，南京银行和长沙银行各项减排量均较 2022 年有所增长。农商行中，渝农商行和广州农商银行 2 家银行披露 2023 年减排相关数据，渝农商行披露 7 个维度的折合减排数据。

2. 不同减排类型具体数据情况

减排标准煤方面，国有行贡献突出，2023 年中国银行减排量相对较高，为 42,845.00 万吨，建设银行减排量次之，为 16,675.25 万吨。从减排增速来看，南京银行增速最快，标准煤减排量超过 2022 年的 20 倍；贵阳银行、北京银行和华夏银行减排量较 2022 年有所下降。

减排二氧化碳方面，2023 年中国银行减排量居首，为 68,712.00 万吨；建设银行、工商银行和农业银行减排量均超过 1 亿吨。从增速来看，南京银行减排量同比增长 1,354.63%，中国银行和浙商银行减排量同比增速均超过 100%；华夏银行、哈尔滨行和天津银行减排量较 2022 年有所下降。

减排 COD 方面，建设银行较为突出，2023 年该行减排当量 497.67 万吨，是 COD 减排当量排名第二的工商银行的 9.16 倍。从增速来看，渤海银行、贵阳银行、浙商银行和长沙银行减排量同比增长超过 200%；天津银行减排量较 2022 年下降 100%。

减排氨氮方面，建设银行 2023 年减排 83.13 万吨，减排量明显高于其他银行。从增速来看，广州农商银行和南京银行减排量同比增速较高，分别为 557.91% 和 185.03%；天津银行等 8 家银行减排量较 2022 年有所下降。

减排二氧化硫方面，工商银行和中国银行 2023 年减排量分别为 2,147.54 万吨和 1,729.00 万吨，明显领先于其他银行。从增速来看，南京银行和哈尔滨行减排量均为 2022 年减排量的 10 倍以上；渝农商行、中国银行、广州农商银行、工商银行和渤海银行减排量均较 2022 年有所下降。

减排氮氧化物方面，中国银行 2023 年减排 2,064 万吨，除国有行外其他银行减排量均不超过 30 万吨。从增速来看，南京银行减排量约为 2022 年减排量的 70 倍；渤海银行、中国银行、渝农商行、工商银行减排量均较 2022 年有所下降。

节水方面，建设银行 2023 年节水 32,311.05 万吨。从增速来看，民生银行和华夏银行节水量分别同比增长 118.58% 和 96.00%；6 家银行节水量较 2022 年有所下降，其中渝农商行下降 99.42%。

（三）绿色信贷发展特色成果

2023 年，部分上市银行在绿色信贷业务发展过程中展现出特色发展成果，在绿色信贷产品和服务等方面进行创新探索（见表 4）。

表 4　　2023 年上市银行绿色信贷特色成果

银行类型	银行名称	特色成果
国有行	工商银行	加大绿色产品创新支持，构建全方位、综合化碳金融服务体系，灵活运用特许经营权、排污权、收费权、新能源补贴确权等抵质押贷款，创新担保方式，在有效管控风险的前提下积极扩大对企业信贷支持。
	农业银行	创新推出绿色普惠贷、海洋牧场贷、和美乡村贷等区域特色产品，推广应用乡村人居环境贷、绿水青山贷、生态共富贷、森（竹）林碳汇贷等产品。
	中国银行	牵头筹组中国航运业首笔可持续发展挂钩贷款，为中远海能筹组 15 亿元人民币可持续发展挂钩银团贷款。
	建设银行	积极应对气候变化，推进国家南沙气候投融资试点工作，创新并落地“绿色气候贷”，进一步丰富绿色金融工具箱。围绕碳排放权、排污权、竹林碳汇等，推出各类环境权益融资工具。
	邮储银行	落地全国首笔“碳减排支持工具＋可持续发展挂钩＋数字人民币”贷款场景业务，落地多笔可持续发展挂钩融资业务，创新推出“绿色票据＋数字人民币”贴现产品“绿色 G 贴”。
股份制银行	浦发银行	支持上海市首单交通领域“光伏＋”示范工程项目贷款、银行间市场首笔绿色业务买断式回购业务、符合上海市转型金融标准的首单转型贷款。
	民生银行	推出“碳排放权质押融资”“减排贷”“光伏贷”等创新子产品，持续开拓企业低碳减排融资渠道。

续表

银行类型	银行名称	特色成果
股份制银行	光大银行	南京分行落地全行首笔可持续发展挂钩贷款，烟台分行落地烟台市首笔碳排放权质押融资业务。
	平安银行	牵头发行首笔可持续发展关联绿色跨境银团贷款4.84亿美元。
	华夏银行	落地本公司首笔碳排放权抵质押融资业务。
	浙商银行	积极开展碳中和投行业务和碳中和普惠业务，创新碳易贷、光伏贷、绿色债券等融资产品。
	渤海银行	结合绿色特定资产支持贷款，运用“绿色特定资产支持贷款+碳减排支持工具”组合方案，实现绿色金融业务拓展。
城商行	江苏银行	落地江苏省首单“环保担”项目贷款、江苏省首单“生态产品价值（GEP）质押”项目贷款，创新碳资信和ESG挂钩类产品。
	南京银行	落地江苏省内首笔“环保担”业务，创新“碳汇贷”和“履约贷”两款碳金融产品，落地江苏省首笔“碳汇贷”。
	杭州银行	推出企业碳账户专属信贷业务“碳兴贷”，为颜色分类为“深绿”“浅绿”的碳账户低碳客户提供差异化融资服务。
	天津银行	创新担保模式，发放首笔充电桩特许经营权收益权质押贷款。
	长沙银行	发放湖南首单可持续发展挂钩贷款和省内首笔地方法人银行碳减排贷款。
	哈尔滨行	“碳排放权质押贷款”形成“信用放款+未来碳排放配额质押”的风险控制模式。
	江西银行	引导开展“信用+多种经营权”抵质押贷款，积极探索“生态资产权益抵押+项目贷”、生态产品资产证券化等创新业务发展模式，首创江西省首单“农业综合水价改革贷款”。
	青岛银行	落地全国首笔碳减排披露支持贷款、全国首笔碳配额质押+技改专项贷款；山东省首笔新能源CCER未来收益权质押贷款、首笔排污权质押贷款、法人银行首笔用能权质押融资、地方法人银行首笔碳减排工具支持贷款等。
	九江银行	推出一批首创性绿色金融产品及服务，如“碳排放权质押融资业务”“绿碳挂钩贷”“九银绿票融”“碳效贷”“数碳融”“光伏贷”等。
	苏州银行	发放首笔碳表现挂钩贷款。
	贵州银行	落地贵州省地方法人金融机构首笔碳减排支持贷款、贵州省首笔“林业碳票”增信融资业务，推出“黔林贷”业务模式，支持地方树种结构调整项目建设。
	厦门银行	向台企发放全市首笔“技术创新基金新电双碳项目”贷款，也是全省首笔地方法人银行运用“碳减排支持工具”发放的贷款。
	威海银行	推出“光伏贷”“林业碳汇预期收益权质押贷款”“海洋碳汇收益权质押贷款”“碳排放权质押贷款”“可持续发展挂钩贷款”等特色产品，针对绿色贷款执行差异化定价策略。
	盛京银行	创新发布“辽碳贷”绿色金融专项产品，包括碳减排贷款、碳配额质押贷款和碳资信挂钩贷款等多个子产品。
	中原银行	支持中国首笔、全球规模最大二氧化碳加氢制绿色低碳甲醇工厂落地项目贷款1.4亿元。
农商行	渝农商行	落地重庆市首笔“碳挂钩”贷款。
	常熟银行	针对“三农”、小微企业的绿色融资需求推出了一系列标准化贷款融资模式和低碳金融产品。
	沪农商行	落地上海市首批“节水惠”业务。

三、绿色债券

（一）绿色债券的承销与发行

1. 绿色债券的承销

2023 年，19 家上市银行披露绿色债券承销情况（见表 5）。在已披露绿色债券承销具体金额和数量的上市银行中，国有行承销规模领先其他类型银行。

从债券募集资金的规模来看，2023 年中国银行承销绿色债券募集 5, 554. 00 亿元，承销境内、境外绿色债券发行规模分别位列银行间市场第一、彭博“全球离岸绿色债券”榜中资同业第一。其次是工商银行和建设银行，分别募集资金 4, 500. 90 亿元和 2, 199. 78 亿元。其他类型银行中，招商银行和兴业银行较为突出，分别承销绿色债券募集 270. 73 亿元和 218. 06 亿元。

在连续两年披露绿色债券募集金额的上市银行中，10 家银行 2023 年募集金额有所增长，7 家银行出现下降。国有行中，农业银行绿色债券募集金额规模下降。建设银行绿色债券募集金额规模增速相对较快，同比增长 347. 57%；沪农商行绿色债券募集金额规模增速相对较慢，同比下降 65. 35%。

在绿色债券承销笔数方面，2023 年工商银行承销绿色债券 95 笔，建设银行承销绿色债券 76 笔，其余大部分银行未明确披露相关数据。

表 5　　2021—2023 年部分上市银行已披露绿色债券承销情况

银行名称	募集金额（亿元）			募集金额变动率（%）			绿色债券承销笔数	
	2023 年	2022 年	2021 年	2023 年	2022 年	2023 年	2022 年	2021 年
国有行								
工商银行	4, 500. 90	2, 248. 40	1, 401. 30	100. 18	60. 45	95	67	67
农业银行	285. 00	666. 00	439. 50	-57. 21	51. 54	31	56	27
中国银行	5, 554. 00	4, 539. 00	2, 785. 91	22. 36	62. 93	—	—	—
建设银行	2, 199. 78	491. 49	414. 41	347. 57	18. 60	76	51	38
邮储银行	60. 87	45. 20	68. 50	34. 67	-34. 01	—	—	—
交通银行	83. 92	71. 65	143. 00	17. 12	-49. 90	13	9	9
股份制银行								
招商银行	270. 73	391. 78	613. 72	-30. 90	—	41	37	38
兴业银行	218. 06	354. 50	307. 41	-38. 49	15. 32	—	—	—
浦发银行	71. 00	133. 00	157. 96	-46. 62	-15. 80	—	—	20
中信银行	103. 10	55. 26	110. 00	86. 57	-49. 76	22	12	19
光大银行	81. 28	90. 77	—	-10. 45	—	21	16	—
平安银行	15. 00	7. 50	52. 00	100. 00	-85. 58	—	—	—
华夏银行	27. 65	22. 21	50. 00	24. 49	-55. 58	19	26	4
浙商银行	31. 53	10. 85	—	190. 60	—	5	5	—

续表

银行名称	募集金额（亿元）			募集金额变动率（%）			绿色债券承销笔数	
	2023 年	2022 年	2021 年	2023 年	2022 年	2023 年	2022 年	2021 年
城商行								
北京银行	10.61	8.29	5.43	27.99	52.67	6	—	—
上海银行	41.00	54.55	50.75	-24.84	7.49	—	—	—
江苏银行	60.00	—	—	—	—	—	—	—
宁波银行	30.00	—	—	—	—	6	—	—
农商行								
沪农商行	10.50	30.30	21.80	-65.35	38.99	—	—	—

2. 绿色债券的发行

2021—2023 年，38 家上市银行发行绿色债券（见表 6），其中：国有行 6 家、股份制银行 8 家、城商行 17 家、农商行 7 家。国有行是绿色金融债券发行的主力军，与此同时，城商行和农商行持续推动绿色债券发行工作，不断丰富绿色金融产品，为服务经济社会高质量发展注入绿色可持续能量。

2023 年，工商银行发行绿色债券 900 亿元，居上市银行首位，其次是兴业银行和中国银行，绿色债券发行规模分别为 500 亿元和 474 亿元。股份制银行发行绿色债券超过 1,500 亿元，较 2022 年增长两倍。工商银行、中国银行、建设银行、招商银行和北京银行连续三年发行绿色债券。

境外发行方面，中国银行悉尼分行发行 3 亿美元全球首笔美元可持续发展挂钩贷款债券暨亚太首笔可持续发展挂钩贷款债券，迪拜分行和卢森堡分行同步发行全球首批共建“一带一路”主题绿色债券，募集资金将全部用于支持“一带一路”共建国家合格绿色项目。工商银行发行全球多币种“碳中和”主题境外绿色债券。农业银行上市总价值 3 亿美元的绿色债券，净募集资金用于伦敦分行绿色融资框架中合格绿色项目的融资或再融资。招商银行发行全球首单符合国际资本市场协会（ICMA）《绿色债券原则》的蓝色浮息美元债券。

表 6　　2021—2023 年上市银行已披露绿色债券发行情况

银行名称	绿色债券发行规模（亿元）		
	2023 年	2022 年	2021 年
工商银行	900	287	833
农业银行	21	200	—
中国银行	474	877	682
建设银行	240	170	90
邮储银行	50	—	—
交通银行	300	300	—
国有行合计	1,985	1,834	1,605

续表

银行名称	绿色债券发行规模（亿元）		
	2023 年	2022 年	2021 年
招商银行	28	193	103
兴业银行	500	—	50
浦发银行	300	—	30
中信银行	200	—	—
光大银行	200	—	—
平安银行	200	200	—
华夏银行	100	—	—
浙商银行	—	100	—
股份制银行合计	1, 528	493	183
北京银行	100	90	20
江苏银行	—	—	200
南京银行	—	50	50
徽商银行	—	50	—
杭州银行	—	100	—
长沙银行	—	—	50
贵阳银行	30	—	—
重庆银行	—	—	20
青岛银行	80	—	—
苏州银行	30	—	10
贵州银行	—	30	50
厦门银行	10	10	—
成都银行	—	30	—
郑州银行	—	30	—
威海银行	50	—	—
中原银行	—	—	20
齐鲁银行	40	—	—
城商行合计	340	390	420
渝农商行	—	20	30
无锡银行	5	—	—
张家港行	—	10	—
广州农商银行	—	30	—
东莞农商银行	15	—	—
沪农商行	30	—	—
江阴银行	—	10	—
农商行合计	50	70	30

（二）绿色债券特色发展成果

2023 年，部分上市银行在绿色债券业务发展过程中展现出特色发展成果（见表 7），主要体现在创新绿色债券产品和服务方面。

表 7　　2023 年上市银行绿色债券特色成果

银行类型	银行名称	特色成果
国有行	工商银行	创新发行该行首只全球多币种“碳中和”主题境外绿色债券、境内首单商业银行碳中和绿色金融债。
	中国银行	承销全国首只挂钩地方碳市场交易的非金融企业债务融资工具。发行全球首笔美元可持续发展挂钩贷款债券暨亚太首笔可持续发展挂钩贷款债券、全球首批共建“一带一路”主题绿色债券。
	邮储银行	发行该行首单绿色金融债券 50 亿元，募集资金用于央行《绿色债券支持项目目录（2021 年版）》规定的基础设施绿色升级类产业项目。
	交通银行	交银国际助力福建漳龙集团成功发行中资非金融企业首笔离岸蓝色债券。
股份制银行	招商银行	发行全球首单符合国际资本市场协会（ICMA）《绿色债券原则》的蓝色浮息美元债券；助力海南省政府在香港联合交易所成功发行中国境内地方政府首单生物多样性主题绿色债券。
	兴业银行	落地市场首单碳资产转型债券、首单“绿色＋科创”类 REITs、首单绿色日元境外债券等。
	浦发银行	承销发行全国首单数字人民币绿色超短期融资券、承销发行全国首单煤炭企业碳资产债券、承销发行全市场首单民企绿色科创债券等。
	中信银行	北京分行牵头承销全国首单房地产公司绿色 ESG 中期票据。广州分行承销中国境内全市场首单可持续发展挂钩熊猫票据、落地全国首单碳排放权质押自由贸易（FT）跨境融资。
	民生银行	承销发行首单定向绿色碳中和保障房债券。
	光大银行	银川分行发行全行首单绿色乡村振兴票据。
	浙商银行	独立承销全国首单绿色定向资产担保债务融资工具。
城商行	北京银行	助力发行人清洁能源项目建设、参与乡村振兴与革命老区建设，实现一笔债券三个方面的主题创新。落地全市场首单“绿色＋科创”双贴标类 REITs 业务。
	上海银行	承销银行间市场首单租赁行业蓝色债券。
	江苏银行	落地全国首单租赁行业蓝色债券、全国首单绿色日元海外债等。
	南京银行	落地全国首单“绿色＋乡村振兴”双贴标理财直接融资工具。
	宁波银行	独立主承全国首笔以数字人民币归集募集资金的绿色债券，牵头主承销全国首单绿色碳资产债券。
	杭州银行	联席主承销全国首单无主体评级绿色项目收益票据。
	天津银行	主承销 2023 年度天津市首单绿色资产支持商业票据。
农商行	沪农商行	承销发行上海地区首单“碳中和债/乡村振兴”绿色中期票据，创设银行间市场首只长三角绿色主题债券篮子。

四、银行绿色金融发展现状

（一）部分银行的绿色金融实践

1. 交通银行

交通银行2023年末绿色贷款余额为8,220.42亿元，同比增长29.37%；已在427个项目中发放213.77亿元的碳减排贷款，年均减少418.81万吨二氧化碳当量。该行推动绿色办公、绿色出行、绿色采购、节能设备升级、智能能耗管理和数字化办公转型。建成“零碳网点”近20家。制定碳达峰和碳中和目标行动计划，2025年预计实现绿色贷款余额达到1万亿元的目标。

2. 上海银行

上海银行将绿色金融与科技金融、普惠金融、数字金融、园区金融、供应链金融深度融合，更好地支持绿色低碳产业发展以及工业绿色低碳转型，积极践行“五篇大文章”，助力新质生产力发展。通过“绿色+科技”“绿色+普惠”“绿色+园区”“绿色+供应链”“绿色+数字”等维度，构建“绿色金融+”3.0服务方案。

3. 农业银行

农业银行2023年末绿色信贷业务余额达4.05万亿元，同比增长50.1%。该行董事会战略规划与可持续发展委员会和高管层绿色金融/碳达峰碳中和工作委员会持续加强绿色金融工作的总体规划和组织领导，在战略经济资本配置和经济资本测量中支持绿色信贷业务，将绿色低碳发展的要求纳入年度、“三农”和普惠金融信贷政策指引。通过将绿色发展理念融入业务发展的各个领域和各个方面，全面推进绿色金融的发展。

4. 光大银行

光大银行2023年末绿色贷款余额超3,100亿元，同比增长57%；清洁能源产业贷款余额为630亿元，同比增长102%；绿色债券投资同比增长43%。2023年明晟ESG评级为A级，成为首批国际可持续准则理事会（ISSB）支持机构。该行构建分层分级分群的“绿色金融+”综合服务体系，重点支持清洁能源、绿色基础设施以及传统产业的转型升级，制定《绿色金融组合政策》，明确重点支持领域和风险管理重点；分配绿色贷款专项信用额度，建立绿色贷款审批快速响应机制，并实施内部资金转移定价优惠政策，对参与绿色金融的重点分行给予差异化支持。该行已落地可持续发展挂钩贷款、碳足迹挂钩贷款等；成功发行绿色金融债券，绿色等级认证获评最优级别G1；承销全市场首单收费收益权类ABCP绿色资产支持商业票据（碳中和债）；上线信贷系统绿色融资标识自动化辅助识别工具和环境效益测算工具，加强绿色标识管理，提升绿色分类准确性，助力绿色贷款高质量增长。

（二）银行理财与绿色金融

截至2023年末，我国上市银行理财存续规模为26.8万亿元，覆盖投资者群体超过1亿人。理财投资规模为29.06万亿元，资产配置包括信用债、非标资产、权益资产，直接投向实体经济的资产占比相对较高，绿色产业发展支持力度持续加大。

银行理财资金支持绿色金融发展正处在起步阶段。截至 2023 年末，银行理财投资绿色债券规模超 2,500 亿元，约占国内绿色债券规模的 12.6%；ESG 主题理财产品存续余额为 1,480 亿元，2020—2023 年产品规模年均增速超 44%。银行理财 ESG 投资规模较公募基金仍有较大提升空间，如 ESG 理财产品占全口径理财产品规模的 0.5%，而 ESG 基金占全口径公募基金产品规模的 1.8%；大部分理财投资者对绿色、ESG 投资概念的认可度有待提升；银行理财资金运用的可持续信息披露制度尚需完善。

专题十　普惠金融

一、银行普惠金融概述

2023 年中央金融工作会议将普惠金融列入“五篇大文章”之一，国务院印发《关于推进普惠金融高质量发展的实施意见》，对普惠金融工作提出明确要求。2017 年以来，监管部门首次要求普惠小微贷款要“继续保持量增面扩态势”，要做到“贷款利率总体保持平稳，推动小微企业综合融资成本逐步降低”，集中向生产经营正常、信用状况良好的小微企业提供接续融资，不再对普惠小微贷款提出规模与户数增长的要求，不再要求“降低利率”，不再提出“两增两控”要求。从这一政策变化来看，新政开始走上追求规模、质量、效益相平衡的高质量发展新阶段。2023 年，银行业金融机构持续深化普惠金融战略，提升普惠金融服务的可得性与便利度，推动小微企业金融服务增量、扩面、提质。

从披露程度来看，上市银行对于普惠金融数据的披露程度进一步丰富，披露数据质量有所提高，普惠金融工作不断深入推进，业务透明度不断提高。2023 年，上市银行普惠贷款总体增长规模较快，大部分银行的平均利率大幅下调，贷款不良率控制在合理范围。从总量来看，国有行发挥头雁作用，普惠贷款规模相对较大，城商行与农商行普惠贷款支持力度进一步提高；从增速来看，国有行普惠贷款增幅居首，一方面体现出国有行承担风险的能力较高，另一方面则体现出品牌影响力对其他银行的挤出效应；从成本来看，股份制银行和农商行普惠贷款利率同比降幅较大，降幅比率分别为 9.70% 和 8.91%，对小微企业降本起到重要作用；从贷款质量来看，在已披露普惠贷款不良率的上市银行中，仅有晋商银行高于各项贷款不良率 3%（见表 1）。

表 1　　各类银行 2020—2023 年普惠贷款情况表　　单位：亿元、%

银行类型	2020 年增速	2021 年增速	2022 年增速	2023 年增速	2023 年末余额
国有行	48.38	33.97	31.84	35.10	19,219.33
股份制银行	25.44	23.41	17.37	26.94	4,813.27
城商行	10.58	15.57	26.57	14.69	621.87
农商行	19.39	3.79	30.96	3.35	575.69
平均	44.69	8.29	35.56	17.94	3,859.65

二、普惠贷款业务分析

（一）国有行普惠贷款业务分析

从规模来看，建设银行普惠贷款余额相对较高，达30,400亿元；交通银行普惠贷款余额相对较低，为5,902.79亿元。建设银行普惠贷款规模相对较高的原因主要是：该行探索“大银行”服务小企业新路径，通过与国家纳税数据、社保医保、交易数据等大数据源的对接，将80%左右的普惠业务转为线上办理，建立“数据+模型”驱动的线上普惠业务高效运营新模式。

从增速来看，大部分国有行普惠贷款增速在2020—2023年呈先降后升的趋势，2023年除交通银行外的5家银行普惠贷款增幅均大于2022年。其中，工商银行、中国银行和农业银行的普惠贷款余额增速相对较快，分别为43.70%、43.17%和38.97%；邮储银行普惠贷款月增速相对较慢，为23.25%。中国银行通过“总行+分行”“线上+线下”“产品+服务”的“3+”活动模式，针对特定客群推出专项服务方案，拓宽普惠小微企业贷款发放渠道（见表2）。

表2　　国有行2020—2023年普惠贷款情况表　　单位：亿元、%

银行简称	2020年增速	2021年增速	2022年增速	2023年增速	2023年末余额
工商银行	58.04	47.48	41.06	43.70	22,277.52
农业银行	62.34	37.49	33.82	38.97	24,583.22
中国银行	48.14	44.12	39.34	43.17	17,585.43
建设银行	50.79	28.92	25.51	29.36	30,400.00
交通银行	59.04	29.94	34.66	29.38	5,902.79
邮储银行	22.67	19.89	23.04	23.25	14,567.02
国有行平均	48.38	33.97	31.84	35.10	19,219.33

从贷款占比来看，银行业务发展定位会对普惠贷款占比产生影响。其中，邮储银行普惠贷款占比相对较高，为18.40%，主要是该行立足服务“三农”、城乡居民和中小企业等末端客户群体；交通银行普惠贷款占比相对较低，为7.59%，主要是该行主抓国际化、综合化发展，以财富管理为业务特色，在普惠贷款余额、增量和相对比例方面的历史积累相对薄弱（见表3）。

表3　　国有行2023年公司类贷款及相对比例　　单位：亿元、%

银行简称	贷款及垫款	普惠贷款贷款及垫款相对比例
工商银行	253,869.33	8.78
农业银行	217,317.66	11.31
建设银行	230,833.77	13.17
中国银行	194,768.71	9.03
邮储银行	79,152.45	18.40
交通银行	77,720.60	7.59
国有行平均	1,053,662.52	1.82

（二）股份制银行普惠贷款业务分析

从规模来看，招商银行和民生银行普惠贷款余额相对较高，分别为8,042.79亿元和6,122.69亿元。从增速来看，大部分股份制银行2023年普惠贷款增速低于2022年，其中光大银行、兴业银行增速相对较高，分别为24.18%和23.95%。华夏银行在余额与增速双方面均相对较低。其中：招商银行的普惠贷款余额相对较高，为8,042.79亿元。该行以“轻型银行”为转型目标，推出“科创贷”，依托“资质分+风险分”双模型及专属风险策略，满足科技企业在3,000万元以内的高效融资需求；搭建“数字8惠”，通过线上测算授信额度，为超过2,600家企业成功获取贷款，累计授信金额超72亿元（见表4）。

表4　股份制银行2020—2023年普惠贷款情况表　单位：亿元、%

银行简称	2020年增速	2021年增速	2022年增速	2023年增速	2023年末余额
中信银行	48.10	21.28	21.57	22.35	5,456.76
光大银行	29.51	—	—	24.18	3,791.33
招商银行	17.06	13.28	12.85	18.56	8,042.79
浦发银行	—	17.98	17.80	12.16	4,224.00
民生银行	1.84	11.50	8.76	11.51	6,122.69
华夏银行	26.65	8.84	16.56	8.77	1,750.11
平安银行	—	35.12	38.22	8.30	5,720.80
兴业银行	61.25	46.96	35.31	23.95	5,009.65
浙商银行	18.94	16.23	17.22	15.45	3,201.28
渤海银行	195.35	37.80	10.51	—	—
股份制银行平均	25.44	23.41	17.37	26.94	4,813.27

从贷款占比来看，股份制银行的普惠贷款占比介于7%—20%。其中：平安银行普惠贷款占比相对较高，为17.23%，主要是由于该行近几年持续拓宽小微客户覆盖面，做大小微贷款余额，降低普惠小微客户金融服务获得成本，通过聚焦产业链末端小微企业主、个体工商户等群体（见表5）。

表5　股份制银行2023年公司类贷款及相对比例　单位：亿元、%

银行简称	贷款及垫款	普惠贷款/贷款及垫款相对比例
渤海银行	9,203.95	—
光大银行	37,129.25	10.21
华夏银行	22,565.96	7.76
民生银行	43,239.08	14.16
平安银行	33,201.10	17.23
浦发银行	49,046.96	8.61
兴业银行	53,334.83	9.39
招商银行	62,527.55	12.86
浙商银行	16,732.72	19.13
中信银行	53,837.50	10.14
股份制银行平均	380,818.90	1.26

（三）城商行普惠贷款业务分析

从规模来看，江苏银行、上海银行、杭州银行、徽商银行和南京银行等长三角地区城商行的普惠贷款余额相对较高，分别为 1,735.00 亿元、1,462.54 亿元、1,334.58 亿元、1,305.19 亿元和 1,159.89 亿元，这与上述银行所在的长三角地区小微企业数量较多，小微经济活跃有较大关联。

从增速来看，上海银行增速相对较快，为 37%，主要是该行面向重点支持客群，不断创新担保业务模式，组建“银担联合创新实验室”，推动政策性担保业务转型发展，创新合作“政银担保”批次担保业务，尝试推动“担保 + 农业 + 供应链”的有机结合。上述举措对长三角地区其他银行产生一定挤出效应。苏州银行增速相对较慢，出现下降，降幅为 17.82%（见表 6）。

表 6　城商行 2020—2023 年普惠贷款情况表　　单位：亿元、%

银行简称	2020 年增速	2021 年增速	2022 年增速	2023 年增速	2023 年末余额
北京银行	21.94	—	—	—	—
天津银行	113.72	42.55	-18.70	26.01	372.53
上海银行	98.84	52.97	48.35	36.59	1,462.54
重庆银行	—	—	9.64	15.19	502.46
宁波银行	—	—	—	—	177.27
南京银行	32.65	29.17	38.10	28.01	1,159.89
盛京银行	—	—	—	—	—
徽商银行	—	—	26.11	24.83	1,305.19
哈尔滨行	-29.09	-0.22	—	—	—
郑州银行	—	—	13.72	12.80	499.60
青岛银行	32.40	18.62	23.26	24.78	338.46
江苏银行	29.43	31.73	23.55	25.27	1,735.00
杭州银行	27.74	18.72	22.40	18.89	1,334.58
贵阳银行	13.41	7.58	20.05	14.21	365.65
中原银行	—	—	71.53	9.95	837.77
九江银行	—	—	38.78	17.77	539.12
成都银行	—	—	—	—	—
长沙银行	—	36.82	27.46	17.87	582.58
西安银行	32.53	—	—	22.08	72.54
泸州银行	—	—	15.48	12.45	115.51
江西银行	—	—	50.51	30.39	461.41
甘肃银行	—	0.35	15.75	3.88	124.43
晋商银行	—	-14.77	31.10	30.52	98.32
苏州银行	22.27	60.68	-11.10	-17.82	433.36
威海银行	17.58	32.92	21.69	12.49	593.19
贵州银行	—	—	—	—	474.28
厦门银行	64.76	28.42	37.37	17.51	717.28
城商行平均	10.58	15.57	26.57	14.69	621.87

从贷款占比来看，城商行的普惠贷款占比大部分集中在10%—20%。其中：厦门银行普惠贷款占比相对较高，为35.24%，主要是由于近年来，厦门银行完成“供货贷”“普惠小微信贷工厂2.0”等纯线上产品、平台的建设工作，推出小微企业线上抵押贷、信用贷等产品模块，增强小微企业贷款业务的可获得性，让普惠金融服务更加便捷（见表7）。

表7　　城商行2023年公司类贷款及相对比例　　单位：亿元、%

银行简称	贷款及垫款	普惠贷款/贷款及垫款相对比例
北京银行	19, 647. 91	—
成都银行	6, 043. 71	—
甘肃银行	2, 170. 90	5. 73
贵阳银行	3, 124. 81	11. 70
贵州银行	3, 166. 10	14. 98
哈尔滨行	3, 084. 39	—
杭州银行	7, 739. 42	17. 24
徽商银行	8, 460. 82	15. 43
江苏银行	17, 474. 77	9. 93
江西银行	3, 255. 17	14. 17
晋商银行	1, 856. 10	5. 30
九江银行	2, 934. 10	18. 37
泸州银行	—	—
南京银行	10, 669. 32	10. 87
宁波银行	12, 137. 53	1. 46
青岛银行	2, 929. 93	11. 55
厦门银行	2, 035. 27	35. 24
上海银行	13, 388. 12	10. 92
盛京银行	4, 962. 90	—
苏州银行	2, 811. 38	15. 41
天津银行	3, 960. 09	9. 41
威海银行	1, 874. 05	31. 65
西安银行	1, 980. 03	3. 66
长沙银行	4, 738. 53	12. 29
郑州银行	3, 503. 25	14. 26
中原银行	6, 898. 69	12. 14
重庆银行	3, 807. 96	13. 19
城商行平均	159, 934. 30	0. 39

（四）农商行普惠贷款业务分析

上市农商行对普惠贷款业务的披露情况不尽全面。在已披露信息的农商行中，从规模来看，渝农商行普惠贷款余额相对较高，为1, 285. 16亿元；紫金银行普惠贷款余额相对较低，为325.77亿元。

从增速来看，东莞农商银行增速相对较快，为22.75%；青农商行增速相对较慢，为12.90%。

从贷款占比来看，瑞丰银行普惠贷款占比相对较高，为41.02%；广州农商银行普惠贷款占比相对较低，为6.41%（见表8、表9）。

表8　　农商行2020—2023年普惠贷款情况表　　单位：亿元、%

银行简称	2020年增速	2021年增速	2022年增速	2023年增速	2023年末余额
苏农银行	—	—	—	—	—
广州农商银行	—	—	—	—	454.73
九台农商银行	—	—	—	—	—
张家港行	—	—	—	—	—
紫金银行	45.16	-55.98	14.02	14.75	325.77
青农商行	—	—	21.28	12.90	451.75
无锡银行	—	—	—	—	—
渝农商行	12.05	31.65	17.54	13.69	1,285.16
江阴银行	—	—	—	—	—
沪农商行	—	35.36	15.94	21.55	779.28
瑞丰银行	—	—	—	—	452.05
东莞农商银行	—	54.90	6.36	22.75	404.74
常熟银行	—	—	—	—	452.05
农商行平均	19.39	3.79	30.96	3.35	575.69

表9　　农商行2023年公司类贷款及相对比例　　单位：亿元、%

银行简称	贷款及垫款	普惠贷款/贷款及垫款相对比例
渝农商行	6,472.77	19.85
沪农商行	6,848.79	11.38
广州农商银行	7,089.09	6.41
东莞农商银行	3,425.12	11.82
青农商行	2,453.24	18.41
常熟银行	2,142.27	21.10
九台农商银行	1,764.32	—
紫金银行	1,725.27	18.88
无锡银行	1,373.56	—
张家港行	1,222.56	—
苏农银行	1,177.75	—
瑞丰银行	1,101.99	41.02
江阴银行	1,110.45	—
农商行平均	37,907.17	1.52

三、普惠贷款利率、客户数量和贷款不良率分析

根据《关于推进普惠金融高质量发展的实施意见》，银行普惠贷款利率应当做到总体保持平稳，普惠金融发展应追求规模、质量、效益的平衡。这一政策发布后的市场表现仍有一定时滞，从已披露的实际数据来看，2023 年大部分上市银行普惠贷款利率普遍较上一年有所下降，其中，股份制银行平均降幅相对较大，同比下降 9.70%。

（一）普惠贷款利率分析

除国有行外，其他类型银行普惠小微企业贷款利率均下调超 40 个基点，主要是因为上述银行普惠贷款利率历史基数相对较高。

（二）普惠贷款客户数量分析

除国有行外，其他类型银行普惠贷款新增客户数量均相对较少，其中华夏银行和平安银行的新增客户数量为负，主要是区域经济发展的差异及银行发展与营销策略的差异所致。

国有行中，农业银行的普惠小微客户数量和新增数相对较高，分别为 353.80 万户和 100.90 万户。

股份制银行中，平安银行和招商银行的普惠小微客户数量相对较多，为 103.22 万户和 100.45 万户。华夏银行普惠贷款新增客户数有所下降，需关注其业务发展与营销策略变化是否会对未来的贷款规模与客户数量提升有所影响。

城商行中，长三角地区银行新增客户数量相对较多，其中上海银行普惠贷款客户增量为 19.12 万户，宁波银行客户增量为 4.69 万户。

（三）普惠贷款不良率分析

2023 年，大部分银行的普惠不良贷款率控制在较低水平。其中晋商银行普惠不良贷款率相对较高，为 3.81%，该行需在未来关注普惠贷款的客户投向、行业分布，加强贷后管理等相关工作，合理控制信用风险水平（见表 10）。

表 10　上市银行普惠贷款利率、小微客户、普惠贷款不良率情况

银行简称	普惠贷款利率（%）	较 2022 年变动率（bp）	小微客户数（万户）	较年初客户增量（万户）	普惠贷款不良率（%）
工商银行	3.55	-31	146.70	22.10	—
农业银行	3.67	-23	353.80	100.90	—
中国银行	3.54	-27	107.00	32.00	—
建设银行	3.75	-25	317.00	64.74	—
交通银行	3.43	-32	34.15	4.84	0.70
邮储银行	4.76	-27	216.54	23.10	—
国有行平均	3.78	-28	195.87	41.28	0.70
中信银行	—	—	28.36	5.37	—
光大银行	3.97	-47	42.97	0.44	0.85

续表

银行简称	普惠贷款利率（%）	较2022年变动率（bp）	小微客户数（万户）	较年初客户增量（万户）	普惠贷款不良率（%）
招商银行	4.48	-67	100.45	1.38	—
浦发银行	—	—	31.29	1.94	—
民生银行	4.65	-12	51.33	—	1.14
华夏银行	5.15	-69	35.18	-31.83	1.56
平安银行	—	—	103.22	-2.56	—
兴业银行	3.87	-27	23.19	3.35	0.95
浙商银行	—	-63	13.98	2.05	1.25
渤海银行	—	—	—	—	—
股份制银行平均	4.42	-48	47.77	-2.48	1.15
北京银行	—	—	34.90	5.00	—
天津银行	6.03	-15	57.59	2.09	—
上海银行	4.87	0.00	44.42	19.12	—
重庆银行	4.26	-36	5.79	0.35	—
宁波银行	6.15	5	23.31	4.69	—
南京银行	3.89	-39	3.96	0.98	—
盛京银行	—	—	—	—	—
徽商银行	—	—	20.99	3.42	—
哈尔滨行	—	—	21.00	4.00	—
郑州银行	4.43	-125	6.81	0.13	—
青岛银行	4.10	-45	—	—	0.92
江苏银行	—	—	—	—	—
杭州银行	—	—	11.53	1.50	—
贵阳银行	4.90	-32	3.90	0.03	—
中原银行	4.30	-46	15.82	2.95	—
九江银行	—	—	5.37	0.26	—
成都银行	—	—	—	—	—
长沙银行	—	—	7.20	0.55	—
西安银行	—	—	—	—	—
泸州银行	6.19	—	0.91	0.07	—
江西银行	—	—	—	—	—
甘肃银行	5.66	-31	1.55	0.16	—
晋商银行	—	—	0.37	0.04	3.81
苏州银行	4.25	-53	2.74	0.08	—
威海银行	5.01	-73	7.31	0.03	—
贵州银行	—	—	5.91	—	—
厦门银行	—	—	—	—	—
城商行平均	4.93	-41	14.07	2.39	2.37

续表

银行简称	普惠贷款利率（%）	较 2022 年变动率（bp）	小微客户数（万户）	较年初客户增量（万户）	普惠贷款不良率（%）
苏农银行	—	—	—	—	—
广州农商银行	—	—	3.68	—	—
九台农商银行	—	—	—	—	—
张家港行	—	—	—	—	—
紫金银行	5.12	-33	2.77	—	—
青农商行	4.45	-47	5.40	0.05	—
无锡银行	—	—	—	—	—
渝农商行	4.75	-60	19.73	2.13	—
江阴银行	—	—	—	—	—
沪农商行	4.04	-31	5.03	1.62	—
瑞丰银行	—	—	—	—	—
东莞农商银行	4.16	-47	2.15	0.00	1.51
常熟银行	—	—	—	—	—
农商行平均	4.50	-44	6.46	0.95	—
全部平均	4.53	-40.40	46.96	7.49	1.41

专题十一　养老金融

一、上市银行养老金融背景

2023 年 10 月，中央金融工作会议明确规划“科技金融、绿色金融、普惠金融、养老金融、数字金融”五篇大文章，提出要进一步提升金融服务实体经济质效，助力中国经济高质量发展。其中，养老金融首次被列入国家金融领域的重点工作，凸显国家层面对养老领域的高度重视。

自 2000 年起，我国进入老龄化社会，老龄化程度不断加深。2020 年 65 岁及以上老年人群体规模约为 1.8 亿人，占全国人口的 13%；预计 2025 年该年龄段人口将超 2.1 亿人，占比约为 15%；以 60 岁及以上为标准，2050 年我国老龄人口将接近 5 亿人。老龄化加剧将对现有“四加二”家庭模式及传统养老观念造成冲击，养老资金将产生巨大缺口，养老问题将变得极为尖锐。在养老资金紧张，各地区收支不均加剧的情况下，现有养老资金运营模式亟需提升改善。

对此，上市银行以专业的资产管理、优质的客户服务、丰富的产品供给，在养老金金融、养老服务金融、养老产业金融三方面持续发力，先行先试，积极探索，努力打造养老金融的服务样板。以养老“三支柱”为重点，持续增强养老金金融管理能力。以场景建设为重点，全面提升养老服务金融客户体验。以政策扶持领域为重点，积极支持养老产业发展。

二、养老金融含义

养老金融是与养老相关联的资金融通活动的统称，其主要涵盖养老金金融、养老服务金融、养老产业金融三个维度。在养老金融体系中，养老金金融扮演着基础角色，养老服务金融起补充作用，养老产业金融发挥支撑功能，三者彼此关联、相互融合，共同构筑成有机整体。举例来看，老年人可将积蓄投入养老金金融产品，期待实现资产保值增值，对晚年生活质量有所保障或提升。养老服务金融为有特殊需求的老人提供住房反向抵押贷款等创新服务。部分地方政府为扶持养老产业金融发展，出台一系列优惠政策，吸引金融机构为养老产业提供资金支持。

（一）养老金金融

养老金金融是针对储备制度化的养老金所展开的金融活动，其目的在于凭借制度安排来积聚养老资产，并由市场化的投资运营实现保值增值。养老金金融涵盖养老金制度安排与养老金资产管理。在养老金制度安排上，多支柱养老金模式逐渐成为主流发展方向。对于第一支柱（基本养老保险），银行可提供账户开立、资金结算、社保存款、资金托管等金融服务。对于第二支柱（企业年金、职业年金），银行可提供受托管理、账户管理、托管等服务。对于第三支柱（个人养老金），银行可提供专用资金账户的开立与管理、养老金融产品、投资顾问等服务。当前，国外主要依靠多支柱制度实现养老金保值增值，我国养老金资产管理尚在发展初期阶段，可以借鉴国外成熟经验，完善和创新本土养老金金融体系（见表1）。

表1　　　　三支柱养老金体系

支柱	第一支柱	第二支柱	第三支柱
名称	公共养老金	职业养老金	个人养老金
构成	①城镇职工基本养老保险 ②城乡居民基本养老保险	①企业年金 ②职业年金	①个人养老金 ②其他个人商业养老金业务
功能	主要发挥着保基本、兜底线功能，是整个养老金体系的基础	主要发挥补充养老的作用，旨在提高退休人员的养老待遇，同时也帮助用人单位吸引人才	增加个人老年收入
主导	政府主导	单位主导	个人主导
模式	①强制缴费型的现收现付模式 ②非缴费型的财政补贴模式	自愿参加、劳资双方缴费、完全积累、市场化投资运营	个人自愿参加、个人缴费、完全积累、市场化投资运营

（二）养老服务金融

养老服务金融是针对制度化安排之外，个人自主性质的养老财富积累以及消费所开展的金融服务。银行可围绕养老财富的积累与消费，提供覆盖客户整个生命周期的养老金融服务。针对个人养老财富积累的金融服务可涵盖养老财务规划、养老储蓄、养老理财、养老基金、养老保险、养老信托、遗产规划等。对个人养老财富消费所提供的金融服务可包括各类个人金融产品的适老化功能以及养老资产变现、住房反向抵押贷款、住房租赁贷款等。

（三）养老产业金融

养老产业金融是金融机构及其他社会机构针对养老、涉老相关产业给予投融资支持，并在推动养老产业发展过程中培育出新的经济增长点的一系列金融活动。养老产业主要涵盖制药业、地产业及金融业等十大产业。养老产业金融与养老服务金融具有融合发展的特性，如为医疗保健业带动的医院兴建、医疗设备采购及养老床位配置等提供融资支持，既涉及养老产业金融，又涉及养老服务金融（见表2）。

表2　　　　养老产业分类

主要分类	主要举措
养老照护服务	包括日常生活照料、健康监测、康复训练、失智失能老人照护等。
老年医疗卫生服务	涉及健康检查、康复治疗、临终关怀等医疗服务。

续表

主要分类	主要举措
老年社会保障	包括养老保险、退休金、医疗保障等，确保老年人的基本生活需求得到满足。
养老科技和智慧养老服务	利用现代科技手段，如智能设备、大数据分析等，提供更加便捷和个性化的服务。
养老金融服务	包括养老保险、理财规划、投资咨询等，帮助老年人合理规划财务。
养老公共管理	涉及养老政策的制定、执行和监督，以及养老设施的规划和管理。
养老设施建设	包括养老公寓、养老社区等设施的建设和运营。
其他养老服务	包括法律咨询、心理咨询、紧急救援等，满足老年人的多样化需求。

三、上市银行养老金融发展现状

2023 年，部分国有行和股份制银行在养老金融的“三大支柱”领域取得显著进展，新开账户数量和管理资金的规模持续增长。部分银行通过细化产品供应、创立特色品牌和服务，形成各具特色的竞争优势，从客观上为公众提供了多样化的养老金融产品选择，养老服务水平得以提升。

（一）养老金金融

2023 年末，个人养老金制度实施已满一年，各银行通过各种举措吸引客户办理个人养老金业务，个人养老金账户的开户数量和资金规模均实现显著增长。其中，工商银行养老金管理规模相对较大，为 4. 1 万亿元（见表 3）。

表 3　　养老金金融情况

上市银行	主要举措
工商银行	养老金管理规模 4. 1 万亿元，管理年金基金 5, 541 亿元；企业年金个人账户 1, 314 万户，托管年金基金 13, 781 亿元；受托管理企业年金基金规模、管理企业年金个人账户数量和托管年金基金规模居银行业之首。
中国银行	养老金托管规模达 1. 72 万亿元，环比增加 2, 397 亿元；养老金受托资金规模 2, 098. 86 亿元，环比增长 23. 29%；企业年金个人账户管理数 412. 37 万户，环比增长 5. 77%；养老金托管运营资金 9, 923. 90 亿元，同比增长 9. 46%；企业年金客户超过 1. 82 万家。
上海银行	养老金客户 158. 53 万户，上海地区市场份额第一；养老金客户个人存款 2, 885. 69 亿元，环比增长 412. 86 亿元，增幅 16. 70%；养老金客户资产管理规模 4, 543. 37 亿元，占零售客户资产管理规模比重为 47. 55%，环比增长 0. 58%；养老金客户人均 AUM28. 66 万元，较上年末增长 1. 24%；报告期内，养老金代发 2, 461. 51 万笔，保持上海地区首位。
农业银行	养老金受托管理规模为 2, 541. 88 亿元，环比增长 24. 7%；同业首批全面启动个人养老金资金账户服务，首批全面支持个人养老金购买存款、理财、基金、保险产品。
兴业银行	第一支柱：已发放金融保障卡累计超 170 余万张； 第二支柱：持续加大薪酬福利类年金业务的营销推广； 第三支柱：搭建个人养老金业务一站式服务体系，实现从“账户”到“产品”，再到“规划”和“服务”的全方位配置。 累计开立个人养老金账户 424. 91 万户，环比增加 195. 75 万户，增长 85. 42%；其中，带动新获客 232. 49 万户，占个人养老金客户的 54. 72%，健全“个人养老金 + 商业养老金融”的服务体系。

续表

上市银行	主要举措
浦发银行	在基本养老金领域，创建“社银合作”标准化服务网点；在职业年金和企业年金领域，持续推进年金托管和账户管理的数字化转型，搭建“全程可视、全域可控、全线智能、全景服务”的数字化托管运营体系；在养老金第二支柱领域已托管各类年金资产超4,200亿元，服务全国6,000多家企业；个人养老金领域，为居民提供个人养老金账户线上开立及查询等一站式服务，为客户提供定制化、个性化养老金融投资方案。

（二）养老服务金融（见表4）

表4　　养老服务金融情况

上市银行	主要举措
建设银行	推进特色养老金融服务体系建设，发布养老金融统一品牌“健养安”；精心挑选首批60家适老化软硬件基础较好，周边养老基础设施配套齐全的网点，打造“健养安”养老金融特色网点。推进集团养老金融统一品牌建设，“构建养老金融生态圈”。
工商银行	构建了涵盖养老储蓄、养老理财等的多元化产品线；推进网点设施适老化改造，优化“工银爱相伴”长辈客群服务品牌，完善手机银行“幸福生活版功能”，建设“工行驿站＋养老”网点服务场景，推动线上线下服务渠道衔接互补；开展各类“敬老爱心行动”，推出全方位金融账户安全锁，开展金融安全教育，帮助老年人构筑金融防诈骗防线。
邮储银行	开展“一路邮你，养老中国行”养老金融服务论坛，传递“规划现在就是U享未来”的养老理念，引导客户树立科学、理性的养老投资观，擦亮“U享未来”个人养老金品牌；助力国家养老支柱体系建设，打造数智化养老金融服务生态；打通“家庭养老账户”特色服务，以家庭为单位构建个人养老金资产视图，助力家庭养老资产规划。
中信银行	打造“产融结合、医养一体”的养老金融体系，完善“幸福1＋6”（一个账户、一个账本、一套产品、一套服务、一支队伍、一个平台）养老金融服务体系；养老金融工具优化升级，实现养老全资产管理和一站式养老规划；丰富“幸福＋”俱乐部功能等；发布“幸福年华”老年服务品牌及“如意卡”产品。
兴业银行	推出账户、财富、权益三方面全新升级的“安愉人生3.0”服务体系；继续在全国范围内举办“敬老月”活动，广泛开展金融宣教和公益为老服务；围绕老年客户需求积极开展养老金融特色化服务，借助“互联网＋”新思维，整合全品类养老服务；依托手机银行、企业微信等线上渠道，建设养老金融“生态圈”。
浦发银行	优化网点预约地址和排队信息，简化老年用户的办理步骤；加强关键节点的引导提示，针对人脸识别增加动作指导，提升复杂业务办理效率；强化安全服务，建设防骗宝典，保护老年客户资金安全；累计服务60岁以上老年客户606万人次，通过关爱版智能终端，实现适老服务线下网点全覆盖，报告期累计服务近150万人次。

各银行积极布局养老金融，由于处于起步阶段，受限于业务覆盖范围、老年人接受程度差异、养老金融产品和服务特色不够明显等因素制约，未来仍有较大提升与发展空间。

（三）养老产业金融（见表5）

表5　养老产业金融情况

上市银行	主要举措
民生银行	围绕"悦享财富、悦享礼遇、悦享健康、悦享课堂、悦享舞台、悦享出游、悦享便利"七大板块，树立养老金融品牌形象，为年长客户适配产品和服务。创设悦享专属安心存、天天盈等系列客群专属产品，适配低风险产品组合策略，全力满足客户对投资收益稳定性的追求；构建便民服务矩阵，开办悦享金融课堂，提供K歌大赛、悦享出游等形式多样、内容丰富的客群专属活动，全年累计开展活动5,000余场；推进线下网点老年客户服务设施改造，厅堂适老改造率达100%；帮助公众了解养老金融制度，培养公众养老规划意识。
华夏银行	建立养老产业金融专业机构团队，推出"华夏颐养"养老金融系列产品，为客户提供一揽子金融服务。提供特色化养老金融服务，全面升级个人养老金六大交易渠道，推出"颐养伴VCare"专属资产配置服务，满足不同风险偏好客户养老投资需求。
兴业银行	重点关注居家社区机构相协调、医养康养相结合的养老服务体系和健康支撑体系相关的投融资业务机会；有效整合集团内部各条线、各子公司的资源，为养老产业上下游企业客户定制综合金融服务方案；加快建立适配的产品和服务体系，解决养老产业融资难问题，加快开发顺应养老产业并购整合趋势的产业基金、并购贷款等产品；积极构建和提升涵盖养老基础设施、养老用品、养老金融、养老服务四大类产业的研究能力，发挥集团的牌照优势及公私一体化经营能力，带动养老产业金融的全面发展。
浦发银行	公司支持养老产业发展，加大养老产业流动资金贷款、基本建设贷款等信贷投放力度，满足养老照护、老年医疗、健康服务等各类养老产业公司的融资需求；为养老产业客户提供集中代收付、人民币资金池、银企直连等现金管理与结算服务，助力养老产业公司提升资金使用效率。

当前，各银行对养老产业金融的支持力度和信息披露程度仍有欠缺，随着老龄化的不断加剧，老年人对养老产业的需求不断上升。未来，各银行对养老产业金融的支持力度亟待提升与改善。

专题十二　科技金融

科技金融作为中央金融工作会议提出的“五篇大文章”首要关键词，体现了国家层面对科技创新的高度重视。银行作为金融体系中的重要主体，能够为科技型企业，尤其是初创期到成熟期的企业提供资金支持和服务，促进科技与产业的结合，加速科技成果转化。当前，各银行正在成为提高科技金融服务的主力军。人民银行发布的《2023 年金融机构贷款投向统计报告》显示，2023 年末，获得银行贷款支持的科技型中小企业共有 21.2 万家，获贷率达 346.8%，同比上升 2.1 个百分点；科技型中小企业本外币贷款余额为 2.45 万亿元，同比增长 21.9%，同比下降 3.8 个百分点；获得贷款支持的高新技术企业共有 21.75 万家，获贷率为 54.2%，同比上升 0.8 个百分点；高新技术企业本外币贷款余额为 13.64 万亿元，同比增长 15.3%，同比下降 0.8 个百分点。

一、科技贷款余额分析

（一）国有行科技贷款余额分析

2023 年，3 家国有行对科技贷款数据进行披露。其中：建设银行贷款余额相对较大，为 15,300 亿元；中国银行贷款增速相对较快，达 40% 以上。中国银行围绕科技金融需求打造接力式金融服务模式，加大同科技保险与科技租赁的业务创新，在风险管理上依托自身技术优势量化评估客户特征，并在客户准入、授信流程、授权管理、授信政策、存续期管理、不良容忍度、责任认定等方面实行差异化管理措施。通过精准研判企业的创新能力及核心竞争力，快速为合适企业提供金融授信服务，通过试点模式审批“创新积分贷”业务约 2,800 笔，已批金额超过 1,200 亿元（见表 1）。

表 1　　国有行近三年科技贷款余额

序号	银行简称	2021 年（亿元）	2022 年（亿元）	2023 年（亿元）	2022 年变动率（%）	2023 年变动率（%）
1	中国银行	>8,200.00	>10,000.00	14,700.00	—	—
2	建设银行	—	12,300.00	15,300.00	—	24.13
3	邮储银行	—	—	3,267.72	—	37.65

（二）股份制银行科技贷款余额分析

2023 年，6 家股份制银行对科技贷款进行了披露。其中：浦发银行科技贷款余额相对较高，超 5,000 亿元。该行注重在长三角、珠三角、环渤海和中西部重点城市等特定战略发展区域下沉服务。利用行内信息打造企业标签，建立专属评价体系与风控策略，结合数字金融拓展拓客工具箱，深挖客户需求。推出“浦科”产品系列，为企业提供“浦创贷”“浦投贷”“浦新贷”“浦研贷”“浦科并购贷”等“5+7+X”组合产品。对客户准入、授信流程、授权管理、授信政策、存续期管理、不良容忍度、责任认定等方面实行差异化的管理措施（见表2）。

表2　　股份制银行近三年科技贷款余额

序号	银行简称	2021年（亿元）	2022年（亿元）	2023年（亿元）	2022年变动率（%）	2023年变动率（%）
1	中信银行	—	—	4,156.77	—	—
2	光大银行	—	—	2,672.00	—	—
3	招商银行	—	≈3,000.00	4,284.77	—	—
4	浦发银行	—	>3,900.00	>5,000.00	—	30.35
5	兴业银行	—	3,436.58	4,532.12	—	31.88
6	浙商银行	1,292.00	1,418.00	2,041.26	9.75	43.95

（三）城商行科技贷款余额分析

2023年，城商行科技贷款余额及增速整体相对较高。其中：北京银行贷款余额相对较高，为2,592.36亿元，增速为33.10%。该行对初创企业积极提高首贷户支持力度；对成长期企业积极提高中长期信贷资金，并通过建立的生态圈与合作的券商、PE/VC等机构一起为成长型企业提供股融资撮合、上市辅导等服务；对成熟期企业提供“金融+非金融”的服务。针对不同生命周期的企业提供不同产品，帮助企业降本增效。2023年末已通过“领航e贷”为超4,000户“专精特新”企业发放贷款近400亿元，累计为4.4万家科技型中小微企业提供超万亿元信贷支持，服务涉及北京市79%的创业板、69%的科创板、70%的北交所上市企业，涉及71%的国家级专精特新企业（见表3）。

表3　　城商行近三年科技贷款余额

序号	银行简称	2021年（亿元）	2022年（亿元）	2023年（亿元）	2022年变动率（%）	2023年变动率（%）
1	北京银行	1,579.03	1,947.70	2,592.36	23.35	33.10
2	上海银行	870.86	1,038.74	1,403.17	19.28	35.08
3	重庆银行	—	—	262.28	—	—
4	南京银行	511.94	660.97	847.40	29.11	28.21
5	郑州银行	—	—	334.03	—	—
6	青岛银行	—	55.15	>85.00	—	—
7	江苏银行	>1,200.00	1,428.00	1,893.00	—	32.56
8	苏州银行	>240.00	—	>580.00	—	—
9	杭州银行	—	—	>600.00	—	—
10	贵阳银行	119.00	115.78	138.97	-2.71	22.03
11	长沙银行	263.84	321.70	377.37	21.93	17.30
12	厦门银行	—	>75.00	87.07	—	—

（四）农商行科技贷款余额分析

2023 年，5 家农商行对科技贷款进行数据披露。其中：苏农银行科技贷款增速相对较高，为 36.67%；紫金银行近两年无科技贷款新增；青农商行科技贷款增速为负，降幅为 12.41%；渝农商行科技贷款余额相对较高，该行在科技金融方面集中推进西部科学城建设，推出专属服务机制，建立科技创新贷款绿色通道，下调科技型企业贷款内部资金成本，对战略性新兴产品提供差别化优惠贷款利率定价机制，已服务科技型企业贷款客户超过 3,300 户，服务“专精特新”企业贷款客户超过 1,200 户。推出无还本续贷、应急转贷资金等务实举措，满足科学城内高新科技、智能制造、生物制药等重点产业发展的融资需求（见表 4）。

表 4　　农商行近三年科技贷款余额

序号	银行简称	2021 年（亿元）	2022 年（亿元）	2023 年（亿元）	2022 年变动率（%）	2023 年变动率（%）
1	渝农商行	>490.00	512.03	570.00	—	11.32
2	苏农银行	136.07	115.87	158.36	-14.58	36.67
3	张家港行	76.35	95.22	120.16	24.72	26.19
4	紫金银行	—	—	70.15	—	—
5	青农商行	—	89.3	78.22	—	-12.41

二、战略性新兴贷款余额分析

（一）国有行战略性新兴贷款余额分析

2023 年，国有行战略性新兴贷款余额快速上升。其中：工商银行战略性新兴贷款余额相对较高。该行设立“科技金融中心、特色支行、科创网点”形成总、分、支、网点四级联动整体，开展“春苗行动”支持科技型企业融资，推出创新积分贷产品，强化“股贷债联动”，针对不同生命周期科技企业提供对应产品服务。对初创科技企业提供经营快贷、伙伴 e 贷，不限定结算行等产品；对成长型企业主要提供专精特新信 e 贷等产品；对成熟期企业提供企业供应链升级等增值服务（见表 5）。

表 5　　国有行近三年战略性新兴贷款余额

序号	银行简称	2021 年（亿元）	2022 年（亿元）	2023 年（亿元）	2022 年变动率（%）	2023 年变动率（%）
1	工商银行	>10,000.00	17,500.00	27,000.00	—	54.10
2	农业银行	—	>20,000.00	21,000.00	—	—
3	中国银行	—	—	19,000.00	—	—
4	建设银行	9,219.79	14,733.03	22,400.00	59.80	52.04
5	交通银行	2,982.41	6,259.48	8,207.43	109.88	31.12

（二）其他银行战略性新兴贷款余额分析

2023 年，股份制银行、城商行和农商行的战略性新型贷款数据披露信息相对较少。其中，中信银行的战略性新兴贷款业务余额相对较高，为 5,319 亿元。该行在总行及重点分行设立科创中心，与政府部门、交易所、科技园区、产业资本、私募基金等关联机构直接合作，同工信部、深交所签署战略合作协议，拓展获客渠道，提高营销效率；依托“中信股权投资联盟”为客户提高股权融资、保荐承销、税务和法律咨询等全链条服务；推出专属融资产品“科创贷”，满足科技企业关于“银行融资、财资管理、资本对接、跨境发展、留才用才”的五大需求（见表6）。

表6　其他上市银行近三年战略性新兴贷款余额

序号	银行简称	2021年（亿元）	2022年（亿元）	2023年（亿元）	2022年变动率（%）	2023年变动率（%）
1	中信银行	3, 105. 97	4, 242. 10	5, 319. 00	36. 58	25. 39
2	招商银行	2, 191. 54	3, 023. 23	3, 750. 97	37. 95	24. 07
3	北京银行	—	—	1, 550. 47	—	—
4	渝农商行	—	131. 99	—	—	—

三、银行推出的科技金融信贷产品

为支持科技企业创新与发展，银行创设许多信贷产品，这些信贷产品相对于传统信贷产品的主要优化方向是银行如何“更精准地发现并评估”科技企业，方便为科技企业提供信贷服务。

目前各大银行都推出了为国家认定的“专精特新”小巨人企业或者其他政府机构认定的科技型企业提供的信贷产品，但在贷款期限、授信额度以及还款方式略有区别。例如交通银行推出的“科技易贷”可为“专精特新小巨人、专精特新中小企业、高新技术企业、科技型中小企业”4类资质之一的科技型小微企业提供最高额度300万元的贷款，担保方式可选择信用或抵押等方式，符合条件的小微企业可以线上申请，随借随还。农业银行的“专精特新贷”专为国家级和省级“专精特新”中小企业、高新技术企业、科技型中小企业提供融资支持。该种贷款对不同类型的企业在授信额度上有划分，小型企业最高为3, 000万元，微型企业最高为500万元，“专精特新”小巨人企业的信用贷款额度最高为2, 000万元，其他科技型小微企业最高为1, 000万元。流动资金贷款最长为3年，固定资产贷款最长为10年。

在认定科技型企业方面，政府机构联合银行进一步创新。工商银行提供的工商银行e贷依托国家公共信用信息中心构建的企业信用综合评价体系，并以国家融资担保基金构建的政府性融资担保体系作为风险分担机制，在有政府担保增信的前提下，无须抵押物便可获得贷款，使得缺乏抵押物的企业快速获得资金。此外，为进一步对科技企业精准画像，科技部建立企业创新积分制，通过企业研发投入，技术合同成交额、高新技术产品收入、企业承担科技计划项目等18项核心指标建立企业创新能力的评价体系，基于这套评价体系，农业银行、中国银行等设立“创新积分贷”专项金融产品，科技企业可以凭借创新积分获得无抵押信用贷款。

除了依据政府增信，银行联合其他机构逐步扩大认定范围。招商银行在对科技企业的认定上更灵活，秉持“好投资就能贷”和“好园区就能贷”的理念，对能获得优质投资机构投资的企业和在战略新兴园区内的企业提供“科创 PE 贷”和“科创园区贷”两种短期资金周转服务，最高额度为 1,000 万元，期限为 1 年。

大多数科技型企业具有轻资产运营的特点，缺乏抵押物，银行为解决这一问题从科创企业的特殊资产入手。中国银行为小微企业提供知识产权质押贷款产品“惠如愿·知惠贷”，利用大数据技术对小微企业进行“矩阵式”评估，小微企业可用专利权进行抵押，可获得最高 3,000 万元的贷款，最长期限为 3 年。兴业银行提供高科技人才创业贷，该种信用产品适用于企业实控人或核心技术人员被纳入政府特殊人才计划的科创企业，为这些企业提供最高 2,000 万元的信用免担保授信，为科技人才创业提供资金解决方案。

银行为满足科技型企业个性化的资金需求不断创新科技金融信贷产品，一方面赋能科技企业，更好地支持科技企业发展，另一方面也在展示银行自身资源、服务与金融科技技术优势，提高自身的竞争力。

专题十三　财富管理

我国社会财富不断积累，人均可支配收入不断提高，人民群众对专业化、定制化、综合化财富管理服务的需求日益增长。宏观经济下行压力加大及新冠疫情后全球经济复苏不均衡，加上当前持续低利率的市场环境对我国银行业以存贷利差为主要盈利点的传统经营方式提出挑战。受此影响，银行需寻找新的盈利模式以缩小息差收窄对盈利指标造成的压力。近年来，各银行通过拓展财富管理业务来丰富利润增长。财富管理业务因其轻资产、高收益和抗经济周期等特点，成为银行发展新业务的重要组成部分。其中，私人银行和理财两大业务是银行吸收高净值金融客户的重要抓手。本专题将着重以私人银行和理财为出发点，分析我国上市银行的财富管理发展现状和未来发展方向。

一、理财业务分析

截至2023年末，我国共有32家银行理财子公司获批成立。在推进经济高质量发展进程中，银行理财子公司找准功能定位，着力发挥优势专长，走好差异化发展路径，构建自身的核心投研能力和投资策略，践行长期价值投资，满足市场多偏好、多层次资金需求。

（一）业务数据总览

近年来，金融投资者的整体风险偏好呈持续下降趋势，银行理财子公司的固定收益产品成为市场主流选择。2023年，银行理财子公司加大对低风险资产的投资比重，混合类产品和权益类产品的市场规模呈持续缩减趋势。银行理财子公司的客户群体更加倾向于保守型投资，这使“提升投资者在理财过程中的满意度和安全感”成为银行理财子公司的首要关注点。面对市场的不确定性，银行理财子公司通过发挥自身优势，巩固基础业务，专注固定收益投资，在投资稳健性、风格连贯性和收益可靠性上下功夫，避免业绩剧烈波动，并引导投资者逐步适应净值型理财产品的出现。

2023年，理财行业积极布局产品体系建设，丰富创新产品线，持续引导理财资金流向实体经济。根据银行业理财登记托管中心数据：截至2023年末，银行理财市场存续规模达26.80万亿元，全年累计新发理财产品3.11万只，募集资金57.08万亿元，累计为投资者创造收益6,981亿元。其中，银行机构累计为投资者创造收益1,739亿元；银行理财子公司累计为投资者创造收益5,242亿元，同比增长0.85%。2023年各月度，理财产品平均收益率为2.94%。

从投资性质来看，截至2023年末，固定收益类产品存续规模相对较大，为25.82万亿元，占全部理财产品存续规模之比为96.34%，同比上升1.84个百分点；混合类产品存续规模为0.86万亿元，占比为3.21%，同比下降1.89个百分点；权益类产品和商品及金融衍生品类产品的存续规模相对较小，分别为0.08万亿元和0.04万亿元（见图1）。

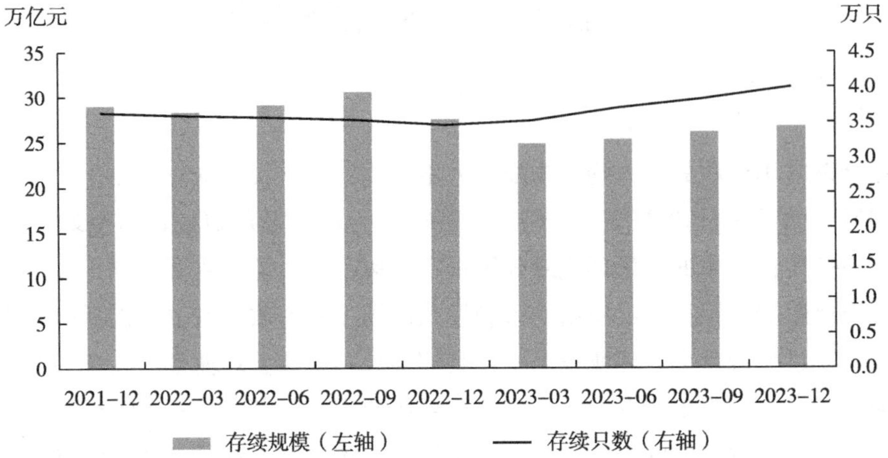

图1　理财产品存续规模情况

从风险等级来看，截至2023年末，风险等级为二级（中低）及以下的理财产品存续规模相对较大，为24.87万亿元，占比为92.80%，同比上升4.07个百分点；风险等级为四级（中高）和五级（高）的理财产品存续规模相对较小，为0.19万亿元，占比为0.71%（见表1）。

表1　2023年银行及理财公司理财产品存续情况（按风险等级）

产品风险等级	银行机构（万亿元）		理财公司（万亿元）		合计（万亿元）	
	2023年	2022年	2023年	2022年	2023年	2022年
一级（低）	0.30（6.93%）	0.40（7.46%）	8.66（38.54%）	7.44（33.44%）	8.96（33.43%）	7.84（28.34%）
二级（中低）	3.50（80.83%）	4.37（80.82%）	12.41（55.23%）	12.32（55.40%）	15.91（59.37%）	16.70（60.39%）
三级（中）	0.41（9.47%）	0.59（10.95%）	1.33（5.92%）	2.42（10.88%）	1.74（6.49%）	3.01（10.89%）
四级（中高）	0.03（0.69%）	0.03（0.59%）	0.02（0.09%）	0.03（0.13%）	0.05（0.19%）	0.06（0.22%）
五级（高）	0.09（2.08%）	0.01（0.18%）	0.05（0.22%）	0.03（0.15%）	0.14（0.52%）	0.04（0.16%）
合计	4.33	5.41	22.47	22.24	26.80	27.65

数据来源：银行业理财登记托管中心。

资管新规实施以来，理财业务规范化转型成效显著，银行理财市场呈现稳健向好的发展态势。作为深受广大投资者信赖的资管产品，银行理财不断助力我国实体经济发展，满足人民群众对财富增长的需要。按理财产品资产配置情况来看，截至2023年末，理财产品投资资产合计29.06万亿元，同比下降3.00%；负债合计2.23万亿元，同比下降1.76%。理财产品杠杆率为108.31%，同比上升0.11个百分点。理财产品资产配置以固收类为主，主要投向债券类、非标准化债权类资产、权益类资产，其余额分别为16.45万亿元、1.79万亿元和0.83万亿元，分别占总投资资产之比为56.61%、6.16%和2.86%。从配置债券类别来看，截至2023年末，理财产品持有的信用债①为412.24万亿元，占总投资资产之比为42.12%，同比下降3.54个百分点；持有的利率债②为50.93万亿元，占总投资资产之比为3.20%（见图2、图3）。

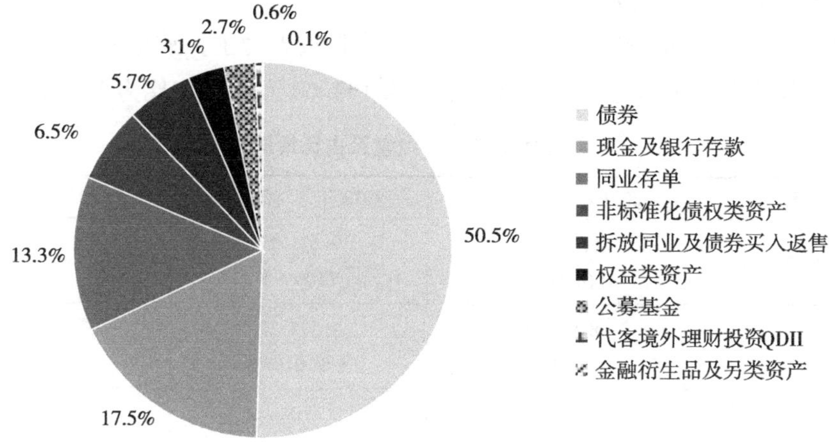

图2　2022年理财产品资产配置情况

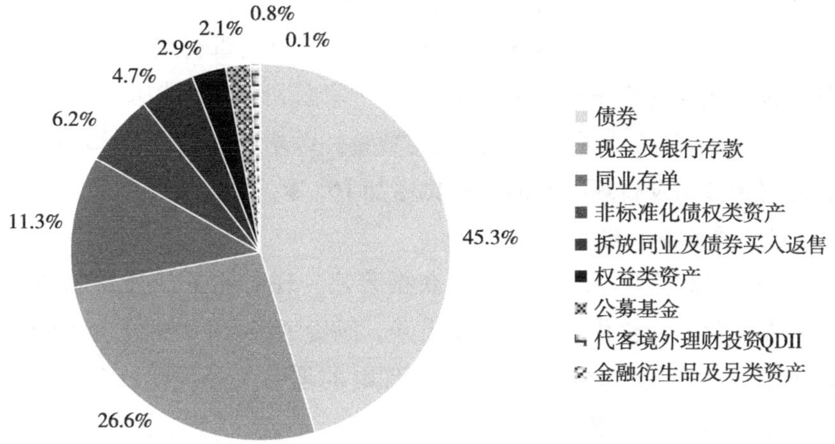

图3　2023年理财产品资产配置情况

---

① 信用债包含商业性金融债券、企业债券、公司债券、企业债务融资工具、资产支持证券、外国债券（不含QDII债券）。

② 利率债包含国债、地方政府债券、中央银行票据、政府机构债券和政策性金融债券。

理财市场积极响应国家政策号召，充分发挥资金优化配置功能，通过多种途径实现资金与实体经济融资需求对接。根据银行业理财登记托管中心数据：截至 2023 年末，银行理财产品通过投资债券、非标准化债权、未上市股权等资产，支持实体经济资金规模约 19 万亿元。理财资金投向绿色债券规模超 2,500 亿元，投向“一带一路”、区域发展、扶贫纾困等专项债券规模超 1,100 亿元，为中小微企业发展提供资金支持超 38,000 亿元。为助力我国碳达峰、碳中和目标实现，理财市场 2023 年累计发行 ESG 主题理财产品 120 只，合计募集资金超 1,100 亿元；ESG 主题理财产品存续余额达 1,480 亿元，同比增长 13.50%。理财行业不断推出特色产品，2023 年末存续“专精特新”、乡村振兴、大湾区等主题理财产品超 200 只，存续规模超 1,200 亿元。

从结构来看，截至 2023 年末，理财市场以个人投资者为主，数量为 1.13 亿户，占比为 98.82%；机构投资者数量占比略有提升，数量为 134.60 万户，占比为 1.18%（见表 2）。

表 2　各类理财投资者数量及占比情况

投资者类型	2021 年末（万户）	2022 年末（万户）	2023 年末（万户）
全部投资者	8,129.90 （100%）	9,671.27 （100%）	11,396.21 （100%）
个人投资者	8,067.23 （99.23%）	9,575.32 （99.01%）	11,261.61 （98.82%）
机构投资者	62.67 （0.77%）	95.95 （0.99%）	134.60 （1.18%）

数据来源：银行业理财登记托管中心。

2023 年，银行理财子公司不断拓展母行以外的代销渠道，母行代销金额占比持续下降。已开业的 31 家银行理财子公司中，3 家公司的理财产品仅由母行代销，28 家公司的理财产品由母行及其他银行或合资格渠道代销。此外，17 家公司开展直销业务，全年累计直销金额 0.26 万亿元。银行理财子公司合作代销机构数量持续增长，截至 2023 年末，491 家金融机构代销银行理财子公司发行理财产品，同比增加 163 家。

（二）各理财公司业务表现

截至 2023 年末，32 家银行理财子公司获批筹建。理财业务的公司制改革取得积极进展，机构队伍的专业化、特色化水平进一步提升。股份制银行和城商行的理财子公司发展相对较好，2023 年，招银理财、兴银理财、信银理财的理财产品规模在全国排名前三，上述理财子公司均属于股份制银行旗下。

2023 年，银行理财子公司资产管理规模呈现分化状态，股份制银行理财子公司资产管理规模大幅上升，国有行理财子公司资产管理规模大幅下降。资产管理规模超 2 万亿元的公司从 3 家减为 2 家；资产管理规模在 1 万亿元以上的公司新增 2 家，达到 11 家。其中：招银理财资产管理规模相对较大，为 2.55 万亿元；兴银理财、信银理财紧随其后，分别为 2.26 万亿元和 1.73 万亿元（见图 4、表 3）。

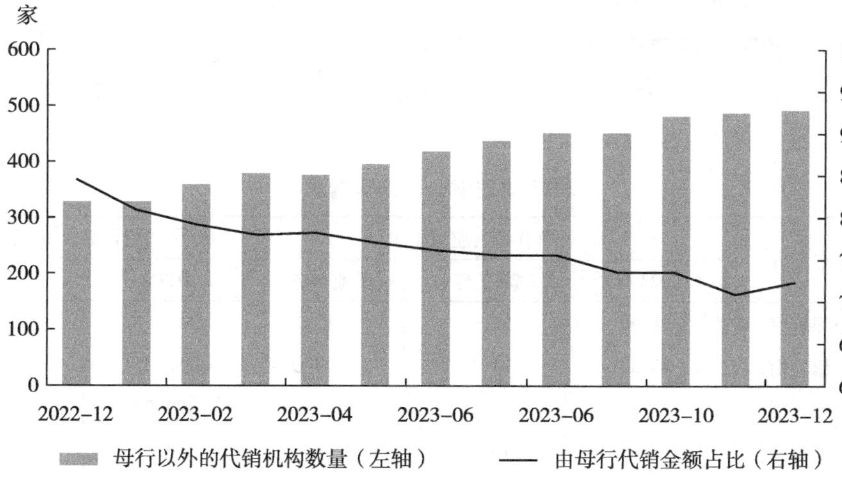

图 4　理财公司理财产品代销机构数量和母行代销金额占比情况

表 3　　2023 年理财公司产品规模排名

名次	名称	理财产品规模（万亿元）			成立日期	注册资本（万元）
		2023 年	2022 年	增速（%）		
1	招银理财	2.55	2.67	-4.5	2019-11-01	55.56
2	兴银理财	2.26	2.10	8.0	2019-12-13	50.00
3	信银理财	1.73	1.58	9.6	2020-07-01	50.00
4	农银理财	1.69	1.93	-12.8	2019-07-29	120.00
5	中银理财	1.63	1.76	-7.4	2019-07-01	100.00
6	工银理财	1.61	1.76	-8.8	2019-05-28	160.00
7	建信理财	1.58	2.01	-21.6	2019-05-24	150.00
8	光大理财	1.31	1.19	10.7	2019-09-25	50.00
9	交银理财	1.23	1.21	2.0	2019-06-06	800.00
10	浦银理财	1.02	0.84	21.3	2020-01-11	50.00
11	平安理财	1.01	0.89	14.2	2022-08-25	50.00
12	民生理财	0.87	0.88	-1.8	2022-06-24	50.00
13	中邮理财	0.78	0.83	-6.5	2019-12-18	80.00
14	华夏理财	0.59	0.51	15.3	2020-09-17	30.00
15	苏银理财	0.52	0.44	18.7	2020-08-20	20.00
16	宁银理财	0.40	0.40	1.4	2019-12-24	15.00
17	南银理财	0.37	0.34	9.1	2020-08-20	20.00
18	杭银理财	0.37	0.36	3.0	2019-12-20	10.00
19	北银理财	0.29	0.30	-4.0	2022-11-25	20.00
20	上银理财	0.21	0.30	-29.5	2022-03-15	30.00

2023 年，银行理财子公司资产规模均有所上升，整体利润明显下降。其中：招银理财

净利润为31.90亿元，同比下降11.22%。多家银行理财子公司利润出现断崖式下降，浦银理财利润陡降75.86%，仅为4.49亿元。主要原因是受2022年理财赎回潮导致2023年市场信心不足，产品规模下降，部分公司采取减费让利政策导致管理费、服务费等收入下降（见表4）。

表4　　2023年理财公司经营情况

序号	名称	净利润（亿元）			资产总额（亿元）	
		2023年	2022年	增速（%）	2023年	2022年
1	招银理财	31.90	35.93	-11.2	210.62	180.94
2	兴银理财	25.82	31.11	-17.0	150.35	127.94
3	信银理财	22.55	20.48	10.1	122.92	103.40
4	平安理财	18.85	18.82	0.2	113.93	96.25
5	光大理财	17.64	18.79	-6.1	106.11	88.61
6	中银理财	16.28	18.54	-12.2	172.69	157.20
7	农银理财	15.97	35.23	-54.7	208.18	187.99
8	工银理财	13.25	12.36	7.2	205.14	199.60
9	建信理财	13.23	28.40	-53.4	223.97	210.87
10	交银理财	12.40	11.88	4.4	127.70	114.58
11	民生理财	11.52	10.38	11.0	75.85	66.38
12	杭银理财	8.83	13.62	-35.2	43.61	36.66
13	中邮理财	8.41	12.71	-33.8	130.10	122.63
14	宁银理财	6.68	9.14	-26.9	41.93	34.78
15	南银理财	5.26	8.13	-35.3	47.99	42.46
16	华夏理财	5.05	8.75	-42.3	49.15	43.70
17	浦银理财	4.49	18.60	-75.9	—	—
18	苏银理财	3.89	—	—	45.91	37.39
19	上银理财	3.15	7.90	-60.1	42.41	39.17
20	北银理财	3.12	0.08	3,800.0	24.73	21.14
21	青银理财	2.99	3.45	-13.3	18.82	16.37
22	渤银理财	1.98	—	—	23.58	—
23	渝农商理财	1.70	3.58	-52.5	29.85	27.96
24	徽银理财	1.43	—	—	44.53	43.54
25	汇华理财	-0.62	—	—	9.45	—

二、私人银行业务

（一）策略分析

2023年，54家中国上市银行中，23家银行较完整地披露了私人银行或财富管理业务经营政策方针，包括6家国有行、9家股份制银行、15家城商行和4家农商行；19家银行较完整披露私人银行业务经营成果数据[①]，包括5家国有行、9家股份制银行、4家城商行和1家农商行。由于私人银行业务是较为新兴的金融创新领域，尚缺乏统一的统计口径、衡量标准和披露办法，相关银行关于私人银行业务发展情况的披露内容多为概括性描述，关于业务政策方针、经营成果数据、主要产品服务和经营管理模式等细节内容的介绍方式各异、详略不一。现就各行的私人银行业务分析如下：

1. 国有行

除邮储银行外，国有行均已开展私人银行业务，建立私人银行部门。各行私人银行业务各具特色，体现出发展侧重：工商银行以量取胜，产品种类齐全，客户规模相对较大；农业银行专注家族信托，积淀财私文化；中国银行具有国际化视野，构建全球私行平台；建设银行秉持“善建者行”理念，精细服务客户，深化信任关系；交通银行厚植专业能力，深耕专注领域，满足专门需求；邮储银行分销网络庞大，联通城乡社区，服务基层民众。

2023年，国有行业务调整重点可概括为：在产品生态上，创新产品种类，丰富产品体系；在客户服务上，专业服务需求，提升客户体验；在财富传承上，发展家族信托，传承家族财富；在科技赋能上，运用金融科技，打造数字私行；在品牌文化上，推出专属品牌，培育私行文化（见表5）。

表5　　上市国有行私人银行政策

银行	2023年	2022年	主要变化
工商银行	强化客户服务生态，突出企业家服务，升级家族信托，创新养老信托，推进家族办公室服务。	创新产品服务，强化集团优势，协同理财，升级家族信托权益，提升客户体验。	服务生态更完善，企业家服务升级，家族信托业务拓展。
农业银行	打造金字塔型服务体系，提升顾问水平，强化公私联动与科技驱动，深化公益金融服务。	实施“展翼计划”，升级服务模式，打造人才与服务体系，发展高端业务，注重公益信托。	服务体系更完善，顾问水平提升，科技与公益服务强化。
中国银行	坚持“集团办私行”理念，打造定制化财富服务，完善投策服务，推广企业家办公室，发展家族信托，深化境内外联动。	坚持“集团办私行”理念，创新延展服务，完善资讯体系，深耕家族信托，巩固全球优势。	服务定制化更突出，投策服务完善，家族信托业务发展，境内外联动深化。
建设银行	深入推进私人银行专业经营，实施数字化策略，突破客群，构建服务体系，优化产品服务管理，丰富家族财富服务。	深化私人银行专业经营，强化人才队伍，完善产品服务管理，推动家族信托服务，强化财富聚集地经营。	重点客群经营突破，产品服务体系优化，家族财富服务强化。
交通银行	以客户为中心，完善产品与研究服务，强化财富特色。丰富产品货架，创新家族信托方案，提升资产配置能力，建立投研机制，助力共同富裕。	不断完善产品体系，建立遴选机制，发展家族财富业务，打造专业队伍，发布投研报告与建议书，强化营销管理。	产品与服务优化，家族信托创新，投研与公益服务强化。

① 指对2023年度的私人银行客户数量和资产管理规模数据进行披露。

续表

银行	2023 年	2022 年	主要变化
邮储银行	坚持以客户利益为先，打造财富管理平台，顺应客户需求，加快产品布局。	坚持以客户为中心，升级服务体系，提升资产配置能力，筑牢服务根基，培育财富管理未来。	持续打造财富管理平台，满足客户需求，优化产品布局。

2. 股份制银行

2023 年，股份制银行私人银行业务向特色发展，经营管理水平进一步提升。与国有行相比，股份制银行私人银行业务改革更深化、创新更频繁、特色更鲜明，由于股份制银行以提升盈利能力为主要发展目标，因此在业务创新方面更具有市场活力。其中：招商银行私行业务相对最完善、最成熟；平安银行注重集团资源联动，打造智能私行；中信银行贯彻“新零售”发展战略，坚持私行“客户、产品、队伍、服务、数字化”等体系化建设，全面提升私行经营专业化能力；兴业银行打造“家族办公室”，围绕客户家庭提供全生命周期的综合金融服务；民生银行加快私人中心建设，深耕非凡礼遇、远程专家、私人定制等特色服务，提升客户个性化服务体验；浦发银行以客户需求为核心，全面融合公私、跨境及集团协同资源。

股份制银行业务政策特点可概括为：明确定位，吸引高净值家族客户；整合资源，推动集团内部资源优化配置；深耕客户，提供个人、家庭和企业三位一体的综合金融服务；多元服务，满足客户个性化需求（见表 6）。

表 6　　　　部分上市股份制银行私人银行业务政策

银行	2023 年	2022 年	主要变化
平安银行	持续升级产品、服务、队伍、品牌能力，提升资产配置水平，提供“省心、省时、省钱”的服务体验。产品升级注重筛选等能力提升，代理保险借助集团优势定制产品，服务升级包括全账户诊断等，打造增值权益。	以客户为中心，持续升级多方面能力，打造“有温度的、全球领先的财富管理主办银行”。提升资产优选等能力，筛选私募机构，升级“平安家族办公室”服务，打造综合金融解决方案，建设权益体系。	—
招商银行	“以客户为中心”，整合资源打造服务生态，优选资管机构丰富货架，提供全流程陪伴服务。科技引领创新，完善私行 App，构建财富管理体系，打造运营模式。助力财富向善，践行社会责任，坚持稳健经营，筑牢风险底线。	加强客户获取，深化客户经营，强化资产配置能力建设，强化产品管理，加速数字化转型。调整资产配置结构，引入稳健产品，完善管理机制，构建线上服务体系。	助力财富向善，践行社会责任。坚持稳健经营，筑牢风险底线。

续表

银行	2023 年	2022 年	主要变化
兴业银行	聚焦目标客群，加强公私一体化经营，服务信托创新，为帮助企业主解决股权传承、企业控制权统一、家企风险隔离等痛点问题，更好地服务实体经济，公司财富管理服务信托财产范围从资金、保单延伸到家族企业的股权、债权等非资金资产。通过与名医、名校、名企合作，建立“人—家—企”一体化增值服务体系。	聚焦目标客群，塑造可持续发展能力。强化精细化管理，打造营销体系，创新优化业务，强化公私经营，强化数字化升级。	服务信托创新，为帮助企业主解决股权传承、企业控制权统一、家企风险隔离等痛点问题，更好地服务实体经济，公司财富管理服务信托财产范围从资金、保单延伸到家族企业的股权、债权等非资金资产。通过与名医、名校、名企合作，建立“人—家—企”一体化增值服务体系。
浙商银行	秉承“财智传承，嘉业永续”理念，推进私人银行五大体系建设，打造数智化模式。优化架构打造队伍，完善考核，搭建权益体系，践行服务理念，完善产品货架。	秉承理念，为客户提供全方位服务。成立私人银行部，优化配置，完善制度，搭建系统，提升服务能力，丰富产品货架，强化客户资产配置，构建非金融服务模块。	践行服务理念，完善产品货架。

3. 城商行

2023 年，15 家城商行明确披露私人银行业务政策。其特点可概括为：创新驱动力较强，业务推广运作灵活；区位优势明显，受众覆盖更有针对性（见表 7）。

表 7　　部分上市城商行私人银行/财富管理业务政策

银行	2023 年	2022 年	主要变化
宁波银行	坚持“审慎经营、稳健发展”，围绕客户“人企家社”做好综合化服务，打造专业、稳健资产配置方案，丰富服务与产品体系，打造专业团队，提升口碑。	坚持“专业、专属、专享”服务宗旨，围绕私银客户多方面需求，打造产品体系、经营模式和尊享服务，依托自身资源深化业务转型升级，强化部门联动等。	持续丰富业务，提升服务体验，强化团队建设，深化内外联动。
哈尔滨行	以提升客户家庭财富管理价值为核心，整合渠道资源，加大合作，优化产品体系，创新营销模式，打造品牌。	以提升客户家庭财富管理价值为核心，整合渠道资源，优化网点布局，加大合作，重塑产品体系，升级零售服务模式，探索社交银行生态。	持续优化产品及服务，深化渠道整合，强化品牌打造。
郑州银行	以客户需求为导向，丰富财富产品体系，强化财富管理能力，打造“郑好财富”品牌。	—	丰富产品体系，强化管理能力，打造品牌。

续表

银行	2023 年	2022 年	主要变化
杭州银行	深化“制胜财富”战略转型，以客户分层分群为基础，优化管户机制、强化平台赋能、丰富产品货架，加强公私联动，完善私行体系，聚焦网周生态场景建设，细化理财经理岗位。	依托“发动机”营销部署平台，聚焦重点客群，丰富产品货架，推进差异化组合打法，加强公私联动，建立标准化联动经营体系，建立零售财富中心，升级总行赋能支撑。	深化战略转型，优化内部机制，加强公私联动，完善私行体系，聚焦场景建设，细化岗位工作。
贵阳银行	以“打造区域最佳财富管理银行”为目标，实施“一体两翼”策略，健全增值权益体系，提升顾问专业水平。	以“打造区域最佳财富管理银行”为目标，围绕“以客户为中心”，实施“一体两翼”策略，整合资源，健全增值权益体系，组建营销团队，提供一站式服务。	持续完善财富管理体系，提升专业水平。

4. 农商行

2023 年，4 家农商行较完整地披露了私人银行业务政策。其特点可概括为：重视私行业务人才队伍建设，积极构建特色化金融服务体系（见表 8）。

表 8　部分上市农商行私人银行/财富管理业务政策

银行	2023 年	2022 年	主要变化
常熟银行	制定财富管理业务发展规划，以细分市场为基础推动差异化服务。打造管理平台，搭建财富专业化团队，创新产品与服务。	制定财富管理业务发展规划，以细分市场为基础推动差异化服务。打造管理平台，搭建财富专业化团队，创新产品与服务。	持续推进相关业务建设，保持发展方向一致性。
渝农商行	以“财富管家、合业和家”为理念，打造“江渝财富”管理品牌，构建三级专业梯队，持续构建特色化金融服务体系，开展主题活动。	探索建立财富管理中心，出台运行机制实现平稳运行，打造专业队伍，探索代销及家族信托业务，丰富权益产品。	品牌建设更明确，服务体系持续构建且更具针对性，业务探索更深入。

（二）成果对比分析

1. 业务数据总览

2023 年，我国银行私人银行业务稳步发展，资产管理规模与客户数量均大幅增长。

在资产规模方面，6 家银行①私人银行资产管理规模（Asset Under Management，AUM）超万亿元，包括 4 家国有行（工商银行、农业银行、中国银行、建设银行）和 2 家股份制银行（平安银行、中信银行）。其中：工商银行资产管理规模超过 3 万亿元，平安银行资产管理规模上万亿元。

① 招商银行 2023 年年报未披露私人银行资产管理规模。

在客户数量方面，5 家银行私人银行客户数量超 10 万户，包括工商银行、建设银行、农业银行、中国银行和招商银行。其中：工商银行私行客户数超 26 万人；招商银行虽资产管理规模占优，但其实行零售客户分层策略，因此该行的私行客户数量并不占优。

2011 年，《商业银行理财产品销售管理办法》将商业银行私人客户的标准设置为“金融净资产达到 600 万元人民币及以上”，各家银行对私人银行客户门槛的定义标准尚不统一，多数银行以资产规模达 600 万元作为临界点，但具体认证标准有所差异。如：中信银行、民生银行对客户日均资产要求在 600 万元以上；浙商银行、华夏银行对客户月日均资产要求在 600 万元以上；平安银行对客户近三月任意一月的日均资产要求在 600 万元以上；工商银行、浦发银行对客户名下资产要求达 800 万元及以上；招商银行对客户名下资产要求达 1,000 万元及以上。总体而言，各家银行对私人银行客户的准入标准受地域经济、发展战略和业务规划等多种因素影响，因行而异，因时而变（见表 9）。

表 9　　上市银行私人银行业务数据总览

银行	资产管理规模（亿元）			客户数量（户）		
	2023 年	2022 年	2023 年变动率（%）	2023 年	2022 年	2023 年变动率（%）
国有行						
工商银行	30,700	26,300	16.7	262,900	226,000	16.3
农业银行	26,500	22,000	20.5	224,000	200,000	12.0
中国银行	26,900	24,200	11.2	173,700	159,600	8.8
建设银行	25,200	22,500	12.0	212,800	193,700	9.9
交通银行	11,664	10,844	7.6	83,600	77,000	8.6
邮储银行	—	—	—	—	—	—
股份制银行						
平安银行	19,155	16,208	18.2	90,200	80,500	12.0
浦发银行	6,300	5,300	18.9	43,000	28,000	53.6
华夏银行	—	—	—	14,700	13,700	7.3
民生银行	7,573	5,322	42.3	55,906	42,194	32.5
招商银行	—	37,924	—	148,842	134,800	10.4
兴业银行	8,550	8,033	6.4	69,158	63,008	9.8
光大银行	6,378	5,682	12.3	63,502	56,526	12.3
浙商银行	1,832	1,642	11.6	12,189	10,933	11.5
中信银行	10,313	9,486	8.7	74,000	66,800	10.8
城商行						
宁波银行	2,618	2,174	20.4	21,487	17,902	20.0
青岛银行	—	1,326	—	59,555	57,336	3.9
南京银行	1,129	1,013	11.5	11,748	10,782	9.0
苏州银行	259	220	17.7	2,311	1,983	16.5
农商行						
常熟银行	234	219	6.7	3,388	3,072	10.3

注：兴业银行、中信银行的私人银行资产规模采用私人银行客户受托金融资产月日均余额来表示。

2. 资管规模及增速排名

2023 年末，上市银行 AUM 的梯度分布相对合理，有利于银行之间有效竞争，推动私行市场健康发展。在 AUM 变动率方面，民生银行、中国银行和平安银行的增速排行在前三名（见表 10）。

表 10　　2023 年上市银行私人银行业务管理资产规模及增速排名

银行	资产管理规模		变动率	
	规模（亿元）	名次	2023 年变动率（%）	名次
工商银行	30, 700	1	16. 7	4
中国银行	26, 900	2	20. 5	2
农业银行	26, 500	3	11. 2	7
建设银行	25, 200	4	12. 0	6
平安银行	19, 155	5	18. 2	3
交通银行	11, 664	6	7. 6	9
中信银行	10, 313	7	8. 7	8
兴业银行	8, 550	8	6. 4	10
民生银行	7, 573	9	42. 3	1
光大银行	6, 378	10	12. 3	5
合计	172, 933	—	—	—

注：招商银行未披露 2023 年私人银行资产规模，因此不参与本次排名。

3. 客户数及增速排名

2023 年末，10 家银行私人银行客户总数接近 100 万人。在客户数量变动率方面，工商银行增速相对较快，为 16. 3%（见表 11）。

表 11　　2023 年上市银行私人银行业务客户数及增速排名

银行	客户数		变动率	
	客户数（户）	名次	2023 年变动率（%）	名次
工商银行	262, 900	1	16. 3	1
农业银行	224, 000	2	12. 0	3
建设银行	212, 800	3	9. 9	7
中国银行	173, 700	4	8. 8	9
招商银行	148, 842	5	10. 4	6
平安银行	90, 200	6	12. 0	3
交通银行	83, 600	7	8. 6	10
中信银行	74, 000	8	10. 8	5
兴业银行	69, 158	9	9. 8	8
光大银行	63, 502	10	12. 3	2
合计	974, 749	—	—	—

4. 户均资产规模排名

2023年末，14家银行的私人银行管理户均资产规模超1,000万元，私行客户准入门槛普遍定位在600万元或800万元。其中：股份制银行占比相对较高，体现出“改革深化、创新频繁、特色鲜明”的运营特点，平安银行私行户均资产规模相对较高，为2,123.61万元；城商行体现出“创新驱动，运作灵活、区位特色，受众精准”的运营特点，宁波银行入围排名第九，户均资产规模为1,218.41万元（见表12）。

表12　　2023年上市银行私人银行业务户均资产规模排名

名次	银行名称	户均资产规模（万元）
1	平安银行	2,123.61
2	中国银行	1,548.65
3	浙商银行	1,502.99
4	浦发银行	1,465.12
5	交通银行	1,395.22
6	中信银行	1,393.65
7	民生银行	1,354.60
8	兴业银行	1,236.30
9	宁波银行	1,218.41
10	建设银行	1,184.21
11	农业银行	1,183.04
12	工商银行	1,167.74
13	苏州银行	1,120.73
14	光大银行	1,004.38

专题十四　上市银行投资者回报

股东价值回报包括分红价值和资本利得，分红回报的衡量标准主要有分红比率、分红回报率，分别是银行股票股利与净利润和市值的比率，除此之外，分红与融资是银行运营的一体两面，代表了股权资金的增值。资本利得主要用后复权股价来衡量。以下分别进行分析。

一、分红价值

分红价值数据分析通常采用上市银行最近三年累计分红占比与上市以来分红率进行观测。此处的最近三年累计分红占比是指最近三年分红总额（年度累计分红总额）/最近三年年报归母净利润的算术平均值，该指标可以放大不同银行之间的分红差异，使数据之间的对比更加明晰。上市以来分红率是指自上市日至指定报告期区间，累计现金分红占累计实现净利润的比例，该指标反映上市银行上市以来每年的分红率平均值。

国有行近三年累计分红占比均处在90%以上，年均分红占比在30%以上。国有行上市以来分红率均值为31.14%，最近三年累计分红占比均值为90.98%。其中，交通银行的最近三年累计分红占比为90.19%，邮储银行的最近三年累计分红占比为90.01%。中国银行上市以来分红率相对较高，为32.51%，交通银行上市以来分红率相对较低，为29.18%（见图1、图2）。

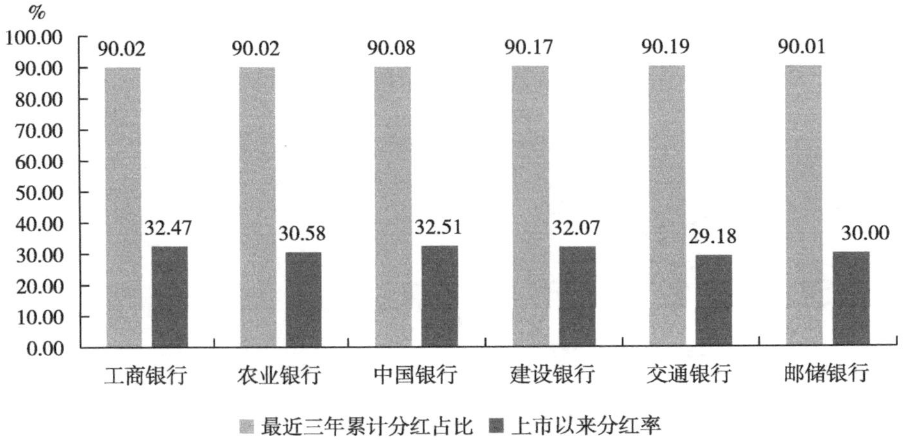

图1　国有行分红表现

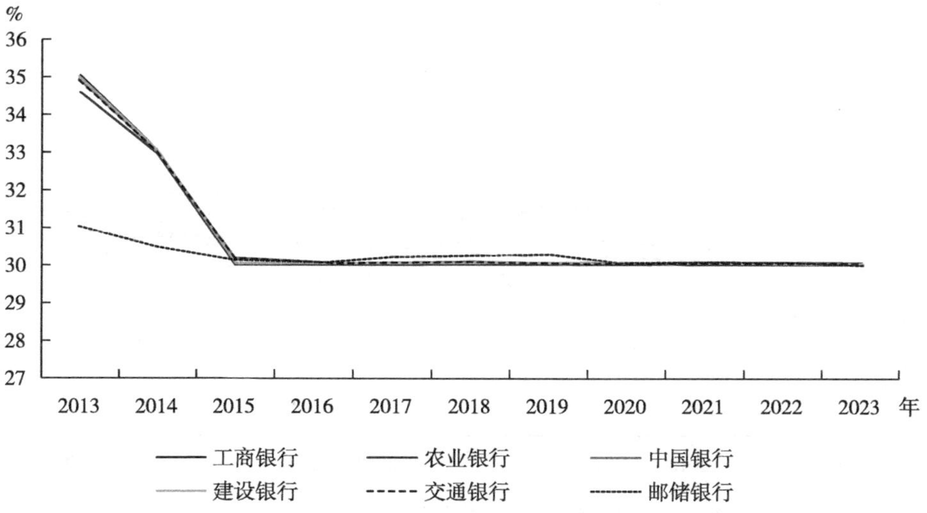

图2　国有行各年分红比例

由国有行各年分红比例可以看出，自2015年以来，六大国有行的分红比例稳定在30%左右，表现出稳健的特点。

股份制银行上市以来分红率均值为23.02%，最近三年累计分红占比均值为74.23%。其中：招商银行近三年累计分红占比相对较高，达97.85%，该行自上市以来分红率为30.65%，业绩回报表现较为突出。平安银行近三年累计分红占比为55.90%，该行自上市以来分红率仅为13.47%，业绩回报表现相对较低（见图3）。

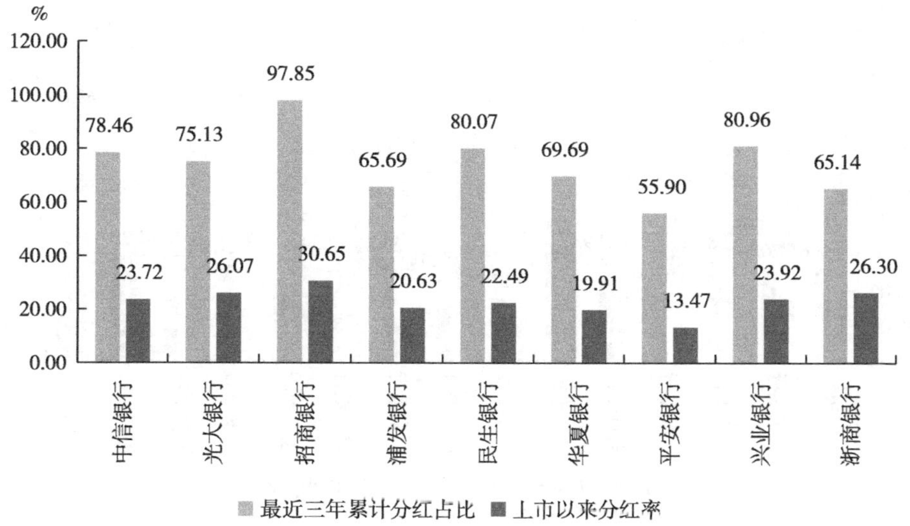

图3　股份制银行分红表现

股份制银行的分红比例较为分散，兴业银行的分红比例相对稳定且逐年微升；浦发银行的分红比例波动相对较大；招商银行的分红比例的均值相对较高，平安银行的分红比例在

2023 年上升幅度相对较大（见图 4）。

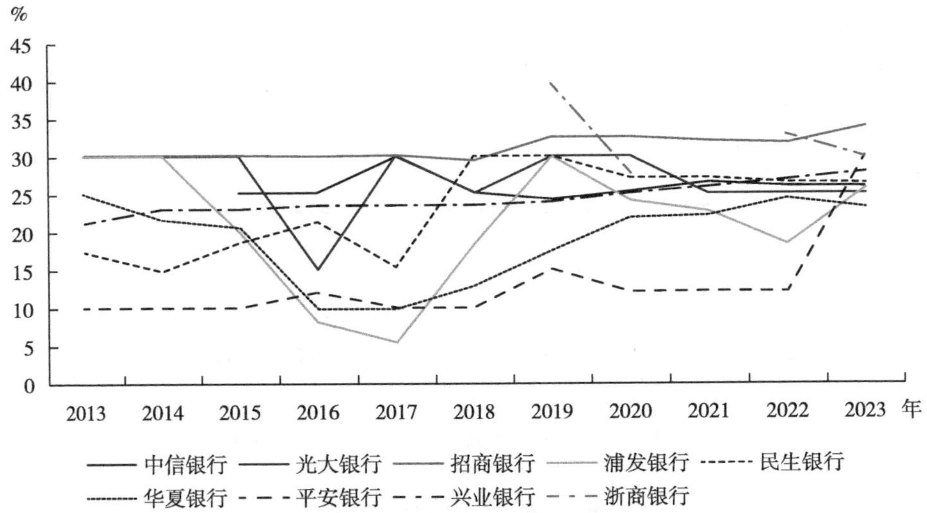

图 4　股份制银行各年分红比例

城商行分红表现较为分化。其中：苏州银行近三年累计分红占比相对较高，为 92.21%；宁波银行近三年累计分红占比相对较低，为 46.51%；兰州银行自上市以来分红率相对较高，为 35.3%，该行分红表现较国有行和股份制银行业绩回报表现更为突出；贵阳银行自上市以来分红比率相对较低，仅为 17.83%（见图 5）。

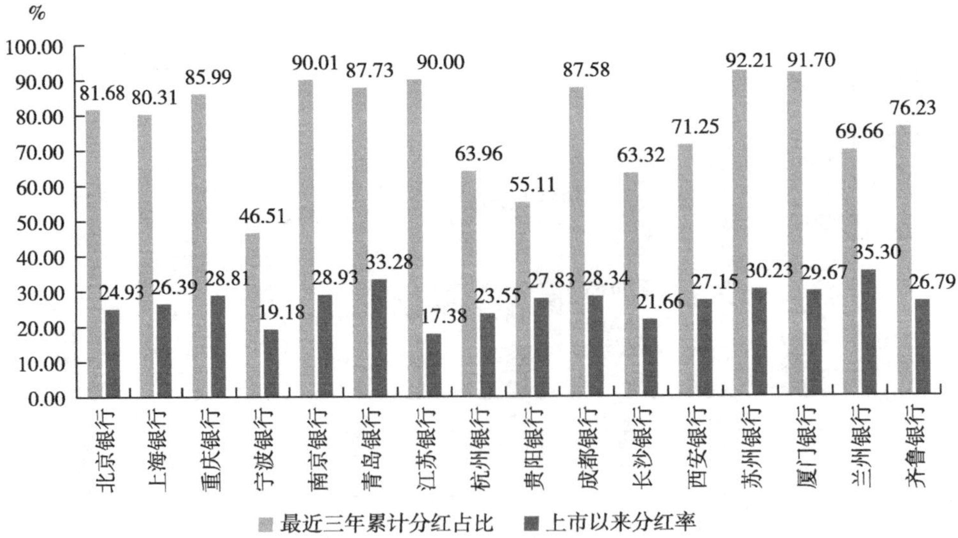

图 5　城商行分红表现

分红比例方面，城商行的分红比例基本在 30% 以下，南京银行的分红比例相对较高，西安银行的分红比例在 2023 年陡降，贵阳银行的分红比例相对较低（见图 6）。

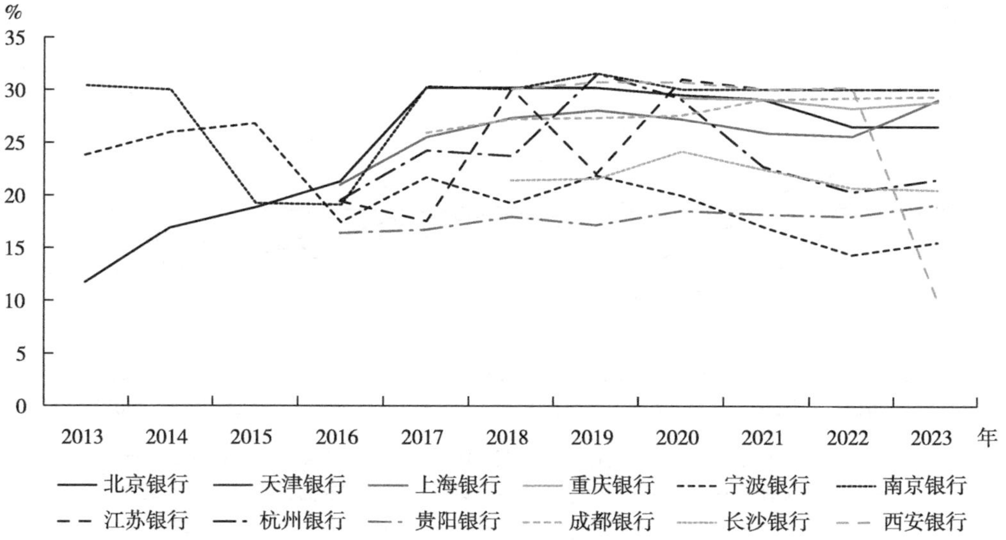

图6　部分城商行各年分红比例

农商行分红表现亦较为分化。其中：沪农商行近三年累计分红占比相对较高，达112.95%；青农商行近三年累计分红占比相对较低，为41.93%；沪农商行自上市以来分红率相对较高，为37.65%，在已披露完整数据的上市银行中表现最佳；瑞丰银行自上市以来分红率相对较低，仅为18.81%。

整体来看，国有行业绩回报表现相对均衡，股份制银行业绩回报表现相对较低，城商行与农商行业绩回报表现与可持续发展战略因各行的差异而展现出不同的回报风格（见图7、图8）。

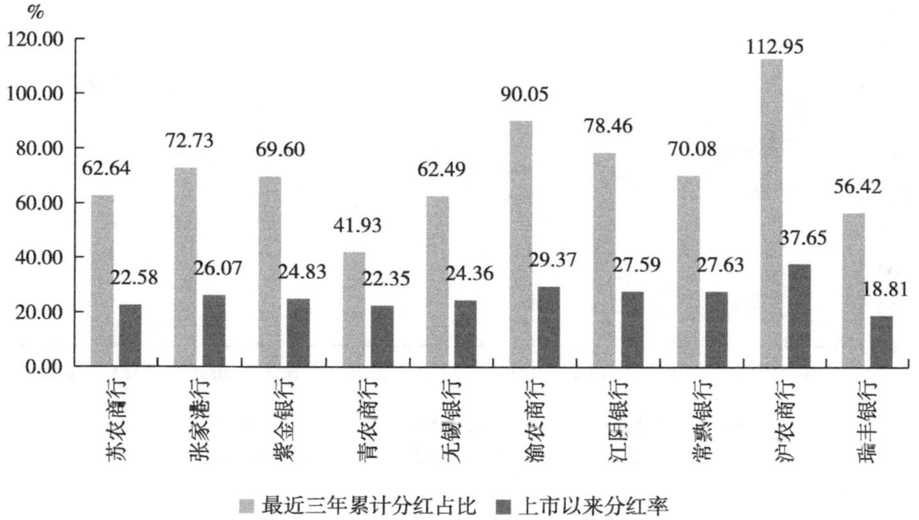

图7　农商行分红表现

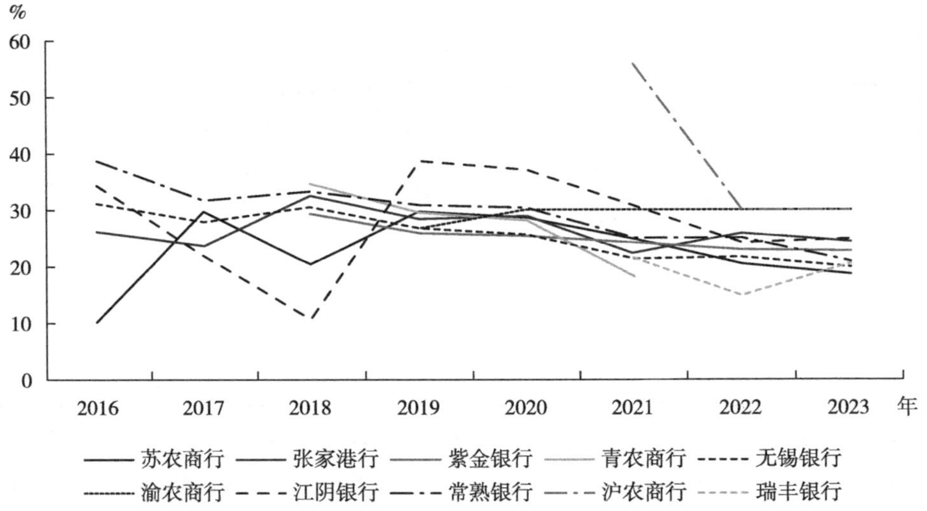

图 8　农商行各年分红比例

分红比例方面，部分银行的分红比例在某些年度接近 40%，大部分农商行的分红比例在 20%—30%，上海农商银行的分红比例相对较高，江阴银行的分红比例方差相对较大。

分红回报率是股票股利与股票价格之比，从分红回报率的表现可以看出，国有行的分红回报率每年都呈现共振状态。股份制银行的分红回报率方差相对较大，光大银行的回报率相对较高，平安银行的回报率相对较低。城商行的分红回报率呈上升趋势，北京银行的分红回报率相对较高，宁波银行的回报率相对较低。农商行的回报率呈上升趋势，重庆农商行的分红回报率相对较高，青农商行的分红回报率近两年出现下跌（见图 9、图 10、图 11）。

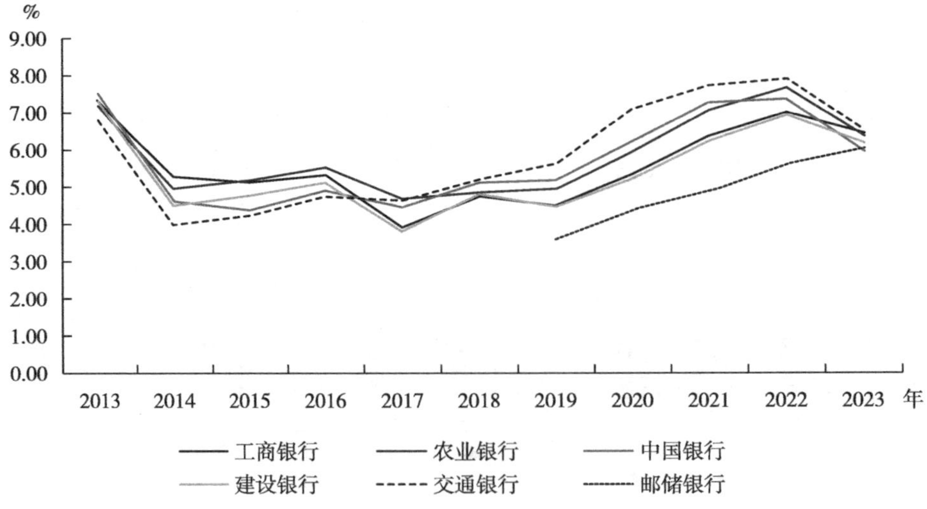

图 9　国有行各年分红回回报率

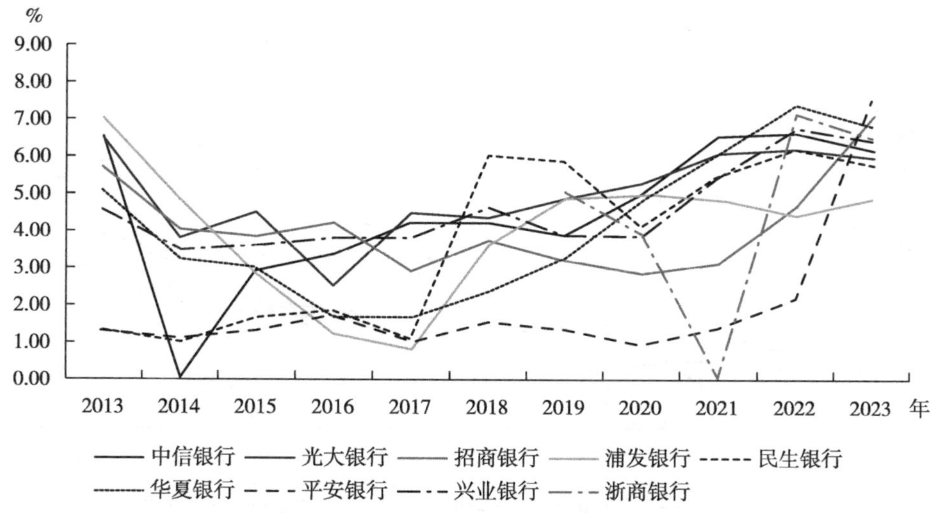

图 10　股份制银行各年分红回报率

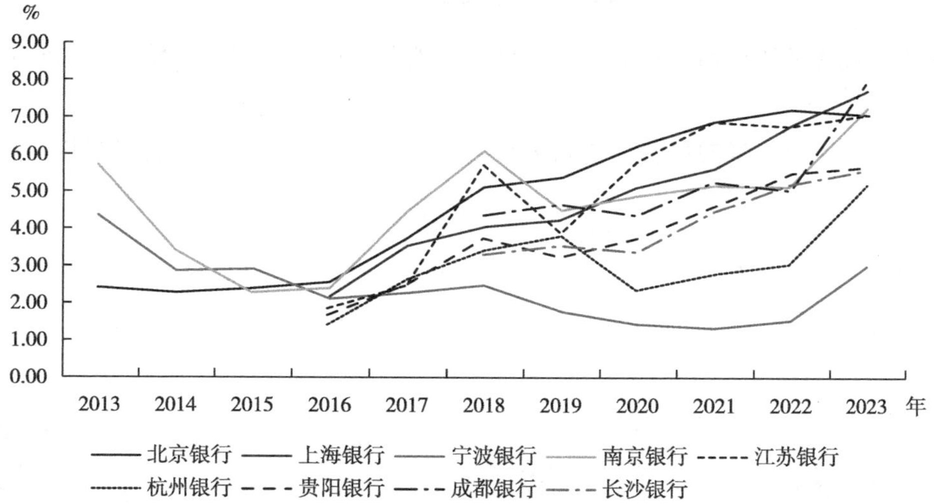

图 11　城商行各年分红回报率

融资情况表示了上市银行通过股权融资所筹集的资金，分红情况表示了上市银行通过现金股利所回馈投资者的资金，是银行资金流的一体两面，都需要加以关注。

二、资本利得回报

资本利得是指证券的价格波动带来的价值变化，不包含所产生的红利。在计算时，通常采用"股票后复权"作为一种价格记录方式，其计算方法为：复权后价格 = 复权前价格 ×（1 + 流通股份变动比例） + 现金红利，后复权是保持除权前的股价不变，而将以后的价格增加。这种处理方法能够更真实地反映股票价值和增长情况，适合关注公司长期增长潜力

（见图12）。

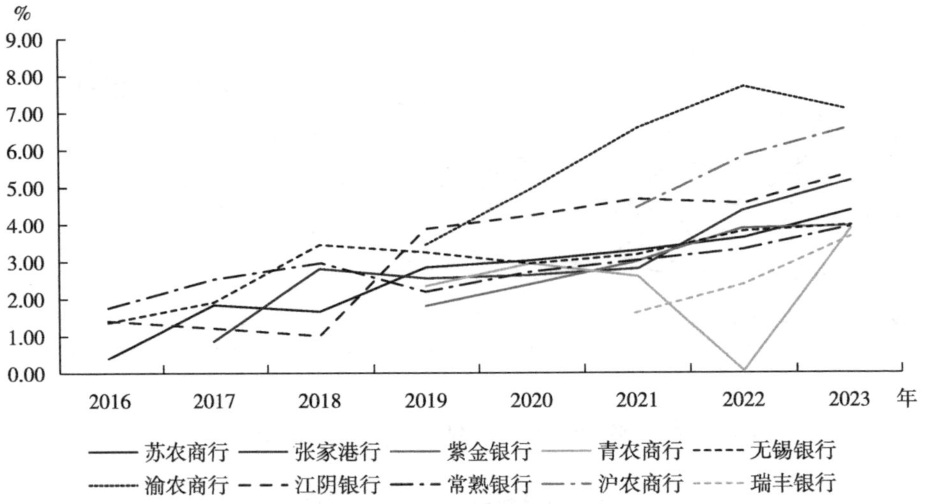

图12　农商行各年分红回报率

根据上市以来的股价后复权表现，分别对国有行、股份制银行、城商行和农商行进行分析。

通过国有行上市以来的股价后复权表现可知，股东对国有行的投资回报长期看涨（见图13）。

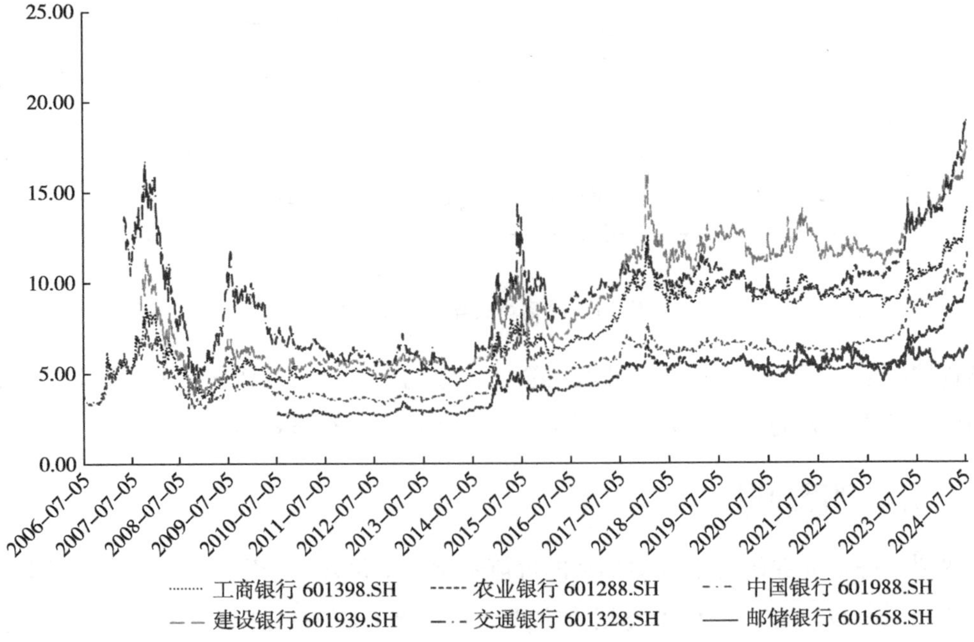

图13　国有行上市以来股价表现

由于不同银行之间的股价中枢水平有较大差距，因此选取中信银行、光大银行、浙商银行、渤海银行（HK）、华夏银行入组进行比较，通过对样本股份制银行近十年的股价后复权表现可知，浙商银行、渤海银行的业绩表现相对较差，渤海银行业绩表现自港股上市以来持续下降；华夏银行、光大银行、浦发银行、民生银行和兴业银行近十年的业绩表现围绕价值中枢水平调整，价值相对稳健；中信银行自2022年后的业绩表现有所上升；平安银行和招商银行在出现价值波峰后回调，2023年末处于价值中枢水平（见图14）。

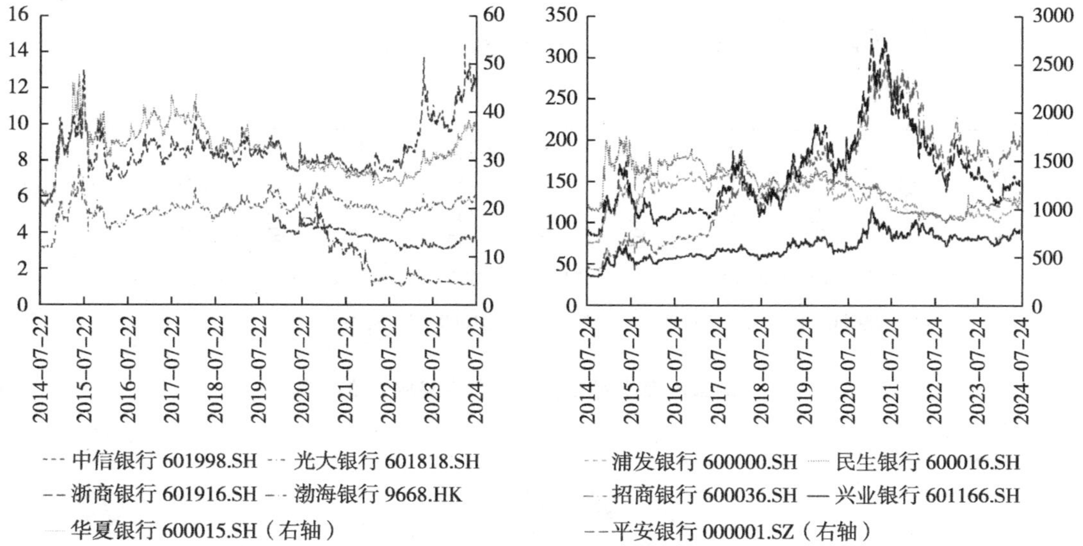

图14　部分股份制银行近十年股价表现

近十年来，大部分城商行围绕价值中枢水平调整，个别城商行自2021年出现价值波峰后回调至价值中枢位置。其中，宁波银行的价格中枢相对处于高位，将其作为右轴表示。对各样本行数据观测后可知，部分城商行自2024年后的后复权股价出现爆发性增长，与股票市场大盘整体走势具有相关性（见图15）。

通过对农商行上市以来的股价后复权表现可知，该类银行的价值走势基本趋同，近四年来曾出现震荡趋势，自2024年后，价值表现逐步上升，至2024年5月数据采集截稿时止，已达价值高峰（见图16）。

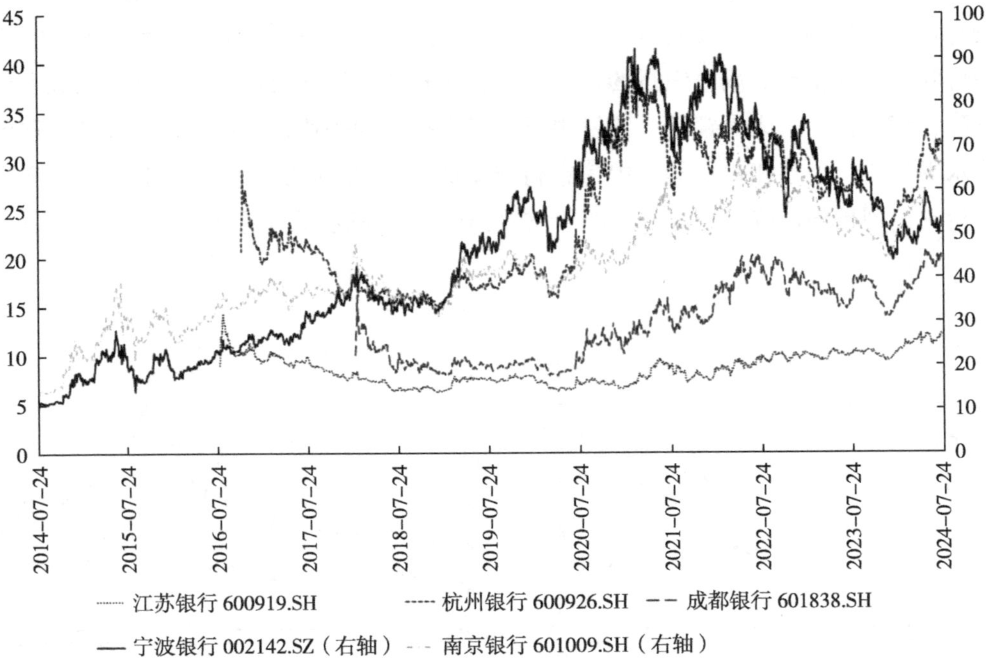

图 15　部分城商行近十年后复权股价

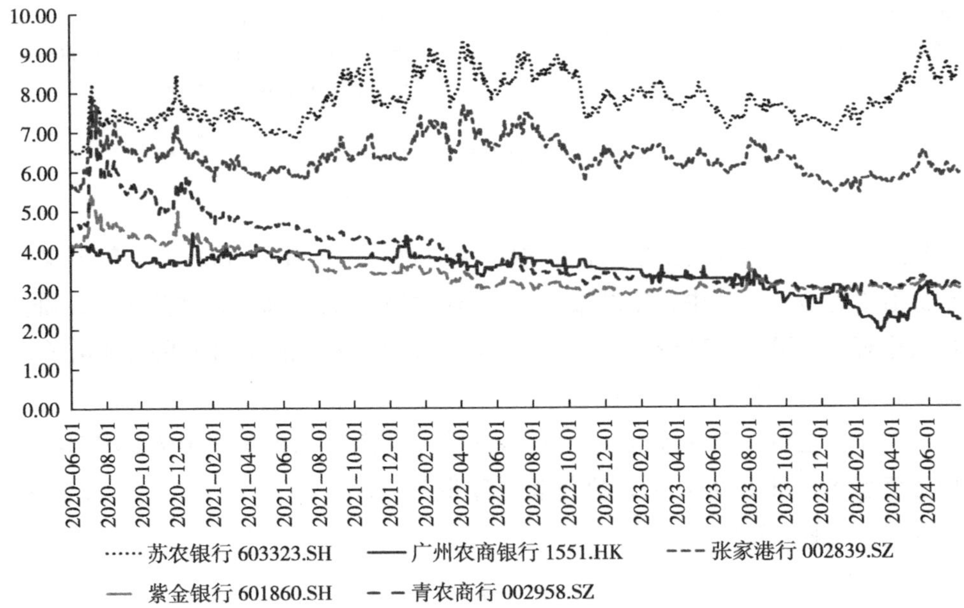

图 16　部分农商行近四年后复权股价表现